스마트
브랜딩

# EDITOR'S LETTER

스마트 브랜딩이란 끝에서 시작을 보는 것

짧고 굵게 혹은 길고 가늘게

젊고 미혼이었을 때는 한번 사는 인생, 짧고 굵게 살다가 화려하게 죽고 싶었다. 하지만 결혼을 하고 자녀가 생긴 후 이제는 가늘고 길게 살고 싶어졌다. 생각이 바뀐 결정적인 이유는 자녀 양육에 관한 책임감도 있지만 무엇보다도 그들과 행복하게 살아가는 것의 참맛을 보았기 때문이다.

30대 초반에는 비전을 이루기 위해 끝없이 밀려 드는 일들을 모두 감당하려 들었었는데, 40대 초반부터는 할 수 있는 일만 생각했고, 40대 중반이 되면서부터는 60살이 되어서 할 수 있는 일을 생각하는 시간이 더 많아진 것 같다.

분명 40대 중반에 들어선 뒤에는 세상이 바뀌는 것보다 내가 더 빨리 바뀌기 시작했다. 이제까지 삶에 있어 가치 있게 여겼던 것들 중 몇몇에 대해서는 전혀 무게감을 느끼지 못하게 된 반면, 30대 때는 하찮게 여겼던 것들이 인생의 중심축이 되기도 한다는 것을 알게 되었다. 무한하게 보였던 시간이 유한하다는 것을 깨닫고 난 후부터 모든 것이 제대로 보이기 시작한 것이다. 인생의 공전과 세상의 자전속도를 느끼기 시작해서일까.

이제 내 인생의 끝을 준비하면서 다시금 현재의 시간을 조정하고 있다. 무엇보다도 일시적이고 유한한 것들을 찾기 보다는 내 삶보다 무한한 그 무엇을 찾아 거기에 나의 유한한 시간을 쏟기로 결정한 것이다. 그래서 만들게 된 것이 유니타스브랜드다.

만약에 내가 20대쯤 40대 중반에 유니타스브랜드 편집장과 브랜드 컨설턴트가 될 것임을 미리 알았더라면 그 때 무엇을 했어야 할까? 40대 중반이 되어 나의 20대를 돌이켜 보니 무엇을 하고, 무엇을 하지 말아야 했을 지가 명확히 보인다. 만약에 내가 그때 그것만 하지 않았더라면 20여 년이 지난 나는 지금보다 더 훌륭한 모습의 편집장이 되어 있을 것이다.

시간을 현명하게 사용하려면 시작에서 끝을 보는 것이 아니라(잘 보이지도 않는다), 끝에서 시작을 보아야 한다. 쉽게 말할 수는 있어도 말처럼 쉬운 일은 절대 아니다. 무엇보다도 인생의 돌발변수인 '운명'과 '사랑'의 출현이 시작점과 끝점에 굴절을 일으켜 다른 인생으로 만들어 버리기 십상이기 때문이다. 그래서 인생을 계획대로 살아가는 사람은 매우 드물다.

끝에서 시작을 보면서 되고자 했던 것을 완성하는 것이 '브랜딩'이다. 그래서 100년 브랜드를 생각하면서 1년 계획을 짜는 브랜딩과 소비자의 말초신경만 자극하는 대박 마케팅은 차원이 다른 이야기다. 유니타스브랜드에서 수 차례 말했듯 기업의 꿈은 '지속가능경영'이지만 브랜드의 꿈은 '영속가능경영'인 것도 그 때문이다. 따라서 유한한 기업의 관점으로 무한한 브랜드를 이해하는 것은 그 자체가 어렵다. 아직 100년 브랜드를 갖지 못한 우리이기에 100년 역사의 브랜드를 이해하지 못하는 것도 어찌 보면 당연하다.

사실 이번 Vol.21에서 가장 어려웠던 것은 우리가 소개할 브랜드를 정의하는 일이었다. 원래 제목은 '강소브랜드 경영'이었다. 단지 그들의 '현재' 외형과 매출 크기로만 평가 했기 때문이다. 하지만 그것은 현재의 모습일 뿐이지, 5년이 지나면 지금의 매출과는 비교할 수 없는 대기업이 될 수도 있는 일이기에 적합한 제목은 아니었다. 우리가 이번에 다룬 브랜드를 설명하기에는 찰스 다윈의 "가장 강한 종이 살아남는 것이 아니라 환경에 가장 잘 적응한 종이 살아남는다"는 표현이 가장 적합할 것이다. 그들은 적자생존과 약육강식의 법칙이 여실한 시장에서 아주 영리한 브랜딩을 통해 자신만의 영역을 구축하고 있다. 그야말로 스마트한 브랜드들이다. 30년 이상 된 브랜드에서부터 5년도 안된 이들 브랜드에서는 아직 이론으로는 구축되지 않았어도 분명 성장과 성공의 현상을 보이는, 새로운 혁신과 진화의 형태가 발견되기도 했다. 그에 맞춰, 편집팀에서는 그들의 현재 모습이 아닌 그들의 최종 진화 단계인 브랜딩 끝점에서 진화 과정의 전(前) 단계를 한 단계씩 분석하기로 했다. 수많은 토의 끝에 결국 직관력에 의지해 통찰력으로 잡아낸 제목, '스마트 브랜딩'을 붙이기로 했다.

스마트라는 단어는 요즘 너무 흔하게 쓰여서 식상해 보이지만 앞으로 이어질 글들을 확인하면 왜 그들에게 '스마트'라는 작위를 줄 수밖에 없었는지 알게 될 것이다. 이유 중 한 가지만 설명하면 그들은 '영속가능경영'의 개념을 정확히 이해하고 있었고 자신이 무엇이 될 것인지를 정확히 안 상태에서 현재의 비즈니스 자체를 브랜딩의 과정으로 삼고 있었기 때문이라 답하겠다.

유니타스브랜드의 끝은 무엇일까?

현재 유니타스브랜드는 시즌Ⅱ를 마무리 하면서 시즌Ⅲ를 준비하고 있다. 시즌이라는 말 또한 너무 흔하게 쓰여서 겉멋에 찌든 단어 중 하나가 되었지만 우리로서는 버릴 수 없는 단어가 됐다. 10년 동안 선보일 주제를 뽑아 전체를 미리 그려두고 그 끝을 보면서 시작했기 때문이다.

'브랜드, 그리고 브랜딩이란 무엇인가'를 다뤘던 시즌Ⅰ, '브랜딩을 위한 실질적인 솔루션'으로 구성한 시즌Ⅱ… 이런 형태로 목표를 정하고 내용을 맞추어가는 시즌별 편집 기획은 그야말로 피를 말리는 작업이었다. 호별 특집 주제가 해당 시즌에 맞게 좋아도 그것을 증명할 브랜드가 없거나, 또 브랜드 케이스는 좋아도 그 브랜드를 소개할 적당한 주제를 매칭시키지 못할 때만큼 막막할 때도 없었다. 시즌Ⅰ, Ⅱ를 만들었던 지난 3년은 (소위) 뭣 모르고 했기에 버텨왔지만 이제는 그것이 얼마나 힘든 일인지를 알기에, 2012년에 선보일 시즌Ⅲ의 첫 호를 준비하는 에디터들의 눈빛은 예전과는 많이 달라졌다.

시즌 컨셉의 편집이 어렵지만 고수할 수밖에 없는 이유가 있다. 우리의 목적은 잡지 출간이 아니라 교육이기 때문이다. 교육의 형태는 잡지, 컨설팅, 강좌 등으로 다양하며, 이런 교육이란 목적을 완성하기 위해서는 커리큘럼과 실제적인 사례들, 무엇보다도 지식의 단계별, 그리고 테마별 구성이 필요하다.

예를 들면 이렇다. 이번 호는 분명 Vol.21인데, 다음 호는 시즌 구성의 완성도를 올리기 위해서 Vol.22가 아닌, Vol.23이 먼저 발간된다. 시즌Ⅱ의 최종편이라고 할 수 있는 Vol.22는 '브랜드 대담(가제)'으로서 브랜드에 관한 인문학적, 사회과학적, 자연과학적 접근을 다루며 총체적 그림을 그려내는 책이다. 따라서 5개월 가량의 연구를 통해 매우 신중하고 많은 고민을 담은 책으로 선보일 예정이기에 미리 준비하고 있던 Vol.23을 먼저 발행할 예정이다.

누군가는 준비 중이던 Vol.23호에 Vol.22를 붙여서(즉, 기획했던 Volume 순서를 서로 바꿔서) 내면 되지 않냐고 물을 수도 있다. 그러나 앞서 말했듯이 유니타스브랜드는 시즌, 그리고 시즌 내 특집 주제를 교육 프로세스에 따라서 만들었기에 Vol.23과 Vol.22는 잡지 발행 순서의 문제가 아니라 지식의 순서에 관한 문제다. 때문에 다소 출판사고처럼 보이는 출간일지라도 강행하려고 한다. 이처럼 유니타스브랜드는 브랜딩을 위해서 매우 미숙하지만 끝에서 시작을 보는 시각을 고수하고 있다.

아직도 유니타스브랜드의 컨텐츠와 기획 방향에 대해서 한 마디씩 하는 사람이 많다. 하지만 나는 그들의 애정 어린 지도와 매서운 편달을 10년이 채워지는 2018년, 시즌Ⅴ를 마친 후에야 겸허히 수용(?)할 생각이다. 이것은 편집장의 고집이 아니라

> 돈이 많아서 영원히 투자할 수 있다면 돈의 힘으로 영속 가능하겠지만 그것은 진정한 브랜드의 생애가 아니다. 유니타스브랜드가 영생할 수 있는 방법은 딱 하나다.

원래 이 책을 출간할 때부터 유니타스브랜드가 완성될 10년 후의 모습을 그려가며 세워둔 계획들 때문이다. 반갑게도, 그리고 다행히 이번 특집에서 만난 브랜드들은 나의 고집불통 편집 방향과 상당히 닮았다. (물론 각 브랜드 담당 에디터들과 내 생각이 다를 수는 있지만) 나는 그렇다고 믿고 싶다.

유니타스브랜드는 가늘고 길게 갈 것인가 아니면 짧고 굵게 갈 것인가? 유니타스브랜드가 잡지사라면 대답이 있는 질문이지만 우리는 영속가능을 추구하는 브랜드이기에 이 질문은 우문이다. 우리의 목적은 국위선양과 사회기여이며 이 목적을 달성하기 위해서라면 다양한 모습으로 변모할 것이다.

유니타스브랜드는 영원할 것인가, 유한할 것인가?
영원할 것이라면 왜 영원해야만 하는가?
우리의 영원한 생명에 대한 꿈을 다른 사람들은 무시할까? 응원할까?

돈이 많아서 영원히 투자할 수 있다면 돈의 힘으로 영속 가능하겠지만 그것은 진정한 브랜드의 생애가 아니다. 유니타스브랜드가 영생할 수 있는 방법은 딱 하나다. 우리 스스로 좋은 브랜드가 좋은 생태계를 만들고 그 생태계가 더 좋은 시장을 만들 수 있다는 것을 증명하는 것이다. 또한 그 지식을 독자들에게 나누어 주고 그들의 기업이 좋은 브랜드가 되어 결국 더 좋은 대한민국이 된다면, 바로 그 독자가 우리의 생명을 영원하게 만들어 줄 것이다. 이것이 우리의 최종 모습이다.

그 모습을 우리의 비전으로는 똑똑히 보았기에 이번 마감도 유니타스브랜드 Vol.240(내 나이 80세에 편집장을 그만둔다면)의 관점에서 Vol.21을 준비했다.

이 글은 100년 뒤 유니타스브랜드 편집장에게 보내는 편지다.

편집장 권 민

www.sampartners.co.kr

walking with nature beosun road brand identity

bonest benest for our children brand communication - website design

green gtec for the future GTEC branding

Real branding is creating brand experience!

sam partners
creating brand experience

Sampartners inc. 609 - 25 yoeksamdong, gangnamgu, seoul, korea, zipcode 135-907,   telephone 02 508 7871   facsimile 02 508 7651

BOOK

Unitas BRAND
브랜드, 마케팅, 트렌드, 디자인에 관한 전문 매거북(magazine+book)으로, 격월간 발행

Unitas VIEW
트렌드, 문화, 라이프스타일, 예술, 리서치 등의 주제를 무크지 형태로 발행

단행본
브랜드를 비롯한 전문 분야에 대한 다수의 연구서 저술을 통해 지식을 개발

CONSULTING

Unitas Consulting
브랜딩 최적화를 위한 브랜드 컨설팅 서비스를 제공 브랜드 철학 및 비전구축과 이를 가시화하는 전략 수립 컨설팅 병행

Unitas Coaching
CEO와 Top Management의 실제적인 브랜드 경영을 돕기 위한 프로그램을 제안

BRANDING HOUSE
브랜드를 브랜드답게 만듭니다

EDUCATION

Unitas CLASS
전 직원의 브랜더화를 위한 브랜드 전략가 양성 교육, 기업 맞춤 교육 및 집합 교육 등 브랜드 특화 교육 커리큘럼 제공

Unitas Conference
최고의 브랜딩, 마케팅 전문가들과 함께하는 컨퍼런스 및 세미나를 통해 브랜딩 역량을 향상

SOLUTION

Brand 창업
브랜드 창업센터를 통해 예비창업자를 위한 교육 및 세미나 진행. 브랜드 창업을 근간으로 한 유니타스브랜드 시즌Ⅲ 기획. Vol.21 '브랜드 창업'과 《아내가 창업을 한다》 출간.

UNITAS MATRIX
프로젝트가 진행될 때 최상의 결과를 얻을 수 있도록 돕는 프로젝트 도구. 프로젝트 플래너, 크리에이티브 노트, 시장조사 노트, 독서 노트 등을 통해 전략적 사고의 툴 제공

㈜모라비안유니타스 서울시 강남구 역삼2동 725-21 Tel 02.545.6240 Email unitas@unitasbrand.com www.unitasbrand.com 문의 조선화 실장

암환자 생존율보다 낮은 창업 생존율!
대한민국은 지금, 창업의 재정의가 필요하다.

창업의 목표는 부업, 전업, 취업, 개업이 아니라 브랜드 런칭이다.

- 15년간 전업주부로 지내던 아내가 집을 담보로 대출을 받아 빵집을 하겠다고 선언했다! 당신이라면 과연 박수를 쳐 줄 것인가?

- 청년실업, 조기은퇴의 시대에 당신도 혹시 창업을 꿈꾸는가?

- 나이키, 아디다스, 이케아, 스타벅스, 레고, KFC 등 그 브랜드의 시작은 자영업이었다!

내일 당장 창업할 사람은 이 책을 덮어라! 최소 2년은 준비한 후 창업할 사람, 창업 후 20년 이상 자신의 가게나 회사를 브랜드로 운영할 사람을 위한 대한민국 최초의 브랜드 창업 매뉴얼!

권민 지음 / 값 15,500원

Unitas BRAND by MORAVIANUNITAS   서울시 강남구 역삼동 725-21 4층   문의 02-542-8508   www.unitasbrand.com

Wire and Wireless Total Business Enabler

Client List SK그룹 삼성그룹 LG그룹 SK텔레콤 KT KTH 구글 SK텔레시스 SK브로드밴드 삼성전자 팬택앤큐리텔 소니 SK에너지 르노삼성자동차 기아자동차 한국존슨앤드존슨 롯데제과 동서식품 언일파스퇴르유업 삼성생명 국민은행 비씨카드 롯데카드 신한증권 우리투자주식회사 신한카드 메리츠 아이스베리 교보자동차보험 동양파이낸셜 푸르덴셜생명 넥슨 현대스위스저축은행 LG백화점 롯데백화점 롯데마트 신세계 디아지오코리아 SKC&C 삼성SDS OK캐쉬백 하이텔 국민대학교 신사고 크레듀 서울특별시 보건복지부 온미디어 한샘 CJ미디어 네오비즈 삼성문화재단 인텔 삼성종합기술원 힐스테이트
2010 Award SK텔레콤 기업대표 웹어워드코리아 생활브랜드부문 통합대상 삼성물산 건설부문 웹어워드코리아 기업일반부문 대상 르노삼성자동차 드라이빙케어 코리아디지털미디어어워드 모바일앱 정보 및 서비스부문 대상 에르고다음다이렉트 코리아디지털미디어 어워드 금융보험부문 대상

유니타스브랜드 Vol.21

Small Scale, Strong Spirit, Smart Solution
스마트 브랜딩

왜 스마트 브랜딩인가?

중소기업들을 지칭할 때 많이 사용되는 숫자가 있다. 바로 '9988'이다. 대한민국에 존재하는 기업의 99%는 중소기업이다. 그리고 그 기업에 몸담고 있는 사람들은 전체 근로자 수의 88%에 이른다. 그러나 많은 사람들이 대기업이 만든 브랜드를 더 친숙하게 느끼는 것이 사실이다. 많은 자본을 가지고 더 자주 노출되는 광고를 집행할 수 있고, 이를 지속적으로 계속할 수 있는 대기업의 힘 때문이다. 하지만 그럴 수 없는 중소기업들은 브랜드를 만들 엄두조차 내지 못하는 것이 현실이다. 돈이 없으면 브랜드도 만들 수 없다는 생각 때문일 것이다. 그러나 그간 유니타스브랜드가 만났던 브랜드들 중 많은 수가 중소기업으로서 자본이 아니라 철학을 통해 기초를 세우고 원칙과 고집으로 뼈대를 세운 브랜드였다. 그래서 이번 호에서도 독자에게 의미 있는 메시지를 전달할 수 있을 만한 좋은 브랜드를 만날 수 있을 거라는 생각에는 의심의 여지가 없었다.

'9988'. 이번 특집은 '대다수의 기업'을 다룬 셈이고, '대부분의 기업을 위해' 만들어졌다.

앞서 말했듯이 자본과 인력 등 가진 것이 대기업에 비해 상대적으로 부족한 중소기업들은 브랜드를 만들고 이를 구축함에 있어서 분명 더 많은 노력을 필요로 한다. 이런 기업들을 돕기 위해서 10개의 브랜드 케이스를 통해 그들에게 주어진 한정적인 자원을 좀 더 '스마트하게' 사용하는 방법에 대한 힌트를 주고자 한다. 이 브랜드들은 모두 많은 중소기업이 그러하듯 브랜드를 구축하는 과정에서 여러 가지 한계를 만났다. 그러나 브랜딩 자체를 포기하지는 않았고 그 결과 한계를 잘 극복해낼 수 있는 독특한 방법을 찾아냈다. 부족한 것이 있었으므로 정석대로 할 수 없었고, 그래서 고안해 낸 방법들이 스마트한 혁신을 이끌었다. 핸디캡이 있었음에도 불구하고 이들 중 몇몇은 지금 해당 카테고리를 리드하는 1등 브랜드가 되었으며, 몇몇은 아직 초기 단계임에도 불구하고 소비자로부터 생각보다 많은 주목을 받고 있다. 모두가 나름의 스마트 브랜딩 노하우를 가지고 있기 때문이다.

'스마트 브랜딩', 어떻게 읽을 것인가?

'혁신'이라는 것에 어떤 한계나 바운더리가 없듯이 스마트 브랜딩도 브랜드가 처한 상황에 따라 너무나 다양한 형태를 띄기 때문에 이번 특집에서는 10개 브랜드의 스마트 브랜딩 노하우를 되도록 법칙화하지 않으려 했다. 각 브랜드의 브랜딩 노하우가 독보적인 독특함과 차별성을 낳았기에, 이들 사이에 공통점을 찾기 보다는 독자들도 자신의 상황에 따라 달리 적용해 볼 수 있는 다양한 힌트를 얻기 바란다.

Ⅰ 우선 브랜드 케이스 10가지를 읽기에 앞서 그들의 스마트 브랜딩을 어떤 시각으로 이해해야 할 것인지를 알아 보기 위해서 도입글 역할을 하는 p18의 'Small Scale, Strong Spirit, Smart Solution' 기사를 먼저 읽는다. 여기서는 중소기업이 브랜딩을 하려고 할 때 느끼는 유혹과 어려운 점들을 짚어내며, 그럼에도 불구하고 스마트 브랜딩을 하기 위해서 기업들에게 반드시 필요한 것은 '브랜드 마인드'임을 지적한다.

Ⅱ 그런 다음 본격적으로 10개의 브랜드 케이스(p24~p149)를 배열 순서대로, 혹은 관심도가 높은 순서대로 읽어 본다. 잘 몰랐던 브랜드일 경우 이해를 돕기 위해 우측에 소개된 간략한 브랜드 설명을 참고해도 좋다. 하나의 브랜드 케이스를 다 읽고 나면 그것을 통해 얻게 된 인사이트나 나만의 스마트 브랜딩 비법을 수첩이나 기사 끝에 메모해 보자. 책을 읽는 도중에 삼시 잊더라도 기록해 둔다면 나중에 메모를 모아 유용하게 사용할 수 있을 것이다.

Ⅲ p156부터 시작되는 '7 Smart Advices'는 스마트 브랜딩에 대한 해외 석학들의 생각과 해당 분야에서 오래 전문성을 인정받은 국내 전문가들의 조언을 얻을 수 있다. 브랜드 케이스와는 다른 독특한 시각을 통해 브랜딩에 대한 시야를 넓히고, 호기심이 생긴다면 그들의 저서들을 찾아 읽어볼 수도 있다.

Ⅳ 결론글에 해당하는 p150의 '비타협, 비경쟁, 비상식, 3캬를 추구하는 Smart Branding'은 브랜드마다 다른 스마트 브랜딩 방식에도 불구하고 그들이 동일하게 추구하는 3가지에 대해 정리하고 있다. 따라서 이 글을 읽으면서 떠올린 스마트 브랜딩에 대한 자신의 생각을 최종적으로 정리하는 데 유용할 것이다.

물론 앞에서 제안한 순서를 따르지 않아도 좋다. 브랜드 케이스를 먼저 읽은 다음 생각을 정리하는 차원에서 도입글과 결론글을 활용하고 가벼운 마음으로 '7 Smart Advices'를 읽을 수도 있다. 아니면 그 반대의 순서로 읽는 것도 가능하다. 중요한 것은 이 모든 내용들이 시너지를 낼 수 있도록 독자 나름의 방식대로 스마트하게 메시지를 정리해가는 것이다. p12에 삽입된 summary book은 많은 페이지가 할애된 브랜드 케이스 내용을 간결히 정리하는 데 도움을 줄 것이다.

Briefing about 10 brands

1. **제니스웰** 제조한 지 3~6개월 안의 제품만 유통하는 신선 화장품 제니스웰. 이들은 브랜딩의 효과가 늘 시간과 자금이란 변수와 정비례하는 것은 아니라는 사실과 작은 브랜드가 변수(시간과 자금)를 좀 더 스마트하게 운용할 수 있는 기술을 우리에게 알려준다.

2. **폼텍** 국내 라벨 시장에서 마켓 셰어 70%를 차지하고 있는 강소 브랜드 폼텍. 이들은 제조사 마인드에서 브랜드 마인드로의 전환이 필요한 중소기업에게 브랜딩을 함으로써 얻을 수 있는 이익과 브랜드 노하우에 대해서 말해준다.

3. **도서출판 보리** 남들은 시간과 돈이 많이 들기에 하지 않는다는 세밀화를 담은 어린이 책을 만들어 성공을 거둠으로써 작은 기업이 철학과 신념으로 브랜딩을 한다는 것이 무엇인지 보여준 도서출판 보리. 그들이 경쟁보다는 공생을 택하고 브랜드로 성장하는 과정을 살펴 보자.

4. **슈가버블** 화학 성분을 사용하지 않고 설탕과 올리브만으로 친환경 세제를 만든 슈가버블. 그들은 기술력을 통한 생존을 넘어 가치 확장을 통한 진화의 과정을 보여줌으로써 스마트 브랜딩에 힌트를 제공한다.

5. **두닷** RTA 방식의 조립식 가구를 온라인을 통해 판매하며 이 시장을 확장시킨 두닷. 이들이 대기업이 포진한 치열한 경쟁 상황에 뛰어들지 않고도 브랜드로서 어떻게 생태적 지위를 찾게 되었는지 살펴보자.

6. **쥬빌리 쇼콜라띠에** 초콜릿 관련 B2B 시장에서 높은 시장점유율을 보이던 JF&B가 내놓은 B2C 브랜드, 쥬빌리 쇼콜라띠에는 작은 기업이 시장에서 브랜드를 통해 어떻게 상대적 우위를 얻을 것인지, 그 방법을 모색하게 도와준다.

7. **위즈아일랜드** '감성 놀이 유치원'으로 알려지며 런칭 3년 만에 괄목할 만한 성공을 거두고 8년이 지난 지금도 부동의 1위를 지키는 위즈아일랜드. 스마트 브랜딩을 하는 그들은 바로 마이너 마이너(Minor Miner, 작은 것을 캐내어 크게 만든 사람들)였다.

8. **aA디자인뮤지엄** 카페에서 뮤지엄으로, 뮤지엄에서 잡지사로, 잡지사에서 라이프숍으로 의도적인 변태를 거듭하고 있는 이들이 고수하는 이 브랜드의 본질과 차별성은 무엇일까?

9. **씽크와이즈** 1998년에 첫 선을 보인 이후 무려 13년 간 소리 없이 세계 시장의 인정을 받아온 마인드맵 소프트웨어 씽크와이즈. 이들의 스마트 브랜딩의 배경에는 기술적인 경쟁력과 아울러 창의적인 사고력으로 무장한 글로벌 경쟁력이 숨어있었다.

10. **SGP** 애플의 파죽지세와 함께 부상한 휴대폰 액세서리 시장이라는 Hot spot에서 두각을 나타낸 SGP. 그들의 생존과 성숙을 위한 브랜딩 과제들을 함께 되짚어 보자.

Contents
Vol.21 SEASON II 2011

SPECIAL ISSUE

Small Scale
Strong Spirit
Smart Solution

스마트 브랜딩

브랜드를 구축하는 것은 분명 쉽지 않은 일이다.
수익과 성장이라는 결과를 끊임없이 요구받는 기업에게
이상적인 가치를 보존하고 구현하는 일은 현실적인 문제들로 힘에 부칠 때가 많기 때문이다.
게다가 많은 부분에서 상대적인 열세를 감내해야 하는 중소기업에게는 더욱 힘든 일이다.
그런데 정말로 작은 기업이 가진 것은 상대적 박탈감뿐일까?
작아서 더 좋은 점, 작기 때문에 더 잘 할 수 있는 것은 없을까? 이번 특집을 통해 생산 주체의 '왜소함'이
제대로 된 브랜드가 되는 데는 외려 좋은 조건이 될 수 있음을 증명해 보았다.
실질적인 방법론으로 '스마트 브랜딩'을 제안한다.

03 EDITOR'S LETTER | 편집장의 편지
10 QUICK SERVICE | Vol.21 '스마트 브랜딩' 미리보기
16 SELF CHECK LIST
18 INSIGHT | Small Scale, Strong Spirit, Smart Solution

10
Smart Brands
한국의 강소브랜드, 10개의 케이스 스터디

"멍청하지만은 않은 강박!"
이는 톰 피터스가 강소기업들이 지닌 고집스런 태도를 빗대어 표현한 말이다.
실제로 이번 특집을 위해 만난 10개의 브랜드에서도 이런 면모를 분명히 발견할 수 있었다.
자신들이 지켜내고자 하는 (작더라도 소중한) 가치에 대한 몰입과 끈질긴 연구 끝에 결국 그들만의 원칙을 만들어 낸 이들은
일종의 '자기원칙주의자'다. 이어질 10개의 브랜드 사례에서 그들이 어떠한 방법으로 열악한 환경 속에서도
자신들의 미션을 스마트하게 지켜내고 있는지 살펴보자. 단순히 주어진 일을 잘 해내기 보다는, 자기가 하는 일의 의미에
더 많은 가치를 두는 그들은 어떤 브랜딩 나이테를 그려가며 히스토리를 만들어가고 있을까?
가치와 정신적 산물을 필두로 협력, 문화, 영성, 그리고 영혼에 호소하는 기업만이 살아남을 것이라는,
필립 코틀러가 주장한 마켓 3.0시대에서 그 활약이 더 기대되는 이들의 브랜딩 스토리를 지금부터 들어보자.

24	Small is Well, 제니스웰	**98**	마이너 마이닝(minor mining)의 마법, 위즈아일랜드
38	작은 것을 극대화하는 브랜딩 제조술, 폼텍	**112**	성장을 위한 의도적 변주, aA디자인뮤지엄
52	경쟁 없이 출판의 빈 고리를 메우다, 도서출판 보리	**126**	생각의 힘이 만든 지니어스 브랜드, 씽크와이즈
66	설탕과 올리브로 완성한 브랜딩 연금술, 슈가버블	**136**	Hot spot에서의 생존과 성숙을 위한 과제, SGP
78	작은 브랜드가 사는 법과 더 잘 사는 법, 두닷	**150**	NEVERENDING STORY 비경쟁, 비타협, 비상식, 3非를 추구하는 Smart Branding
88	나눔 브랜딩으로 상대적 우위를 노리다, 쥬빌리 쇼콜라띠에		

7
Smart Advices
강소브랜드의 성장과 성숙을 위한 7개의 조언

앞서 소개한 10개의 브랜드처럼 현실적인 어려움 속에서도 자사 브랜드의 미션을 잃지 않기 위해서는
기업 내·외부의 문화 환경이 '그에 걸맞게' 조성 되야 한다.
'그에 걸맞게'라는 표현의 구체적인 제반 사항에 대해 국내외 석학 및 전문가들에게 조언을 구했다.
그들의 이야기에는 양적 성장보다 질적 성장을 택한 기업들이 직면하는 문제들을 위한 솔루션은 물론,
정직이란 단어 하나가 브랜딩에 있어 얼마나 스마트한 방법으로 사용될 수 있는지,
그리고 (특히 작은) 기업들이 원하는 아이디어를 통한 혁신에서 주의할 점에 대한 실질적인 노하우가 들어있다.
뿐만 아니라 강소기업들이 넘쳐나는 일본의 교토 지방에서 우리가 배워야 할 기업가 정신은 무엇인지,
그리고 그들이 어떻게 100년, 1,000년의 브랜드를 꿈꿀 수 있었는지도 살펴보면 흥미롭다.
우리나라가 처한 현재의 경제 생태계 속에서 왜 중소기업의 역할이 더욱 강조되어야 하는지와 중소기업이
어떻게 하면 자신만의 아이덴티티를 중심으로 브랜딩의 첫 단추를 제대로 끼울 수 있는지, 그리고 이미 늦었다고
생각하는 지금이 왜 중소기업의 브랜딩에 가장 빠른 시기인지에 대한 이유 또한 확인할 수 있을 것이다.

156 작은 거인들의 선택적 성장_보 벌링엄
162 정직이 곧 스마트한 전략이다_린 업쇼
168 작은 기업의 Making Ideas Happen!_스콧 벨스키
172 교토의 강소기업에게 배우는
1,000년 브랜딩의 노하우_홍하상
178 대한민국 중소기업들의 제로섬 게임 탈출법_김경훈
182 차별화의 원천을 발견하고 전략을 혁신하라_이장우
186 품었던 씨앗으로부터 브랜드의 싹을 틔워라_김형곤
190 추천도서 | 강소브랜드를 만드는 스마트한 독서 전략

Why BrandAcumen?

[əkju:mən : 총명, 통찰력, 혜안]

바라본다, 기억한다, 사랑한다
누군가를 사랑할 때 거치는 과정.

바라본다, 기억한다, 사랑한다
누군가의 브랜드를 사랑할 때 거치는 과정.

바라보게 한다, 기억하게 한다, 사랑하게 한다
브랜드아큐멘이 브랜드를 성공시킬 때 쓰는 방법.

Look - Design
Memory - Name
Love - Strategy

Brilliant sharing for you

| Our Partner

(주)브랜드아큐멘   T 02. 703. 0300 | F 02. 703. 3773 | www.brandacumen.com | blog.naver.com/brandacumen

Self Check List

귀사의 '스마트 브랜딩 지수'는?

아래의 체크리스트는 이번 특집을 준비하면서 만난 여러 브랜드의 전략과 비전, 노하우 중 타사에 귀감이 될 만한 독특한(때로는 놀라운) '사실'만을 모아 구성한 것이다. 물론 아래에 제시된 사례들이 스마트 브랜딩으로 이끄는 '정답'은 아닐 수 있다. 각 개인이나 회사마다 처한 환경과 조직 구조가 다르기 때문이다. 하지만 오랜 동안의 경험과 지혜가 녹아있는 아래 사례들을 통해 "다른 중소기업들은 강소브랜드로 거듭나기 위해 이렇게까지 하는구나" "브랜드란 개념을 이만큼 진지하게 고민하고 있구나" "이런 사례는 우리에게도 적용될 수 있겠구나" 하는 자극만 받아도 추후 스마트 브랜딩의 개념을 이해하는데 큰 도움이 될 것이다. 아래의 질문을 하나씩 읽어 보면서 현재의 '스마트 브랜드 지수'를 확인해 보고, 추후 브랜딩을 위해 고려할 사항을 재점검해보기 바란다.

* 우측에 표기된 페이지는 해당 기사의 시작 페이지를 의미한다. 스마트한 브랜딩 노하우에 관한 브랜드 사례가 궁금하다면 해당 페이지로 바로 이동해도 좋다.

No.	QUESTIONNAIRE	YES	NO	Page
1	우리 브랜드는 20년 후 우리 회사에서 일할 직원을 미리 뽑아두었다.	☐	☐	24
2	우리는 우리 브랜드 내에 뭔가 마법 같은 일이 일어나고 있다고 생각한다. 말로 설명할 수는 없지만 놀라운 일들이 벌어지고 있다고 느껴지기 때문이다.	☐	☐	98
3	우리 브랜드는 모든 제품을 영문 버전부터 개발한다. 처음부터 세계시장을 목표로 하기 때문이다.	☐	☐	126
4	우리는 브랜드의 가치를 확장시키기 위한 것이라면 남들이 모두 하지 않는 것이라 할지라도 할 의향이 있다(또는 이미 하고 있다).	☐	☐	112
5	우리 브랜드는 지향하는 가치를 구현할 수 있는 인재나 기술이 시장에 없다고 판단되면 직접 발굴, 교육, 육성하는 데 투자와 노력을 아끼지 않았다.	☐	☐	52
6	우리 브랜드는 경쟁자에 연연하지 않는다. 이미 우리만의 호흡법을 터득했기 때문이다.	☐	☐	126
7	솔직히 우리 브랜드는 철학, 비전, 아이덴티티라는 단어에 익숙지 않다. 가끔은 정말로 이것이 기업을 운영하는데 꼭 필요한가, 하는 의심이 들기도 한다.	☐	☐	136
8	우리 브랜드는 대기업이 중소기업에게 하청을 주어 생산하던 방식과 달리 해외 유명기업에 기술과 원료를 제공하는 역OEM 방식의 수출길을 열었다.	☐	☐	66
9	우리 브랜드는 시장에서 절대적 우위를 점할 수 없을 때, 가지고 있던 것들을 활용하여 적절한 시기에 상대적 우위를 점하는 법을 알고 있다.	☐	☐	88
10	우리 브랜드는 우리만의 스타일이나 컬러를 최소화 하는 것이 우리가 브랜드로서 가야 할 길이라고 생각한다.	☐	☐	136
11	우리 브랜드는 브랜드를 지키기 위해서라면 많은 수익을 얻을 수 있는 계약도 기꺼이 포기할 수 있다.	☐	☐	38
12	우리 브랜드는 우리가 원하는 완성도를 가진 제품을 만들기 위해 무려 7년의 시간을 투자했다.	☐	☐	52
13	우리 브랜드의 궁극적인 목표는 우리가 만드는 제품이 더 이상 필요하지 않은 세상을 만드는 데 있다.	☐	☐	24

SELF CHECK LIST

No.	QUESTIONNAIRE	YES	NO	Page
14	우리 브랜드는 손해를 보더라도 우리가 지키려고 마음먹은 원칙을 고수하고 타협하지 않는다는 신념이 있다.	☐	☐	78
15	우리는 동종 카테고리 내에 있는 다른 업체들보다 가격이 높은 편이다. 하지만 가격을 낮춰 경쟁 구도를 만들기 보다는 가치를 높여 경쟁을 불필요하게 하는 것이 브랜딩에 더 중요한 일임을 알고 있다.	☐	☐	98
16	우리 브랜드는 구매한지 1개월이 지난 제품에 이상이 생긴 경우나 수명이 다한 경우 사용하던 제품을 반납하면 평생 무상으로 교체해준다.	☐	☐	136
17	우리 브랜드는 아무리 작은 것이라도 그럴 만한 가치가 있다고 여겨지는 것에 대해서는 그 가치를 극대화시키는 방법으로 브랜딩을 하고 있다.	☐	☐	38
18	우리 브랜드는 대기업이 만드는 브랜드와 직접적인 경쟁을 하지 않고도 고객의 필요를 채워줄 수 있는 생태적 지위를 가지고 있다.	☐	☐	78
19	우리는 우리 브랜드가 하고 있는 일은 절대로 대기업이 모방할 수 없는 일이라고 생각한다. 진정성과 철학, 그리고 고객을 대하는 우리의 디테일한 열정은 돈으로 살 수 없는 것임을 잘 알고 있기 때문이다.	☐	☐	98
20	우리 브랜드는 제품을 생산하는 사람들에게도 그들이 '제품을 만드는 사람'이 아니라 '브랜드를 만드는 사람'이라고 교육한다.	☐	☐	38
21	우리 브랜드는 조직의 절반이 BM$^{Brand\ Manager}$다. 그만큼 조직 차원에서 브랜드 관리와 운영을 중요하게 생각하기 때문이다.	☐	☐	24
22	우리 브랜드는 우리가 무엇을 할 수 있고, 무엇을 할 수 없는지를 잘 알고 있으며 무리하게 사업의 확장을 꾀하지 않는다.	☐	☐	78
23	우리 브랜드는 브랜드가 가진 자원적, 기술적 능력을 활용하여 좋은 것을 많은 사람들과 나누는데 최선을 다하고 있다.	☐	☐	88
24	우리 브랜드는 제품의 '무독성'을 보여주기 위해 바이어나 유통업체와의 미팅, 기자들 앞에서 제품을 들이켜거나 심지어 눈에 넣은 적도 있다.	☐	☐	66
25	우리 브랜드는 브랜드가 중요하게 생각하는 가치의 훼손을 막기 위해 프랜차이즈로 빨리 규모를 늘일 수 있음에도 불구하고 그렇게 하지 않고 있다.	☐	☐	88
26	우리 브랜드의 경쟁력은 독창적이고 완벽한 기술력을 기반으로 한다. 시험기관에서 '상식적으로 이해할 수 없을 정도로 결과가 좋다'며 재테스트를 요구했을 정도다.	☐	☐	66
27	우리는 우리 브랜드가 지향하는 핵심적인 가치를 확장하는 것을 제외하고는 다른 어떤 것도 확장할 계획이 전혀 없다(심지어 그것이 수익을 높여주는 것이라 할지라도 말이다).	☐	☐	112
28	우리 브랜드는 시장 조사가 필요 없다. 다른 회사가 만들지 않는 제품을 만들기 위해 항상 새로운 시장을 개척하기 때문이다.	☐	☐	52
29	우리 브랜드는 '확대지향보다 행복지향'의 철학을 가지고 일해왔다.	☐	☐	126
30	우리는 '성장'이란 규모의 확장이 아닌, '비전'의 확장이라고 생각한다.	☐	☐	112

Small Scale,
Strong Spirit,
Smart Solution

브랜딩, 이상주의자들의 현실적인 싸움

3일이 멀다 하고 새로운 계획을 세우고, 좋은 부모가 되기 위해 이번 주말에는 꼭 일찍 일어나겠노라 약속도 해보고, 또 좋은 자식이 되기 위해 이번 여름 휴가 때는 부모님을 모시고 여행을 계획해 봐도, 그 아련한 마음은 현실의 벽 앞에서 형체가 어그러진다. 그리고는 이상과 현실은 분명 괴리가 있다며 스스로를 위로하기도 한다.

좋은 가치를 추구하겠노라고, 세상에 이로운 제품을 만들겠노라고, 우리 브랜드의 철학을 공고히 하겠노라고 다시금 마음을 다잡아도 이상적으로 그려오던 회사의 모습은 늘 현실적인 어려움 앞에서 휘발되기 십상이다. 이렇듯, 삶을 사람답게 사는 것은, 회사를 브랜드답게 운영하는 것은 분명 어렵다.

(삶은 너무 무거운 문제이니, 기업 운영에 대해서만 논해보았을 때) 물론, 쉬운 방법은 있다. 바로 포기다. 하지만 만약 포기할 것이라면 절대로 기업의 지속성을 약속하는 '수익', 그리고 기업의 영속성의 근간이 되는 '브랜드 구축'은 기대하지 말아야 한다. 그런데 이 둘을 꿈꾸지 않는다면 기업의 존재 이유는 뭘까?

수익을 포기한다는 것은 '기업의 존재 이유는 이윤추구'라는 명제에도 위배되고, 브랜드를 포기한다는 것은 가치 실현도 못한다는 의미니 (최근 많은 브랜드 학자들이 주장하는 것처럼) '기업의 존재 이유는 가치실현'이란 명제도 성립시킬 수 없을 것이기 때문이다. 결국 가치를 포기한다는 것은 경영을 포기하겠다는 말이다. 그러니 브랜드가 되겠다는 (다소 이상적인 꿈처럼 여겨질지도 모르는) 그 꿈은 계속 되어야 한다.

그리고 또 하나, 대부분의 혁신과 발명은 이상주의자들의 고민에서 탄생된다는 점도 잊지 말아야 한다. 하늘을 날고 싶다는 라이트 형제, 밤에도 낮처럼 환했으면 좋겠다고 생각한 에디슨, 만인을 위한 자동차를 꿈꾼 포드… 한때는 망상으로 몰리던 개인의 이상은 현실이 되어 우리 삶을 통째로 바꿔놓았다. 고로 회의 시간 때마다 반복되는 혁신이란 단어가 공허해지지 않으려면 이상을 버려서는 안 된다.

이 모든 것이 몇 갑절은 더 힘겨운 중소기업

그럼에도 불구하고 많은 부분에서 상대적 열세를 감당해내야 하는 중소기업의 리더들은 이상을 포기하는 것에 더 큰 유혹을 느낀다. 그러니 '당장 내일의 생존을 걱정하는 내가 꼭 브랜드까지 되어야 할까?'라는 그들의 포기에 가까운 볼멘소리도(그 어떤 리더도 "브랜드는 절대 필요 없다"고 강조하지는 않는 것을 보면 해야 하는 것은 알지만 포기하고 싶은 것이다) 그리 큰 비난 거리는 아니다. 하지만 감당하기 힘든 것이라 해고 밀쳐내는 것은 궁극적으로는 아무런 해결책이 되지 못한다.

그런데 정말로 작은 기업들에게 있는 것이라곤 상대적 박탈감뿐일까? 작아서 더 좋은 점, 작기 때문에 더 잘 할 수 있는 것은 없을까?

Small Scale, 작은 것이 축복

생산 주체의 '왜소함'이 오히려 브랜드가 되는 데는 더 큰 도움이 될 지 모른다. 장인craftsman에 의해 운영되는 기업과 대량생산 시스템을 갖춘 제조 공장 기반으로 운영되는 기업을 비교해 생각해 보면 이해가 쉽다. 자신이 진정으로 믿는, 지키고 싶은 가치를 유지하기 위해서는 거대 시스템의 일부가 되는 것이 아닌, 작은 규모로 기업을 운영하는 것이 브랜드가 되기에는 더 좋은 방법이지 않을까?

그러니 작다는 것은 적어도 진정한 브랜드가 되는 것에 있어서는 더 유리하다는 이야기다. 게다가 (이미 현재도 그런 경향이 농후하지만) 가치와 정신적 산물을 강조하는 새로운 시장이 도래했음을 강조하며 "앞으로는 협력, 문화, 영성, 그리고 영혼에 호소하는 기업만이 살아남을 것이다"를 수없이 강조한 필립 코틀러의 '마켓 3.0의 시대'에는 더욱 그렇다.

이제 브랜드의 필요성을 가격 프리미엄(소위 이름값) 정도로 생각하는 것은 여전히 마켓 2.0에서 허우적거리고 있다는 증거다. 브랜드는 앞으로 우리가 살아가야 할 새로운 시장에서의 생존에 관한 문제이며 그렇기에 브랜드는 마냥 이상적인 이야기가 아닌, 바로 코앞에 닥친 현실적인 이야기다.

"그런 이야기는 그간 수 차례 들어와서 잘 알겠는데, 그렇다면 우리는 어떻게 해야하겠소?"라며 질문을 할 독자를 위해 구체적인 방법론으로 'DRT보다는 DTR의 삶을 택할 것'을 제안한다.

DTR보다는 DRT의 삶

DTR와 DRT의 의미는 다음과 같다.

DTR : Doing the Things Right, 일을 옳게(제대로) 해내는 것
DRT : Doing the Right Things, 옳은 일을 하는 것

'일을 옳게(제대로) 하는 것'과 '옳은 일을 하는 것'은 상당히 다른 이야기다. 전자가 일의 성격이나 목적이야 어찌 되었든 그 일이 제대로 수행 되기만 하면 그만인 것에 비해, 후자는 일의 성격이나 목적이 무엇인지를 명확히 한 후에 그 일에 매진하는 것을 의미한다. 예를 들면 이렇다. DTR의 관점에서라면 암시장에서 마약을 보급하더라도 안전하고 신속한 방법으로 고객에게 유통될 수 있다면 그것으로 족하다. 효율성 중심의 관점이기 때문이다. 반면 DRT의 관점이라면 마약은 판매할 가치조차 없는 것이며 외려 신약 개발을 하는 일에 사활을 걸 것이다. 인류를 구하고 세상을 이롭게 할 수 있다면 당장에는 시간과 에너지가 많이 들어 효율적이지 못해 보여도 투자할 의미가 충분한 것이다. 이처럼 일을 제대로 하는 것과 옳은 일을 하는 것은 신념(가치관과 철학)과 관련된 문제다.

(특히) 중소기업에게 DRT를 권하고 싶은 이유는 앞서 설명했듯 조직 규모상 신념을 공유해 에너지를 한 방향으로 더 잘 모을 수 있다는 장점 말고도 몇 가지가 더 있다. 옳은 일을 중시하는 마켓 3.0 시대의 소비자에게 환호 받을 수 있기 때문도 그 이유 중 하나지만 더 큰 것은 그것이 신시장을 창조하는 또 다른 방법이 될 수 있기 때문이다.

대기업은 시장 규모가 작으면 비록 옳은 일일지라도 손 대지 않는 경향이 있다. 그들은 투자 대비 수익률과 효율성을 극대화한 최적의 시스템을 중시하기 때문이다. 오히려 옳지 않은 일이지만 그것이 투자 대비 수익률이 높다면 과감히 손을 대는 경우를 우리는 수없이 목도해 왔다. (모두 그런 것은 분명 아니지만) 대기업은 DRT보다 DTR에 관심이 많고, 그만큼 중소기업에게는 기회가 될 수 있는 빈 공간이 많다는 의미도 되지 않는가. 이것이 중소기업이 더욱 DRT적인 삶을 택해야 하는 이유다. 게다가 중소기업이 대기업의 효율성은 따라가기 힘들다. 그것은 그야말로 규모의 경제와 시스템의 게임이기 때문이다(물론 기존 시장에서의 생산이나 유통 시스템을 혁신적으로 바꿀만한 아이디어로 새로운 비즈니스로 성공을 거둔 경우도 있지만 결국에 그것은 대기업에 벤치마킹 되거나 인수되는 경우가 허다하다).

작은 것의 극대화

이것을 이해하고 DRT의 관점을 취하기로 한 중소기업들이라면 '옳은 일'에 대한 고민의 끝에서 '작은 것'을 만나게 될 것이다. 여기서 작은 것이란 시장의 관심이 적거나 그간 등한시 되어왔지만 중요한 가치들, 혹은 몇몇 사람들에게만 필요한 것을 의미한다.

결국 고민 끝에 찾아낸 것이 작다고 해서 실망하기는 아직 이르다. 실제로 현재 강소브랜드로 자리매김한 브랜드들 또한 그렇게 작은 것을 찾아내 발굴하고 극대화 시킨 경우가 많기 때문이다. 여기서 극대화란 그 작은 것을 사람들의 관심의 영역으로 끌어오거나, 의미 있는 메시지를 제품과 서

비스에 옮겨 심어 계몽 시키는 작업을 의미한다.

그런데 아는가? 이런 작은 것의 극대화 작업이 이제 앞으로 우리가 해야 할 일이라고 말하면 어렵고 버거운, 외면하고 싶은 부담스러운 이야기로 들리겠지만 이것이 바로 그동안 여러 책들을 보며 꿈꿔오던, 또 매 회의마다 찾으려고 했던 신시장 창조의 방법이라는 것을 말이다.

새로운 기술력이나 컨셉으로 시장의 최초가 되고 카테고리 킬러가 된 그들, 당신이 룰 브레이커 Rule Breaker라 칭송하던 경영의 우상들이 대부분 작은 것을 극대화시킨 사람들이다. 이제 DRT의 태도로 작은 것을 극대화하는 것이 중소기업 브랜딩의 중추임을 받아들여야 할 때가 왔다.

하지만 이런 방법을 찾는다고 끝나는 것이 아니다. 외려 '작은 것'을 찾는 것은 쉽다. 더 어렵고 중요한 것은 극대화 작업인데 이것을 가능케 하는 데는 그만한 에너지가 필요하다. 그 에너지원이 바로 강인한 정신력, Strong Spirit이다.

Strong Spirit, 멍청하지만은 않은 강박

톰 피터스는 강소기업들이 지닌 고집스런 태도를 보고 '멍청하지만은 않은 강박'이라 표현하기도 했다. 이번 Vol.21 '스마트 브랜딩' 특집을 위해 만났던 리더들 역시 크게 다르지 않았다. 자신들이 지켜내고자 하는 (작더라도 소중한) 가치에 대한 몰입과 끈질긴 연구 끝에 그들만의 원칙을 만들어 내기도 했다. 일종의 '자기원칙주의자'들인 그들은 다음의 관점들을 유지하고 있었다.

Don't와 Can't의 차이

하지 않는 것 Don't과 하지 못하는 것 Can't은 분명히 차이가 있다. 우리가 만난 몇몇 강소기업들은 아이덴티티 보호를 위해 때로는 성장의 속도를 조절하기도 했으며, 의도적 난관을 즐기기도 하며 자의적 역설의 결과를 만들어 내는 것에 흥미를 느끼기도 했다. 분명한 것은 하지 않는 것을 결정하는 것만으로도 1차적 전략은 수립될 수 있다는 것이다. 그런데 그들은 어떤 관점을 가지고 있기에 해야 할 것과 하지 말아야 할 것이 보이는 것일까?

멀가중 멀가중 멀중가중

여성들에게는 꽤나 낯선 표현이겠지만 군대를 다녀온 남성들에게는 익숙한 이 표현은 군대에서 사격훈련

> 성장의 속도가 상대적으로 늦기에 그들이 한 해 한 해 그려내는 나이테는 촘촘히 그려지기도 하지만 그만큼 견고하다.

을 할 때 수시로 읊조리는 구호다. '멀가중'이란 총을 겨냥할 때 첫 발은 '멀(가장 멀리 있는 과녁으로 250m 떨어져 있다)', 두 번째 총알은 '가(가장 가까운 과녁으로 100m 떨어져 있다)', 세 번째 총알은 '중(가운데 있는 과녁으로 150m 떨어져 있다)'에 조준하여 쏘라는 의미로 그 순서를 잊지 않도록 약칭으로 쓰이는 단어다. 즉 멀가중 멀가중 멀중가중은 250m, 100m, 150m, 250m, 100m, 150m, 250m, 150m, 100m, 150m의 순서로 사격하라는 의미다.

그런데 작은 규모에서 시작해 강소기업으로 이름을 새긴 많은 리더들은 멀가중 관점으로 브랜딩을 하고 있었다. 달리 말하면, 가치를 중심축으로 두고 미래적 관점에서 비즈니스를 생각하면서도(멀, 미션), 이를 위해 가장 가까이에 있는 현실적인 이슈들을 해결해 나가기도 하며(가, 전략과 전술), 오늘의 숙제가 해결될 때 그려질 중기적 비전의 로드맵까지(중, 비전) 고려하는 멀티뷰 multi view를 가지고 있는 것이다. 이런 관점을 가질 때만이 오늘, 지금 바로 현장에서 해야 할 일과 하지 말아야 할 일을 구분할 수 있다. 그리고 무엇보다도 이것이 열악한 환경에서도 스마트한 전략을 도출해 낼 수 있는, '브랜드 마인드'다.

Smart Solution, 자본보다 부족한 것은 브랜드 마인드

당신의 오늘을 보자. 현재 당신은 '제품이든 서비스든' 고객에게 선사할 무언가를 생산해 내고 있고 고객과 만나는 '공간(그것이 노점이든, 온라인 쇼핑몰이든 소박한 매장이든, 아니면 B2B 업체이기에 몇몇 미팅 장소가 되었든)'에서 누군가를 만난다. 또한 상대적인 경쟁력을 갖추기 위해 좀 더 매력적인 '가격' 정책도 이미 세워두었을 것이고, 부지런한 생산자라면 제품이나 서비스가 좀 더 잘 팔릴 수 있도록 다양한 아이디어로 '판촉활동'에도 열을 올리고 있을 것이다.

이 틀을 벗어날 비즈니스는 아무 것도 없기에 이것을 축약해 4P(Product, Place, Price, Promotion)라 부르고 '이들 각 요소에서 차별화를 꾀하기 위해 고군분투 하고 있음'이 우리들의 경영활동에 대한 가장 간략한 표현일 것이다. 그리고는 이것을 4P Mix 전략이라 부른다.

여기까지가 모든 생산자가 시장에서 '마케팅'을 위해 하고 있는 것이다. 그리고는 '브랜딩'은 전혀 다른 것으로 치부해버

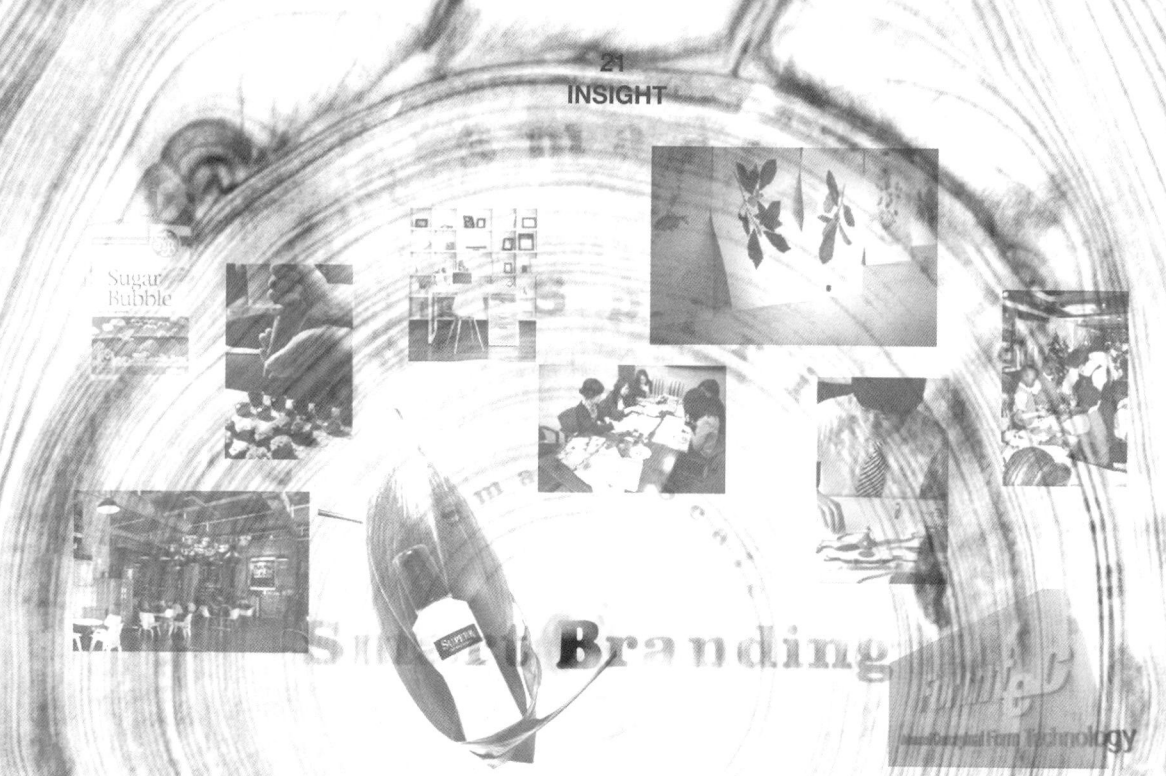

린다. 앞서 이야기 했듯 '브랜딩은 아직 우리에게는 벅찬, 저 멀리의 것'으로, 마음이 불편하지만 애써 모른척 한다.

만약 이것이 마치 당신, 그리고 당신 회사의 이야기인 것처럼 들린다면 당신과 당신 회사에 부족한 것은 자본이 아니라 '브랜드 마인드'다. 지금 현재의 모습만으로도 이미 훌륭한 마케터일지 모르지만 브랜더가 되기 위해서는 좀 더 스마트해질 필요가 있다. 우선 아래 공식부터 이해해 보자.

4P x 브랜드 마인드 = 브랜딩

어차피 하는 것(4P Mix), 좀 더 스마트하게 해보자는 것이다. 뭔가 더 많은 돈을 지불해야 하는 것이 브랜딩이 아니라 현재 진행하고 있는 4P Mix만으로도 브랜딩은 분명 가능하다. 그렇다면 이제 브랜드 마인드가 무엇인지가 좀 더 명확해질 필요가 있다.

'브랜드' 그리고 '마인드'. 각 단어의 정의만도 수십 가지가 넘을 이 두 단어의 조합을 한마디로 정의하는 것은 '사랑'이란 단어를 한문장으로 정의하는 것만큼이나 무모할지 모른다. 하지만 수십, 수백 가지로도 가능할 정의 중 하나로 제안하고 싶은 것이 있다.

브랜드 마인드란 '가치 있는 것을 (혹은 가치 있다고 믿는 것을) 가치 있게 대하는 마음가짐' 아닐까? 브랜드는 가치의 총체이며 그 가치에 대한 믿음과 애착이 뜨거운 열정을 만들어 내는 것임을, 그리고 그것이 브랜드의 성공으로 이어짐을 앞으로 소개할 10개의 브랜드 사례에서 확인할 수 있을 것이다.

제품과 서비스, 그것에 책정된 가격, 그것이 소개될 공간,

그것을 파는 방법을 고안하는 것에 있어서 당신이 중시하는 가치가 최대한 구현될 수 있도록 하는 것, 4개의 요소에 가치가 스며들게 하는 것, 이것이 바로 브랜딩이다. 그래서 브랜딩은 광고로 만들어지는 것이 아니며, 심지어 돈이 많아도 아무나 만들 수 있는 것이 아니다.

이어질 10개의 브랜드는 자신들이 가진 것 안에서, 자신들이 찾은 가치를, 최대한 잘 보여질 수 있도록 수많은 고민을 거듭한 결과로 브랜딩의 나이테를 한 켜씩 그어나가고 있다. 이에 대한 화답으로 브랜드라는 나무에 물을 주는 고객의 사랑으로 체온을 유지하며 건강히 자라고 있음은 분명하다. 물론 성장의 속도가 상대적으로 늦기에, 또 때로는 일부러 성장의 속도를 제안하기에 그들이 한 해 한 해 그려내는 나이테는 좀좀히 그려지기도 하지만 그만큼 견고하다.

10개의 브랜드들은 그 좀좀한 나이테 안에서 정말 DRT의 태도를 취했는지, 그러한 태도를 갖추고 찾아낸 이들만의 '작은 것'은 무엇인지, 그 작은 것을 어떤 방법으로 극대화 시켰는지, 극대화를 꾀하던 중 어떤 어려움에 봉착하게 됐는지, 그 어려움은 어떤 스마트한 전략으로 해결해 냈는지 확인해 보길 바란다.

아마도 10개의 브랜드 리더들 역시 꽤나 이상주의자들임을 알 수 있을 것이다. 하지만 그들은 이상이 이루어져야 할 곳은 현실이어야 함을 잘 알고 있는 스마트 브랜더들이다. 그렇기에 이상적 가치에 대한 열망 때문에 생긴 고됨을 오히려 현실에서의 게임으로 인식하며 나름의 방법으로 즐길 수 있는 것이다. 브랜더라면 이상적인 현실주의자보다 현실적인 이상주의자가 되는 것이 바람직하다. UB

24	Small is Well, 제니스웰
38	작은 것을 극대화하는 브랜딩 제조술, 폼텍
52	경쟁 없이 출판의 빈 고리를 메우다, 보리
66	설탕과 올리브로 완성한 브랜딩 연금술, 슈가버블
78	작은 브랜드가 사는 법과 더 잘 사는 법, 두닷
88	나눔 브랜딩으로 상대적 우위를 노리다, 쥬빌리 쇼콜라띠에
98	마이너 마이닝(minor mining)의 마법, 위즈아일랜드
112	성장을 위한 의도적 변주, aA디자인뮤지엄
126	생각의 힘이 만든 지니어스 브랜드, 씽크와이즈
136	Hot spot에서의 생존과 성숙을 위한 과제, SGP
150	NEVERENDING STORY ｜ 비경쟁, 비타협, 비상식, 3非를 추구하는 Smart Branding

10 Smart Brands
한국의 강소브랜드, 10개의 케이스 스터디

"멍청하지만은 않은 강박!"
이는 톰 피터스가 강소기업들이 지닌 고집스런 태도를 빗대어 표현한 말이다.
실제로 이번 특집을 위해 만난 10개의 브랜드에서도 이런 면모를 분명히 발견할 수 있었다.
자신들이 지켜내고자 하는 (작더라도 소중한) 가치에 대한 몰입과 끈질긴 연구 끝에 결국 그들만의 원칙을 만들어 낸 이들은 일종의
'자기원칙주의자'다. 이어질 10개의 브랜드 사례에서 그들이 어떠한 방법으로 열악한 환경 속에서도
자신들의 미션을 스마트하게 지켜내고 있는지 살펴보자. 단순히 주어진 일을 잘 해내기 보다는, 자기가 하는 일의 의미에
더 많은 가치를 두는 그들은 어떤 브랜딩 나이테를 그려가며 히스토리를 만들어가고 있을까?
가치와 정신적 산물을 필두로 협력, 문화, 영성, 그리고 영혼에 호소하는 기업만이 살아남을 것이라는,
필립 코틀러가 주장한 마켓 3.0시대에서 그 활약이 더 기대되는 이들의 브랜딩 스토리를 지금부터 들어보자.

SMART BRANDING

그들만의 스마트 브랜딩
Small is Well, 제니스웰

The interview with ㈜코비스코퍼레이션 대표 유민수

A : "브랜드가 중요합니다. 부가가치를 창출하는 것은 물론 고객의 인식 속에…"
B : "그걸 누가 모릅니까. 문제는 우리 같은 중소기업은 브랜드에 투자할 돈이 없다는 거죠."
당신 역시 B처럼 답할지 모른다. 특히 중소기업에 몸담고 있는 독자라면 더욱 그럴 것이라 예상된다.

'브랜딩 = 추가 지출.' 애석하게도 이것이 현재 브랜딩에 씌워진 누명 중 하나다. 물론 이 단어가 그간 그런 오해를 불러일으킬 만한 빌미를 제공해 온 것도 사실이다. 브랜딩은 (화려한 광고와 힘 있는 프로모션 등으로) 꽤나 화려해 보였고, 그래서 자본이 있어야만 조금씩 완성될 것 같은 난제의 영역처럼 비쳐지기도 했다. 또한 투자된 자금이 언제 회수 될지 모르는, 기약 없는 약속처럼 보이기도 했을 것이다. 당장 생존의 문제를 고민해야 할 중소기업들에게는 (있어서 나쁠 것은 없지만) 당장에는 지출만 있는 것처럼 보이는 보험처럼 느껴지기도 했을 것이다. '언젠가 돈을 벌면…' 하는 마음으로 굳건히 서 있는 다른 브랜드를 마냥 부러운 눈으로 바라보기도 했을 것이다.
하지만 오해다. 물론 브랜딩이 시간과 자금이란 변수와 밀접한 관계에 있는 것은 사실이지만 늘 정비례의 수식을 갖는 것은 아니며, 그 변수 앞에 어떤 장치를 두느냐에 따라 브랜딩의 결과 값은 전혀 달라진다. 변수(시간과 자금)를 좀 더 스마트하게 만지는 (효율적으로 운용하는) 기술을 '제니스웰'의 유민수 대표에게 들어 보자.

감질疳疾

'감질나다'라는 표현으로 자주 활용되는 이 단어는 '바라는 정도에 아주 못 미쳐 애타는 마음'을 뜻한다. 그리고 경영자만큼 이 단어에 깊이 공감하는 사람들도 드물 것이다. 특히 중소기업에서 일해 본 경험이 있거나 현재 운영하고 있는 사람이라면 '현금 흐름만 조금 좋아져도, 시간이 한 달만 더 있어도, 소비자 조사도 하고 제품과 서비스도 개선하고 훌륭한 인재도 채용하고, 광고에도 투자할 텐데…'라는 아쉬움에 절로 탄식이 흘러 나온 경험이 있을 것이다. 이런 아쉬움 때문에 각종 금융권에 손을 벌리는 CEO들, 그리고 그 부채 때문에 잠 못 이루고 때로는 극단적인 선택을 하는 경영자가 적지 않다. 시간과 돈은 대체 언제 어디로 흘러나간 것인지 늘 아쉬운, 감질나는 존재들이다.

제니스웰Zeniswell의 유민수 대표 역시 자신을 포함해 10명이 채 되지 않은 작은 조직을 이끌며 이러한 문제에 봉착할 때가 한두 번이 아니라고 한다. 그에게는 이것이 좀 더 견디기 힘든 유혹이 될 것이, 마음만 먹으면 좀 더 쉽게 자금을 마련할 수 있기 때문이다. 미리 밝혀 두자면 그는 한국 화장품 업계 굴지의 기업, 코리아나 유상옥 회장의 차남이다.

유민수(이하 '유') 매번 아쉽다. 누가 그렇지 않겠나. 그러나 나 역시 1억 원의 자본으로 코리아나를 창업하여 성공한 아버지처럼 자수성가하고 싶었다. 또 내게는 어떤 비즈니스를 하든 꼭 지키고자 하는 '비즈니스의 세 가지 원칙'이 있다. 소자본으로 런칭하고, 무재고 시스템을 갖추며, 고부가가치를 창출하는 것'인데, 이는 그간의 경험을 통해 얻게 된 귀한 단어들이다.

그가 꼽은 세 가지 단어가 실제로 비즈니스로 구현될 수만 있다면 그보다 더 이상적일 수가 없다. 적은 자본으로 재고도 없이 고부가가치를 만들어 낼 수 있다면, 특히 중소기업에게는 꿈에 그리던 모습이 아니겠는가. 그는 어떤 경험을 했기에 이런 원칙을 추려 낼 수 있었을까?

유 첫 직장이던 제일기획에서 정말 많은 것을 배웠다. 광고의 허와 실은 무엇이며, 적절한 투자 방법은 어떤 것인지를 다양한 성향과 이력의 삼성 내·외부 CEO들을 보며 알게 됐다. 그렇게 배우며 10년 정도 일하다가 1년 가량 미국에 공부하러 갔는데, 공부를 마치고 나니 한 번쯤 미국에서 사업을 해보고 싶었다. 많은 반대를 무릎쓰고 제일기획에 사표를 냈고 사업자금은 당시 퇴직금으로 받은 1,500만 원가량에서 세금을 제한 1,300만 원이 다였다.

1,300만 원이면 서울에서 6개월치 사무실 임대료도 내기 힘든 돈이다. 그 돈으로 미국에서 컴퓨터 관련 회사를 차렸다. 이유는 단 하나, 컴퓨터를 사러 갔다가 만난 기술자와 이야기를 나누다가 벤처 붐이 일기 직전이던 당시에 컴퓨터 비즈니스는 상당히 유망한 사업 '아이템'이란 생각이 들어서였다. 그래서 그 기술자를 직원으로 뽑고 사업을 시작했다.

유 당시 미국은 법인 설립 절차가 하루 만에 끝나는, 회사 차리기가 참 쉬운(?) 나라더라. 회사를 만들어 임대차계약을 하고 직원 두 명과 사업을 시작했다. 자금에 여유가 없으니 머리를 잘 써야 했다. 비즈니스 영역은 크게 세 가지였다. 컴퓨터 판매와 수리, 컴퓨터와 컴퓨터를 연결하는 랜LAN 공사 수주 및 업체 중개, 그리고 교육사업이었다. 당시 마이크로소프트에서 만든 MCSE^{Microsoft Certified System Engineer}라는 자격증을 취득하려면 3만~5만 달러를 내고 교육을 받아야 했다. 상당히 비싼, 게다가 영어로 진행되는 교육이라 한국 사람들에겐 상당한 부담이었다. 그래서 한국 강사를 초빙해 5,000달러짜리 코스를 만들었다. 숙제는 어떻게 알릴 것인가였다. 알리기만 하면 누구나 관심을 가질 상품이었기 때문이다.

중계업(LAN 공사 수주와 컴퓨터 세일즈)과 교육사업이라는 (상대적으로) 저자본에 유리한 아이템을 선택한 그에게 문제는 광고였다. 그가 찾은 방법은 한국인들이 자주 찾는 마켓과의 제휴였다. 당시 그 지역에서 가장 유명했던 '부산마켓'의 사장을 찾아가 컴퓨터 한 대와 쌀 한 포대를 경품

ZENISWELL

'Zen is Well'을 의미하며, 이 단어를 모두 붙인 것이 브랜드명이 되었다. 2006년 9월 첫선을 보인 제니스웰은 제조한 지 3~6개월 이내의 제품만을 유통하는, '신선 화장품'을 주된 컨셉으로 한다. 이름에서도 알 수 있듯 제니스웰은 사람과 자연에 대한 공감 능력과 상생의 태도를 의미하는 '젠(Zen, 선종) 사상'을 바탕으로 탄생했으며 인공 화학성분의 최소 처방을 목표로 하는 에코스메틱(Ecosmetic, ECO+Cosmetic) 브랜드다.

으로 걸고 공동 프로모션을 제안했고 8월 15일, 광복절을 추첨일로 둔 이 프로모션에는 1,000명 가량이 응모했다.

유 응모한 1,000명에게는 이메일로 뉴스레터를 만들어 보냈고 경품 추천일에는 샌프란시스코 중앙일보 기자가 취재를 나왔다. 그만 한 홍보가 없었다. 결국 15명이 교육생으로 등록했고, 7만 5,000불이란 꽤나 큰돈을 모아 등록생에게 컴퓨터 한 대씩을 무상 지원하고 강사비와 강의실을 마련했다.

그렇게 1기 등록생의 수강이 끝난 뒤에는 더 많은 수의 2기, 3기 등록생이 생겼고, 유 대표가 한국으로 돌아오면서 함께 런칭했던 기술자들에게 회사를 넘겨 주기까지 했다. 이런 성공 경험은 '소자본, 무재고, 고부가가치'의 세 가지 비즈니스 원칙을 그의 마음에 아로새기는 데 큰 역할을 했다(그가 회사를 넘기고 귀국할 당시까지도 그 회사의 직원 수는 처음과 같은, 2명이었다).

전략적 마케터에서 철학적 브랜더로의 전이

천상 전략가로서 마케팅 본능을 지닌 그는 어떤 연유로 오랜 기간 동안 몇몇 가치에 지속적인 (심적, 물적) 투자를 해야만 얻을 수 있는 브랜드를 동경하는 사람이 되었을까? 그 시점을 명확히 꼬집어 낼 수는 없지만 유 대표의 말을 되짚어 보면 다음의 두 가지 경험이 그 시발점이 되었을 것으로 추정된다.

기업과 브랜드의 수명은 다르다는 것을 알게 되다

이 이슈는 유니타스브랜드 Vol.16의 특집 주제였던 '브랜드십(리더가 아닌 브랜드, 즉 기업의 핵심가치가 조직을 이끄는 상태)'과 같은 맥락이다. 100년 이상 지속되는 브랜드가 되려면 유한한 리더의 삶, 그리고 언제 사라질지 모르는 기업에 구애(拘碍) 받지 않아야 한다는 내용이었는데(루이비통, 바디샵, 나이키의 '소유주'는 수없이 바뀌었지만 그 '브랜드'는 여전히 존재한다), 유 대표 역시 그런 생각을 일본 유학 당시 읽은 책 한 권을 통해 정리해 둔 적이 있다 했다.

유 일본 유학 당시 《기업의 수명은 30년이다》라는 책을 읽었다. 저자가 일본 회사들의 평균 수명을 조사했더니 30년으로 상당히 짧다는 것이다. 그러면서 경영자의 철학을 강조했는데, 그도 그럴 것이 100년 이상 건재한 브랜드를 관찰해 봤더니 그들에게는 철학이

> "나 역시 브랜드를 만든 사람이나 회사의 수명을 넘어서는 브랜드를 만들어 보고 싶었다."

있고, 소비자에게 늘 새로운 가치를 전달하기 위해 고군분투했다는 것이다. 나 역시 브랜드를 만든 사람이나 회사의 수명을 넘어서는 브랜드를 만들어 보고 싶었다.

제니스웰도 내가 죽거나 상황에 따라 리더가 바뀔 수도 있고, M&A가 될 지도 모르지만 철학과 브랜드 아이덴티티만 잘 정립되면 브랜드로서 영생할 수 있을 것이라 믿는다. 그렇게 믿어야 지금 당장을 위한, 올 한 해를 위한 얄팍한 짓을 안 한다. 가격이나 제품을 가지고 장난을 치는 것은 브랜드를 하루살이로 만든다. 100년을 생각하면 1년은 정말 전광석화와 같은 시간이기 때문에 1년을 위한 타협이 적어지는 것이다.

브랜드 가치와 비즈니스 수익, 그 공존의 솔루션을 발견하다

하지만 유 대표가 얻은 그 교훈이 바로 구현된 것은 아니었다. "당시는 어려서 '그렇구나' 정도로만 머릿속에 넣어 뒀지, 내 것으로 만들고 가치관으로 정립된 것은 한참 후의 일"이라는 것이다. 그 한참 후라는 것은 그가 미국에서 돌아온 뒤 일하게 된 고세(일본 화장품 업계에서 약 4~5위 하는 코스메틱 브랜드)에서 일본식 경영을 접하면서다.

유 코리아나에서 일본 고세 화장품과 손잡고 고세코리아를 런칭하게 됐다. 일본 유학 경험이 있던 내가 맡게 됐는데, '돌다리도 두들겨보고 건너라'라는 속담에 꼭 맞는 일본식 경영의 진수를 그 때 맛봤다. 면밀한 조사를 위해 오랜 준비 기간을 갖고 상당히 시스템화 된 그들의 경영 방식이 가끔은 답답하게 느껴질 때도 있었지만 매사에 철저하고 진정성 있는 태도에 감동할 때도 많았다. 아직 생산되지도 않은 제품의 컨셉만 보고 출시 6개월 전에 시장성 검토는 물론 3개월 전에는 주문까지 완료해야 한다. 그렇게 전세계로부터 주문 받은 제품을 런칭 한 달 전에 생산을 마친다. 그런데 가만 보니, 그렇게 하면 무재고 시스템은 물론 재고가 없으니 늘 신선함을 유지할 수 있는 신선한 화장품도 만들 수 있겠더라. 내가 꿈꾸던 비즈니스 모델과 고객에게 전달할 새로운 가치를 동시에 구현할 수 있는 구조를 엿볼 수 있었다.

미국에서 소자본으로 비즈니스를 런칭한 경험, 고세코리아에서의 재고율 조정 기술, 그리고 그 옛날에 읽은 양서 한 권에서 얻은 인사이트가 한데 어우러져 '신선 화장품'이란 새로운 가치를 브랜드의 핵심으로 하는 제니스웰이 마침내 탄생되기에 이르렀다.

그러나 더 중요한 것은 그러한 요소 하나하나가 브랜드 탄생의 씨앗이 된 것을 넘어 앞으로 본격적으로 소개할 제니스웰의 기업 경영의 모든 행보에 녹아들어 있으며, 그것 자체가 중요한 브랜딩 솔루션이 되었다는 점이다. 브랜드의 스토리는 리더의 히스토리와 긴밀한 관계에 있음을 다시금 확인할 수 있었다. 유 대표를 많이 닮았을 제니스웰, 그들의 스마트한 브랜딩 전략을 이제부터 면밀히 살펴보자.

7S로 보는 그들의 스마트 브랜딩 전략

맥킨지의 7S 모델은 Skills(조직의 핵심 능력), Structure(조직 구조), Strategy(전략), Staff(인재 구성), System(운영체계), Style(조직 문화)이라는 기업 운영의 여섯 가지 필수 요인이 브랜드에서 가장 중요 요인으로 꼽히는 Shared Values(공유가치)를 중심으로 어떻게 운영되고 있는가를 한눈에 확인할 수 있는 프레임이다. 이런 프레임을 제니스웰의 브랜딩 전략을 살펴보기 위한 분석 모델로 선택한 이유는 크게 두 가지다.

첫째는 제니스웰의 '신선 화장품'이라는 아이덴티티(혹은 철학, Shared Value) 구현을 위해 기업 운영의 모든 요소(6S)를 어떻게 스마트하게 배치했는지를 알아볼 수 있기 때문이다. 마치 잘 짜여진 씨실과 날실의 직조물처럼 도무지 분리해서 볼 수 없는 그들의 기업 운영 요소들은 적은 자본 안에서 어떻게 최적화 되었는지 smart 확인해 보자.

둘째는 당신의 브랜드를 한 번쯤 이 분석 툴로 조망해 보았으면 좋겠다는 생각에서다. 7S 모델의 가장 큰 장점은 '기업의 규모와 관계없이' 갖게 되는 7가지 요소를 꼭지점으로 제시하고 있다는 점이다. 현재 운영하고(혹은 일하고) 있는 조직의 7S를 점검해 보고 각 요소에서 발견된 문제를 바탕으로 혁신이 필요한 부문을 명확히 하거나 부문별 새로운 전략 아이디어를 도출해 보자. 특히 그냥 '기업'이 아닌 '브랜드'를 운영하고 싶은 사람이라면 나머지 여섯 S들이 Shared Values(공유가치)를 중심으로 어떻게 일관성 alignment을 가졌는지 확인해 보았으면 한다. 이제부터 소개될 제니스웰의 7S가 힌트가 될 수도 있을 것이다.

첫 번째 S, Shared Values : 조직 운영의 중심 축

Shared Values(공유가치)는 7S 모델의 중심축이다. 브랜드 용어로 대치해 보자면 브랜드의 철학(그에 앞서 리더의 철학)이자 아이덴티티를 응축해 놓은 핵심 에너지원과도 같다. 제니스웰, 그리고 유 대표가 믿고 있는 것, 이루고자 하는 것은 이런 것이다.

유 제니스웰의 최후 목표는 지구상에서 화장품을 없애는 것이다.

여러 사유의 과정과 그 의미가 축약된 표현이라 무슨 뚱딴지 같은 소리인가 싶겠지만(그는 화장품 회사의 대표이지

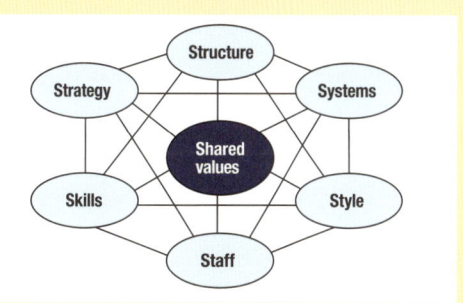

맥킨지의 7S 모델

맥킨지의 대표적인 경영 모델로 잘 알려진 이 경영 진단 모델은 사실 일본 기업들의 성공 전략을 연구하던 리처드 파스칼, 앤서니 에이토스가 1981년 소개한 《The Art Of Japanese Management》라는 책에서 처음으로 등장했다. 또한 《초우량 기업의 조건 In Search of Excellence》에서도 찾아볼 수 있는데 그 이유는 이 모델이 저자인 톰 피터스와 로버트 워터만이 리처드 파스칼, 앤서니 에이토스와 함께 1978년 탄생시킨 것이기 때문이다. 이를 맥킨지가 경영 진단의 기본적인 프레임으로 채택하면서 더욱 유명세를 탔다.

않은가!) 이것이 유 대표가 바라는 궁극의 모습이다. 그의 말인즉, 왜 인류가 화장품을, 게다가 이렇게 고기능 화장품을 써야만 하는 상황에 처하게 됐냐는 것이다. 자연이 훼손되고 환경이 나빠졌기에 더 강력한 자외선 차단제 등이 필요하게 됐고, 외적 아름다움에 대한 지나친 강조 때문에 과한 치장이 필요하게 됐으며, 그만큼 더 세정력 좋은 클렌징 오일이 필요하게 됐다는 것이다. 그러면서 "만약 아담과 이브 시절로 돌아간다면 화장품이 필요 없을 것"이라는 말을 덧붙이기도 했다. 이 같은 극단적인 (긍정적) 자기 부정의 과정은 '경쟁자'에 대한 새로운 개념을 낳기도 했다. 첫 번째 인터뷰에서 그에게 경쟁자를 물었다(유 대표가 생각하는 경쟁자는 세 부류다. 두 번째와 세 번째 경쟁자는 앞으로 이어질 다른 S요인들에서 소개된다).

유 제니스웰의 경쟁자는 오이, 우유, 달걀 같은 식품들이다.

사실 그가 말한 첫 번째 단어인 '오이'를 들었을 때는 발음이 비슷한 모 화장품 브랜드로 생각했다가 연이어 듣게 되는 우유, 달걀이란 단어에서 '그것이 아니로구나'를 깨닫기도 했다. 자연을 보호하고 아름다운 환경으로 가꾸는 데 일조하고 싶기에 제품을 만들 때는 오이, 우유, 달걀같이 순수한 성

그런데 가만 생각해 보면 이것은 제니스웰의 모(母)기업인 코리아나 화장품에게도 화살이 돌아가는 메시지 아닌가. 어려운 점은 없었을까?

분을 가진 천연제품과 경쟁하는 마음으로 임한다는 의미다. 그리고는 한 가지 목표를 더 설명하기 시작했다.

유 그래도 이왕 써야 한다면 최대한 신선한 화장품을 써야 한다. 그래서 우리는 향은 물론 방부제 등 피부에 필요하지 않은 것은 최대한 빼는 방식으로 제품을 구성하고 3~6개월 이내에 생산된 제품만 출고한다. 물론 천연방부 시스템이 도입된 제품이라 그 안에 팔지 않거나 쓰지 않는다고 전혀 유해지지는 않지만 고객들의 인식은 물론 업계의 관행 자체를 바꿔야 할 필요성을 느끼기에 조금 더 자극적이고 강력한 방법으로 커뮤니케이션하는 중이다.

사실 대부분의 화장품 브랜드가 방부제를 넣는 이유는 한 번의 대량 생산으로 원가를 낮추고 오랫동안 팔 수 있는 시스템을 만들고 거기에서 비축된 나머지 예산으로 각종 (연예인) 광고 및 마케팅 비용(샘플은 결코 공짜가 아니다)을 집행해야 하기 때문이다. 제니스웰의 핵심은 이런 업계의 길을 걷지 않겠다는 것이다.

그런데 가만 생각해 보면 이것은 제니스웰의 모(母)기업인 코리아나 화장품에게도 화살이 돌아가는 메시지 아닌가. 어려운 점은 없었을까?

유 불편한 이야기이긴 했지만 설득이 어렵지는 않았다. 처음 컨셉을 제시했을 때 "컨셉은 좋지만 코리아나에게도 그리 좋은 메시지는 아니기 때문에 제니스웰이 신선 화장품으로 강하게 어필한다면 모기업이 타격을 받을 것"이란 우려가 있었다. 하지만 잘 생각해 보라. 만약 제니스웰이 업계 3~4위 정도의 코리아나를 위협할 정도로 시장을 흔들 수 있다면 여타 1, 2위 브랜드의 피해는 얼마나 크겠나. 게다가 제니스웰의 매출은 상당할 것이다. 모기업 입장에서도 나쁠 것이 없고 신선화장품이라는 좋은 메시지도 널리 전파할 수 있으니 하지 말아야 할 이유가 없었다.

유 대표가 이러한 어려움을 무릅쓰고서라도 그러한 생각을 고수한 이유는 이름에서도 드러난 *젠Zen 사상에 심취했기 때문이다.

채움보다는 비움, 사유와 정신 수양을 통한 내면의 아름다움을 강조하는 젠 사상은 제니스웰의 신선 컨셉과 꽤나 닮았다. 화장품에 무엇을 넣느냐보다 무엇을 넣지 않느냐를 더 고민하는 그들의 태도, 예상 고객 프로파일링에도 외적 아름다움보다는 내적 아름다움(요가와 명상을 즐기는 여성)을 위한 화장품으로 포지셔닝하는 등 '젠 사상을 담은 신선 화장품', 이것이 제니스웰이 지키고자 하는 그들의 공유가치다.

*젠
개인의 자각과 명상을 강조하는 불교 사상 중 하나로 인도의 달마 대사가 중국으로 전했고 중국에서 다시 일본으로 전해진 선종(禪宗) 사상이다. Zen이란 명칭은 서양 관점에서 정리된 선 사상을 통칭하며 일본에서는 일종의 '스타일'로 자리매김하여 이제는 문화로 자리 잡았다. 자기 제어, 정신 집중, 내면적 침잠, 인간과 우주의 근본 파악을 근간으로 하며, 미학적으로는 반꾸밈, 공(空), 야츠시(의도적 빈곤), 와비사비(투박하고 조용한 상태), 제거의 미학으로 정리된다. 우리에게 익숙한 명상, 절제의 운동인 요가가 대표적으로 젠을 반영한 행위다.

두 번째 S, Skills
: 가치 실행을 위한 조직의 능력

Skills(기술)는 조직이 지닌 핵심 능력에 관한 이야기다. 이것은 일반적인 중소기업들이 강소기업으로 거듭나는 가장 강력한 무기이기도 하다. 또한 앞서 소개한 공유가치를 얼마나 '현실화' 시킬 수 있는가, 즉 '가치의 실효성'과도 관계가 깊다.

유 원료 회사들과 공동연구를 통해 개발한 '천연 방부 기술'은 '신선 화장품 제공'이라는 우리의 목적을 현실화하는 데 중추적 역할을 했다. 특히 모이스트 토너의 경우는 140여 회에 걸친 실험을 통해 얻어 냈다. 이 외에도 용기상의 문제로 발생하는 산화(oxidation, 공기와 접촉해 화장품이 딱딱하게 굳어지는 현상)를 최소화하기 위해 원가가 높아도 에어리스 튜브 airless tube를 사용한다. 런칭 전 컨셉 설정부터 제품 개발, 생산까지 3년이 걸렸다.

아마 다른 회사에서 보면 답답하다 할 것이다. 우리나라에서 보통 화장품 브랜드 하나 개발하는 데는 짧으면 3개월, 길면 6~9개월이 걸린다. 대부분 기존 제품의 끝단(패키지)만 새로 매만지는 수준일 때가 많기 때문이다. 하지만 우리는 제대로 된 수순을 밟고 정직한 개발을 했다는 것에 큰 의미를 두고 싶다.

이처럼 명확한 공유가치를 구현하기 위한 R&D 활동은 곧 제품 자체뿐 아니라 브랜딩을 위한 기술이 된다. 암벽 등반 시 바위나 얼음에 박는 피톤piton이 자연을 훼손하는 것을 막기 위해 초크(피톤의 대체재)를 개발해 '지속가능한 등산'을 위한 기술을 만든 파타고니아, PKU 환자(특정 단백질 분해 효소가 선천적으로 결핍)를 위해 저단백밥 제조 기술을 개발한 CJ햇반과 저단백 분유를 개발한 매일유업 등은 기술개발 자체가 그대로 스토리텔링이 되어 브랜딩에 큰 도움이 됐다. 얼마 전 화학 프림 대신 무지방 우유를 넣은 커피믹스 제품을 출시한 남양유업은 출시두어 달 만에 전체 유통망의 90%를 확보하는 등 식음료 업체로서는 이례적인 성장세를 기록했다.

세 번째 S, Structure
: 가치 실현을 위해 최적화된 구조

Structure(조직 구조)는 조직의 형태 및 내·외부 네트워크 구축 형태에 관한 이야기다. 유 대표까지 포함해 8명의 직원으로 이루어진 제니스웰은 생산을 모두 아웃소싱으로 진행한다. 소자본, 무재고, 고부가가치의 비즈니스에 대한 유 대표의 기본 사고가 반영된 조직 구조다. 아직은 전반적인 판매량이 높지 않은 상태라 공장 라인을 따로 갖는 것은 무리이며, 게다가 3~6개월 이내에 제조된 상품만 출고하는 컨셉에 맞추기 위해서는 그간 업계에서 통용되던 관성을 깨는 것이 더 중요했다.

유 처음에는 코리아나의 생산 시스템을 활용했지만 코리아나의 대량 생산 시스템이 우리에게 맞을 리 없었다. 단적으로 화장품 제조에 필요한 가마pot는 제일 작은 게 50kg짜리이고, 보통은 100kg짜리다. 당시 제니스웰은 신생 브랜드이고 재고를 최소화하기 위해 30kg짜리 가마를 따로 구입했다. 사실 30kg도 화장품으로 치면 엄청난 양이다. 그래서 30kg짜리 가마에서 생산할 수 있는 최소 수량, 15kg으로 생산을 시작했다. 하지만 역시나 코리아나의 대량 생산 시스템과 물류는 제니스웰의 것과는 밑그림이 달라 결국 아웃소싱 업체를 찾았다.

눈여겨봐야 할 점은 OEM 업체와의 '정서적 관계'다. 제니스웰의 생산량은 제품별로 다르지만 최소치 400개에서 최대치 3,000개 선으로, 아직 미비하다. 아무리 작은 OEM 업체일지라도 유쾌한 주문 생산량은 아니다. 원가가 높아지

> 대부분의 경영자 혹은 마케터는 '브랜딩 = 유명세 = 광고'의 도식을 가지고 있기 때문이다.

는 것은 물론, 아무리 적은 수치라도 엄연한 개별 브랜드의 하나이며 관리 및 시간 할애가 필요하기 때문에 인력 운용에도 상당히 비효율적이고 수익도 적기 때문이다.

유 규모상으로 보면 우리보다 그 아웃소싱 업체가 더 크다. 그래서 나는 늘 을^乙 같은 갑^甲이다(웃음). 우리처럼 적게 생산하는 데도 거의 없을 텐데 좋은 관계를 유지할 수 있어 감사하다. 그들이 우리와 관계를 유지해 주는 것에는 제니스웰의 브랜드 철학이 한몫했다. 우리 철학과 행동을 깊이 이해하기에 가능한 관계다. 원가와 퀄리티, 그것에 붙인 가격까지 적나라하게 알고 있는 그들이기에 이해해 준다는 의미다.

브랜딩에 있어 이해관계자Stakeholders와의 관계는 상당히 중요하다. 그들 역시 또 하나의 고객이자 입소문(업계 입소문은 그 무엇보다 무시무시하다)의 진앙지이기 때문이다. 옳게, 잘 정립된 브랜드의 핵심가치는 이처럼 이해관계자를 대상으로 한 브랜딩에도 효과적이다.

네 번째 S, Strategy
: 돈 보다 중요한 스마트 아이디어

전략은 기업의 '(미션이나 비전으로 표현되는) 존재 이유'를 한정된 자본 안에서 어떻게 하면 가장 효율적이고 효과적으로 세상에 공표하고 인정받는가에 관한 활동의 총체라고 말할 수 있다. 이것에 관해서는 철학을 그대로 녹여 전략화하는 것이 장기적 관점에서 가장 효과적인 방법임을 지난 유니타스브랜드 Vol.17 '철학의 전략화'에서 이미 증명한 바 있다. 제니스웰의 굵직한 전략 방향성도 이와 크게 다르지 않다. 앞으로 소개될 그들의 전략들을 통해 유 대표가 표방하는 비즈니스의 세 가지 근간 요소와 그들의 공유가치가 어떻게 매칭되는지를 확인해 볼 수 있을 것이다.

1) 소자본 경영방침
① 늘 불황인 중소기업의 돌파구 : 광고 보다는 홍보

앞서 설명한 '브랜딩 = 추가 지출'이란 오인이 생겨난 가장 큰 이유가 바로 '광고' 때문일 것이다. 대부분의 경영자 혹은 마케터는 '브랜딩 = 유명세 = 광고'의 도식을 가지고 있기 때문이다. 유명세, 즉 '인지도'는 브랜드란 학문의 선구자 격인 데이비드 아커가 꼽은 브랜드 자산의 4요소(인지도, 충성도, 지각된 품질, 연상 이미지) 중 오직 한 요소일 뿐이다. 실

좌측부터 시계 방향으로 제2회, 1회, 3회 무빙 갤러리 모습. 예술을 통한 제니스웰의 스마트한 홍보 전략이다.

제 광고를 많이 하지 않으면서도 확고한 브랜드력을 갖춘 브랜드를 찾는 것은 그리 어렵지 않다. 아주 가까이에 있는 스타벅스 역시 광고를 하지 않는 브랜드로 유명하다. 구글 또한 광고를 거의 하지 않는다. 이밖에도 입소문으로 유명해진 맛집, 멋집, 명소들을 생각해 보면 광고 없이 '지각된 품질'을 바탕으로 '인지도'와 '충성도'를 얻어 결과적으로 그들만의 독특한 '연상 이미지'를 갖춘 곳은 수없이 많다.

유 자본도 넉넉하고 빠른 시일 내에 대중적 인지도를 원한다면 잘 만든 광고만큼 효과적인 것도 없을 것이다. 그래서 광고 자체가 나쁜 것이라고는 생각하지 않는다. 하지만 나는 적은 돈으로도 브랜드를 만들 수 있다는 것을 증명해 보이고 싶다. 광고를 하든 안 하든 중요한 것은 진정으로 그 브랜드가 '소비자를 중심으로 하는 가치를 제공하는가'다.

유 대표의 말처럼 광고 자체가 나쁜 것은 아니다(심지어 유 대표는 스위치라는 광고대행사의 대표이기도 하며 제니스웰 역시 최소한의 매체 광고를 진행하고 있다). 다만 그의 입을 통해, 이 글을 통해 재차 강조하고 싶은 것은 광고가 브랜딩의 전부, 그래서 '돈이 없으면 브랜딩을 못한다'라는 인식을 깨고 싶은 것뿐이다. 광고를 많이 하지 않는 대신 그들은 스마트한 다른 방법을 찾았다. 돈을 많이 들이지 않고도 고객들과 좀 더 긴밀한 만남을 가질 수 있는 다음과 같은 활동들이 그것이다.

무빙 갤러리 Moving Gallery

제니스웰은 예술 작품을 통한 컬처마케팅에, 그것도 신진 예술가들에게 큰 관심을 갖는다. 예술은 '시끄럽지 않지만 웅장한 메아리'가 있다는 점에서, 신진 예술가들은 '신선하다'는 면에서 제니스웰과 닮았다고 생각하기 때문이다. 따라서 예술을 통한 홍보를 활용하고 있는데 그 예로 대표적인 것이 무빙 갤러리다. 작년 10월에 가진 제3회 무빙 갤러리는 젊은 대학생들이 미술 작품을 봇짐 지듯 등에 매고 가로수길 등지를 걷거나 일정 지역에 서 있음으로써 미술 작품을 보여 주는 방식이었다.

소비자 모델 기용

그들은 유명 연예인 모델이 아닌 소비자를 모델(모델명, 제니)로 기용한다. 일반 고객 중 슬로 푸드를 즐기거나 요가를 하고 정신적이고 내면적 아름다움까지 케어할 줄 아는, 제니스웰다운 여성을 선출해 모델로 선정하는 것이다. 소비자 모델을 사용하는 것에도 당연히 스마트한 그들만의 전략이 숨어 있다. 스타를 사용하지 않아 광고비를 절감할 수 있고, 소비자 모델을 통해 상당한 입소문을 기대할 수 있으며(평범한 사람들 중 일생에, 그것도 여자로서 화장품 모델이 될 기회를 가진 자는 몇 안 될 것이다), 범접할 수 없는 연예인 대신 나와 별로 다르지 않은 일반인 모델은 고객들에게 심리적 거리감을 줄여 줄 수 있다(때로는 일반인들의 일반인 모델에 대한 시기심마저 브랜딩에 효과적이지 않을까?). 현재까지 5명의 제니가 활동한 바 있다. 또한 대학생을 대상으로 진행한 '과대 기*™ 살리기 이벤트(단과대 학생회장을 통한 버즈 확산 프로모션)' 또한 같은 맥락의 스마트 전략이다.

② 유통은 온라인을 중심으로
: 고정비의 최소화

제니스웰의 탄생에는 시대적 환경에 따른 요구도 있었다. 2000년 초로 접어들면서 화장품 방문판매 시장이 상당한 포화 상태에 이르기 시작했고 새로이 온라인 시장이 각광을 받고 있었다. 2001년 등장한 여인닷컴이 대표적인 예다. 당시 고세 화장품에서 일하던 유 대표에게 이것은 신선한 충격이었고 2002~2003년경 한국의 침체를 야기한 카드대란이 결국 도화선이 되어(당시 방문 판매에 기반을 둔 오프라인 화장품 시장은 카드대란에 따른 미수금 누적으로 상당한 타격을 입었다) 온라인 시장 진출 준비를 시작했고, 결국 제니스웰이 탄생한 것이다. 게다가 온라인은 오프라인 매장 런칭보다 상대적으로 소자본으로 가능한 비즈니스 형태이며, 신선 화장품의 컨셉을 유지하는 동시에 고정비를 최소화할 수 있기에 그들에게는 더욱 매력적인 유통채널이었다.

2) 무재고 경영방침
① 적은 수량, 작은 용량, 빠른 회전율 : 보유 재고의 최소화

무재고, 적은 수량, 작은 용량은 무재고 경영 방침을 그대로 전략화한 것이다. 이로써 '신선 화장품'의 컨셉은 더욱 극명히 드러날 수 있었다.

유 용기의 크기는 실로 많은 것을 의미한다. 진열대에서 일어나는 경쟁사와의 경쟁은 제품 크기 싸움에 의해 판가름 나는 경우가 허다하다. 따라서 좀 더 눈에 잘 띄기 위해 용기가 점점 커져 가는 경향이 있다. 결국 큰 용기의 화장품이 '보이는 경쟁'에서는 유리할 수 있지만 우리는 '보이지 않는' 내실과 철학으로 경쟁하고 싶어 용량과 용기 크기를 유지한다. 30~100㎖ 크기가 대부분이라 신선하게 사용할 수 있는 것이다.

당신처럼 우리도 제니스웰이 '고객의 빈번한 구매에 따른 용기 및 패키지 때문에 발생하는 자원 낭비'는 어떻게 해결하고 있는지 궁금해 물었다. 그들 또한 이에 대해 깊이 고민했고 몇 가지 원칙들을 세워 지키고 있었다. 첫째는 과대 포장을 하지 않는 것이다. 포장 박스 재질은 심미성을 강조한 라미네이팅 용지(반짝이는 종이 재질은 대부분은 라미네이팅 재질이다) 대신 타사에서는 포장 속지 정도로 사용하는 PTN(완충 역할을 하는 소재) 용지로만 외관 포장까지 아우른다. 둘째는 리필용 상품을 이용해 새 용기 사용을 줄여 나가는 것이며, 셋째는 다 쓴 용기의 회수 정책이다. 빈 용기를 가져오면 샘플이나 증정용 미니어처를 선물로 주고 있다. 용기를 회수하는 이유는 추후 아트 마케팅을 위한 재활용 재료 비축과, 일괄 수거 및 폐기를 통한 환경 오염 방지 등이다. 게다가 이런 정책은 자연스레 고객의 매장 재방문을 높이는 스마트한 전략이 되기도 했다.

② 코스메틱바 운영
: 아이덴티티 강화, 품목 수 확대, 수익 고양을 모두 해결

제니스웰은 현재 바^{bar} 형태의(차^{tea}를 판매한다) 에코스메틱 제품 컬렉샵을 운영 중이다. 온라인을 중심으로 활동하던 제니스웰의 오프라인 진출이라는 의미도 있지만, 그들이 이런 컬렉샵을 운영하는 데는 아래와 같이 몇 가지 이유가 더 있다.

제니스웰의 오프라인 진출이라는 의미도 있지만, 그들이 이런 컬렉샵을 운영하는 데는 몇 가지 이유가 더 있다.

아이덴티티 명확화
신선 화장품, 무첨가 화장품의 시장 확대 자체를 위해 노력하는 제니스웰에게는 타사 제품일지라도 그 컨셉이 비슷하다면 든든한 동역자가 된다. 고객들에게 왜 기존 화장품이 아닌 새로운 개념의 화장품이 유익한지 설명할 때 제니스웰과 비슷한 지향점을 갖고 제품력에서 인정받은 브랜드(라베라, 스미스로즈버드 립밤, 뷰티풀솝, 캘리포니아 베이비, 나이아드 가슬, 넛츠 등)는 더없이 든든한 후원군이 된다. 이런 제품을 한데 모아 고객과 소통함으로써 제니스웰의 진정성과 아이덴티티는 더 크게 공유될 것이다.

부족한 제품군 보완
오프라인 매장에 상품의 구색을 갖추기 위해서는 일정량 이상의 품목 수가 준비돼야 한다(보통 코스메틱 매장의 경우 400~500개 품목 필요). 하지만 제니스웰의 현재 경영 방침으로는 50여 개의 품목이 전부일 수밖에 없다. 그나마 그중 30개 품목은 신선 판매 기간 보증 제품이기에 재고를 보유하는 것 자체가 큰 부담이다. 이런 상황에서 부족한 제품군의 빈 공간을 채워 주는 것이 타 브랜드 제품이다. 이로써 오프라인 매장에서는 좀 더 보완된, 다양한 품목으로 고객에게 토털브랜드가 제공하는 가치를 선사할 수 있게 된다.

부족한 자본 확보
자사 제품뿐 아니라 다양한 해외 유명 유기농, 무첨가 제품을 판매함으로써 얻는 수익을 통해 부족한 자본을 확보할 수 있다.

코스메틱바는 주로 여성 고객들이 잠시 들러, 제품 상담은 물론 차를 마시며 친구들과 대화를 나눌 수 있는 휴게 공간으로도 활용된다. 실제 코스메틱바를 방문하면 전문 상담사와 차를 마시며 이야기를 나눌 수 있는데 이야기의 주제는 차에서부터 시작해 피부, 제품을 넘어서 내면적 아름다움에 관한 이슈로 넘어가기도 한다(온라인 공간으로는 부족했던 소통의 공간을 오프라인에서 해결하고 고객과의 심도 있는 대화를 통해 시장 트렌드 및 고객의 니즈를 찾을 수 있다). 처음 1년 동안은 굉장히 힘들었고 적자 상태였다는 것이 유대표의 고백이다. 하지만 작년 말부터는 꽤나 높은 순이익을 내고 있으며 코스메틱바 방문 고객의 80% 이상이 구매로, 또 재구매로 이어지는 현상을 보이고 있다.

이처럼 자신의 약점을 강점으로 극복하며 아이덴티티까지 강화시키는 일, 그리고 수익까지 낼 수 있는 구조에 대한 고

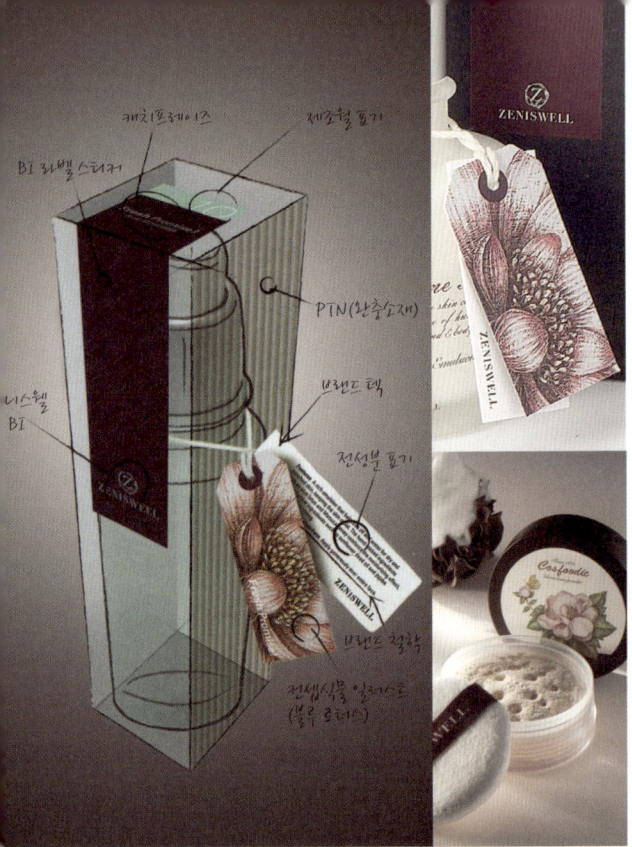

제니스웰은 최소한의 포장을 원칙으로 하며 제품 설명서는 북마크로 사용 가능하다.

유 우리에게 익숙한 진정한 명품 브랜드는 대부분 100년이 넘었다. 높은 가격은 그 역사와 실력, 그리고 그들이 제공하는 가치에 대한 보상이다. 우리 브랜드가 그런 브랜드가 되는 것이 결국에는 고부가가치 경영의 핵심 동인임을 잘 알고 있다. 제니스웰은 이제 4년 되었고, 우리가 꿈꾸는 100년 이상 영속하는 에코스메틱 브랜드가 되려면 갈 길이 멀다. 그래서 자금이 생기면 광고보다는 제품 개발과 연구, 그리고 제니스웰을 진화시키는 데 사용해야 한다.

100년을 가야 하는 그들에게 서두르는 것은 오히려 일을 그르칠지 모른다. 광고를 통해 지금의 제니스웰이 많이 알려지는 것보다 조금 더 진화되고 높은 가치를 제공하는 모습으로 성장한 상태의 제니스웰을 알리는 것이 좀 더 효과적인 스마트한 전략일 것이다.

그가 말하는 100년 브랜딩이 주변인들에게는 허울 좋은 홍보 멘트나 흔하디흔한 미사여구처럼 보일지 모른다. 하지만 적어도 유 대표 스스로는 그렇게 확실히 '믿고 따르고 있음'이 분명해 보인다. 20년 후의 직원을 미리 뽑겠다는 아이디어는 앞으로 적어도 20년 동안 제니스웰이 지속성을 가져야 지켜지는 약속일진데, 실행했으니 말이다.

② 100년을 내다보는 브랜딩 : 20년 후의 직원을 뽑다
당신은 20년 후 당신의 회사에서 일할 직원을 '오늘' 뽑을 수 있을까? 20년 후는커녕 당장 3년 후 우리 회사가 존재할지도 의심스럽고, 현재 하고 있는 일이 이 세상에 꼭 존재해야만 하는, 가치 있는 일인지도 의심스러운데 말이다. 또 이보다 훨씬 좋은 (가치가 아니라) 비즈니스 아이디어만 생겨도 명함을 바꿀지도 모르지 않은가. 그런데 유 대표는 2008년에 20년 후의 직원 두 명을 뽑았다.

유 '제니 이름 짓기' 프로모션을 진행했다. 제니는 제니스웰을 의인화해 내부에서 프로파일링하며 롤모델로 둔 가상 인물의 이름이다. 정신적으로, 육체적으로 건강한 삶을 꿈꾸며 일과 사람, 자연을 중시하는 우리의 철학을 그대로 투영한 인물인데, 이 이름이 실제 사람의 이름이 되어도 손색이 없다는 생각이 들었다. 그래서 20년 플랜을 두고 '제니'라 이름 짓는 아이에게 몇몇 선물을 하고 싶었다.

그가 말한 선물은 다양하다. 제니스웰 제품과 부모와 아이에게 최우수 고객자격을 부여하고 돌잔치 때 답례품으로 사용할 수 있는 제품을 후원하며 아이가 자라 20세가 되면 100만 원 상당의 제품을 제공하는 것 등이다. 하지만 이보

민이 스마트한 브랜딩 전략의 힘이다.

또 한 가지 재미있는 것은 코스메틱 바 2개 중 하나가 우리나라의 입소문과 온라인 컨텐츠의 중심에 선 네이버 사옥 앞 상가에 있는 것은 우연이 아니라는 유 대표의 귀띔이었다.

③ 새로운 유통 채널 확보 : 클로징 마켓을 확인하라
보이는 시장이 전부가 아니다. 제니스웰은 일반 소비자들은 볼 수 없는 여러 클로징 마켓(예를 들어 대한항공 승무원만 접속할 수 있는 온라인 쇼핑몰)을 통해 유통채널을 확대했다. B2C 브랜드의 B2B 확장으로도 해석될 수 있는 이들의 전략은 현재 현대카드, 이마트 등으로 넓혀지고 있는 추세로, 사실상의 수익·손실의 완충지대가 된다. 아직 인지도가 낮은 제니스웰의 인지도 고양과 수익 확보, 재고에 대한 부담까지 해소할 수 있는 스마트한 전략이다.

3) 고부가가치 경영방침
① 브랜드력을 최우선순위로 : 제품력 강화가 곧 브랜딩
"명품은 달리 명품이 아니다"라는 유 대표의 생각 저변에는 강력한 제품력에 대한 확신이 녹아 있었다. 여기서 제품력은 단순히 기능적 측면이 아니다.
유니타스브랜드가 그간 명품의 조건으로 꼽아 온 '전통성originality, 정통성master, 트렌드trend'에 대한 코드와 같은 맥락이다.

다 더 흥미로운 것은 20년 후 대학생이 된 제니가 어떤 이력을 지녔는지에 관계 없이 제니스웰에 취업하는 우선권을 주겠다는 것이다. 실제 두 명의 아이가 각자의 호적에 제니(강제니, 최제니)라는 이름으로 등록됐다.

제니스웰의 입장에서 생각해 볼 때, 두 제니의 부모가 앞으로 적어도 수년 간은 제니스웰의 제품을 사용하게 될 것이라는 점, 아이의 돌잔치 때 제니스웰이 (적어도 100명에게는) 확실히 홍보될 것이란 점, 그들의 부모가 자신의 딸아이 이름을 부를 때마다 제니스웰을 떠올리게 될 것이란 점, 두 제니가 커 가면서 친구들에게 자신의 이름이 왜 글로벌한 이미지의 '제니'가 됐는지를 설명할 때마다 유익한 버즈가 만들어질 것이란 점 등의 상상은 외려 '소소한' 즐거움에 지나지 않는다. 그보다 더 큰 자산이 될 것은 앞으로 20여 년간 제니스웰을 지켜보고 혹은 사용해 보면서 제니스웰의 20년 히스토리를 고스란히

> 당신은 20년 후 당신의 회사에서 일할 직원을 '오늘' 뽑을 수 있을까? 유 대표는 20년 후의 직원 두 명을 뽑았다.

(그것도 고객 입장에서) 습득할 그 제니가 실제로 제니스웰에서 근무하게 될 경우 기업이 얻게 될 엄청난 가치다. 유 대표 또한 그것을 염두에 두지 않았을까? 마케팅을 좀 더 공부하기 위해 찾은 미국 버클리 대학의 마케팅 과목 첫 수업에서 "자네는 왜 마케팅을 공부하려는가?"라는 교수의 질문에 "마케팅을 하지 않기 위해 마케팅을 배운다"고 답한 그라면 충분히 그리고도 남을 것이란 생각이 든다.

다섯 번째 S, Staff : 경쟁자를 동역자로 만들기

많은 선배 경영자들이 수없이 강조했듯, 직원은 곧 기업의 지속은 물론 브랜드의 영속에 가장 큰 에너지원이라 해도 과언이 아니다. 그런데 유 대표는 이런 직원들을 두고 '제2의 경쟁자'라고 부른다. 왜일까?

유 직원들은 계속 흔들릴 수밖에 없다. 할인이나 프로모션도 더 하고 싶고, 유통기한이 지난 것도 슬쩍 끼워 팔고 싶을 것이다. 사람 마음이 다 그렇다. 그래서 직원들이 제니스웰다움을 지켜 내는 데 방해자가 될 수도 있기 때문에 내겐 경쟁자일 때가 있다. 경쟁자를 조력자로 바꾸는 방법은 계속적인 브랜드 교육일 것이다. 이 부분은 솔직히 많이 부족하고 앞으로도 계속 가져가야 할 숙제다. 그래도 현재 직원들에게 너무 고맙다. 어려운 대표를 만나서 정신적으로 육체적으로 아주 힘들 것이다. 브랜드 아이덴티티 지키기는 까다롭고, 재고 관리도 어렵고, 생산 프로세스도 쉽지 않은데다 광고도 많이 안 해주니 얼마나 죽을 맛이겠나(웃음). 하지만 정형화된 틀에 따라 돈을 써서 광고하고, 할인 정책을 펴는 것이 아니라 항상 새로운 마케팅 아이디어를 추구하고, 독보적인 행보를 찾기 위해 노력하는 것 자체가 힘들어도 배울 것이 많으리라고 생각한다. 그래서 난 가끔 직원들에게 "우리 회사에 오래 있지 마라. 3년만 하고 나가서 여기서 배운 진짜 브랜딩 노하우를 자본 많은 브랜드에 가서 제대로 해보며 날개를 펼쳐라"고 말한다.

브랜드란 무엇인지, 또 우리 브랜드다움이 무엇인지를 조직 전체를 대상으로 교육하는 것은 상당히 어렵다. 특히나 이직률이 상대적으로 높은 중소기업의 경우는 더 그럴 것이다. 교육을 하자니 직원들이 힘들어 하고 안 하자니 브랜드는 점차 망가지고, 열심히 교육했더니 금세 이직하고 말이다. 교육, 학습에는 왕도가 없으니, 브랜드 교육에도 왕도는 없다. 하지만 조금 더 효율적인 방법은 있다. 바로 '체험'이다.

제니 이름짓기 이벤트는 제니스웰이 얼마나 멀리 내다보는 브랜딩을 구사하는 지를 보여주는 대표적인 예다.

단순 인지 학습보다 오감을 이용한 체험 학습이 더 큰 교육적 효과가 있다는 것은 이제 상식이다. 그래서인지 유 대표는 최대한 많은 이벤트들을 직원들과 함께 진행한다. 앞서 소개한 무빙 갤러리 이벤트나 '신선 스티커'과 '신선 서약서' 캠페인도 분명 홍보의 수단이기에 앞서 직원들에 대한 유 대표의 스마트한 브랜드 교육 솔루션일 것이다.

여섯 번째 S, System
: 핵심가치 구현의 최적화를 위한 조직 구성

7S에서 말하는 시스템은 작업의 프로세스는 물론 재무, 인재 채용, 커뮤니케이션, 성과 보상 시스템까지의 모든 것을 아우른다. 사실 제니스웰처럼 작은 규모에서 시스템은 크게 잡혀 있지 않을 수 있고 오히려 그것이 작은 조직으로서 장점이 될 수도 있다. 하지만 중요한 포인트 한 가지는 짚고 넘어가야 할 것이다. 앞서 말한 모든 시스템(업무 형식부터 성과 보상 차원까지)의 기준은 명확해야 하며 그 기준은 그 브랜드다움이 녹아들어야 한다는 것이다.

달리 말해 제니스웰의 경우 '신선 화장품'을 그들의 아이덴티티의 근간으로 둔다면 작업 프로세스의 기준도, 인재 채용의 기준도, 커뮤니케이션의 효율성 극대화 기준도, 성과 보상 기준도 모두 신선 화장품 컨셉의, 신선 화장품 컨셉에 의한, 신선 화장품 컨셉을 위한 것이 되어야 한다는 것이다. 실제 '간결함의 미학simplicity'을 자기다움으로 삼은 필립스는 회의 방식도, 직원 성과 보상 측면도, 일상의 커뮤니케이션도 모두 '얼마만큼 간결한가'를 기준으로 평가하고, 시스템을 잡아나간다 (유니타스브랜드 Vol. 14 '브랜드 교육' 참조).

제니스웰의 경우 7명의 직원 중 3명이 제니스웰의 BM Brand Manager의 직함을 가지고 있다. 이는 작은 규모지만 조직 차원에서 '브랜드 관리와 운영'을 얼마나 중요하게 생각하고 있는지를 공표하는 리더의 의사결정일 것이다.

일곱 번째 S, Style : 그들만의 문화 확산법

Style(조직 문화)이란 단어는 너무 거대해 몇 자로 요약하기 힘들지만, 그래도 간결히 표현해 보자면 '조직이 가진 암묵지(implicit knowledge, 모두에게 체화되어 있으나 겉으로는 드러나지 않는 지식)'다. 그렇다면 그들이 가진 조직 문화는 무엇일까?

유 앞서 소개한 모든 것들이 우리의 문화를 보여 주는 행동들일 것이라 생각한다.

> "그래서 제니스웰은 브랜드라기보다는 무브먼트고, '젠 이즈 웰'이 그 무브먼트가 내건 메인 캐치프레이즈인 셈이다."

신선스티커와 신선 서약서

2011년 1월 1일, 제니스웰은 명동에서 소비자들에게 '신선 스티커(화장품 사용 시 작일을 기재해 용기에 붙여 제품 신선도를 스스로 가늠할 수 있도록 돕는 스티커)'를 나눠 주고, 현장 및 홈페이지에서 '2011년 뷰티 신선 서약서(건강한 화장문화 정착을 위한 행동지침)'를 전파한 것은 직원들을 대상으로 하는 브랜드 교육 차원이기도 하다. 그런 활동을 통해 자사 브랜드의 철학을 알게 되고, 고객에게 전할 메시지를 정리하는 동안 스스로 정리되는 이점도 있다.

'뷰티 결심 선언서'는 화장품 사용에 관한 고객의 인식을 바꾸기 위해 신선 서약서라는 이름으로 온·오프라인 채널을 통해 전개한 캠페인의 일환이였다.

그들의 지난 행보와 앞으로의 꿈을 종합해 보면, 특히 문화와 예술로 커뮤니케이션하려 하고 100년을 내다보는 원시안과 오늘의 숙제를 풀 줄 아는 근시안을 지닌 그들이야말로 유니타스브랜드가 만나길 원하는 '소리치지 않고, 속삭이는 브랜드' 중 하나일 것이다. 그리고 그것은 곧 그들의 조직 문화를 설명하는 문장이 될 법도 하다.

그들의 남은 숙제는 이런 조직 문화를 고객들에게까지 전이시켜 시장 자체에 제니스웰다움의 문화(가끔은 라이프스타일이라고도 표현되는 이것)를 전파하는 것이다. 신선한 화장품, 나아가 정신과 육체의 균형 잡힌 건강을 추구하는 라이프스타일을 파는 것일 테다. 물론 그런 작업은 쉽지 않다. 그렇기에 유 대표가 세 번째로 지목한 경쟁자는 바로 고객의 인식, 그리고 종전의 화장품 업계에 자리 잡힌 관행이다.

유 아직도 신선 화장품에 대해 아는 사람보다 모르는 사람이 더 많을 것이고, 이는 곧 앞으로 해야 할 일이 훨씬 더 많이 남았다는 뜻이기도 하다. 즉 내 세 번째 경쟁자는 소비자의 화장품 구매 습관과 소비 행태다. 그래서 우리에게는 매출액보다 회원수가 더 중요하고 회원수 중에서도 구매 고객 수와 그중 충성도 높은 고객 수가 제일 중요한 것이다. 그래서 제니스웰은 브랜드라기보다는 무브먼트고, '젠 이즈 웰 Zen is Well'이 그 무브먼트가 내건 메인 캐치프레이즈인 셈이다.

그 역시 생각보다 이런 무브먼트가 시간이 오래 걸릴 것이란 점을 잘 알고 있다. 하지만 그것을 그냥 인정하고 넘어갈 생각은 없는 모양이다. 현재 준비 중인 신선 컨셉의 세컨드 브랜드가 그 증거다. 좀 더 소프트한 버전의 에코스메틱 브랜드를 준비 중인데, 이 브랜드에 좀 더 명확한 캐시카우 역할과 범용적인 캠페인, 그리고 제니스웰의 구매로 이어질 브릿지 역할을 기대하고 있다.

감질, 그 결핍이 주는 혜안

와인 감별사나 바리스타들의 시음 장면을 본 적이 있는가? 그들은 아주 소량의 와인, 소량의 에스프레소를 (딱 감질맛 날 만큼만) 입에 머금고는 혀의 앞, 옆, 뒤, 아래의 모든 미각세포를 일깨워 아주 천천히 그 맛을 분석해 낸다. 그것은 와인과 커피를 벌컥벌컥 들이켤 때는 전혀 느낄 수 없는 깊고 다양한 맛을 느끼게 한다. 아이러니하게도 혀의 돌기들은 부족할 때 오히려 더 그네들의 촉수를 곤두세운다.

많은 중소기업들이 고충으로 여기는 자금과 시간의 부족은 역설적으로 자사의 조직원들(돌기)이 촉수를 곤두세우게 하는 최적의 시간을 제공하고 있는지도 모른다. 부족한 자금과 시간으로 인한 결핍이 조직원들 스스로 진화의 시간을 갖게 만드는 셈이다. 우리 브랜드의 가치를 세상에 흘려보내기 위해 가장 최적화된 방법은 무엇인가, 어떻게 하면 최소의 자금으로 최대한의 결과를 낼 수 있는가. 조직원들은 이를 위해 골몰히 고민하게 된다. 그런데 이 고민의 시간이 더욱 귀중한 것은, 그들이 자사 브랜드의 핵심가치와 정체성을 더욱 극명하게 체감하는 시간이 될 것이기 때문이다. 스마트한 브랜딩 전략을 짜내는 능력은 절대 지능IQ에 있지 않다.

단, '결핍이 주는 혜안'을 얻기 위해서는 한 가지 전제 조건이 있다. 어려운 상황에서도 어떻게 해서든 브랜드의 핵심가치를 구현해 내고 싶을 만큼 조직원들이 브랜드의 핵심가치에 전적으로 동의하며 따르고 있는가다. 앞서 소개한 7S의 핵심 중추 역할로 소개한 첫 번째 S가 'Shared Value', 즉 공유된 가치인 이유도 여기에 있다. 이것이 중소기업일수록 돈보다 (배부른 자들만이 떠들 수 있는 것이라 생각했던) 브랜드의 핵심가치를 더 애달프게 구해야 하는 이유다. UB

유민수 동국대학교 농업경제학과를 졸업하고 일본 게이오대학에서 MBA를 마쳤으며 제일기획 마케팅국, 제일보젤에서 AE로 일한 바 있다. 미국 오클랜드 쥬빗컴퓨터로 비즈니스를 시작한 그는 코리아나화장품 NP팀 부장을 거쳐 고세코리아의 영업 및 마케팅 총괄 이사로 재직하다 2004년에 스위치코퍼레이션과 코비스코퍼레이션을 창립, 현재 대표로 있다.

SMART BRANDING

우리는 라벨Label이 아니라 폼텍Formtec입니다
작은 것을 극대화하는 브랜딩 제조술, 폼텍

The interview with 한국코스틱㈜, 한국폼텍㈜ 대표 김준형

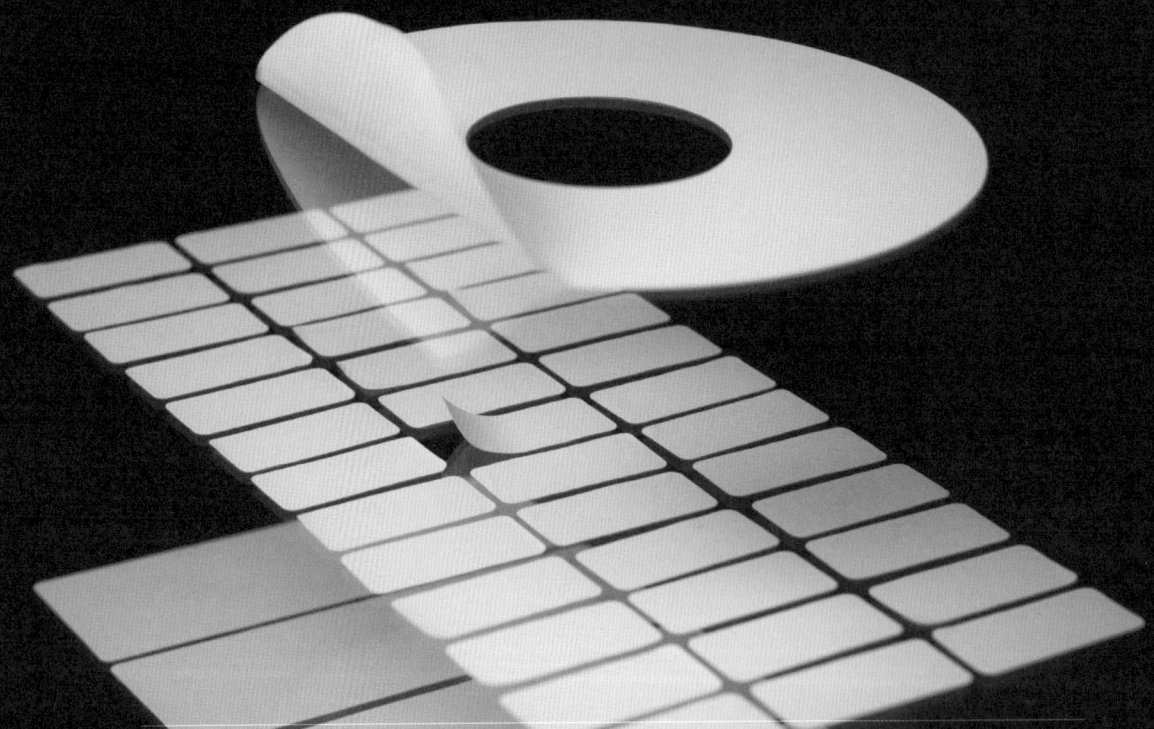

국가 경제가 곤두박질치고, 원자재 값과 인건비는 치솟고, 줄곧 OEM 주문을 해 오던 어느 대기업이 갑자기 거래를 중단한다. "이제 싼 값에 물건을 만들 수 있는 중국이나 인도네시아로 공장을 옮겨야겠어." 한국에 있던 제조사는 평생을 동거동락 하던 직원들을 자르고 공장을 제3국으로 옮겨 본다. 가슴이 아프지만 그나마도 다행이다. 왜냐하면 그조차 못한 수많은 중소기업들이 오늘도 줄줄이 문을 닫고 있기 때문이다.
많은 중소 제조사들이 끊임없이 가격 경쟁과 신기술에 밀려 이곳 저곳으로 내몰리고 있다. 따라서 이들에게 "브랜드가 바로 당신이 찾는 솔루션입니다"라고 말하는 것이, (일반적으로 사람들이 '브랜드'란 단어에 대해 갖는 편견만 놓고 보자면) 얼마나 허황되게 들릴지도 이해가 된다. 그러나 폼텍이라는 브랜드는 우리가 재차 중소 제조사들에게 브랜딩을 강조해야 할 이유를 확인시켜 주었다. 폼텍은 제조사였던 모기업이 과거의 영광에 안주하지 않기로 했기에 만들어졌고, 이것이 결과적으로 두 기업 모두를 미래로 이끌어 주는 견인차 역할을 했다. 폼텍은 중소 제조사들에게 브랜드가 왜 라벨Label 그 이상의 것이 되어야 하는지를 몸소 보여 주고 있다.

"브랜드는 (종종) 패키지 외관이나 라벨로 축소된다.
그러나 브랜딩은 어떤 것 위에 (붙어) 있는 것이 아니라 그 안에 있는 것이다." 장 노엘 캐퍼러

라벨이 아니라 브랜드, 라벨이 아니라 폼텍

"브랜드는 단순히 제품 위에 예쁘게 디자인해 붙이는 라벨이 아니다!" 브랜드에 대한 정의는 각양각색이지만 많은 학자들이 브랜드에 대한 사람들의 편견을 깨기 위해서 브랜드와 가장 자주 비교하는 단어가 바로 '라벨'이다. 라벨은 그야말로 어떤 제품에 이름, 제조일자, 성분 등을 표시하기 위해 붙이는 스티커다. 브랜드가 '이름 이상의 속성을 가진 가치 있는 어떤 것'임을 알리기 위해서라면 기꺼이 하찮은 존재(?)가 되어 주곤 하는 이 라벨이라는 것이 지금부터 만나 볼 폼텍이라는 브랜드가 생산하는 주요 제품이라는 사실은 우리에게 아이러니컬하면서도 재미있는 상상력을 부추긴다.

만약 당신이 정신없이 흩어져 있는 수많은 자료를 자신만의 분류법으로 정리하기를 좋아하거나, 직장에서 DM 등의 각종 우편물을 발송하는 일이 많다거나, 혹은 결혼식 청첩장을 직접 보내 본 경험이 있다면 "대체 폼텍이 뭡니까?"라고는 묻지 않으리라 생각한다. 한 번은 들어 봤을 폼텍이라는 이름은 이미 각종 프린터용 라벨의 보통명사처럼 사용되고 있기 때문이다. 프렌치코트가 바바리로 불려도 이상할 게 없는 것처럼 한국에서는(어쩌면 몇몇 다른 국가에서도) '라벨 용지=폼텍'이라는 인식에 별 거부감이 없다. 사람들은 폼텍 전용 소프트웨어나 마이크로소프트 오피스, 한글 등의 컴퓨터 프로그램에서 직접 라벨에 들어갈 단어나 주소 등을 입력한 뒤 폼텍 용지를 프린터에 넣고 출력한다. 그 후 출력된 스티커를 하나씩 떼어 물건이나 편지 위에 붙이면 그 종이는 당신이 원하는 라벨 역할을 하게 되는 것이다. 이렇게 개인용 프린터 사용이 급증한 이후 다양한 라벨 제품과 서비스를 제공해 온 폼텍은 오늘날 라벨 용지 내수 시장의 70%를 장악하고 있다.

폼텍을 만나기 전에 궁금했던 것은 단언컨대, 그들이 어떻게 오늘날 '세계 최고의 기술력'을 얻었는가는 아니었다. 성공한 한국 중소기업들에 대한 신문기사들을 찾아보면 빠지지 않고 꼭 등장하는 바로 그것 말이다. 물론 폼텍에게는 라벨용 원지를 생산하는 한국코스틱㈜이라는 모기업(관계사)이 있다. 이 기업은 폼텍 김준형 대표의 부친인 고(故) 김용조 회장이 처음에 '남미인더스트리'라는 이름으로 세웠던 기술 중심의 회사였고, (이름이 바뀌긴 했지만) 지금까지 40여 년 동안 탄탄히 운영되어 왔다. 그 시간 동안 다양한 방법으로 기술력을 인정받아 왔음은 말할 것도 없다(연구개발로 얻은 각종 인증과 마크를 열거할 필요는 없을 듯하다). 김 대표는 1999년 부친의 작고 이후 이 회사를 폼텍과 줄곧 같이 경영해 오면서 유기적인 관계를 조성했다(폼텍은 1996년에 설립

우리가 일상적으로 사용하는 폼텍의 라벨 제품들

되었다). 폼텍이라는 브랜드를 만드는 데 든든한 기반이 되었을 이 기업에서 탁월한 기술력 등을 확인하는 것은 간단한 인터넷 검색으로도 충분히 가능하다.

따라서 우리가 궁금했던 것은 그들이 어떤 계기로 브랜드를 만들려는 시도를 하기 시작했고, 고객이 폼텍을 어떻게 브랜드로 인식하게 만들었는지였다. 알다시피 기술개발을 무엇보다 중요하게 생각하는 제조사로 살아온 기업에서는 '브랜드가 중요하다'는 인식을 갖는 마인드 전환부터가 쉽지 않다. 그래서 더 이들의 첫 시도가 궁금했고, 브랜딩 과정의 어려움이 궁금했으며, 그럼에도 불구하고 브랜드를 고집한 이유와 그들이 그리는 미래가 궁금했다. 그 궁금증을 해결함으로써 브랜드로의 변화를 꿈꾸는 우리나라 중소기업들에게 보다 실질적인 희망을 줄 수 있기를 바랬기 때문이다. 다행히도 김 대표 역시 그들과 같은 입장에서 폼텍을 만들기 시작했기 때문에 누구보다 그 속내를 잘 알았다.

2세 경영자 Next generation 의 Next branding

사실 한국코스틱이 처음부터 브랜드를 만들 목적으로 한국폼텍을 세우려 한 것은 아니다. 김 대표는 2세 경영자로서 한국코스틱에 입사해 경영수업을 받았고, 한국폼텍을 세

우리가 일상적으로 사용하는 라벨의 접착력과 재질에도 기술이 필요하지만 한국코스틱이 개발하는 특수 라벨에는 더 많은 기술력이 요구된다. 예를 들어 먼지에 민감한 반도체 산업에 사용되는 라벨, 매우 낮은 온도에서 보관되어 얼어서 깨지면 안 되는 라벨, 고열에도 녹지 않는 라벨 등이 그렇다.

울 때도 부친의 뒤를 이어 사업을 확장하고 수익을 달성하려는 목표를 가지고 있었다.

김준형(이하 '김') 지금에 와서 한국폼텍의 설립을 반대하지 않으신 아버님 입장이 되어 본다면 아마 나에 대한 테스트가 필요했던 게 아니었을까 싶다. 나도 경영자로서의 능력을 보여 주고 혼자서도 뭔가 해낼 수 있다는 것을 증명해내야 했다. 물론 모기업이 잘 되고 있었기 때문에 그곳에서 일하는 사람들로서는 당연히 귀찮은 일이었을 것이다. 그럼에도 불구하고 모기업의 훌륭한 기술력을 기반으로 한 B2C 비즈니스를 구상했고 밀어붙였다.

어찌 보면 특정 분야에서 인정받는 기술력을 가진 B2B 기업의 사업 확장에 B2C 분야만큼 적당해 보이는 것도 없다. 라벨용 원지原紙를 일반 소비자들이 바로 이용할 수 있는 라벨로 만드는 것은 분명 한국코스틱에서 하던 것과는 다른 제조공정을 거쳐야 하지만 그렇다고 완전히 분리된 사업도 아니기 때문이다. 그러나 어렵지 않을 것이라 생각한 것과는 달리 B2C는 소비자와 커뮤니케이션하는 부분부터 유통까지 B2B와는 완전히 다른 분야였다. 게다가 당시 소비자들은 라벨을 도대체 어떻게 사용해야 할지도 몰랐기 때문에 폼텍은 사업 초기, 시장을 조성하는 것에서부터 어려움을 겪어야 했다. 그리고 김 대표가 되새기건대 이런 어려움이 그로 하여금 '브랜드의 중요성'을 가슴속 깊이 새기게 만들었다.

> "처음부터 브랜드를 제대로 안 것은 아니다. 폼텍이 나에게 브랜드를 알려 준 셈이다."

김 처음부터 브랜드를 제대로 안 것은 아니다. 폼텍이 나에게 브랜드를 알려 준 셈이다. 사업 초기만 해도 프린터용 용지로 구분된 폼텍은 지금처럼 문구 코너에서 판매되는 것이 아니라 개인용 프린터가 많이 거래되는 용산 전자상가에서 주로 유통됐다. 주요 제품인 컴퓨터와 프린터들 사이에서 폼텍이라는 생소한 브랜드가 무슨 관심이나 받았겠나. 심지어 판매하는 사람들조차 폼텍이 무엇인지, 어떻게 써야 하는 건지 제대로 몰랐다. 그래서 매번 판매대에서 밀려나 유명 복사지 아래 깔리거나 한쪽 구석에서 먼지가 뽀얗게 쌓인 채로 방치되곤 했다. 아무리 좋은 제품을 가져다줘도 디스플레이할 제품으로는 선택되지 못했다. 당시에 나는 직접 매장에 제품을 배달하고 영업을 하러 다녔는데 우리 제품이 캐논이나 삼성 제품에 끼워 주는 사은품처럼 사용되는 것도 보았다. 내가 만든 가치 있는 제품이 그런 취급을 받는다는 게 어떤 느낌인지는 직접 겪어보지 않으면 상상조차 할 수 없다. 그렇다 보니 당시에는 캐논 같은 브랜드들이 정말 부러웠다. 생존하기 위해서 필요한 것에 제품 이상의 무언가가 있다고 생각했다.

시장에서 무시를 당하고 그런 와중에 강력한 브랜드들을 만난 경험은 그에게 '도대체 브랜드란 무엇인가'에 관한 궁금증을 만들었다. 시장에서는 단순히 '좋은 제품'만으로는 살아남을 수 없었다. 그가 훗날 모든 것을 브랜드를 중심으로 보고 생각하고 운용하는 소위, 브랜드뷰(BrandView, 유니타스브랜드 Vol.14 참조)를 갖게 된 단초가 바로 이것이었다.

김 어떻게 생각하면 폼텍이 B2C였던 것이 브랜드를 아는 데 더 좋은 기회였다. B2B만 했을 때는 보이지 않던 것들이 보이더라. B2B만 할 때는 라벨의 최종 소비자에 대해서는 생각해보지 못했다.

이제는 브랜드가 도대체 무엇이고, 브랜드에 빠진 소비자들이 어떤 사람인지 궁금해 BMW MINI(유니타스브랜드 Vol.12 p162 참조) 같은 마니아가 있는 브랜드를 연구하고, 마니아들을 따라다녀보기도 한다는 김 대표. 그는 경험을 통해 브랜드가 "자, 이제부터 우리는 브랜드야!" 하고 외치기만 한다고 만들어지는 것이 아니라는 사실을 알았다. 그는 우리에게 폼텍이라는 브랜드가 세상에 나온 지 15년이 지난 이제와 돌이켜 보니 브랜드가 자신들과 같은 중소 제조사에게 꼭 필요한 이유를, 브랜드가 한국폼텍이라는 기업과 심지어 모기업인 한국코스틱에 가져다준 이익을 알게 되었다며 자신의 이야기를 빗대어 들려주었다.

중소 제조사에게 브랜드가 필요한 이유
말할 것도 없이 첫째, 시장에서의 성공

김 돌이켜 보면 제품과 서비스, 기술은 결국 정복당하기 위해 존재하는 것이다. 제조업 경영자라면 내 말이 무슨 뜻인지 알 것이다. 지금처럼 기술력에 의지해 단기수익만 기대하면 더 좋은 기술을 가진 경쟁자가 등장하자마자 정복당한다. 지금은 더 절실히 느끼지만 정복당하지 않는 것, 독보적으로 지킬 수 있는 것은 브랜드밖에 없다는 게 내가 내린 결론이다.

김 대표는 부친에게서 철저히 '기업으로서 이익을 내는 법'에 대해 배웠다고 한다. 그리고 그것이 옳다는 신념을 아직도 가지고 있다. 이런 그인데 하물며 브랜드라는 것이 생존, 그리고 수익과 완전히 무관한 것이었다면 지금처럼 브랜드에 관심이 많은 경영자가 되지도 않았을 것이다. 과거 김 대표의 부친 세대에는 기술력만으로도 생존이 가능했다. 그러나 지금은 시대가 변했다. 우리가 괜히 지금을 무한 경쟁 시대라 부르는 게 아니다. 기술력을 기본으로 더 큰 경쟁력이 필요하다는 데는 이견이 없고 김 대표는 그것

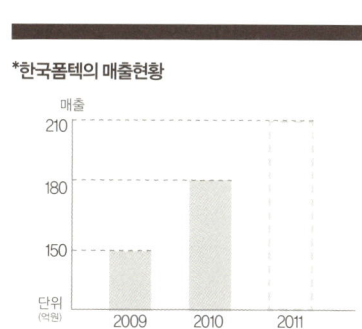

*한국폼텍의 매출현황

2009년 기준 한국폼텍의 수출액은 약 300만 달러(미국, 홍콩, 아랍에미리트, 쿠웨이트, 알제리, 모로코, 케냐, 수단 등 15개국 수출)다.

이 브랜드에서 나온다고 생각한다는 것이다. 실제로 폼텍도 그랬을까? 결론부터 말하자면 폼텍이 세상에 나온 4년 만에 (즉, 브랜딩을 하는 동안) 선발기업이자 세계 최고의 마켓셰어를 자랑하는 해외 라벨 브랜드 A사는 한국 시장에서 그 힘을 제대로 발휘하지 못하게 되었고, 모기업을 제외한 *한국폼텍의 2010년 매출만 약 180억 원이라는 성과를 냈다.

어떻게 이런 결과를 낼 수 있었을까? 단순히 폼텍이 막대한 자본을 들여 그 이름을 '광고' 혹은 '홍보'했기 때문이 아닌 것은 확실하다. 2세 경영자라 가능하지 않았을까 싶지만 김 대표 역시 약 1억 원 정도의 자본금과 모기업에서 차출된 직원 1명, 외부 직원 2명, 본인까지 총 4명으로 쉽지 않은 상황에서 창업했다. 물론 광고를 아예 안 한 것은 아니지만 하다 못해 문구전시회에 나가더라도 한번이 아니라 꾸준히 계속할 수 있어야 한다는 것이 폼텍의 원칙이다.

김 대표는 따라서 앞서 말한 모든 성과가 단기적인 이익이 아니라 장기적인 이익을 더 중요하게 고려해서 브랜드를 확립하는 데 꾸준히 투자한 결과라고 말한다. 실제로 그는 아래와 같이 폼텍에 브랜드로서의 의미를 부여하고 그들만의 원칙을 세웠다.

'Maximizing' Branding

알다시피 폼텍은 라벨이다. 그러나 이 '작은 라벨' 하나도 브랜드가 될 수 있다고 생각하고 그것에 제품 이상의

가치를 부여하고 지속적인 투자를 하는 것이 폼텍에게는 무엇보다도 중요했다. 3M처럼 포스트잇 하나로 세계적인 글로벌 브랜드가 된 케이스도 있지 않은가(실제로 김 대표도 이 브랜드에서 가능성을 보았고 미래의 폼텍을 위해 연구하고 있다). 폼텍은 어떻게 이 작은 제품의 가치를 극대화하는 브랜딩을 할 수 있었을까? 우선, 지금처럼 프린터로 출력하는 것이 자연스러운 일상이 되기 전에 태어난 폼텍은 소비자들에게 필요성과 가치를 인정받는 것부터 시작해야 했다.

김 매장에 가서 "잘 팔아 주십시오" 하고 말만 하는 것은 아무 의미가 없더라. 처음에는 별 수 있나. 나와 직원들이 직접 손수건을 들고 매장을 돌아다니며 폼텍 박스를 닦고 또 닦으며 몸으로 보여 주었다. 잘 안 보이는 곳에 쌓여 있는 제품을 꺼내다가 판매대에 다시 진열하고 다음 날도, 그 다음 날도 또 가서 같은 일을 반복했다. 처음에는 냉랭하기만 하던 매장 주인들도 내가 하도 매일 찾아오니까 미안해서인지 그제야 관심을 가지더라. 그때 폼텍에 대해서 설명도 해주면서 우리 편으로 만들었다.

이전 '브랜드 창업' 특집 때 다루었던 브랜드에서도 보았지만, '작아서' 혹은 '작기 때문에' 할 수 있는 (거의 유일한)

> "처음에는 주위에서 "얼마 안 하는 라벨 팔면서 뭐 그렇게까지 하냐"는 이야기를 많이 들었다. 그래도 필요하다고 생각했다."

일 중 하나가 바로 직접 발로 뛰는 일일 것이다. 폼텍도 처음에는 그렇게 시작할 수밖에 없었다. 그러나 직접 만나서 폼텍에 대해 알릴 수 있는 대상은 유통을 해주는 매장 직원 정도가 그 한계였다. 더 직접적으로 폼텍의 가치를 올려 주면서 폼텍을 알릴 수 있는 방법이 필요했다.

① 배보다 더 큰 배꼽? 디자인 프로

오늘날 폼텍 라벨의 범용화에 가장 큰 공헌을 한 것이 있다면 바로 '디자인 프로'라는 이름의 라벨 및 출력용지 디자인 소프트웨어다. 국내에서 이 프로그램의 다운로드 수만 월 평균 약 8만 회에 이른다고 하니 그 수요를 미루어 짐작할 수 있다. 폼텍은 초기부터 이 프로그램의 개발에 끊임없이 투자해 10여 년이 지난 지금까지도 꾸준히 프로그램을 업그레이드해서 소비자들에게 프리웨어(인터넷을 통해 무료로 다운로드해 사용할 수 있는 프로그램)로 선보이고 있다. 더군다나 외주 형태가 아니라 사내에 전담 프로그래머와 디자이너를 두고 라벨 못지않은 신경을 쓴 것이다.

김 설마 내가 돈이 많아서 그렇게 했겠나. 처음에는 주위에서 "얼마 안 하는 라벨 팔면서 뭐 그렇게까지 하냐"는 이야기를 많이 들었다. 그래도 필요하다고 생각했다. 디자인 프로를 통해 다른 라벨들과는

🔍 3M

Minnesota Mining & Manufacturing. 이것이 3M을 풀어쓴 이름이다. 투명테이프의 대명사인 스카치Scotch, 스카치브라이트, 포스트잇 등의 제품 브랜드로 알려진 글로벌 기업인 3M이 채광 제조 회사로 유명해진 것이 아니라는 사실은 잘 알고 있을 것이다. 미국 미네소타 주 투하버스에서 강옥을 채광하려고 만들어진 이 기업은 갑자기 이 광물질이 사암으로 판명나면서 불투명한 미래를 만나게 된다. 이때 방향을 틀어 다른 연구를 시작한 이들이 처음 내놓은 제품이 샌드페이퍼였고, 이후 100년 동안 그들은 기술을 기반으로 한 다양한 혁신 제품들을 내놓았다. 3M이 다른 브랜드에 비해 남다른 주목을 받은 것은 그들이 상상력과 창의력을 중시하며 혁신적인 방법으로 일하기 때문이다. 3M은 업무 시간의 15%를 직원이 스스로 선택하고 개발하는 프로젝트에 투자하게 하고 이를 테스트하는 데 5만 달러 이상을 지원하고 있다. 왜냐하면 포스트잇은 다른 제품 개발에 실패하면서 나온 물성을 상품화하여 성공했던 것이었고, 따라서 이런 경험 때문에 계속해서 직원들이 아이디어를 내고 시도하고 심지어 실패하는 것이 얼마나 중요한지 알고 있다. 3M이라는 브랜드의 핵심이 상상력과 혁신에 있다는 것을 안 그들은 그들이 일하는 방식, 고객과 커뮤니케이션하는 방식, 제품을 생산하는 방식 모두를 이 핵심에 맞게 발전시켜 나간 것이다. 이처럼 아무리 작은 아이템도 브랜드화가 가능하고 무한히 성장할 수 있다는 것을 보여 준 3M은 오늘날 사무용품, 접착제, 연마제, 의료 제품 등 수천 가지의 제품을 생산하며 2009년 기준 약 250억 달러의 매출을 기록, 본사 이외 60여 개국의 자회사에 7만 9,000명을 직원으로 고용하는 대형 브랜드가 되었다.

달리 고객이 불편해 하는 것을 해결할 수 있지 않나. 이것이 폼텍이라는 브랜드가 가진 남과 다른 차별점이다.

그러나 남들은 '뭘 그렇게까지'라고 생각하던 이 소프트웨어가 5개 국어(영어, 일어, 중국어, 프랑스어, 아랍어)로 번역되어 전세계에 배포되면서 폼텍 수출의 견인차 역할까지 해냈다면, 디자인 프로가 더 이상 '배보다 더 큰 배꼽'만은 아니라는 것을 알게 된다. 이 소프트웨어를 통해 시장이 넓어졌음은 물론이고 폼텍이 더 많은 사람들에게 알려졌기 때문이다. 남들에게는 작고 부차적인 것으로만 보이던 소프트웨어가 라벨의 효용성을 높이고 홍보를 해주는 도구가 되었다. 배보다 배꼽이 더 커 보이고, 시간도 오래 걸리는 '덜 스마트해 보이는' 방법이 고객의 불편함을 해결해 주고 폼텍을 단순한 라벨 이상의 솔루션으로 기억하게 하는 장기적인 브랜딩의 '스마트한 방법'임을 보여 주는 예인 셈이다.

② 직접 가르쳐 드립니다. 폼텍 교육

폼텍의 로고는 'e'가 다른 알파벳보다 살짝 내려와 있는 데에 더 많은 의미가 숨어 있음을 강조하기 위해서다. 그 e는 바로 efficiency효율성, economical경제성, enjoyable즐거움이다. 폼텍은 하드웨어(라벨 제품)와 소프트웨어(디자인 프로)만 주는 데 그치지 않고 이 3e를 소비자가 어떻게 하면 얻을 수 있는지를 직접 상세히 ⓐ교육하기로 결정했다. 앞서 소프트웨어를 통해 폼텍이 라벨이 아닌 솔루션으로서 그 역할을 발견했다면 교육들을 통해서 솔루션으로서의 역할과 가치를 강화해 나가는 것이다. 더 중요한 것은 교육을 통해 고객과 직접 만나면서 브랜드와 고객 사이의 개별적인 스토리들을 만들어 낼 수 있었다는 점이다.

김 어쨌든 우리의 기반은 제조업이었다. 그냥 쏟아내고, 빨리 만들고, 좋은 제품을 얼마나 적은 자본을 들여서 만드냐가 원래 우리의 키워드였다. 그러나 폼텍을 하다보니 브랜드는 그게 전부가 아니었다. 브랜드는 어떻게 고객과 직접적으로 커뮤니케이션을 해서 더 가치를 올릴 지의 문제였던 것이다. 제조업 마인드로는 가치라고 하면 원가를 줄여서 마진을 올리는 것이었지 컨텐츠적인 요소, 즉 고객과의 사이에서 자연스럽게 만들어진 스토리를 집어넣어서 브랜드를 만드는 것이라고는 생각해 본 적이 없다. 그런데 직접 고객을 만나고 교육을 해보니 그것만큼 브랜드의 가치를 높이는 법도 없다는 것을 알 수 있었다. 이 모든 것들을 하지 않았다면 폼텍이 지금처럼 성과를 거두고 존재할 수나 있었을까.

> 폼텍은 이런 교육들을 통해서 소비자의 머릿속에 '폼텍=라벨'의 공식을 성립시켰고 '장기적인' 이익을 얻게 만들었다.

폼텍은 이런 교육들을 통해서 소비자의 머릿속에 '폼텍=라벨'의 공식을 성립시켰고 그것이 '장기적인' 이익을 얻게 만들었다. 누군가에게는 그저 라벨 용지에 불과할 수도 있다. 그러나 제품을 원지부터 직접 개발하여 생산하고 최종 소비자에게까지 전달하는 폼텍의 경우에는 그 가치에 대한 애착과 자부심이 남다를 수밖에 없다. 어쩌면 이것이 중소 제조사가 대기업과 달리 뼛속부터 다른 깊은 애정을 가지고 브랜딩을 할 수 있는 원천이 아닐까. 아무리 작다 하더라도 그 속에 얼마나 많은 사람들의 에너지와 비교하지 못할 가치가 들어 있는지 알기에 '겨우 라벨인데 뭐, 대충 팔고 말지' 하지 않고, '이것이 얼마나 당신의 삶에 필요한 것인지 아느냐?'고 고객에게 반문할 수 있는 것이다. 그리고 그 가치를 극대화시키기 위해서라면 투자도 끈질기게 할 수 있었다. 왜냐하면 누가 뭐래도 그들에게는 자신의 손을 거쳐 만들어진 그 작은 것이 가장 큰 것이었기 때문이다. 몇 해전 세스 고딘이 《이제는 작은 것이 큰 것이다 Small is the new big》라는 책에 남긴 한마디는 여기에 꼭 맞는 말이었다. "작은 것을 운영하는 사람이 크게 생각한다면, 그 작은 것은 장차 큰 것이 될 것이다."

'NO OEM' Branding

시장에서의 성공을 위해서 브랜딩이 필요하다는 것을 이

폼텍의 소비자를 위한 교육센터

인터뷰를 위해 서교동 사옥을 찾았을 때 사무실 한 켠에 마련된 고객 교육센터가 눈에 띄었다. 컴퓨터와 함께 강의 시설이 준비된 공간을 보며 이렇게까지 준비한 걸 보면 교육에 꽤 많은 투자를 하고 있음을 짐작할 수 있었다. 한국폼텍 홈페이지(www.formtec.co.kr)에 들어가면 '교육센터' 메뉴가 따로 있다. 우선 소프트웨어를 꾸준히 개발하기 때문에 소프트웨어의 설치 및 사용법에 관한 동영상 강좌들은 놀라울 게 없다 치자. 그러나 소프트웨어를 사용해서 앨범을 제작하고, 명함을 만들고, 수제 비누나 화장품의 라벨을 만들고, 티셔츠에 전사하는 방법을 알려 주는 동영상 강좌에서는 생각이 조금 바뀐다. 라벨을 가지고 이렇게 할 수 있는 일들이 많구나 하는 생각이 드니 말이다. 학교나 회사 등의 외부 단체 교육, 직장인 야간 교육, 비정기 특강 등 교육도 다양하다. 여기서 끝이 아니다. 동영상 강좌에서 더 나아가 디자인 프로에 조금 더 관심이 생긴 고객을 위해 FDPS Formtec Design Pro7 Specialist라는 전문가 교육과정을 두었다. 10명만 선착순으로 참여할 수 있는 고급 교육과정으로 수료증도 제공되는데 더 놀라운 것은 이 모든 것을 소프트웨어가 그런 것처럼 '무료'로 진행하고 있다는 점이다. 2시간 내외로 진행되는 찾아가는 교육 서비스도 마찬가지다. 교육 서비스의 연장선에는 고객만족센터도 있다. 평일 10시간 동안 질문을 받아 줄 사람들이 있고 하다못해 고객의 컴퓨터로 원격 접속하여 도와줄 방법도 있다고 한다. '정말 라벨을 위해서 이렇게까지 할 필요가 있을까'라는 생각은 이런 폼텍의 집착 아닌 집착(?)을 보며 시작되었다. 이것은 작은 제품에서 큰 가치를 보았기에 가능한 폼텍만의 강력한 브랜딩 방법이라 할 수 있다. 그렇다면 고민해 보자. 당신의 중소기업에서 만든 제품은 어떤 가치가 있고, 사람들에게 이를 알리기 위해 어떤 방법을 사용할 것인가? 그리고 그것을 얼마나 끈질기고 오래 할 수 있는가?

야기하면서 "OEM만은 하지 않는다"는 폼텍의 원칙은 어울리지 않는다고 여길 독자도 있을 것이다. 그러나 김 대표는 너무나 확고하게 이것이 원칙이라며 이야기를 시작했다.

김 나는 장기적으로 정복당하지 않는 유일한 것인 브랜드를 지켜야 한다. 그런데 OEM을 같이하다 보면 브랜드가 망가지기 때문에 하지 않는다는 것이다. 나는 내가 브랜드 구축과 OEM을 동시에 할 수 없는 사람이라는 것을 깨달았을 뿐이다.

OEM은 말 그대로 주문자 상표 부착 생산(Original Equipment Manufacturing)이다. 어찌 보면 폼텍처럼 기본적으로 훌륭한 기술력이 있는 작은 기업이 유통 채널이 있는 큰 기업을 통해 매출을 올릴 수 있는 좋은 기회이다. 더군다나 OEM을 한다고 꼭 자신의 브랜드를 포기해야 하는 것은 아니다. OEM을 해서 얻는 이익으로 브랜드에 재투자를 할 수도 있지 않을까 하는 생각이 들었다.

김 잠깐 생각해 보기 바란다. OEM을 해줄 때 제일 중요한 것은 무엇인가? 당연히 낮은 단가에 품질을 '비교적' 훌륭하게 맞춰 주는 것이다. 그런 조건을 맞춰 주려면 언젠가는 반드시 단가 때문에 품질과 타협해야 하는 시점이 온다. 그런데 사실 속이려고 들면 품질 조금 낮추는 것은 티도 안 나고 단기적으로 돈 벌기도 쉽다.

반면에 브랜드는 절대로, 절대로 티가 안 나는 것이더라도 타협 같은 것은 없어야 한다. 처음 주었던 품질 그대로 일관성을 유지해야만 한다. 이것은 브랜드를 만드는 사람의 마음가짐과도 연관이 있는 것이다. 한번 타협하기 시작하면 끝이 없다. 그럼 OEM과 브랜드 구축을 함께할 때 어떤 생각이 들까? 나도 인간인지라 당연히 쉬운 쪽(OEM)에 힘이 실리게 될 것이다. 안 그래도 어려운 브랜딩을 포기할 가능성이 크다는 말이다. 그러니 어떻게 두 가지를 함께하겠나. 당연히 경영자로서 미래가 있는 브랜딩을 선택할 수밖에 없다.

브랜드를 위해서 절대로 OEM을 해서는 안 된다는 것은 아니다. 다만 중소기업이 브랜드를 만들기로 결심했다면 어

OEM과 그 외 브랜드 표시 방식

사실 우리나라에서 대형 백화점 등의 유통회사들이 PB(Private Brand) 상품을 만들기 시작한 것은 1990년대 초반으로 거슬러 올라간다. 본격적으로 시장에서 가격 경쟁이 시작된 이후에 유통회사는 어떻게 하면 자사 브랜드를 키우면서 동시에 더 싼 가격의 제품을 소비자에게 전달할 수 있을까 하는 고민을 하게 되었고, 그 해결책으로 등장한 것이 바로 PB 상품이다. 대표적인 예가 이마트의 '자연주의'와 같은 브랜드다. PB 상품은 유통회사의 브랜드를 부착(OEM을 제조사에게 주는 방식과 동일)하기 때문에 NB 상품(National brand, 제조사 브랜드 표기 방식으로 제조사가 자체적으로 만드는 브랜드 상품)과 반대되는 개념이다. 최근에는 더 독특한 개념들이 많이 생겨났는데 바로 NPB, MPB, JBP 등이 그것이다.

- **NPB(National Private brand)**: NB와 PB를 섞어놓은 개념으로 제조사의 브랜드를 표시(가끔 유통회사를 함께 표시하는 경우도 있음)하며 여러 업체가 아닌 특정 업체와만 거래한다.
- **MPB(Manufacturing Private Brand)**: 중소 제조사 브랜드를 육성한다는 개념으로 제조사 브랜드와 유통회사 브랜드를 함께 표시하며 중소 제조사와만 거래한다.
- **JBP(Joint Business Plan)**: 제조사와 유통회사가 제휴하여 공통의 브랜드를 개발하고 유통하는 등 상품 개발부터 마케팅까지 회사 대 회사로서 협력한다.

과거에는 단순히 하도급 방식으로 유통회사와 제조사가 협력했다면(브랜드 관점에서는 '협력'이라고 보기 어렵다) 최근에는 이처럼 다양한 방식으로 중소 제조사에게도 브랜드를 알릴 수 있는 기회가 있다. 다만 이 개념들 역시 파워를 가진 유통회사의 입장에서 고안된 것이므로 제조사 입장에서 자신의 브랜드를 강력하게 구축하고자 한다면 이들과 일할 때 조건들을 따져 보며 자사의 '브랜딩'에 어떤 득실이 있을지를 구체적으로 기록해 보는 것이 좋겠다.

떤 결정을 내리는 것이 장기적인 생존과 번영을 위해서 더 나을 것인지 고민해야 한다는 것이다. 폼텍이 성공할 수 있었던 이유 중 하나는 절대로 타협하지 않는 부분을 확실히 했기 때문이다. 김 대표는 브랜드를 만들려는 작은 기업의 경영자들이 어떤 고뇌를 겪을지 공감한다며 이렇게 말한다.

김 브랜드를 포기하면 돈이 생기는 경우가 많기에 OEM의 유혹을 많이 받을 것이다. 특히 수출품의 경우는 더하다. 우리도 그랬다. 한 번은 월마트에서 오더가 왔다. 얼마나 큰 물량일지 상상이 가는가. 잘 알려지지 않은 제품을 유통해서 리스크를 떠안느니 PB상품을 만들거나 알려진 브랜드 제품을 만들어 주고 돈이나 받을까 싶었다. 그런데 그걸 어떻게 참고 이겨내야 하냐면, 너무 뻔한 이야기지만 고통 속에 세운 브랜드가 한번 힘을 가지면 그것보다 더 큰 힘은 없다고 생각하는 것이다. 미래를 생각해 보면 도움이 된다. 우리가 적당히 타협하며 살았으면 단기간에 돈은 많이 벌었겠지만 브랜드는 브랜드대로 망가졌을 것이고, 월마트는 한 3년쯤 지나서 분명 품질과는 상관없이 우리보다 더 싸게 물건을 맞춰 줄 수 있는 중국으로 오더를 넘겼을 것이다. 그럼 지금 우리는 어떻게 됐겠는가?

둘째, 우리가 누구인지 알 수 있다

왜 중소 제조사가 브랜딩을 해야 하는지를 이야기하던 중에 김 대표는 브랜드가 내부 조직에 어떤 영향을 미치는지

에 대해서 언급했다. "우리가 도대체 무엇을 만드는 사람인지, 뭘 하는 사람인지 어렴풋이나마 알게 된다." 제품 생산자로서 제품의 품질만 생각하는 시각에 머물러 있으면 우리가 만드는 것에 대해서만 관심이 있지, 그것이 어떻게 소비자를 만나고 그들에게 어떻게 인식될지는 관심이 없어진다는 말이다. 반면에 브랜드를 만드는 모든 사람들이 브랜드를 중심으로 생각하게 되면 그 기업은 일찍이 피터 드러커가 《경영의 실제》에서 "사업이 무엇인지를 결정하는 것은 오로지 고객이다"라고 말했던 경영의 기본으로 돌아가게 된다. 이것은 경영뿐만 아니라 브랜드의 기본이기도 하다.

이처럼 고객에게 우리의 브랜드가 어떤 것일지를 고민하는 것은 우리가 누구이고 어떤 일을 하는 사람인지를 정의하는 데에도 매우 효과적이다. 예를 들어 버진Virgin이라는 브랜드가 고객에게 예상치 못한 재미와 즐거움을 준다면, 버진에서 일하는 사람들은 자신의 조직을 '고객의 즐거움을 위해 일하는 사람들'로 정의할 수 있을 것이다. 폼텍의 입장에서도 자신을 '라벨을 만드는 사람'으로 정의하는 편이 좋을까, 아니면 그 이상의 어떤 정의가 있는 것이 좋을까?

우선 김 대표는 폼텍이 모두에게 '말랑말랑하고 재미있는 브랜드'이길 바랐다. 그러나 폼텍은 지금도 폼텍다운 것이 무엇인지를 고민하고 정리해 나가는 단계라고 덧붙였다. 앞으로 폼텍에서 일하는 사람들은 스스로를 '말랑말랑하고 재미있는 요소들을 고객에게 제공하는 사람들'로 재정의할 수도 있겠다. 그렇다면 그에 앞서 우선은 폼텍을 만들어 가고 있는 직원들은 자신들이 누구이고 폼텍이라는 브랜드가 고객에게 어떤 브랜드인지를 어떻게 인식하고 있을까?

We are Brand Builders!

한 가지 분명한 것은 김 대표가 이들이 스스로 '브랜드를 만들어 나가는 사람'이라고 지속적으로 생각하도록 자극하고 있다는 점이었다. 이것은 폼텍의 창립 초기 단계부터 염두에 둔 것이라고 한다. 맨 첫 단계는 브랜드를 잉태할 사람들에 대한 자신의 생각과 태도를 바꾸는 것에서부터 시작한다. 그래야 모두가 브랜드의 중요성에 대해서 알게 될 것이라고 생각했기 때문이다.

김 오랫동안 제조업에만 종사하다가 브랜드를 만들고자 하는 중소기업의 사장님들에게 이 말을 꼭 전하고 싶다. 우선 맨 처음에는 브랜드를 만들어 낼 사람에게 충분한 투자를 하는 게 중요하다. 아마

> "우리가 도대체 무엇을 만드는 사람인지, 뭘 하는 사람인지 어렴풋이나마 알게 된다."

사장님들은 과거 제조업 방식의 마인드로 출근하면 공장부터 들리실 거다. 브랜드를 만들겠다면서 정작 그것을 추진하고 있는 기획자나 디자이너들에게 별다른 관심을 두지 않고 있지는 않은가? 그러면서 그들에게 공장에서 제품을 찍어 내는 것과 같이 결과물을 내도록 닦달하지 않느냐 말이다. 그러면 소위 브랜드를 잉태해야 하는 사람들이 어떻게 소신과 자부심을 가지고 일할 수가 있겠는가. 물론 그런 생각과 태도를 바꾸기가 무척 힘들 것이다. 나도 그랬지만 공장에 가면 마음이 편하기 때문이다. 거기서는 기계만 돌아가면 제품이 착착 만들어져 나오니까 걱정할 것도 없다. 그러나 브랜드는 결코 그런 방식으로는 만들 수 없다는 사실을 인정해야 한다. 때로는 억지로 제조할 때와 같은 스피드를 눌러야 할 때도 있다는 것, 기다리고 기다리면서 브랜드를 잉태하고 있는 사람들을 인정해 주는 것이 브랜드 성공의 관건이다.

김 대표를 만난 한국폼텍의 서울 서교동 사무소는 과거 김 대표의 모친이 살던 가정집을 그대로 사무실로 개조해 사용하고 있다. 이름 또한 스페이스맘space mom이다. 이처럼 김 대표 개인에게 의미 있는 공간에서 함께 일하는 직원들은 다름 아닌 폼텍 브랜드를 기획하고 만들어 가는 기획자와 디자이너들이다. 그는 매일 집이기도 한 여기서 파주 본사로 출근하지만 그 전에 그들을 만나고 나갈 때가 많다. 그는 처음 폼텍을 시작했을 때는 지금보다 더 많은 관심을 가지고 그들에게 좋은 대우를 해주려 노력했다고 한다. 최신 컴퓨터를 사도 이들에게 먼저 주었고 가장 좋은 환경에서 근무할 수 있도록 다른 직원에 비해 더 많은 신경을 써 주었다. 모기업의 생산직 직원들이나 다른 업무를 하는 직원들이 섭섭해하지 않았냐는 물음에 그는 "물론 그랬다"고 대답했지만 "조금 의도적이기도 했다"고 덧붙인다. 이제 막 부화를 시작한 폼텍이라는 브랜드가 그만큼 우리에게 중요한 일이며, 꼭 성공해야만 한다는 강한 의지를 보여 주기 위함이었다. 물론 어느 정도 시간이 흐르고 나서는 모두가 함께 만드는 브랜드이기 때문에 차별화하던 처우를 개선했지만 초기 단계에서는 브랜드 마인드를 모두에게 심기 위해서 꼭 필요한 일이었다.

김 분명 생산직 쪽에서 섭섭한 게 많았을 테지만 우리 같은 기업은 그 과정을 꼭 겪어야만 했다. 지금은 아니지만 과거 한 10년 정도는 그래 왔던 것 같다. 그럼으로써 브랜드를 만드는 이들이 조금 더 부담감과 책임감을 느끼기도 했다. 거기서부터가 시작이다. 그다음에 그들이 갖는 소신과 열정이 브랜드 자체에 녹아들면 그것으로 고객

에게 평가 받고 대중에 회자되어 이익으로 돌아온다. 그런 브랜드를 만드는 회사에서 일하고 있다는 자부심은 결국 모든 조직원이 차별 없이 나눠 갖는 것이다.

We are Formtec!

그렇다면 김 대표는 폼텍이 고객들에게 어떤 브랜드인지를 직원들이 어떻게 느끼도록 할까? 기본적인 방법으로는 문구전시회 등의 박람회 행사 때 생산직을 비롯한 대부분의 직원들이 그 자리에 참석해 자신이 만든 폼텍이 어떻게 고객에게 보여질지를 직접 보고 경험하게 만드는 것이다. 폼텍에서 일하는 디자이너들이 디자인을 하기 전에 폼텍 공장에서 일해 봄으로써 생산 과정을 이해하는 것과 마찬가지로 생산직 직원들 역시 완성품에 대해 고객들이 어떻게 반응하고 우리 브랜드의 입지가 어떤지를 짧게나마 체험하는 것이다.

더불어 얼마 전 김 대표는 폼텍 제품을 판매하는 매장에 들렸다가 우연히 아르바이트생이 일하는 모습을 지켜본 뒤에 직원들이 돌아가며 직접 매장에 나가서 판매해 볼 것을 권유했고 바쁜 업무 중에도 직원 모두가 판매에 직접 나섰다고 한다. 물론 김 대표 본인도 그 순서에 속해 있다. 왜일까?

김 발단은 한 아르바이트생이 제품을 판매하는 태도가 고객의 기분을 상하게 할 수도 있어서 마음에 들지 않았기 때문이다. 내가 사장인지는 아마 몰랐을 것이다. 혹시 그날만 기분 나쁜 일이 있었나 해서 3일을 계속 나가서 지켜보았는데 아니었다. 너무 마음이 아팠다. 저게 과연 저 아르바이트생만의 문제였을까 고민이 됐다. 어쩌면 우리 모두가 고객을 모르고 있고, 우리 모습을 모르고 있다는 생각이 들었다. 내 자신을 돌아봐도 부끄러운 점이 있어 모두가 동참해 고객을 직접 만나 보기로 했다. 우리 태도도 고칠 수 있을뿐더러 폼텍에게 어떤 부분이 부족해서 보완해야 할지를 알게 될 것이라 기대한다.

전사적으로 자신의 브랜드가 어떤 브랜드인지 직접 고객을 만남으로써 느끼고 그를 통해 얻은 다양한 아이디어를 빠르게 반영할 수 있다는 점은 작은 기업이 대기업보다 브랜딩에 유리할 수 있는 대표적인 조건 중 하나다. 대기업의 경우 분야별로 전문성을 깊이 살릴 수 있도록 조직이 나뉘어 있고 너무 많은 사람들이 다양한 일을 하기 때문에 모두가 고객을 직접 만나기도 어렵고 고객을 직접 만나는 경험을 전사적으로 공유하기도 어렵다. 따라서 작은 조직들은 대기업이 쉽게 할 수 없는 것, 즉 적극적으로 고객을 만나는 기회를 만들어 이를 브랜딩의 강점으로 활용할 수 있는 나름의 방법을 연구해 보는 것도 좋을 것이다.

지금, '작은' 우리에게 브랜드란

김 폼텍의 역할은 모기업이 훌륭하게 생산해 낸 제품에 생명력을 불어넣는 것이었다.

제품에 생명력을 불어넣는다는 김 대표의 표현은 많은 브랜드의 대표들이 그런 것처럼 브랜드를 유기체 혹은 더 나아가 사람과 같은 인격체로 바라보는 시각을 그대로 반영한다. 기업의 크기와 상관없이, 얼마나 큰 혹은 작은 자본으로 시작했는지와는 상관없이 훌륭한 브랜드를 만든 대부분의 기업들이 브랜드를 생명체에 비유하고 있다는 것에 주목하자. 마치 처한 환경과는 무관하게 주어지는 어머니의 모성과 아이의 미래처럼 말이다. 어려운 환경에서도 역사를 바꾸는 인물이 탄생할 수 있고 반대의 경우도 비일비재하다. 이야기가 나와서 말인데, 김 대표는 폼텍을 다 함께 키우는 '아이'에 비유하면서 부모로서 자신의 심정을 솔직히 밝히기도 했다.

김 브랜드를 키우는 건 아이를 키우는 것과 똑같다. 어떤 때는 잘 다독여 주고 싶고, 매를 들어서라도 나쁜 버릇을 고치고 싶은 마음이 들 때도 있다. 좋은 선생님이 있다면 찾아가 조언을 구하고 싶고, 애가 아프면 나도 같이 아프다. 험한 사회에 내보낼 때는 조마조마하다. 그런데 솔직히 내가 예뻐한다고 세상 모든 사람이 그런 건 아니지 않나. 아이가 사회에서 잘 살아 나가려면 다른 사람들이 그 아이를 가치 있다고 인정해 주어야만 한다. 브랜딩은 그 아이가 가진 가치를 사람들이 잘 알 수 있도록 해주기 위한, 혹은 아이가 뭔가 잘못되었을 때 깨닫고 배우게 하기 위한 육아 같은 게 아닐까 싶다.

폼텍은 강소 제조사가 브랜드를 만드는 것에 대해 우리가 가졌을지도 모르는 편견들을 하나씩 깨고 있었다. 사실 멋들어진 브랜드는 막대한 자본력을 가지고 젊은 인재들을 고용하고 광고도 펑펑 할 수 있는 대기업만의 전유물이라는 생각이 얼마나 지배적이었나. 그러나 그런 대기업마저도 처음에는 아주 작은 회사에 불과했고, 우리가 부러워하는 전통 있는 명품 브랜드들 역시 마찬가지다. 어떤 점에서는 오히려 작은 기업이 대기업보다 독보적인 브랜드를 만들기에 더 좋은 조건이라고 말하는 전문가들도 많다. 작은 기업들이 가업의 형태를 띠는 경우가 많고(이런 경우 경영자가 명예와 가치를 돈보다 더 중요하게 생각할 가능성이 크다) 경영권이 안정적이라 당장 단기이익을 내기를 요구하는 주주의 압력으로부터 비교적 자유로울 수 있으며, 따라서 대기업은 수익이 나기 힘들 것 같아 포기하는 분야에서 오랜 시간 공을 들이며 독보적인 브랜드로 성장할 수 있다. 또한 직원이 많지 않기 때문에 빠른 커뮤니케이션과 실행에 유리하며, 따라서 브랜드로서 한목소리를 내기도 좋기 때문이다. 무엇보다도 작은 기업은 작기 때문에 큰 기업이 보지 못하는 것을 볼 수 있다. 그것은 브랜드뷰를 가졌을 때 폼텍이 본 것처럼 작은 라벨의 큰 가치일 수도 있고, 작은 시장의 큰 가능성일 수도 있다.

따라서 '작은' 기업이라도 두려워할 것이 전혀 없다. 더불어 브랜드에 대해서는 전혀 모르고 제대로 배운 적도 없는 제조사에 불과하다고 자신을 깎아내릴 필요도 없다. 김 대표 역시 자신이 모기업에서 제조업에 대한 모든 것을 배우지 못했다면 브랜드를 제대로 시작할 엄두를 내지 못했을 것이라고 말한다. 기술력과 제품 생산에 자신이 있는 중소 제조사라면 폼텍이 그랬던 것처럼 이제 한 걸음 더 나아가 당신의 기업을 브랜드로 재구축해 보는 것은 어떨까. 위의 사례를 통해 브랜드가 단지 제품 위에 덧붙이기만 하는 라벨이라는 인식을 떼어 내고 그 속에 있는 가치를 제대로 발견하기로 결정했다면 말이다. UB

김준형 중앙대학교 기계공학과를 졸업하고 한국코스틱 기획실장을 거쳐 1996년 한국폼텍을 창업했다. 현재는 부친의 뒤를 이어 한국코스틱 및 한국폼텍 대표로 재직 중이며 산업평화상 금상, 산업자원부 장관 표창, 석탑산업훈장 등을 수상했다.

BIGGER < **BETTER**

성장은 팽창이 아니라 전진이다. 로버트 토마스코

베어낸 나무의 가치 이상의 것이 배어든 브랜드
경쟁 없이 출판의 빈 고리를 메우다, 도서출판 보리

The interview with 도서출판 보리 대표 윤구병, 이사 김용란, 실장 위문숙

"학벌 중심의 사회에서 우리가 살아남는 방법은 무엇인가? 죽기 살기로 공부와 경쟁을 해야 한다. 포기는 곧 패배자다. 그래서 우리는 어렸을 때부터 경쟁을 하기 시작한다. 1등을 향해 갈수록 주위엔 낙오자가 생기고 나중에 뒤돌아보았을 때 그들은 전쟁터에서 혼자 살아남은 1인이 돼 있을 것이다."
카이스트 학생들과 교수의 연이은 자살 소식이 온 나라를 우울하게 만들고 있을 무렵, 한 대학 신문에 실린 이 글은 우리나라 교육이 처한 현실을 다시금 환기시킨다. 대학 총장과 정부의 정책에 대한 성토, 나아가 신자유주의에 대한 비판, 혹은 옹호의 기사들이 줄을 잇지만 정작 학생들은 평균이 무의미한 무한 경쟁 사회의 고단함을 함께 공감하며 슬퍼하고 있다. 물론 자본주의 시장경제를 살아가는 우리에게 '경쟁'은 가치 판단의 대상이 아닌지도 모른다. 공정한 경쟁은 사회, 경제 전체의 발전을 가져오고 그 유익으로 더 나은 삶을 영위할 수 있을 것이기 때문이다. 하지만 그 달콤한 결과의 함정에 빠져 함께 추구해야 할 무언가를 잃어버린 건 아닐까? 경쟁 없이 살아가는 것은 단지 비겁하거나 미련하거나 무능한 것일까? 보리출판사의 30년은 이러한 질문에 대해 '또 다른 길'이 있음을 웅변해 준다. 바로 함께 어울려 살아가는 '공생'의 방법도 있음을 말이다.

무한 경쟁의 시대에 공생을 말하는 사람들

"인간은 홉스가 말했듯 경쟁적, 이기적인 동물이 아니다. 공감을 통해 서로 이해하고 협력할 때 가장 큰 행복을 느낀다. 우리는 서로에게 공감하며, 서로에게 위로 받고자 프로그램 돼 있는 존재다."

최근 간행된 《공감의 시대》를 비롯해 《엔트로피》 《노동의 종말》 《소유의 종말》 등에 이르는 숱한 화제작을 통해 우리 시대 최고의 사회사상가로 자리매김한 제러미 리프킨이 한 일간지와의 인터뷰를 통해 남긴 말이다. 그는 《공감의 시대》를 통해 '더불어 함께' 살기보다는 '나만의 성공'을 부추기는 미국이 더 이상 세계화의 모델이 될 수 없다고 주장했다. 반면 유럽은 삶의 질과 환경, 공동체 의식을 강조해 미국을 능가하는 '슈퍼 파워'로 부상할 것이라고 예견했다. 하지만 '함께 어울려 살아가는 삶의 가치'를 책을 통해 전달하고자 한 사람이 비단 그뿐은 아니다. 보리출판사 역시 출판사 설립 초기부터 같은 생각을 하고 있었다. 차이가 있다면 그들의 이러한 생각을 전달할 대상이 아이들이라는 점, 그리고 그 방법을 '교육'에서 찾았다는 점이다.

윤구병 대표(이하 '윤') 다른 생명체들은 대부분 유전자에 새겨진 본능에 따라 살아간다. 하지만 사람은 배우지 못하면 살아갈 수 없는 존재다. 그래서 스스로 제 앞가림을 할 수 있도록 가르치는 것이 교육의 첫 번째 목표다. 또한 사람은 절대로 혼자 살아갈 수 없다. 사람은 저마다 부족한 것을 다른 이의 도움을 받아 메워 가며 살아간다. 서로 도우면서 살 수 있는 힘을 길러 주는 것이 교육의 두 번째 목표다.

한마디로 사람과 자연, 모두와 함께 어울려 살아갈 수 있는 공생의 지혜를 교육과 출판이라는 방법을 통해 아이들에게 전달하는 것이 보리출판사의 목표였던 셈이다. 그들이 이런 생각을 가지게 된 데는 윤구병 대표가 평생에 걸쳐 만난 권정생, 한창기 등 여러 스승들의 영향이 컸다. 특히 미래 세대의 아이들을 위한 교육에 큰 관심을 가졌던 이오덕 선생은 아이들을 어떻게 하면 바르게 가르칠 수 있을지를 항상 고민했고, 그런 책들을 교과서 밖에서도 볼 수 있기를 바랐다.

하지만 예나 지금이나 출판은 어려운 일이다. 잡지사 편집장을 지낸 윤 대표가 이를 몰랐을 리 만무하다. 하지만 아이들을 위한 교육에 출판만큼 좋은 방법도 다시 없어 보였다. 특히 〈뿌리 깊은 나무〉를 통해 얻은 몇 가지 깨달음이 이러한 결심을 더욱 굳히게 만들었다.

윤 오랫동안 좋은 책을 만들어 오시던 분들도 힘든 길이라며 극구 말리셨다. 다행히 〈뿌리 깊은 나무〉의 발행인이신 한창기 선생님 밑에서 출판 일을 하면서 많은 것을 배웠다. 당시 출판계에선 많은 이들에게 책을 읽히려면 내용의 수준을 중졸 정도에 맞춰야 한다는 생각이 상식처럼 퍼져 있었다. 그러한 시각을 완전히 바꾼 분이 바로 한창기 선생님이다. 선생님은 아무리 어려운 내용을 담는다 해도 정확하고 바르게 전달할 수만 있다면 초등학교를 나온 독자들 역시 이해할 수 있을 거라 확신하셨다. 그래서 태어난 게 바로 〈뿌리 깊은 나무〉였다.

윤 대표는 〈뿌리 깊은 나무〉의 초대 편집장을 지내면서 이러한 생각이 옳았음을 확인할 수 있었다. 당시 가장 유명한 여성지가 월 3만 5,000부 발행되던 시절, 결코 녹록지 않은 내용을 담은 〈뿌리 깊은 나무〉는 폐간 직전까지 8만 8,000부를 찍었다. 누구나 읽을 수 있는 자연스러운 우리말로 전달할 수만 있다면 문화에 관한 격조 있는 글들 역시 충분히 대중들에게 읽힐 수 있음을 증명한 것이다. 더 놀라운 건 이 같은 성공이 '교양지가 이렇게 만들면 망한다'는 *16가지 금기를 모두 깨뜨리고 만들어 낸 결과라는 것이다. 즉 좋은 책을 만들면 그것을 알아보는 독자가 반드시 있다는 것을 배운 셈이다. 이러한 깨달음은 보리출판사가 아동 출판 시장에 뛰어들면서 전혀 새로운 기준과 방향을 세울 수 있게 해주었다. 그것은 '다른 출판사와 경쟁하지 않고 출판의 빈 고리를 메우는' 역할을 하겠다는 선언이었다. 과연 이것은 무슨 말일까?

위문숙 실장(이하 '위') '빈 고리를 메운다'는 말의 첫 번째 의미는 '경쟁하지 않겠다'는 것이다. 타 출판사나 다른 사람들이 이룬 것

* 뿌리 깊은 나무가 깬 16가지의 출판 금기들
1. 잡지 제목이 네 글자를 넘으면 망한다.
2. 제목을 한글로 달면 망한다.
3. 가로 쓰기를 고집하면 망한다.
4. 교양지가 국판 크기보다 크면 망한다.
5. 두툼하지 않으면 망한다.
6. 부록을 곁들이지 않으면 망한다.
7. 한글 전용이면 망한다.
8. 필자 글에 교정 이상의 손을 대면 망한다.
9. 교양지에 광고가 많이 실리면 망한다.
10. 편집자들의 글에 비판적인 시선을 가지면 망한다.
11. 제목을 쉽게 쓴다고 늘여 쓰면 망한다.
12. 연재물이 하나도 없으면 망한다.
13. 표지에 무거운 느낌의 사진을 쓰면 망한다.
14. 목차에서 길고 다양하게 보여 주지 않으면 망한다.
15. 널찍한 여성지 크기이면 망한다.
16. 다달이 특집이 실리지 않으면 망한다.

들과 경쟁해서 기존의 가치를 잠식하거나 갉아먹는 행동을 하거나 기존의 시장에서 생존을 위해 발버둥치지 않겠다는 것이다. 두 번째는 반드시 필요한 책이지만 여러 가지 이유로 타 출판사가 내지 않거나 내지 못하는 책들을 만들겠다는 의미다.

〈뿌리 깊은 나무〉가 출판의 금기를 깨면서 새로운 독자층을 만들어 냈듯이 보리출판사 역시 처음부터 전에 없던 방법으로, 아무도 몰랐던 시장을 새롭게 만들어 생존하겠다는 다짐을 선언한 것이다. 문제는 방법이다. 과연 보리출판사는 우리나라 출판계의 어떤 빈 고리를 찾아냈을까? 그리고 그 빈 고리를 메우기 위해 어떤 책을, 어떤 방법으로 만들어 왔을까?

보리출판사의 공생을 위한 네 가지 선택

보리출판사는 출판사 설립 이전의 '보리기획실' 시절부터 아이들의 놀이가 자연스럽게 교육과 연결된다는 사실을 알고 이에 기반한 책들을 기획해서 성공시켰다. 그 대표적인 사례가 지금까지 수십만 부가 팔려 나간 '어린이 마을' 시리즈다. 오늘날 대형 출판사의 모태가 되기도 했던 이 시리즈를 통해 아이들의 가장 큰 스승이 다름 아닌 자연이라는 사실을 깨닫게 됐다. 아이들이 자유롭게 자연 속에서 뛰어놀면서 제 앞가림도 하고 더불어 사는 법도 배

* 국내 아동출판 시장의 빈 고리들
우리나라 아동 출판은 국내 출판 시장에서 가장 큰 규모를 차지한다. '2009 한국출판연감'에 따르면 2008년 어린이책은 8,417종, 총 2,688만여 부가 발행됐다. 2007년에 비해 종수는 15.2% 늘었지만, 부수는 무려 52.6% 감소했다. 그러나 전체 시장에서 차지하는 점유율은 각 19.5%(종수), 23.%(부수)로 여전히 출판업계의 가장 덩치 큰 영역이다. 국내 아동 출판은 1980~1990년대에는 어린이책, 1990년대 중후반은 그림책에 무게 중심을 뒀다. 특히 만화를 가미한 교육서는 불황 속에서도 선풍적인 인기를 이어 가고 있다. 지금까지 총 50권 2,000만 부 판매라는 대기록을 세운 예림당의 'Why?' 시리즈는 교과서를 연계한 학습만화라는 점에서 현 아동도서의 실태를 그대로 보여준다. 2000년대 들어 가파른 성장을 거듭하던 어린이책 시장은 2006년을 기점으로 정체를 보이고 있다. 감소세에도 분야별로 들여다보면 명암 차가 존재한다. 위축은 창작동화와 고전물에서 뚜렷한 반면 논픽션 부문에서는 상대적으로 덜해, 논픽션의 비중이 갈수록 커지고 있다.

우게 된다고 생각한 것이다. 이후 이어진 '올챙이 그림책'과 '달팽이 과학동화' 시리즈 역시 같은 생각에서 나온 책들이다. 급속도로 도시화되는 현실에선 이러한 경험을 대신하기에 책을 통한 교육만큼 좋은 방법이 없기 때문이다. 보리출판사는 역시 같은 이유로 아직 말을 익히지 못하는 아이들의 간접 체험을 위해 사진으로 된 도감류들이 많이 팔리는 것에 주목했다.

윤 아이들뿐 아니라 오랫동안 자연 속에서 살아 보지 못한 사람들은 우리가 먹고사는 데 필요한 농작물들을 언제 심고 거두는지, 동물이나 곤충들이 어떻게 생겼는지를 전혀 모르는 경우가 허다하다. 그래서 한때 사진으로 된 도감류들이 정말 많이 나왔다. 그런데 카메라는 아무리 정교하더라도 결국 기계이기 때문에 초점이 하나밖에 없다. 즉 어느 하나에 초점이 맞춰지면 그 부분은 선명하지만 가장자리로 갈수록 희미해지게 마련이다. 하지만 사람의 눈은 '다초점'이다. 그래서 개체의 모든 측면에 초점을 집중시킬 수 있고 그 결과 생명체가 갖는 느낌을 제대로 전달하기 위해 세밀화로 된 책을 내보면 어떨까 생각했다.

보리출판사가 기획사를 거쳐 본격적인 출판업에 뛰어들었던 1990년대 중, 후반은 *아동출판사들의 치열한 경쟁이 막 시작되던 즈음이었다. 이른바

'달팽이 과학동화' 시리즈는 꼭 알아야 할 자연의 모습과 과학 지식을 옛부터 써온 입말을 살려 담은 책이다.

386세대가 부모가 되면서 좋은 책을 골라 읽히려는 열의가 뜨거워졌기 때문이다. 때마침 온라인 서점이 활성화되고, 육아 관련 포털 시장이 성장한 것도 시장의 파이를 키우고 경쟁을 심화시키는 데 큰 몫을 했다. 이렇게 시장이 폭발하는 시점에서 타 출판사들은 외국의 어린이책을 수입하거나 이미 검증된 유명 작가와 계약을 통해 몸집을 키워 가는 선택을 했다. 하지만 보리출판사는 이와는 정반대의 길을 걷기 시작했다. 그리고 이러한 차별화를 통한 선택 중 하나가 바로 세밀화였다.

첫 번째 선택, 공생의 지혜를 가르쳐 주는 세밀화

대한민국의 엄마들이 세상에 막 태어난 아이들에게 가장 먼저 읽어 주는 책들 중 하나가 바로 보리출판사에서 1994년에 출간한 《세밀화로 그린 보리 아기 그림책》이다. 생생한 사진이 결코 따라올 수 없는, 손으로 그린 그림의 장점을 일찌감치 발견한 보리출판사가 지난 20여년간 꾸준히 발행해 온 탓이다. 이들의 선택은 타 출판사와 경쟁하지 않고 출판의 빈 고리를 메우겠다는 애초의 결심에 고개를 끄덕이게 만든다. 그러나 그들이 내세웠던 궁극적인 출판의 목표, 즉 아이들에게 공생의 지혜를 전달하는 것과 세밀화의 선택 사이에는 어떤 상관관계가 있을까?

위 자신이 얼마나 귀한지를 알아야 남과 어울려 사는 것도 가능하다. 같은 이유로 가까이 있는 것들을 귀하게 여기지 않으면 스스로를

> "자신의 소중함을 깨달은 사람만이 더 나아가 이웃과 공동체가 얼마나 중요한지를 깨닫고 이를 끌어안을 수 있다."

하찮게 생각하고 멀리 있는 것들을 동경할 수밖에 없다. 예를 들어 서구 문명에 대한 열등의식 같은 것들도 여기서부터 시작되는 것이다. 자신의 소중함을 깨달은 사람만이 더 나아가 이웃과 공동체가 얼마나 중요한지를 깨닫고 이를 끌어안을 수 있다. 남과 어울려 살 수 있는 가장 기본적인 토대가 이렇게 작은 교육에서부터 시작되는 것이다.

이러한 이유로 보리출판사는 책을 만들 때 멀리 있는 것, 다른 나라에 있는 것부터 출발하지 않는다는 기준을 가지고 있다. 자신과 주변의 것들이 얼마나 귀한지를 알아야 남과 어울려 살아갈 수 있다고 생각하기 때문이다. 그래서 아이들이 태어나서 먹고, 보고, 입고 하는 익숙한 것들을 통해

않는다. 사실 아무리 좋은 의미를 담고 있다고 해도 아이들이 보지 않으면 팔릴 수가 없는 것이 책이다. 세밀화 자체가 가지고 있는 어떠한 유익, 재미 같은 것들이 아이들의 욕구와 잘 맞아떨어졌기 때문이 아닌가 싶다.

아이들이 좋아하니 당연히 부모들의 관심 역시 함께 커져 갔다. 당시 최초로 세밀화로 그린 동물도감과 식물도감이 나왔을 무렵은 한창 IMF의 구제금융이 진행되던 1997년경이었다. 당시로서는 상당한 고가인 3만 원에 달하는 가격에도 불구하고 세밀화로 그려진 보리출판사의 책들은 입소문을 타고 알려지기 시작했다. 그만 한 돈을 지불하고 살 가치가 있다는 생각들이 공감을 얻기 시작한 것이다. 이때부터 보리의 책은 '남다르면서도 유익하고 믿을 수 있다'는 신뢰가 독자들 사이에서 퍼져 나가기 시작했다. 그것은 보리의 생각이 아이를 가진 부모라면 누구나 본능적으로 갖고 있던 고민에 대한 답을 주었기 때문이다.

김용란(이하 '김') 세밀화가 사랑받을 수 있었던 이유는 부모님들이 우리 생각에 동의해 주셨기 때문이라 생각한다. 철학이다 뭐다 설명을 드리지 않아도 인간이라면 누구나 본능적으로 옳고 그름을 판단할 수 있기 때문이다. 어떤 부모든 자기 아이가 스스로 앞가림할 수 있고 이웃들과 어울려 살아갈 수 있기를 바란다. 이러한 공감대가 부모님들 사이에서 충분히 형성되었기 때문이 아닌가 싶다. 세 살짜리 한테도 함께 살아가는 것이 왜 중요한지를 이렇게 쉽게 설명해줄 수 있구나 하는 것을 알게 되었으니 어떤 부모가 이를 마다하겠는가.

서 남과 어울려 살아가는 지혜, 이웃과 공동체의 소중함을 알려 주고 싶었다. 세밀화는 바로 이러한 생각을 아이들에게 전달하기 위해 선택한 최선의 방법이었다. 특히 *세밀화가 가진 가장 큰 특징 중 하나는 화가가 일일이 눈으로 확인한 후 손으로 그린다는 것이다.

화가가 느끼고 교감하는 것을 표현하는 세밀화는 자연스럽게 대상을 향한 생명체의 따뜻함이 그림 속에 녹아들 수밖에 없다. 놀랍게도 아이들이 이러한 차이를 먼저 알아보았다.

위 보리의 세밀화는 아이들이 너무 너무 좋아한다. 한번 이 책을 보면 헤어 나오지 못한다. 아이들의 특성상 자신이 좋아하는 책은 수십 번, 수백 번을 반복해서 보아도 질리지

* 세밀화
세밀화라는 말이 낯설 이라도 이외수 씨가 쓴 《하악하악》의 표지 그림은 기억할지도 모르겠다. 이 그림을 바로 세밀화 화가인 정태련 작가가 그렸다. 세밀화는 말 그대로 세밀(細密)한 묘사로 대상을 정밀하게 그린 그림이다. 그는 "세밀화에는 어떤 기막힌 사진으로도 표현할 수 없는 점이 있다. 대상인 자연과 작가가 충분한 교감이 있으면 자연의 기쁨과 슬픔의 감성도 드러내게 할 수 있다. 그렇기에 똑같이 그리기보다 자연이 뿜어내는 아름다운 감성을 드러내도록 애써야 한다"고 말한다. 정 작가가 참여한 《세밀화로 그린 보리 어린이 식물도감》 《세밀화로 그린 보리 어린이 동물도감》은 한국어린이도서상과 한국과학문화재단 선정 우수 과학도서로 선정됐으며 《세밀화로 그린 보리 아기그림책》은 제16회 한국 어린이도서상에 뽑히기도 했다.

보리 외의 타 출판사가 세밀화로 그린 그림책이나 도감을 만들기 시작한 것은 최근의 일이다. 무려 20여 년 가까이 세밀화는 보리출판사만의 독점적인 출판 영역으로 자리 잡고 있었던 셈이다. 물론 보리출판사가 타 출판사들의 시장 진입을 인위적으로 막았던 것은 아니다. 오히려 같은 생각을 가진 이들과의 경쟁을 통해 시장의 크기가 커지는 것을 반기는 분위기다. 그렇다면 어떻게 이런 독점 아닌 독점 상태를 유지할 수 있었을까? 왜 다른 출판사들은 보리와 같은 세밀화로 그린 그림책이나 도감을 만들지 않았을까? 만약 만들지 못했다면 그 이유는 무엇일까?

김 세밀화는 단 한 권을 펴내는 데도 4~5억 이상의 초기 투자가 필요하다. 그림의 특성상 워낙 많은 시간과 공을 들여야 하기 때문에 제작 기간 역시 짧게는 5년, 길게는 7년 이상이 걸린다. 어떤 출판사가 시장이 있는지 없는지도 모르는 어린이 그림책에 그토록 많은 시간과 노력을 기울일 수 있겠는가. 이런 책은 나라에서 만들어야 한다는 얘기가 내부에서 나왔을 정도였다. 반드시 필요하다는 확신이 없었다면 우리도 쉽사리 이 일을 시작하지 못했을 것이다.

두 번째 선택, 시간과 정성

하지만 세밀화가 가진 장점만으로 보리출판사의 책들이 가진 인지도와 충성도, 경쟁력(결국 브랜드력이다)을 설명하기엔 어쩐지 부족한 듯하다. 보리출판사의 책들은 언뜻 보면 촌스러워 보이지만 자세히 들여다보기 시작했을 때 비로소 그 숨은 디테일이 하나씩 드러난다. 시장에 겉도는 유행을 따르지 않고 그들만의 영향력을 스스로 만들어 내기 위해 그들만의 노하우를 창출했기 때문이다. 그것은 다름 아닌 '시간과 정성'이다. 아이들에게 가장 좋은 책, 꼭 필요한 것이 아니면 반드시 걸러 내고자 하는 강박에 가까운 내부의 기준이 유행을 따라 쏟아져 나오는 화려한 책들 속에서 자연스럽게 차별화를 끌어낸 것이다.

위 보리에는 단기간에 만들어진 책이 없다. 세밀화, 도감, 사전류의 책은 제작 과정은 말할 것도 없고 사전 기획에 상당히 많은 공을 들

이고 검증을 거친다. 또한 우리가 쓰는 말에는 한자 투나 일본 투의 말, 영어식 표현들이 알게 모르게 스며들어 있기 때문에 가능한 아무것에도 물들지 않은 어린아이들과 농사꾼의 구어체 그대로를 담으려 애를 쓴다. 하지만 단순하고 간결한 말들이 가장 어려운 법이다. 이런 식으로 책 한 권 한 권을 만들다 보니 시간이 많이 걸릴 수밖에 없었다.

보리출판사가 책에 쏟는 정성은 여기서 그치지 않는다. 인터넷의 블로그에는 단 몇 줄의 글 속에 얼마나 철저한 고증과 검증이 들어 있는지를 보여 주는 독자들의 '제보'들이 곳곳에 숨어 있다. 스펀지처럼 주는 대로 받아들일 아이들을 위해서는 곤충의 아주 작은 습관 하나조차도 철저하게 확인

⊕ 보리출판사의 시간과 정성이 만든 책들, 《보리국어사전》과 《겨레전통도감》

총 4만 개에 달하는 방대한 낱말이 실린 《보리 국어사전》은 보리출판사가 한 권의 책에 쏟는 정성이 어떤 것인가를 보여 주는 대표적인 사례이다. 윤구병 대표는 1983년 이오덕 선생님이 이끄는 '한국글쓰기교육연구회'에 들어가 활동하면서 아이들의 눈높이에 맞는 국어사전의 필요성을 절감했다. 그리고 2001년부터 꼬박 7년에 걸친 작업 끝에 《보리 국어사전》을 만들어 냈다. 남과 북에서 쓰이는 쉬운 말들을 빠짐없이 챙겨 넣으려다 보니 부피가 1,500쪽에 이르는 방대한 사전이 됐다. 그래서 사전에는 북데기(짚이나 풀들이 엉킨 뭉텅이), 동그마니(무리와 떨어져서 외따로 오뚝하게), 조붓하다(조금 좁은 듯하다), 희붐하다(날이 새려고 빛이 희미하게 돌아 조금 밝다)처럼 사라져 가는 우리말들이 고스란히 담겼다. 또한 깨알같은 글씨만 빼곡한 지루함을 없애기 위해 식물, 나무, 동물, 갯벌 등 2,000여 점에 이르는 세밀화를 함께 그려 넣었다.

급속히 사라져 가는 한국의 전통 문화를 어린이들에게 알려 주려고 만든 《겨레전통도감》의 경우 기획에만 5년이 걸렸다. 좋은 필자(윤혜신 씨 등 5명)와 화가(홍영우 씨 등 7명)를 찾고, 자료를 구하고, 취재를 하면서 전통 문화의 가치를 잘 알고 제대로 표현할 사람, 전통 문화를 몸으로 익혔거나 배운 사람들로 작가를 모았다. 책에 이름이 들어가지 않은, 소품 컷을 그린 분들까지 합치면 참여한 화가만 30여 명에 이른다. 특히 '전래놀이'와 '탈춤' 편 두 권의 그림을 그린 재일동포 화가 홍영우(71) 선생은 남의 땅에 살면서 민족 차별을 겪다 보니 우리 것의 소중함을 더욱 절실하게 느낀다며 헌신적으로 참여했다. 전체 기획과 진행은 보리의 오랜 파트너인 어린이책 전문 기획사 토박이(대표 김미혜)가 했다.

을 거치는 과정이 필요했던 것이다. 이러한 노력은 결과적으로 이를 알아보는 독자들과 끈끈한 신뢰의 고리를 만들어 냈다.

윤 밖으로 잘 드러나지 않는 부분이지만 그 점이 가장 힘들었다. 예를 들어 달팽이 과학동화 가운데 곤충들이 어떻게 서로 의사소통을 하는가, 짝짓기는 어떻게 하는가에 대한 설명이 나온다. 벌들이 얼마 떨어진 곳에 얼마만큼의 꿀들이 있는지를 동료들에게 알려 주는 방법이라든가, 개미들이 먹을 것을 발견했을 때 이를 알리는 방법 같은 것들을 확인하기 위해 전문가를 찾아가면 자신의 전공 외에는 모르는 분들이 많아 당혹스러울 때가 정말 많았다. 그럴 때는 외국 자료를 찾아 헤매거나 각각의 정보를 일일이 찾아다니며 확인하는 수밖에 없었다. 아무리 짧은 동화라도 그 내용은 한 치의 오차도 없이 정확하게 전달해야 된다고 생각했기 때문이다. 이러한 노력 때문에 오늘날도 '보리에서 만든 책은 믿을 수 있다'라는 신뢰가 독자들 사이에서 만들어진 것 같다.

브랜드란 한 기업의 제품과 서비스가 이를 소비하는 고객들과 맺어 가는 특별한 관계를 지칭하는 또 다른 말이기도 하다. 사람들은 이러한 관계를 통해 특별한 경험과 신뢰를 얻을 수 있을 때 제품이나 서비스가 가진 기본적인 유익 이상의 가치를 경험한다. 보리출판사가 한 권의 책을 만들기 위해 그토록 많은 시간과 정성을 들일 수 있었던 이유는 완성도 높은 책이 아이들에게 줄 수 있는 지식 이상의 유익을 확신했기 때문이다. 그리고 이러한 보이지 않는 가치는 학부모들에게도 전이되어 책을 통해 공생의 관계를 만들어 가고 있는 중이다. 7,000명 이상의 정기구독자를 가진 어린이 잡지《개똥이네 놀이터》, 부모와 어른을 위한 잡지《개똥이네 집》의 창간 및 온라인상의 '개똥이네 카페' 등이 그 구체적인 예라고 할 수 있다.

> "우리는 처음부터 남이 내지 않는 책, 명성이 없다 할지라도 꼭 알려야 할 가치가 있는 책들을 만들었다."

'공생'이라는 말의 사전적 의미는 '서로 도우며 함께 살아가는 것'을 뜻한다. 세밀화의 선택이 서로의 영역을 해치지 않는 타 출판사와의 공생을 위한 것이었다면, 그 결과로 나온 독자들의 반응은 출판사와 독자들이 어떻게 서로를 도와 가며 공생할 수 있는지를 보여 주는 좋은 예다. 좋은 책은 출판사에게는 수익과 명성을, 독자들에게는 믿고 읽을 수 있는 지식과 지혜의 보고 역할을 하기 때문이다. 하지만 책은 출판사의 의지만으로 만들어지지 않는다. 특히 세밀화처럼 수많은 작가와 화가들의 협업이 필요한 경우는 더욱 그렇다. 보리출판사는 이를 위해 '발굴'이라는 방법을 활용했다. 세밀화라는 특별한 아이템을 발견해 냈듯이 이를 만들 수 있는 작가와 화가들 역시 검증된 유명 작가들이 아닌 무명의 신진 작가들을 '발굴'해 낸 것이다.

세 번째 선택, 발굴

위 신생 출판사는 성장을 위해 유명한 작가와 가능성 있는 작품을 만들어서 이름이 알려가며 입지를 넓히는 게 일반적인 방법이다. 하지만 우리는 처음부터 남이 내지 않는 책, 명성이 없다 할지라도 꼭 알려야 할 가치가 있는 책들을 만들었다. 가치 있는 것들을 널리 알려서 실천을 끌어낼 수 있는 토대를 만들기 위해서다. 그러다 보니 처음 함께 작업하는 분들 중에는 명성 있는 작가는 고사하고 전업 작가 한 분 계시지 않았다. 그렇게 나온 책이《당신 참 재미있는 여자야》라는 노미화 선생님의 책이었다. 저자는 수필이나 에세이 한 번 발표한 적 없는 실제 초등학교 선생님이었다. 수십 년 동안 아이들과 즐겁게 생활하는 진짜 교육자셨고, 그래서 아이들을 어떻게 가르

치셨고 어떻게 학교를 운영했는지를 있는 그대로 책으로 옮긴 것이다. 한 개인의 교사관을 떠나 모두가 공유해야 할 교육적 가치가 있다고 생각했다.

초판 3,000부를 다 팔 수 있을지를 걱정하던 이 책은 입소문을 타고 전국으로 팔려 나갔다. 내용에 공감한 교사들이 스스로 발품을 팔아 주변 사람들에게 적극 알려 주었기에 가능한 일이었다. '해방 이후 초등 교육 현장에서 거둔 최대의 교육 성과'라는 평가를 받고 있는 이호철 선생의 《살아 있는 글쓰기》도 마찬가지였다. 30년 가까이 교직 현장에 있으면서 아이들의 살아 있는 삶을 글로 옮긴 이 책은 이렇다 할 광고나 홍보 하나 없이 독자들에 의해 그 가치가 발견된 대표적인 사례다. 만약 보리출판사가 아니었다면 그 누구도 그 가치를 발견하지 못했을 작가들과 책들이 경쟁이 아닌 '발굴'을 통해 이 세상에 선을 보인 것이다. 이런 발굴의 이면에는 그 숨은 가치를 선별하는 눈이 있었던 것도 부인할 수 없는 사실이다.

위 윤 대표님이 굉장히 눈이 밝으신 걸 알 수 있다. 단순히 말이나 이론이 아닌 일상에서 어떻게 실천하고 구현되었는지를 중요하게 보셨기 때문이 아닌가 싶다. 서정오 선생님도 아이들이 옛이야기를 좋아하고 그것이 얼마나 필요한지를 아신 분이었다. 그래서 《옛이야기 들려주기》라는 책도 나올 수 있었다.

교육 현장에서 아이들에게 우리만의 옛 이야기를 들려준 경험을 바탕으로 만들어진 서정오 선생의 《옛이야기 들려주기》는 이후 무려 10권의 '옛이야기 보따리' 시리즈로 만들어져 수많은 아이들에게 읽히고 있다. 특히 이야기의 숨은 뜻을 해치지 않으면서 옛사람들의 끈끈한 정이 담긴 입말을 살려 새로 씀으로써 오늘날 '방정환 이후 들려주는 문학으로서 옛이야기를 다시 꽃피운 작가'라는 평가를 받고 있다.

만약 보리가 다른 출판사들처럼 해외의 유명한 상을 휩쓴 작가의 책을 내는 경쟁에 뛰어들었다면, 이미 알려진 작가들의 책을 내는 (상대적으로) 쉬운 길을 갔다면, 과연 오늘날의 보리출판사가 존재할 수 있었을까?

김 우리가 명망 있는 작가를 골라 소설을 내지 않는 이유도 타 출판사와 경쟁하지 않기 위해서다. 물론 몇 권의 소설이 있긴 하지만 그조차도 거의 묻혀 있던 무명 작가들의 작품을 발견해서 출간한 것이다. '빈 고리를 찾는다'는 것은 어떤 의미에서 우리 출판사의 가장 핵심적인 철학이라고 할 수 있다. 상업적이든 그렇지 않든 경쟁 없이 함께 성숙할 수 있는 방법을 찾겠다는 것이다.

보리출판사는 이렇게 책을 만드는 과정을 통해서도 '공생'을 통한 생존과 성장이 가능함을 보여 주려고 했다. 하지만 이는 우리가 익히 알던 일반적인 차별화 전략과는 조금 달라 보인다. 단순히 남들이 이미 진입한 시장을 '피한다'는 수동적인 의미가 아니라 반드시 필요하지만 남들이 하지 않는 시장을 '개척한다'는 적극적인 의미가 더 강하기 때문이다. 조금 다른 길이 아니라 정반대의 길을 그들은 가기로 작정한 셈이다. 다른 출판사들이 세밀화로 된 그림책을 일찍부터 만들

서정오 작가가 쓴 '온 겨레 어린이가 함께 보는 옛이야기' 시리즈

보리의 직원들은 '변산공동체'에서 함께 일하는 노동의 가치를 배운다. 이는 고스란히 그들이 만드는 책에 녹아든다.

지 않은 것은 무엇보다 '비효율적'이기 때문이었다. 거의 모든 기업들은 제한된 자본과 인력을 통해 최고의 성과를 끌어내는 데 집중하게 마련이다. 하지만 보리출판사는 진정한 교육을 위해서는 효율보다 더 우선하는 가치가 있다고 생각했다. 물론 이러한 가치를 모든 직원이 공감하는 데는 적지 않은 시간이 필요했다.

위 요즘은 틈새라는 단어가 '틈새시장'이라고 불리며 긍정적인 의미로 사용되지만 당시엔 이런 용어들이 존재하지도 않았을 뿐더러 부정적인 어감을 가지고 있었던 게 사실이다. 이를테면 비주류라든지 정도正道를 걷지 않는다는 느낌을 갖고 있었다. 하지만 윤 대표님은

만 2~5세 아이들을 위해 만들어진 최초의 전집 '개똥이 그림책' (웅진 올챙이 그림책)

우리에게 '빈 고리'를 찾아야 한다고 여러 번 강조하셨다. 당시에는 그 의미를 바로 이해하지 못했는데 세월이 흐르면서 책을 만드는 과정에서 흔들릴 때마다, 특히 우리도 돈이 되는 책을 만들어야 하는 것이 아닌가 하는 생각이 들 때마다 이 '빈 고리'란 말의 의미를 되새기게 됐다.

네 번째 선택,
출판사와 작가를 잇는 상생의 생태계

보리도 식물이라는 가정하에서 식물들이 살아가는 방식을 잠깐 고민해 보자. 동물들과 달리 태생부터 '움직일 수 없는' 운명을 타고난 그들은 생존과 번식을 위해서 또 다른 능력이 필요했다. 바로 자신만의 향기와 아름다움으로 곤충과 동물을 유인해 자신들을 대신해 수분을 할 수 있도록 한 것이다. 아울러 같은 종류의 식물들은 무리를 이뤄가며 생존과 번식의 가능성을 높인다. 이를 보리출판사에 비유한다면 세밀화는 그들만의 독특한 향기에 비유할 수 있지 않을까? 그렇다면 보리출판사를 둘러싼 수많은 작가와 화가들, 그리고 독자들 간의 관계는 무엇에 비유할 수 있을까? 뜻을 같이하는 이들이 만나 함께 성장할 수 있는 시스템을 만들어 왔다는 의미에서 일종의 상생의 생태계라 부를 수 있지 않을까?

김 100권씩 팔리는 책 1,000권보다 10,000권씩 팔리는 단 한 권의 책을 만들기 위해 혼신의 힘을 다해왔다. 그래서 교육적인 성과나 대안을 제시해줄 수 있는 분들의 글, 작가나 화가 분들의 경우에도 기성 작가가 아닌 타성이나 관성에 물들지 않은 그런 분들을 섭외하기 위해 노력했다. 자연스럽게 우리와 관점이 맞는 분들을 선택하게 됐

고 우리와 함께 성장할 수 있는 작가 분들을 만날 수 있었다. 세밀화 역시 마찬가지였다. 우리나라에서 세밀화를 그릴 수 있는 화가 분은 그렇게 많지 않다. 하지만 보리출판사는 무명이던 작가들을 일일이 발굴해서 함께 성장해 왔다. 설혹 세밀화의 가치와 시장을 발견했다 하더라도 다른 출판사들이 쉽사리 뛰어들지 못한 이유는 바로 이 때문이다.

자신들의 재능을 발견해 주고 뜻을 같이하는 출판사를 만난 작가나 화가들만큼 행복한 이들이 또 있을까? 보리출판사의 책들에게서 발견되는 놀라운 완성도는 대기업이 결코 시간과 돈으로 해결할 수 없는 그들만의 장벽 아닌 장벽을 만들어 왔다. 생태계란 그 속에 경쟁도 있지만 전체적으로는 공생과 상생의 관계로 이루어진다. 이 때문에 새로운 시장이 만들어져도 다른 출판사들이 선뜻 그 속으로 진입할 수 없었던 것이다.

이처럼 보리출판사의 '빈 고리' 전략은 '비경쟁'이라는 전혀 뜻밖의 전략을 통해 자신들만의 고유한 시장을 새롭게 개척할 수 있었다. 물론 보리출판사가 이런 전략적인 계획을 통해 전술적인 실행을 해온 것처럼 보이지는 않는다. 그러나 그 기본적인 원칙만큼은 어떤 기업보다 더 분명히 알고 실행해 오고 있었다.

윤 보리의 책은 시장이 없다. 그래서 시장 조사도 할 필요가 없다. 기존 시장이 없으니 영업하시는 분들이 겪는 어려움이 클 것이다. 하지만 다른 출판사에는 우리와 유사한 책들을 만들지 않으니 늘 새롭게 시장을 개척하는 수밖에 없다.

보리, 초심이 흔들리다?

하지만 자본주의 사회에서 기업이란 수익을 통해 기본적인 생존이 보장되어야 유지가 가능한 법이다. 보리출판사라고 해서 이런 고민이 비켜갈 리 만무했다. 대형 서점과 온라인을 중심으로 출판 환경이 바뀌면서 책 판매가 감소하기 시작했고 할인율이 낮은 탓에 서점에서도 점점 눈에 띄지 않게 됐다.

김 딜레마가 있다. 수익을 내야만 먹고살 수 있는데 한편으로는 무조건 돈 되는 책을 낼 수만도 없는 그런 갈등이 딜레마다. 공익적인 면에서 분명히 교육적인 효과가 있는 책이라 해도 수익에 대한 고민을 하지 않을 수 없으니까 말이다.

이러한 딜레마는 보리출판사에게 또 한 번의 시련을 경험하게 했다. 1988년 윤구병 초대 대표가 변산공동체학교로 귀농한 이후 보리출판사는 자체적인 방식으로 대표를 선출

윤구병 대표

윤구병 대표는 출판사 대표보다는 '농부 철학자' '교수 출신 농사꾼'으로 더 잘 알려져 있다. 1994년까지 충북대학 철학과 교수로 지내다 정년이 보장된 교수직을 버리고 전북 부안으로 내려가 생태주의 공동체 '변산공동체'를 꾸렸다. 변산공동체는 윤 대표와 뜻을 같이하는 사람들이 모여 공동 명의의 땅에 농사를 짓고, 그 생산물로 자급자족하며 농산물 판매로 인한 수익금은 필요한 만큼 나눠 쓰는 생활을 하는 곳이다.
윤 대표는 1988년 출판사의 모태인 '보리기획실'을 꾸린 후 20여 년간 출판사 일에 관여해 왔지만 직접 대표를 맡은 것은 불과 2년 전이다. 하지만 윤 대표가 1980년대 말에 직접 기획하고 쓴 '올챙이 그림책'은 20여 년간 꾸준한 사랑을 받으며 1,000만 명의 어린이가 읽고 자란 것으로 집계되고 있다. 또한 1994년 기획 출간한 '달팽이 과학동화' 시리즈 역시 10만 명의 어린이에게 읽혔으며 2010년 '달팽이 과학동화 플러스'로 개정 출간됐다. 7년 반에 걸쳐 개발한 《보리 국어사전》은 초등 국어사전 중 판매 1위를 달리며 출판계의 큰 상을 네 개나 수상하기도 했다. 이 사전은 아이들 눈높이에 맞는 입말로 담은 유일한 국어사전이다.
그가 현재 가장 관심을 쏟고 있는 일은 '동네 책방'을 살리는 일이다. 대형 서점은 서민들이 접근하기 어렵고 온라인 서점은 신간 중심이기 때문이다. 어린이문화운동 단체들과 함께 동네 책방을 살리는 방안을 연구 중이다. 연구 성과가 나타나면 건강한 어린이 문화와 결합해 조그만 책방을 열 생각이다. 시범적으로 한두 개를 먼저 내고 선의의 체인점으로 늘려 가려고 한다. 조만간 출판사 대표를 그만두고 변산에서 지내면서 농사짓고 '살림대학'을 만드는 일에 몰두할 계획이다.

해 운영되고 있었다. 하지만 십수 년의 시간이 흐르면서 이 같은 설립 초기의 정신이 조금씩 흔들리기 시작한 것이다. 결국 윤 대표가 직접 대표직을 맡아 중장기적인 전략을 세우는 데 힘을 쏟고 있는 중이다. 윤 대표는 이를 해결하기 위해 정면돌파라는 방법을 선택했다.

윤 출판사 설립 초기엔 보리에서 만드는 책들은 아무리 큰 어려움이 있더라도 '보리 정신'을 담고 있어야 한다는 공감대가 있었다. 그런데 시간이 흐르면서 여러 측면에서 이 같은 원칙이 흔들리고 있다는 것을 알게 됐다. 물론 보리출판사의 직원들은 그 어떤 출판사보다 더 열심히 일해 왔고, 누구보다 좋은 책이 나와야 한다는 열정과 자부심이 큰 분들이다. 그런데 반드시 필요한 책임에도 불구하고 보리 쪽에서 먼저 계약을 파기해 버린 일이 있었다. 어린이들을 위한 동요를 작곡하는 권용선, 임길동, 권태호 선생님 같은 분들의 경우 큰 초기 투자 비용이 들어가는데 엄두를 못 내고 포기해 버린 것이다. 지금 아이들은 자기들의 노래를 부르지 못하고 있다. 더구나 박창호 선생님 같은 경우는 우리나라에서 아이들 노래만 하는 거의 유일한 분이었다. 이런 책들은 아이들을 생각해서라도 반드시 나와야 하는 책들이다. 나는 보리출판사가 망하는 한이 있더라도 이런 책들은 나와야 한다고 생각했다. 어차피 나는 오늘 죽어도 자연사일 나이다. 그래서 직원들을 혹독하게 몰아붙였다.

윤 대표는 새로 들어온 지 얼마 안 된 편집자들한테 꼭 필요하다고 생각하는 책을 열 권에서 스무 권만 남기고 다 나눠 주라는 폭탄 선언을 했다. 그러자 회사 내부에서 엄청난 반대가 있었다. "삽화를 그려야 하는데, 누구 걸 보고 그림을 선택하느냐? 그리고 어떤 책을 보고 시장의 흐름을 알 수가 있느냐?"라는 볼멘 소리들이 터져 나온 것이다. 하지만 윤 대표의 생각은 달랐다. "이제까지 다른 사람이 어떤 연유로든지 못 내는 책을 냈기 때문에 보리 시장은 늘 개척해야 할 것이지 기존 시장에 파고들 것이 아니다. 지금까지의 생각을 모두 버려야 비로소 창조적인 기획을 할 수 있다"고 설득한 것이다.

보리다움을 이어 가는 방법

보리의 생명은 그들이 20년간 변함 없이 지켜 온 그들만의 철학이다. 그러나 여기서 말하는 철학은 개념적인 단어가 아니라 실재하는 행동지침이다. 그들이 말하는 '공생'은 책은 물론이고 그 책을 만드는 사람, 그 책을 통해 나오는 수익을 나누는 방법으로 고스란히 실행된다. 이것이 흔들렸을 때 보리 역시 같이 흔들렸다. 그래서 무엇보다 뜻을 같이하는 인

보리 출판사의 사옥 지하에는 아이들을 위한 서점 '보리 책놀이터'가 있다.

재의 필요성이 간절해진다. 아무리 책을 기획하고 만들어 내는 능력이 뛰어나다 하더라도 이러한 비전에 대한 공감이 없다면 '보리다운' 책을 만들어 내기란 사실상 불가능할 것이기 때문이다. 하지만 과연 이런 생각들이 어떠한 교육의 형태로 전달될 수 있을까? 결과뿐 아니라 과정까지도 철저히 보리답게 만들기를 원하는 그들은 어떤 방법으로 인재를 뽑고 키워 왔을까?

위 입사를 하면 첫날부터 근무를 하는 게 아니라 변산 공동체에 가서 일주일 동안 '교육'을 받고 와야 한다. 회사원으로 살아남는 법이나 업무에 관련된 무언가를 배우는 게 아니라 실제로 농사를 짓고 공동체 생활을 하는 것이다. 흙을 파 보고 저수지에서 부엽토를 긁어 오기도 하고 남자들의 경우는 돌짐을 지고 내려오기도 하고, 아무튼 이런 경험을 통해 책 몇 권으로 해결할 수 없는 많은 것을 배우게 된다. 만약 이에 대한 동의가 없으면 입사 자체가 안된다. 이외에도 봄과 가을에 전 직원이 2박 3일 동안 변산공동체에서 농사일을 해야 한다(이를 울력이라고 부른다). 봄에는 모내기를 하고 가을에는 벼베기나 감 따기 등의 추수일을 한다. 이런 방식이 몇 주간 연수를 하는 것보다 더디기는 해도 보리가 갖고 있는 생각들이 자연스럽게 스며들 거라 생각한다.

하지만 가장 중요한 '공생'의 가치는 바로 함께 먹거리를 나누는 밥상 위에서 만들어진다고 생각하는 그들이다. 아현동을 거쳐 창전동(신촌)으로 이사를 하면서 밥을 함께 먹는 것

을 중요하게 여겨 '밥상 공동체'라고 이름을 지었을 정도다. 이러한 전통은 지금의 파주출판단지에 사옥을 신축해 이사하면서도 변함 없이 지켜지고 있다.

위 이제 직원이 40명 정도가 되어 함께 밥을 먹는 것에 그치고 있지만 예전에는 직원들이 직접 밥을 해서 먹었다. 밥 당번이 밥도 하고 반찬도 하고, 그날은 영락없이 밥하러 출근하는 꼴이 됐다. 이걸 특별히 중요하게 여기는 이유는 자기가 먹는 것이 어디서부터 왔는지를 아는 것이 굉장히 중요하다고 생각하기 때문이다. 실제로 해먹는 것들을 손수 해보고 뒷처리까지 하다 보면 먹거리와 함께 나누는 소중함을 직접 깨닫게 되기 때문이다.

보리의 씨앗을 세상에 퍼뜨리는 법

하지만 기존의 철학에 반하지 않으면서도 새로운 대안을 만들어 내야 하는 숙제는 여전하다. 과연 보리다움이란 무엇일까? 위대한 스승인 자연으로부터 배우는 지혜, 우리 것이 가진 소중함을 통해 다른 이들과 함께 어울려 살아가는 방법을 아이들에게 전해 주고 싶은 마음은 어떤 출판사도 흉내 내기 힘든 독특한 '보리다움'을 만들어 냈다. 이러한 생각은 오늘날 '보리정신'이라는 이름의 암묵지가 되어 내용을 기획하고 작가를 선택하고 책을 발행하는 모든 과정에서 보이지 않는 기준이 되었다. 하지만 이러한 보리다움이 특정한 스타일로 굳어져 매너리즘에 빠지게 한 것은 아닐까? 이러한 고민과 자각을 통해 나온 책이 바로 최근 발간된 '뽀알루 시리즈'다.

재미난 이야기 속에 공생과 환경의 중요성을 담은 《꼬마 밤송이 뽀알루의 모험》

위 최근에 윤 대표님이 이 책을 한번 해보자 하셔서 직원들이 고개를 갸우뚱한 적이 있다. '뽀알루 시리즈'라는 책인데 원래 프랑스에서 출간된 만화다. 앞서 말했듯 우리는 특별한 경우가 아니면 번역을 하지 않는다. 그런데 윤 대표님은 책의 외형이 아닌 그 속의 철학을 들여다보라고 주문하셨다. 다시 꼼꼼히 보고 나서야 사람이라면 누구나 가져야만 하는 보편적인 가치에 대해 얘기하고 있다는 걸 알게 됐다. 그런 면에서 뽀알루는 기존의 가치를 지키면서도 다른 한편으로는 우리가 가진 틀을 깰 수 있는 좋은 계기가 되었다.

보리다움을 지키면서 성장하는 방법

이런 '틀 깨기'의 경험은 보리출판사가 줄곧 가져왔던 목적과 수익 사이의 딜레마를 해결할 수 있는 하나의 단초를 제공해 준다. 그것은 바로 보리다움으로 가득찬 컨텐츠를 좀 더 많은 이들에게 전달할 수 있는 구체적인 방법에 대한 고민들이다. 이미 보리출판사는 기존의 책들이 거둔 성공에 연연하지 않고 애니메이션 제작을 비롯한 새로운 시도를 계속하고 있다. 함께 살아가는 지혜를 아이들에게 좀 더 효과적으로 전달하기 위해서는 시장과 소비자들의 환경 변화에 적응할 수 있어야 한다고 생각하기 때문이다. 하지만 보리출판사가 조금 더 시야를 넓혀본다면 혹 지금까지 보지 못하던 더 많은 '빈 고리'를 발견할 수 있지 않을까?

최근 국내 출판계에 들려오는 소식은 우리의 컨텐츠, 그 중에서도 아동문학 부문이 세계적인 경쟁력을 갖추고 있음을 말해 주고 있다. 그동안 국내 문학작품이 세계 시장에 진출하기 힘들었던 이유는 번역의 어려움 때문이다. 하지만 그림책의 경우 상대적으로 이러한 고민에서 자유로울 수 있다. 한류로 대표되는 국내의 드라마와 대중음악의 해외 시장 진출은 우리만의 정서로도 얼마든지 전 세계인의 공감을 끌어낼 수 있다는 확신을 갖게 해준다. 이러한 최근의 변화는 보리출판사가 가진 경쟁력 있는 컨텐츠를 바탕으로 세계 시장

⊕ 보리출판사의 애니메이션 제작

보리출판사는 현재 취학 전 아이부터 어른까지 광범위하게 볼 수 있는 에니메이션 제작을 진행하고 있다. 건강한 문화를 접할 길을 열어주지 않고 컴퓨터나 여러 시각 매체의 단점만 비판하는데 그쳐서는 안된다고 생각했기 때문이다. 이러한 이유로 '달팽이 과학동화' 중 사회적인 메시지가 강하면서도 과학적인 인식을 하는 데 도움을 주는 내용을 골라 3개 애니메이션으로 제작했다. 불과 지구의 역사를 보여주는 '잠꾸러기 불도깨비', 공동체적인 삶의 필요성을 강조한 '울타리를 없애야 해', 환경의 소중함을 전하는 '이런 공장은 싫어'가 10~15분 분량의 애니메이션으로 나왔다. 특히 '잠꾸러기 불도깨비'는 3D로 제작됐다. 출판사는 이 애니메이션들을 극장에서 일반 상영하기 위해 '영화제작사 및 배급사'로 공식 등록까지 했다. 파주에 있는 '씨너스 이채'에서 시험 상영을 한 뒤 학교나 공공도서관에서도 상영할 수 있도록 보급할 계획이다. '올챙이 그림책' 전집에서도 6개를 골라 애니메이션으로 제작, 오는 8월께 출시를 목표로 준비 중이다.

에 진출할 수 있는 가능성을 점쳐 보게 한다. 특히 그림책은 출판사와 작가, 화가들 간의 긴밀한 관계와 팀워크가 가장 중요하다. 게다가 어린이가 이해할 수 있을 만큼 쉬워야 하고 제작 과정 역시 복잡하고 어렵기 때문에 상대적으로 진입 장벽이 높다고 할 수 있다. 많은 출판사들이 이에 주목하고 진출을 시도하지만 좋은 성과를 내기 힘든 이유도 바로 이 때문이다. 하지만 이를 뒤집어 보면 보리출판사가 20년 이상 쌓아 온 경쟁력과 그대로 연결된다. 보리출판사만의 아이덴티티와 디테일함, 오랫동안 쌓아 온 작가, 화가, 독자들과의 관계를 바탕으로 해외 시장에 진출한다면 또 한 번의 도약을 기대해 볼 수 있지 않을까?

함께 어울려 살아가는 세상을 위해

"오히려 더 강조해야 했다. 경쟁이라는 것은 과학에 있어 가장 큰 동기다."

DNA의 구조를 공동으로 발견해 1962년 노벨상을 수상한 제임스 왓슨이 자신의 저서 《이중 나선》의 출판 기념회에서 "경쟁을 지나치게 부각시킨 것 아니냐?"는 질문에 대해 그가 한 대답이다. 물론 경쟁 자체가 나쁜 것은 아니다. 문제는 왜 경쟁하는지, 그리고 어떻게 경쟁하는지 모른 채 맹목적으로 앞으로만 달려 나가는 것이다. 오로지 '경쟁'만이 유일한 해법이라고 믿는 것이다. 그리고 그 과정에서 좌절하고 소외된 이들의 존재를 잊어버리거나 외면하는 것이다.

오늘날 경쟁으로 인해 좌절하고 소외된 이들은 비단 아이들이나 학생들뿐이 아니다. 신촌에 있는 '문턱 없는 밥집'에는 지금도 한 끼의 식사를 해결하기 위한 배고픈 어른들의 발걸음이 끊이지 않는다. 변산공동체에서 생산한 유기 농산물로 밥을 지어 가난한 이들도 건강한 밥을 먹을 수 있도록 돕고 있는 것이다. 바로 옆 '기분 좋은 가게'에서는 친환경 유기농가에서 키워 낸 먹을거리와 친환경 물품, 공정 무역물품이 주인을 기다린다. '보리둘레'라 불리는 이들의 나눔은 목적으로서의 출판이 아닌 가치 실현으로서의 도구로 출판사가 있을 뿐임을 우리에게 말해 준다. 결국 보리출판사의 모든 생각과 실행은 오로지 '함께 어울려 살아가는 세상'을 만들기 위한 한 가지 목표로 이어지기 때문이다.

윤 다 같이 두루 잘살아야 하지 않겠는가. 그런 면에서 보면 보리출판사는 자본주의적인 회사 운영 방침과는 거꾸로 나가는 측면이 있다. 최근에 물어 보니 '문턱 없는 밥집'의 한 끼 식사 재료비가 5,000원 정도 든다고 한다. 그런데 점심때 받는 식사비를 먹은 사람 수로 나

변산공동체에서 생산한 농산물을 소외된 이들과 나누는 '문턱 없는 밥집'과 '기분 좋은 가게'

눠 보면 1,800원 정도를 내시고 간다고 한다. 그만큼 호주머니 사정이 안 좋은 분들이 늘고 있다는 얘기다. 하지만 물이 아래로 흐를 수 있도록 우리가 물꼬를 터 주어야 한다. 그러려면 당연히 우리가 희생을 감수해야 한다고 생각한다. 하지만 이런 희생들이 없이 어떻게 더 나은 세상을 만들어 갈 수 있겠나.

세상에는 수많은 출판사들이 있다. 그리고 지금 이 순간에도 수없이 많은 언어의 새로운 책들이 세상에 쏟아져 나오고 있다. 하지만 이 모든 책들이 결국 바라는 것은 오늘날 우리가 가지고 있는 지식과 지혜가 고스란히 다음 세대로 이어져 더 나은 세상을 만드는 것이 아닐까? 보리출판사는 어쩌면 그 존재 자체만으로도 충분히 이 사회와 인류에 기여해 왔는지도 모른다. 그러나 그 방법이 기업과 경영이라는 길을 걷고 있다면 보리다움은 그들 자신이 가진 차별화된 경쟁력을 좀 더 강력한 브랜드로 연결시킬 수 있어야 한다. 그 이유는 한 가지다. 이들의 성공이 좀 더 많은 신생 출판사들에게 지금은 보이지 않는 출판의 빈 고리에 뛰어들 수 있는 목표와 명분, 수익을 제공할 것이고 이를 통해 보리가 그렇게 바라마지 않던 '함께 어울려 살아가는 세상'의 도래를 조금 더 앞당길 수 있을 것이기 때문이다. UB

윤구병 서울대학교 철학과 대학원을 졸업하고, 월간 《뿌리 깊은 나무》의 초대 편집장을 지냈다. 충북대학교 철학과 교수로 있으면서 《어린이 마을》 《달팽이 과학 동화》 《올챙이 그림책》을 기획하고 펴냈다. 1995년 대학 교수직을 그만두고 전라북도 부안으로 내려가 '변산교육공동체'를 설립했다. 저서로는 《바빠요 바빠》 《심심해서 그랬어》 《꿈이 있는 공동체 학교》 등이 있다.

SMART BRANDING

무독성, 무자극, 무오염을 위한 스마트 솔루션
설탕과 올리브로 완성한 브랜딩 연금술, 슈가버블

The interview with 슈가버블 대표 소재춘

굳이 파울로 코엘료의 소설을 읽지 않았다 해도 '연금술'의 의미를 모르는 이는 많지 않을 것이다. 기원전 알렉산드리아에서 시작해 이슬람을 거쳐 중세 유럽에 퍼진 주술적呪術的 성격을 띤 연금술은 비금속을 인공적 수단으로 귀금속으로 전환하는 것을 궁극의 목표로 삼았다. 지금에서야 황당하기 그지없는 생각처럼 여겨지지만 당시에는 동서양을 막론하고 이에 대한 확신과 열망이 상상을 초월할 정도로 뜨거웠다. 하지만 연금술이 상상으로 그친 욕심이라면 슈가버블은 모두의 바람이 실재가 된 현실의 일이다. 슈가버블이 아니었다면 그 누가 설탕과 올리브로 만든 주방세제를 상상이나 했을까 싶기 때문이다. 세제는 '당연히' 화학 성분들이 첨가되어야 한다는 '상식'을 깨뜨린 슈가버블은 그래서 오히려 꿈으로 끝난 연금술 속의 금이나 은보다 훨씬 더 가치 있다. 슈가버블의 버블은 그래서 인어공주 이야기의 끝을 장식하는 허망한 거품이 아니라 아이들의 손끝에서 한없이 만들어지는 비눗 방울을 닮았다. 그러나 슈가버블의 브랜딩 스토리는 설탕처럼 달콤하지만은 않았다. 생존을 넘어 진화의 과정을 통해 성장해 가는 그들의 생생한 스토리를 들여다보자.

차별화를 위한 차별화, 레드오션을 만들다

한가한 어느 토요일 오후, 당신이 만일 아내나 어머니, 혹은 언니의 부탁으로 세제 하나를 사기 위해 대형 마트에 들어섰다면 일단은 심호흡을 한번 크게 한 뒤 마음을 가다듬어야 할지도 모르겠다. 만약 특정 브랜드명을 듣지 않고 '아무거나' 좋은 걸로 사오라고 했다면 문제는 더욱 심각해진다. 발끝에서 시작해 머리 위까지 키 높이에 맞춘 거대한 매장의 거의 전부를 가득 채우고 있을 수많은 종류의 제품들 앞에서 가격과 용량, 브랜드에 대한 선호도까지 고려한 선택은 고역에 가까울 것이기 때문이다. 이러한 당혹감은 그 자신이 주부이자 하버드 대학에서 경영학을 가르치는 문영미 교수의 경우도 예외는 아니었다. 문 교수가 쓴 책의 첫 장은 남편을 따라 나선 대형 신발 매장 앞에서의 곤혹스러움으로 시작된다.

"다양한 신발 브랜드를 한 곳에 모아 놓고 판매하는 '풋라커Foot Locker'라는 대형매장을 남편과 함께 들른 적이 있다. 너무나도 다양한 신발 브랜드에 압도된 나머지, 나는 매장 한구석에 그냥 쭈그리고 앉아 있을 수밖에 없었다. 신발이라고 하는 카테고리에서 나는 완전 초보자였던 것이다."

문 교수는 이 혼란스러움의 이유가 '(특정) 카테고리가 성숙해 나감에 따라 제품들이 이종heterogeneity의 단계에서 동종homogeneity의 단계로 진화해 가기 때문'이라고 설명한다. 즉 기업들의 치열한 경쟁을 통해 각각의 제품이 가진 장점들이 사라지고 가격과 기능이 평준화되었기에 빚어진 결과라는 것이다. 덕분에 소비자들의 선택을 용이하게 하기 위해 만들어진 브랜드는 오히려 선택의 혼란을 가중시키는 장애물이 되고 있다고 말한다.

하지만 임신을 했거나 막 돌을 지난 아이를 가진 신세대 주부가 직접 세제를 고르기 위해 마트에 들렀다면 어떨까? 그녀에게 세제를 고르기 위한 가장 중요한 전제 조건은 다름 아닌 '안전'일 것이다. 아이가 먹은 이유식 그릇을 닦고 아이가 입던 배냇저고리를 세탁하기 위해서라면 강력한 세탁력보다는 혹시 모를 화학물질이 조금이라도 남지 않는 그런 세제를 원할 것이기 때문이다. 이제 좋은 세제를 고르는 기준이 '안전한가?'라는 단 하나의 질문으로 모아진다(물론 세척력에 대한 기준은 기본이라는 전제하에서 말이다). 그러자 수없이 많은 세제들 가운데서도 유독 돋보이는 제품 하나가 있다. 바로 설탕과 올리브라는 천연 재료로 만들어진 슈가버블이다. 슈가버블은 진정한 의미의 차별화가 사라진 시대에

이것이 어떤 식으로 가능한지를 보여주는 좋은 사례다. 그것도 자본이나 마케팅의 힘을 빌리지 않은 신생 벤처 기업이 일군 결과다. 하지만 앞으로 시작될 이야기의 배경을 이해하기 위해서라도 유니타스브랜드(Vol.18 '브랜드와 트렌드' 참조)가 '시대의 정신'으로 이해했던 트렌드에 대한 얘기를 먼저 하지 않을 수 없다.

친환경의 트렌드에 올라탄 브랜드들

자연 화장품이 처음 등장한 1970년대는 환경 문제가 본격적인 이슈로 떠오르기 시작하던 때이기도 했다. 이제는 어느 나라 할 것 없이 '환경'을 테마로 한 제품이 보편화된 시대가 되었지만 이러한 거대한 변화의 흐름을 미리 읽었던 바디샵은 이후 세계적인 브랜드로 성장할 수 있었다. 환경 오염이 전지구적인 문제로 떠오르면서 이에 대한 반발로 의식주 전반에 걸쳐 우리의 몸과 관련된 모든 것들이 자연주의로 회귀하는 거대한 시대 정신의 변화, 즉 메가 트렌드에 올라탔기 때문이다.

이제 이러한 친환경과 웰빙의 트렌드는 일부 소비시장의

새로운 트렌드에서 제품과 서비스를 막론하고 적용되는 중요한 선택의 '기준'으로 자리매김하고 있다. 이제 대다수 주부들은 달걀 한 줄도 으레 '유기농'임을 확인하고, 소금 한 봉지 고를 때도 나트륨 함량이 조금이라도 적은 제품을 고른다. 값이 조금 비싸더라도 환경과 건강에 친화적인 제품에 대한 만족도가 높아졌기 때문이다. 나아가 친환경성이나 사회적 기여도 등을 기업에 대한 평가 기준으로 삼는 소비자들도 적지 않다. 특히 신세대 주부들은 이러한 환경에 대한 관심과 육아를 연결시켜 *'에코맘'이란 신조어를 만들어 내며 주요한 소비자 군으로 떠오른지 오래다. 에코맘이란 자연 보존에 관심을 갖고 일상생활과 육아 과정에서 적극적으로 환경보호를 실천하는 주부들을 말한다. 브랜드마케팅 연구소가 대홍기획 조사를 근거로 분석한 결과에 따르면 우리나라의 에코맘은 전체 주부의 24.3%에 이른다. 이러한 변화는 우리나라 세제 시장에도 소리 없는 변화를 가져왔다.

트렌드와 무한 경쟁이 만든 준비된 시장

1990년대 말, 국내 세제 시장은 일부 대기업들에 의해 좌우되고 있었다(물론 오늘날도 그 영향력은 여전하다). 하지만 각 브랜드 간의 품질 차별화가 미미해지면서 어느 업종보다 가격 경쟁이 심한 산업이 되어버렸다. 이 때문에 시장을 선도하던 몇몇 기업들이 2006년 10월 공정위로부터 수백억 원에 이르는 과징금을 부과 받은 것을 비롯해 여러 차례 가격담합의 의혹을 받아 왔다. 김위찬과 르네 마보안이 그들의 저서 《블루오션 전략》을 통해 지적했듯이 국내 세제 시장 역시 시장 참가자들의 수가 늘어남에 따라 수익과 성장에 대한 기대치가 낮아지는 레드오션으로 변모하고 있었던 것이다. 이런 상황에서 기업들이 보다 큰 점유율을 얻기 위해 경쟁자를 능가하려 애쓰는 것은 당연한 일이다. 따라서 레드오션으로 변모한 국내 세제시장이 차별화된 기술력을 가진 기업의 등장에 대한 니즈를 이미 만들고 있었다고 가정해볼 수 있지 않을까? 이는 유한락스, 피죤, 옥시크린 등이 나름의 기술력으로 독자적인 세제 시장을 구축해왔다는 점에서도 다시 한번 확인된다.

이러한 상황에서 슈가버블의 등장은 안전과 친환경에 대한 소비자들의 니즈, 제품 자체의 차별화 요소가 사라진 시장의 필요가 복합적으로 작용하면서 만들어진 결과로 해석해 볼 수 있다. 전 세계를 관통하고 있는 친환경과 웰빙이라는 트렌드를 읽어 친환경 세제 시장이라는 새로운 블루오션을 창출해낸 셈이다. 실제로 슈가버블은 사업 초기 마케팅의 어려움에도 불구하고 놀라운 속도로 시장에 안착했다. 오죽하면 소재춘 대표가 주변 기업의 대표들로부터 지장도, 덕장도, 용장도 아닌 럭^{Luck}장으로 불릴 정도였겠는가. 인터뷰 내내 웃음을 잃지 않던 소 대표는 자신의 성공이 '운'이었음을 여러 번에 걸쳐 강조했다.

소재춘(이하 '소') 평생 연구만 해왔던 터라 좋은 제품만 만들면 다 잘 될거라는 확신이 있었다. 그래서 몇 십억을 투자해서 생산 시설을 구축하고 나서야 비로소 어떻게 팔아야 할지에 대한 고민을 시작했다. 당시만 해도 회사에 마케팅을 전공한 사람은 커녕 영업사

---

* **에코맘**
일상생활과 육아에서 환경보호를 실천하는 엄마들. 환경을 뜻하는 에코(Eco)와 엄마를 뜻하는 맘(Mom)의 합성어. 〈뉴욕타임스〉에 따르면 2006년 현재 미국 전역의 약 9,000명의 에코맘들이 크고 작은 단체를 통해 친환경 운동을 전개하고 있다. 에코칙(www.eco-chick.com)과 같은 블로그와 웹사이트도 그들의 주 무대다. 국내엔 2003년 환경운동연합의 '에코엄마 모임'이 생기면서 소개된 바 있다.

바디샵과 파타고니아, 친환경 트렌드에 올라타 성공한 대표적인 브랜드들이다.

슈가버블은 주요 할인 매장을 중심으로 타 경쟁사 제품의 1.5~2배의 높은 가격에도 불구하고 꾸준한 인기를 이어가고 있다.

원조차 없었다. 그런데 제품이 몇 번 기사화 되더니 곳곳에서 제의가 들어오기 시작했다. 대기업에서 제휴를 제의하는가 하면 어떤 마트는 자기들이 직접 판매하겠다고 먼저 연락해 왔다. 홈쇼핑의 경우 당시의 회사 대표가 시사 주간지에 소개된 기사를 읽고 담당자에게 연락해서 바로 방송을 탈 수 있었다. 너무나 순식간에 영업망이 만들어져서 어안이 벙벙할 정도였다.

> 전 세계를 관통하고 있는 친환경과 웰빙이라는 트렌드를 읽어 친환경 세제 시장이라는 새로운 블루오션을 창출해낸 셈이다.

의 중견 간부가 제품의 가능성만을 보고 자진해서 이직해 오기도 했다. 단지 기술력과 소 대표 특유의 절대 긍정의 마인드만으로는 이해하기 힘든 일들이었다. 마치 삼투압 효과처럼 '준비된 시장의 빈틈에 자연스럽게 흘러 들었다는 가정을 이러한 이유로 해보게 되는 것이다.

물론 한 기업의 성장을 '행운'으로만 말하는 것은 지나친 경솔함일지 모른다. 특히 슈가버블의 독창적이고 차별화된 제품력은 적지 않은 일화를 가지고 있다. 심지어 한국화학시험연구소에서는 "상식적으로 이해할 수 없을 정도로 시험 결과가 좋다"며 재테스트를 요구했을 정도다. 지금까지 많은 대기업들이 개발한 주방용 세제를 수없이 테스트했지만 슈가버블만큼 완벽하게 무독성 수치가 나온 적이 없었기 때문이다.

하지만 다른 기업들이 한 번 얻기도 힘든 기회들이 쏟아져 들어온 스토리들을 듣고 있노라면 '운'이라는 표현 외에 달리 마땅한 이유를 찾기가 쉽지 않았다. 자신을 인터뷰 한 기자를 통해 국내 최고의 유통업체를 소개 받는가 하면 대기업

소 유명 시사 주간지의 기자분과 인터뷰를 마친 후 식사를 했다. 그런데 이렇게 좋은 제품을 왜 이마트에 넣지 않느냐고 해서 본사가 어딘지도 모르고 주변에 물어 볼 사람도 없고 해서 못 넣고 있다고 했다. 그랬더니 이마트에 자기가 아는 분이 있는데 소개시켜주겠다는 것이 아닌가. 사실 별 기대를 하지 않았는데 며칠 후에 전화가 왔다. 그분이 관심을 보이면서 직접 와서 설명해 달라고 했다는 것이다. 나중에 알고 봤더니 신세계의 정용진 부회장이었다. 이처럼 남들에게는 한 번 일어나기도 어려운 이런 일들이 내게는 많이 일어났다.

사실 웰빙이라는 트렌드가 브랜드를 만든 사례는 셀 수 없을 만큼 많다. 그 대표적인 사례가 바로 풀무원이다. 풀무원은 1981년 압구정동에서 두부와 콩나물을 파는 작고 평범한 야채 가게, '풀무원 무공해 농산물 직판장'으로 첫 출발을 했다. 이렇게 시작한 가게가 3년 후에는 주식회사로, 법인 설립 10년 만인 1994년에는 매출 1,750억, 2004년에는 3,000억, 2010년에는 무려 1조 2,000억을 넘는 고성장을 거듭하고 있다.

이러한 풀무원의 성장은 당시 시장의 강자들이 아직 관심을 갖지 않은 무공해, 유기농 분야에 먼저 뛰어들었기 때문

친환경 유기농 식품 전문 브랜드 풀무원

에 가능한 일이었다. 즉 풀무원은 시장의 성장 길목을 지키고 있었고 이는 고스란히 그들의 경쟁력으로 자리 잡은 것이다.

이처럼 슈가버블 역시 트렌드로 대표되는 시대정신과 시장의 변화가 만들어 낸 요구에 부응하는 제품을 세상에 내놓음으로써 상대적으로 더 쉽게 시장의 한 부분을 차지할 수 있었다.

설탕과 올리브로 만든 세제, 슈가버블 스토리

많은 성공이 그렇듯이 슈가버블의 성공도 전략의 결과라기보다는 의도하지 않은 결과 쪽에 더 가까워 보인다. 1990년 말, IMF를 졸업하기 위해 온 나라가 몸부림치던 무렵 정부 차원에서 창업을 장려하는 정책들이 봇물 터지듯 쏟아져 나오고 있었다. 당시 포스코에서 연구원으로 일하던 소재춘 대표 역시 지식경제부에 산업용 세정제 개발계획서를 제출했고 그 결과 창업 아이템으로 선정되어 무담보, 무이자로 1억 2,000만 원을 10년간 빌릴 수 있는 파격적인 지원을 받았다. 당시 회사의 정책상 휴직계를 낸 채 창업을 할 수도 있었지만 그는 배수의 진을 치기 위해 일부러 사표를 냈다.

소 창업하기 몇 개월 전에 동료 연구원 하나가 원형 탈모가 생겼다. 왜 탈모가 생겼냐고 물었더니 연구 과제 때문에 연구비를 받아 장치를 만들었는데 제대로 되지 않아 스트레스로 인해 생겼다고 했다. 그 정도로 스트레스를 받는 선배들을 보고 있으려니 저 모습이 나의 5년 후, 10년 후 모습이겠다는 생각이 들었다. 그래서 더 늦기 전에 창업을 해야겠다고 마음먹었다.

1999년 3월, 소 대표는 결국 슈가버블(당시 회사명 그린케미칼)을 창업했다. 창업 아이템은 산업용 탈지제였다. 자신을 포함해 직원은 3명이었지만 기술만큼은 자신 있었다. 철강 제품에 부착된 기름을 제거하려면 탈지제가 필요한데 이를 만들기 위해 80~90도의 수증기를 집어넣어야 한다. 슈가버블은 세계 최초로 이 과정의 온도를 50도로 낮춘 저온 탈지제 개발에 성공했다. 온도를 낮춤에 따라 이에 소요되는 에너지 비용을 크게 줄일 수 있기 때문이다. 이 기술로 전체 매출의 70~80%를 포스코를 통해 올리면서 회사는 안정적으로 성장해갔다. 하지만 뭔가 더 빠른 성장 동력이 있어야겠다고 생각했고 이를 소비자 시장에서 찾았다. 당시 히트를 치던 옥시크린처럼 나름의 차별화된 기술력을 가진다면 승산이 있을거라는 막연한 기대를 갖고 고민하던 참이었다. 그때 그에게 거짓말 같은 기회가 찾아왔다.

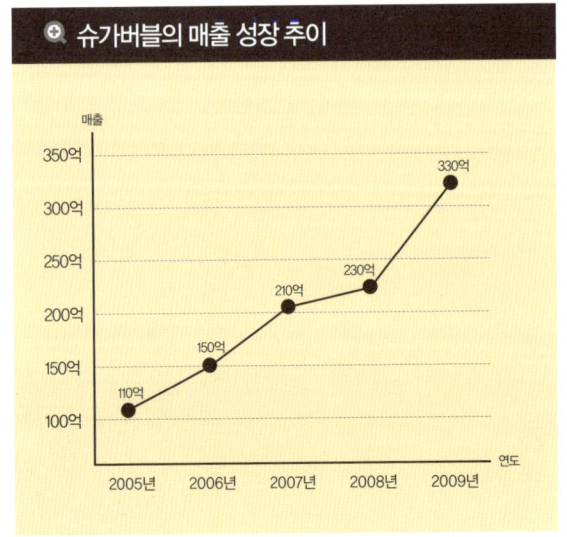

슈가버블의 매출 성장 추이

소 1999년 초 영국에서 연구원 생활을 하던 선배가 사탕수수 추출물이 세정력이 있다는 얘기를 해주었다. 순간 놀라운 상품이 될 것 같은 직감이 들었다. 선배에게 부탁해서 기초 자료를 받아 연구에 매달렸고 2002년 결국 제품 개발에 성공했다. 이렇게 만들어진 슈가버블은 화학 성분이 아닌 설탕과 올리브유로 만들었기 때문에 독성이 거의 없다. 주부습진에 시달리던 주부들이 환호성을 질렀다. 게다가 사탕수수로 만들었기 때문에 환경호르몬이 없고 물에 완전히 분해 되기 때문에 하천도 오염시키지 않는다.

예상대로 시장은 폭발했다. 국내를 대표하는 대기업의 세제 브랜드들이 즐비한 시장에 슈가버블의 등장은 마치 무혈입성처럼 보였다. 어느 해는 밀려드는 주문을 제때 맞추지 못해 2교대에서 3교대로 전환해 생산공정을 24시간 풀 가동한 적도 있다. 2005년 110억, 2006년 150억, 2009년에는 330억 원으로 매출 역시 가파른 증가세를 그렸다. 그렇다면 이러한 슈가버블의 성장은 과연 언제까지 지속될 수 있을까? 이에 대해 관심을 가질 수밖에 없는 이유는 슈가버블과 비슷한 방식으로 시장에 진입하는 중소기업들이 적지 않기 때문이다.

레드오션에서 블루버블을 만들다

오늘날 국내외를 막론한 수많은 중소기업들이 시장에서 명멸을 거듭하고 있다. 시장을 놀라게 하는 기술로 시작하지만 시간이 흐르면서 자신만의 경쟁력을 잃고 대기업에 흡수되거나 소리없이 사라져버리는 경우는 셀 수 없이 많다. 슈가버블 역시 독보적인 기술로 가파른 성장을 거듭하고 있지만 언제까지 이러한 성장세를 이어갈 수 있을지는 알 수 없는 일이다. 실제로 후발업체가 선발업체를 제치는 것은 매우 어렵

제거(E, Eliminate)	증가(R, Raise)
• 화학성분으로 인한 독성 제거	• 친환경 이미지 • 브랜드 인지도 • 충성 고객(슈가 브랜드 마니아) • 안전성
감소(R, Reduce)	창조(C, Create)
• 광고 및 마케팅 • 거품을 통한 심리적 만족 • 고가의 천연 원료 사용으로 인한 가격 경쟁력 부담	• 설탕과 올리브만으로 만든 세제 개발 • 지속적인 친환경 제품의 연구 및 개발

〈그림 1〉 옐로 테일의 ERRC(제거–감소–증가–창조) 구성표

다. 관련 연구를 살펴 보면 한 분야의 1위 기업이 계속 1위를 유지할 확률은 96%에 이르고, 2, 3위 기업이 이를 계속 유지할 확률은 각각 91%, 80%다.

과연 슈가버블은 어떤 방법으로 세제 시장의 레드오션에서 그들만의 블루버블을 지속적으로 만들어갈 수 있을까? 우선 《블루오션 전략》이 제시한 옐로 테일의 ERRC 구성표 (〈그림 1〉 참조)를 통해 현재 슈가버블이 가지고 있는 경쟁력을 다시 한번 짚어보기로 하자.

독성을 '제거'하고 친환경 세제를 '창조'하다

슈가버블 제품 개발 초기의 일이다. 전 연구원들이 서로를 격려해 가며 갖은 어려움 끝에 가까스로 제품을 개발했지만 성능 테스트라는 마지막 관문이 남아 있을 때였다. 한국화학시험연구소에 시험을 의뢰한 후 초조한 마음으로 결과를 기다렸지만 약속한 날이 지나도록 아무 연락이 없었다. 기다리다 못해 전화를 하니 재테스트 중이라는 대답만 돌아왔다. 순간 소 대표는 하늘이 무너지는 듯한 절망감을 느

슈가버블은 사업 초기부터 독보적인 기술력으로 폭발적인 성장을 계속해오고 있다.

졌다. 그러나 실망도 잠시, 연구소 측에서 설명한 재 테스트 이유는 전혀 뜻밖이었다. 결과가 너무 좋게 나와 측정방식과 기자재의 이상 유무를 점검한 후 2차 테스트 중이라는 것이었다. 이처럼 슈가버블의 가장 큰 경쟁력은 독창적이고 독보적인 기술력 그 자체에서 왔다.

소 대학 졸업 후 14년간 연구원 생활만 했고 포스코에선 포항공대 교수로 경쟁연구원을 지냈던 경험도 있다. 포스코의 경우 전체 연구원이 1,200명인데 일년에 한 번씩 창립기념일날 표창을 하곤 했다. 이 때 연구소장 표창을 하나 받는 것이 하늘의 별따기처럼 어려웠다. 불과 너댓 사람만이 받는 이 표창은 승진과도 연결되기 때문에 더욱 경쟁이 치열했다. 그런데 나는 5년 내리 연속으로 상을 받았다. 연구소에서 전례가 없던 일이라고 했다.

슈가버블은 제품의 개발 과정을 통해 중소기업의 생존능력은 독창성에서 나온다는 사실을 새삼 깨닫게 됐다. 벤처기업이 살아남으려면 이 세상에 없는 것, 차별된 상품을 만들어 승부를 걸어야 한다는 것이다. 이러한 슈가버블의 기술 개발에 대한 의지는 지금도 여전히 진행형이다.

소 2009년부터 무독성 샴푸 개발에 착수했다. 화학 성분이 없는 식품원료, 한방원료만을 재료로 사용한 제품이다. 독성이 없기 때문에 두피에 자극을 주지 않을 뿐 아니라 탈모까지 방지해 준다. 화학 성분이 없어 모발 손상도 막아준다. 미국 식품의약국 (FDA) 임상시험에서도 무자극, 무독성을 인정받았다. 이처럼 기존에 나온 제품과 확실하게 차별화하는 것만이 소비자들의 관심을 끌고 구매하고자 싶은 욕구를 만들 수 있다고 생각한다. 그래서 회사 연구원들에게 절대로 대기업 제품과 비슷하게 만들거나 모방해서는 안된다고 강조한다. 그렇게 해서는 이 시장에서 생존할 수 없기 때문이다.

이러한 슈가버블의 노력은 세계적인 화장품 바디용품 전문제조회사인 루디프로푸미RudyProfumi에 기술과 원료를 제공해서 이태리 현지에서 생산된 샤워젤 '슈가뷰티'를 시판하는 데까지 이르렀다. 이른바 역 OEM 방식으로 수출의 길을 연 것이다. 그간 대기업이 중소기업에게 하청을 주어 생산하던 방식과 정반대로 해외 유명기업과 손을 잡고 슈가버블의 이름으로 제품을 생산하게 된 것이다. 이후 슈가버블의 해외 진출은 일본의 대표적인 무역업체인 이토추 상사와의 계

> 제품의 개발 과정을 통해 중소기업의 생존능력은 독창성에서 나온다는 사실을 새삼 깨닫게 됐다.

약. 미국 최고의 홈쇼핑 브랜드인 QVC USA와의 계약 등으로 쉴 새 없이 이어졌다. 하지만 브랜드는 결코 기술력 하나만으로 만들어지지 않는다. 보이지 않는 또 하나의 경쟁력은 바로 슈가버블만의 특별한 스토리다.

광고의 거품을 '빼고' 브랜드 진정성을 '더하다'

생산 초기 아무런 마케팅 통로가 없었던 소 대표는 제품의 *무독성을 보여주기 위해 바이어나 유통업체와의 미팅, 기자들 앞에서 슈가버블을 그야말로 수도 없이 들이켰고 눈에 넣었다. 자극성의 유무를 증명하기 위해서는 숫자를 보여주기보다 몸으로 보여주는 것이 더 빠르고 확실하다고 생각했기 때문이다. 이는 품질에 관한 절대적인 확신이 있기 때문에 가능한 행동이었다. 대형 할인점 입점 과정에서는 관행을 내세운 할인점의 부당한 요구를 과감히 거절해 오히려 다른 기업에 비해 파격적인 조건으로 입점하기도 했다. 이 같은 소식을 접한 국내 유수의 대기업에서 당시 벤처기업에 불과했던 슈가버블을 벤치마킹하겠다고 직접 찾아온 적도 있다. 2003년에는 현대자동차와 포스코가 사내방송을 통해 기업 창립부터 제품개발에 이르는 과정 등을 소개했으며, 2006년 8월 초에는 삼성이 자체 사내방송을 통해 마케팅 전략을 소개하기도 했다. 이런 일화들이 소비자들의 입을 타고 전해지면서 저절로 구전口傳 마케팅이 됐다.

소 언젠가 대형 할인 마트에서 제품의 인지도를 조사해보니 무려 *70% 이상의 고객들이 슈가버블을 알고 계셨다. 슈가버블의 생명은 신뢰다. 우리가 가지고 있는 단 하나의 원칙은 기존의 제품과 다르게 좀 더 친환경적이고 인체에 유익한 제품을 계속 끊임없이 일관되게 만드는 것이다.*

---

* 무독성, 무자극, 무오염의 슈가버블

슈가버블은 설탕과 올리브유로 만들어진 세제다. 옷감이나 피부의 때를 제거해 주는 세제의 핵심성분인 계면활성제는 기름에 잘 녹는 '친유기' 성분과 물에 잘 녹는 '친수기'로 구성되는데 슈가버블은 이를 올리브유와 설탕을 조합해 대체한 것이다. 그동안 계면활성제는 대부분 석유에서 추출해 왔다. 이를 자연물로 대체한 슈가버블은 무독성, 무자극, 무오염을 자랑한다. 한국화학시험연구원의 시험결과 국제규격 분류표상 '무독, 무해' 수준으로 확인됐기 때문이다. 피부 자극도 사실상 전혀 없다. 고무장갑 없이 슈가버블로 설거지나 손빨래를 해도 습진 등을 걱정하지 않아도 된다는 뜻이다. 한국화학시험연구원에서 토끼 눈과 피부에 슈가버블을 넣고 3일간 변화를 관찰하는 방식으로 자극성을 테스트했으며 그 결과 전혀 이상이 없는 무자극물로 나타났다. 생분해도 99%의 친환경성도 슈가버블만이 가진 자랑이다. 자연물인 설탕과 올리브유는 자연 상태에서 쉽게 분해, 제거되기 때문이다. 따라서 생활하수로 하천에 방류해도 미생물에 의해 완전히 분해된다.

슈가버블의 제품은 고가의 천연 원료를 사용하기 때문에 대기업의 제품들보다 오히려 가격 경쟁력이 떨어진다. 더구나 중소기업의 특성상 이렇다할 광고나 프로모션을 진행할 수 있는 여력을 가지고 있지도 않다. 하지만 친환경 세제로 각인된 슈가버블의 인지도와 고객 충성도, 제품의 경쟁력은 놀라울 정도다. 과연 이러한 슈가버블의 브랜드 파워는 어디서 기인하는 것일까? 기술력이 보이는 경쟁력이라면 슈가버블만의 보이지 않는 경쟁력은 온·오프라인을 가리지 않고 활동하는 슈가브랜드 마니아들에게서 나온다. 슈가버블은 런칭 초기, 주요 인터넷 포털 카페(미즈 닷컴 등)를 통해 수백 명의 주부 고객 체험단을 모집해 사용해 보도록 했고 그 결과 90퍼센트 이상의 만족도를 얻었다. 이러한 반응은 온라인을 통해 실시간으로 쉴 새 없이 퍼져나갔다. 지금도 슈가버블의 회사 게시판에는 설거지 후 손에 생기는 주부습진이 없어졌다는 등의 고객들의 의견이 끊이지 않고 올라온다.

시장 확장과 비고객 창출의 갈림길에 서다

이와 같이 슈가버블은 기존의 세제가 가지고 있는 화학성분을 제거하고 설탕과 올리브라는 친환경 세제를 창조해냄으로써 전혀 새로운 가치를 창출한 기업으로 기존의 세제 시장에 진출할 수 있었다. 즉 새로운 시장 공간을 열고 이 시장을 장악하는 제품과 서비스를 창조함으로써 이른바 전략적 이동 Strategic move을 이뤄낸 것이다. 블루오션을 창출하는 핵심 전략은 고객들로 하여금 한 상품 그룹에서 다른 그룹으로 이동하게 만드는 요인이 무엇인지, 더 싼 상품이나 혹은 더 비싼 상품을 사도록 결정을 짓는 요소들이 무엇인지를 이해하는 것이다. 슈가버블이 신생 벤처기업으로서의 단점, 고가의 천연 원료 사용으로 인한 가격 경쟁력 부담, 유통망의 부족이라는 한계를 이겨내고 소비자들의 뜨거운 호응을 얻어낼 수 있었던 이유는 무엇보다 친환경이라는 이미지, 무독성이라는 기술력을 바탕으로 고객들의 신뢰와 충성도를 끌어낼 수 있었기 때문이다. 그렇다면 슈가버블은 기존 고객의 점유율 확대를 꾀해야 할까, 아니면 비고객을 새로운 수요로 전환시켜야 할까? 그 선택이 어떤 것이 되었든 가장 중요한 사실은 구매자들이 가장 가치 있게 평가하는 기준이 무엇인지를 분명하게 깨달아야 한다는 것이다.

슈가버블의 가치지향 확장 전략

바닷게 중에는 빈 소라 껍질 속에 들어가 자신을 보호하며 살아가는 종이 있다. 덕분에 이들은 어느 정도 자랄 때까지는 안전하게 성장하는 것이 가능하다. 하지만 몸집이 커지는 만큼 소라 껍질이 커지지 않는다는 것이 문제다. 결국 생존을 위해 안전한 곳을 나와 좀 더 큰 소라 껍질로 이동해야 하는데 전 생애 중 이때가 가장 위험하다고 한다. 새로운 거처를 찾아 이동하는 동안 새들의 먹이가 되기 쉽기 때문이다. 실리콘밸리에서는 이를 ⓐ오스본 이펙트라 부른다. 오스

⊕ 오스본 이펙트 Osborne Effect

실리콘 밸리에서 휴대용 컴퓨터를 개발하던 아담 오스본 Adam Osborne은 1980년에 '오스본'의 개발에 성공했다. 이후 경쟁 제품이 속속 등장하자 오스본은 남들보다 더 빨리 신제품 개발에 나섰고, 1983년에 '오스본2'를 개발한다. 그러나 성공을 확신한 나머지 양산화를 시작하기도 전에 이를 시장에 미리 발표해버렸다. 하지만 시장의 반응은 그의 생각과 다르게 전개됐다. 소비자들은 '어차피 조금만 기다리면 업그레이드된 신형 모델이 출시될 텐데 구식을 살 필요가 없다'라고 생각한 것이다. 신제품이 나올 때까지 기존 제품의 매출은 급감했고 결국 회사는 순식간에 도산하고 만다. 이 같은 오스본의 실패를 거울삼아 이후 실리콘밸리에서는 출시 직전이 아니면 절대로 신제품 발표를 하지 않게 됐다. 지금도 실리콘밸리에서는 이 같은 어설픈 자신감과 방심이 낳은 결과를 '오스본 이펙트 Osborne Effect'라고 부른다.

본은 원래 컴팩 등과 같은 시기에 등장한 컴퓨터 회사였다. 하지만 회사가 지나치게 빨리 성장하는 바람에 그 속도를 이기지 못하고 스스로 무너지고 말았다.

슈가버블이 가진 기회와 위험 역시 이와 크게 다르지 않다. 주방세제에서 출발한 슈가버블은 현재 과일과 야채, 주방용품 살균세척제를 비롯해서 세탁세제, 섬유유연제, 욕실세제, 유아용 보디클렌저, 젖병 세정제 등 무려 100여 가지가 넘는 신제품으로 그 영역을 급속도로 확대해 가고 있다. 2011년, 수년간 회심의 카드로 준비해온 친환경 샴푸와 전동칫솔이 출시를 앞두고 있는 슈가버블의 목표는 코스닥 상장을 통해 친환경세제 전문기업에서 종합생활용품으로 도약하는 것이다. 하지만 이러한 슈가버블의 확장 전략이 대기업과의 경쟁 구도를 격화시킬 가능성은 없을까?

소 세제 시장은 대기업 입장에서 보면 재미가 없다. 시장은 이미 포화 상태고 사이즈는 똑같기 때문이다. 그런데 우리는 화학세제를 일부러 천연세제로 대체해 나가고 있다. 한번은 세제 원료를 만드는 회사에서 투자를 위해 찾아온 적이 있다. 대기업의 계열사로 세제 원료만을 만드는 회사였기 때문에 이미 대규모 생산설비를 갖춘 공장이었다. 하지만 이를 천연세제 체제로 바꾸려면 새로운 설비투자를 해야 한다. 그리고 이는 곧바로 새로운 이익 창출과 매출 증대로 이어져야만 한다.
당연히 기존의 설비는 못 쓰게 된다. 그래서 우리와 비슷한 제품을 내놓기 쉽지 않을 것이라 생각하고 있다. 게다가 새로운 제품들이 더욱 빠르게 시장에 나오게 될 텐데 이에 대한 투자로 수익을 내는 것이 가능할지 모르겠다. 대기업이 알면서도 쉽게 변신할 수 없는 나름의 이유가 있는 것이다.

성공한 확장, 실패한 확장

이처럼 기업 간 경쟁에서 규모는 몹시 중요하지만 모든 것을 결정하진 않는다. 그렇다면 왜 대기업들은 작은 기업들의 도전에 대해 신속하게 대응하지 못하는 것일까?

그것은 기존의 전략과 새로운 전략 사이에 두 전략이 핵심적으로 요구하는 자원과 능력이 충돌을 일으키기 때문이다. 새로운 전략의 장점을 얻기 위해 기존 전략의 장점을 포기해야만 할 경우 선뜻 새로운 선택을 하기란 쉽지 않다. 이러한 전략의 상치성Trade-offs 때문에 대기업들이 기존의 세제 시장에서 섣불리 천연세제로 전환하지 못하고 있는 것이다. 기존 설비의 운영에 관한 문제가 대기업의 발목을 붙잡기 때문이다. 하지만 이러한 위험성은 중소기업들이 자신의 특화된 영역에 안주하지 않고 새로운 시장에 진출할 때도 동일하게 작

슈가버블을 들이키는 소재춘 대표. 제품의 안전성에 대한 확신을 보여 준다.

용한다. 특히 새로운 시장을 개척한 후 한껏 자신감을 얻은 중소기업들은 흔히 성공이라는 이름의 마약에 취해 무모한 도전을 감행하는 경우가 적지 않다. 이러한 사례는 파스퇴르를 비롯한 국내외 여러 기업들을 통해 확인할 수 있다. 하지만 슈가버블의 확장 의지는 '욕심'이라기보다는 '생존'을 향한 의지 쪽에 더 가깝다.

소 사실 신제품이 100여 종 이상이라는 것은 주방세제를 능가할 만한 그런 제품이 아직 나오지 않았다는 말이기도 하다. 슈가버블은 생존을 위해서 신제품을 개발하고 있다. 기존의 주방세제 하나로 계속 사업을 영위하는 것이 불가능하기 때문이다.

그러나 이러한 슈가버블의 성장과 확장에 대한 의지는 상대적으로 그들의 브랜드력에 위험한 요소로 작용할 수도 있다. 차별화된 기술력과 웰빙 트렌드, 그리고 입소문만으로 일궈 낸 소비자 친화적인 슈가버블의 초기 시장 안착은 어찌 보면 그들의 브랜드력에 의지한 바가 크다.

하지만 일부 마트나 해외 홈쇼핑에 OEM으로 제품을 납품하고 있는 현실은 브랜드 경쟁력을 어떤 식으로든 훼손시킬 여지가 다분하다. 특히 폼텍(p38 참조)과 같은 제조업 기반의 강소 브랜드들이 OEM을 절대 하지 않으려 하는 이유에 대해 슈가버블은 진지하게 고민해 볼 필요가 있다. 대만의 세제 업체 인수를 위한 시도, 코스닥 상장이나 여러 가지 형태로 진행되고 있는 대기업과의 제휴 시도는 다양한 이해당사자들과의 관계로 인해 기존의 브랜드 경쟁력을 일관되

게 유지하는 데 적지 않은 영향을 줄 것이기 때문이다. 이러한 의문에 대한 슈가버블은 생각은 어떨까?

소 사업 초기 수십 억의 투자를 통해 공장을 짓고 제품을 생산하는 상황에서 유통과 마케팅에 관한 한 선택의 여지가 별로 없었다. 마침 대형 마트에 입점할 기회가 생겼고 계약 조건상의 PB 상품의 생산 요청을 거부할 수 없었다. 하지만 일반 기업들처럼 무조건적으로 수익 때문에 내린 결정만은 아니다. 실제로 대형 마트 매출은 전체 매출의 2% 남짓에 불과하다. 같은 성분에 가격까지 싼 데도 소비자들은 대부분 함께 팔리고 있는 슈가버블을 선택한다. 이런 경험을 통해 오히려 브랜드가 가지고 있는 힘에 대해서 더 크게 깨닫게 됐다.

시장 진출이 얼마 되지 않았다는 사실을 고려해 볼 때 슈가버블이 가진 브랜드력은 주목할만한 것이다. 이렇다 할 방송이나 신문 광고 없이 일궈 낸 결과이기 때문에 더욱 그렇다. 하지만 언제까지 이러한 프리미엄 효과가 지속될지는 미지수다. 최근 들어 30% 이상씩 지속되던 성장율이 감소하고 있다는 현실도 시장의 확장과 브랜드의 강화라는 두 마리 토끼를 동시에 좇고 있는 슈가버블의 고민을 깊게 만들고 있다. 과연 이러한 갈림길에서 슈가버블은 어떤 선택을 해야 할까?

고슴도치는 하나의 큰 것을 알고 있다

"자신들이 발굴한 아이디어, 제품, 서비스 등이 사회의 중심에 다다르면 대부분의 기업들은 거기에서 멈추어 버린다. 하지만 제품이든, 아이디어이든, 브랜드든, 기업이든, 심지어는 사람이든 사회주류의 관심에서 멀어질 때 이런 것들은 진화의 두 번째 시기를 맞게 된다."

라이언 매튜스와 와츠 와커가 그들의 저서 《괴짜의 시대》를 통해 놀라운 성장을 경험한 기업들이 맞게 되는 선택의

* 성공하거나 실패하거나, 확장을 위한 선택의 순간
새로운 시장을 개척해 성공한 기업들이 저지르는 가장 일반적인 실수 중 하나는 신규 사업에 섣불리 뛰어드는 것이다. 그 중에서도 롯데삼강에 인수된 파스퇴르 유업의 사례를 통해 무모한 확장이 지닌 위험성을 살펴 보자. 파스퇴르는 쟁쟁한 유제품 회사들이 즐비한 우유 시장에서 오랫동안 고급 우유의 대명사로 인식되어왔다. 특히 저온살균이라는 기술력을 통해 확보한 차별화된 컨셉, 제한적인 유통을 통한 고급화 전략으로 성장 가도를 달렸다. 특유의 촌스럽지만 설득력 있는 광고를 통해 소비자들의 뇌리에 깊이 각인된 이른바 '강소 브랜드'였던 셈이다. 하지만 파스퇴르의 이러한 자신감은 지나친 사업 확장으로 이어져 결국 쇠락의 길을 걷게 만든다. 우유 시장에서의 경쟁력을 바탕으로 오렌지 주스와 치즈 등의 유가공 시장에까지 뛰어들었다가 실패를 거듭한 것이다. 결국 파스퇴르는 막대한 손해를 입으면서 타 회사에 매각되고 만다. 이에 대한 여러가지 분석이 가능하겠으나 분명하게 드러난 패인 중 하나는 다음과 같다. '파스퇴르'란 브랜드의 차별화된 정체성(저온살균의 고급 우유)을 오렌지 주스와 치즈로 연결시키지 못했다는 것이다. 이에 대비되는 성공 사례로는 몽블랑을 들 수 있다. 몽블랑은 '최고급품' 혹은 '성공한 남성'의 상징이라는 정체성을 일관되게 유지해왔다. 따라서 만년필, 지갑, 라이터, 와이셔츠 등으로 이어지는 그들의 확장을 소비자들은 큰 반감없이 받아들일 수 있었다. 이처럼 성공적인 확장 전략의 핵심은 차별화된 정체성을 얼마나 일관되게 유지할 수 있느냐의 여부에 달렸다고 볼 수 있다.

시기에 대해 한 말이다. 어쩌면 슈가버블은 다른 기업들보다 조금 더 빨리 이러한 *선택의 순간에 다다른 건 아닐까? 그렇다면 슈가버블은 어떤 식의 진화를 선택해야만 할까?

우선 자신들이 선택한 확장 전략을 생존과 성장으로 이어 가기 위해 시장과 소비자들이 그들을 선택한 이유가 무엇인지에 대한 처음의 질문으로 되돌아갈 필요가 있다. 포화 상태의 시장에서 트렌드를 등에 업은 새로운 기술이 폭발할 수 있었던 것은 소비자들이 이를 알아보고 적극적으로 반응했기 때문이다. 이는 다름아닌 슈가버블의 정체성에 대한 질문이기도 하다. 하지만 이 정체성을 지켜 갈 수 있다면 소비자들은 '혼란'이 아닌 '확신'으로 또 한 번의 진화와 변신을 받아들일 것이다. 그리고 이것이 '그들만의 브랜딩' 전략이 될 수 있다.

오늘날의 슈가버블의 성공은 '친환경'에 대한 그들의 고집스러움 때문이었다. 따라서 이후에 나오는 제품들 역시 이러한 철학을 결코 놓치지 말아야 한다. 수익률의 성장이나 사업 지역의 확장만을 유일한 목표로 생각하는 순간 그들만이 가지고 있던 장점들 역시 고스란히 거품처럼 사라져 버릴 것이다. 사업을 확장할 수 있는 기회가 충분히 있었음에도 이를 포기한 전세계 강소기업들의 특징은 기존의 방식을 깨고 자신만의 방법으로 새로운 제품이나 서비스, 시장을 창출했다는 점이다. 그리고 이러한 고유의 방식을 지키기 위해서는 마약과도 같은 성장의 유혹을 거부할 수밖에 없었던 것이다. 물론 기업의 성장에 대한 열망은 이익 창출이 지상 명제인 기업에게 있어서 너무나도 당연한 것이다. 규모와 효율이 시장을 지배하는 시대에서 때로는 생존을 위한 유일한 방법처럼 보일 때도 있다.

하지만 슈가버블의 진정한 경쟁력은 친환경에 대한 고집스러운 철학을 바탕으로 기존의 대기업이 가진 규모의 힘이 아닌 아무도 시도하지 않았던 기술에 대한 도전정신에서 나온 것이다. 하지만 그들의 시장확장 전략이 성장을 위한 성장이 아니라 자신의 가치를 확장하기 위한 성장이라면 얘기는 달라진다. 다행스럽게도 슈가버블은 이 사실을 너무 잘 이해하고 있었다.

소 슈가버블의 철학은 '소비자의 가정을 깨끗이 하고, 수질을 맑게 하며, 공기를 청정하게 함으로써 환경 및 인류의 생활 터전을 보다

오늘날의 슈가버블의 성공은 '친환경'에 대한 그들의 고집스러움 때문이었다. 따라서 이후에 나오는 제품들 역시 이러한 철학을 결코 놓치지 말아야 한다.

안전하고 건강하게 만드는 것이다. 우리가 가지고 있는 정체성을 지켜 나가도록 최선을 다할 것이다. 만약 소비자들로부터 '좀 더 싸게 만들어 주세요' 라든가 '거품이 더 나게 해주세요' 같은 불평을 듣고 화학성분을 사용하는 등의 타협을 한다면 우리의 미래는 없을 것이다. 이를 위해서는 친환경적인 새로운 대안을 지속적으로 찾아내는 수밖에 없다.

슈가버블의 원칙은 환경과 인체에 무해한 제품을 일관되게 소비자에게 제공하는 것이다. 슈가버블은 이러한 가치를 반영한 제품들을 계속해서 만들어 내고 소비자들로부터 정당하게 인정받을 수 있을 때 영속하는 브랜드가 될 수 있다고 생각한다. 아직 조그마한 중소기업에 불과하지만 우리의 미래를 비관적으로 바라보지 않는 이유는 이 때문이다.

여우는 많은 것을 알고 있지만 고슴도치는 하나의 큰 것을 알고 있다.
– 아르킬로코스 [UB]

소재춘 경희대학교 문리대 화학과를 졸업하고 동대학원 박사과정을 졸업했다. 포항종합제철(주)기술연구소, 산업과학기술연구소를 거쳐 포항산업과학연구원 환경에너지 연구본부에서 근무했다. 2006년 중소기업기술혁신대전 대통령표창을 받았다. 현재 슈가버블의 대표이사로 재직 중이다.

거인들과 경쟁할 필요가 없는 생태적 지위를 가져라
작은 브랜드가 사는 법과 더 잘 사는 법, 두닷

The interview with 코다스 디자인 이사 김상욱

두닷dodot은 잘 알려진 가구 브랜드들에 비해 규모가 매우 작은 브랜드다. 그러나 두닷은 한때 디자인 에이전시와 광고 회사가 많은 가로수길에 가면 두닷 가구를 포장했던 박스들이 블록마다 쌓여 있다는 농담이 오갔을 정도로 젊고 합리적인 소비자들의 호응을 얻었다. 두닷 가구는 인터넷을 통해서만 판매해서 가격을 낮추는 대신 조립되지 않은 반가구 형태로 소비자의 손에 도착하는데, 그래서 두닷이란 이름에는 소비자들이 직접 만드는do 가구를 온라인dot에서 살 수 있다는 의미가 그대로 녹아 있다. 소비자들은 두닷을 통해 참신한 디자인의 가구를 합리적인 가격에 구입, 직접 조립해 보는 즐거움을 얻을 수 있었고, 두닷은 소비자의 긍정적인 반응을 통해 그들의 DNA에 꼭 맞는 새로운 시장을 절묘하게 찾아냈음을 증명해 냈다.

사실 두닷이 관심을 끈 것은 다른 카테고리보다 대형 브랜드의 시장 장악이 두드러지고 보수적인 소비자들이 많다는 한국의 가구 시장에서 어떻게 작은 브랜드로서 살아남았는가 때문이다. 그러자 두닷은 처음부터 자신이 치열한 경쟁 상황에 뛰어들지 않고도 어떻게 그들만의 거처를 찾게 되었는지 알려 주었다. 지금부터 두닷을 통해 작은 브랜드의 생존법과 어떻게 하면 이들이 생존을 넘어 브랜드로서 '더 잘' 성장할 수 있을지를 함께 모색해보기 바란다.

자동차 디자이너가 만든 가구 브랜드

'두닷으로 꾸민 회의실' '두닷 스타일' '두닷을 아시나요?' 검색 결과를 보고 작은 브랜드치고는 입소문이 대단하다 생각했다. 텐바이텐, 1300K와 같은 디자인 중심의 온라인 쇼핑몰에서 눈여겨보았던 기억에 포털 사이트에서 검색해 보니 가구가 아주 만족스럽다는 리뷰들이 많이 눈에 띄었다. 벌써 그들의 디자인과 비슷한 제품을 내놓는 곳이 많아 '두닷 스타일'이라는 말까지 유행했다. 어떻게 만들어진 브랜드일까 궁금하던 차에 한 신문기사를 통해 이 브랜드를 만든 사람이 전직 자동차 디자이너였다는 사실을 알게 되었고, 그것이 더 큰 호기심을 부추겼다. 김상욱 이사가 바로 그인데 그는 왜 가구 디자이너가 된 것일까?

김상욱(이하 '김') 그런 질문을 많이 받는다. 가구 디자이너로의 변신은 조금은 개인적인 이유다. 과거 나는 자동차 디자이너로 일했었는데 일의 특성상 해외 출장이 잦았다. 그럴 때마다 항상 그 나라의 유명한 소매점들을 둘러보곤 했는데 그러면서 가구에 관심이 많이 생긴 것 같다. 특히 지금은 유명하지만 예전에는 잘 알려지지 않았던 도큐핸즈나 이케아 등에서 몇몇 가구를 눈여겨보면서 '이건 정말 디자이너들이 좋아하겠다' '이런 가구를 만들어 보고 싶다'는 생각을 줄곧 해왔다. 그래서 언젠가는 꼭 하겠다는 마음만 먹고 있다가 자동차 회사에서 *코다스 디자인으로 이직 후 10년이 지난 뒤에야 기회가 생겼다. 2004년부터 기획을 하고 이유섭 대표에게 승인을 받아 준비해 2006년 1월 5일에 정식으로 런칭했다.

그렇다면 어떤 특별한 계기가 있었다기보다는 단순히 디자이너로서 새로운 것에 도전하고 싶고 무엇인가를 창조하고 싶은 욕구가 생겼던 것뿐일까? 이런 생각이 들려던 찰나, 그가 말을 이었다.

김 지금은 좀 달라졌지만 그때만 해도 쓸 만한 가구를 사려고 사당이나 방배동, 논현동 등지에 있는 가구 시장에 가 보면 갑갑했다. 나도 디자이너라 잘 아는데 영세한 디자이너들은 아마 다 그랬을 것이다. 그만큼 예산에 맞는 가구를 사자니 디자인이 따라오질 못하고, 디자인이 좀 마음에 든다 싶으면 감당하지 못할 만큼 비싼 가구인 경우가 많았다. 디자이너가 보기에도 만족스러운 디자인이면서 품질도 좋고 가격도 적당한 가구를 찾기가 그야말로 '하늘에 별따기'였다. 출장을 다녀오면 해외는 그렇지 않는데, 우리나라에는 왜 그런 가구가 없을까 싶었다. 그래서 두닷을 그런 가구 브랜드로 만들자고 마음먹은 것이다.

이야기를 듣고 보니 두닷이 런칭 초기 디자인 에이전시나 디자이너들에게 특히 많은 사랑을 받았던 이유가 짐작이 갔다. 유니타스브랜드 Vol.10 '디자인 경영' 특집에서 만난 루펜도 주부인 이희자 대표가 만든 음식물 처리기, 가습기였기 때문에 사용자인 주부의 마음을 더 잘 이해할 수 있었던 것처럼, 디자이너가 주도하여 만든 가구 브랜드였기에 디자이너의 필요를 더 잘 채워주었으리라. 특히 작은 디자인 회사들의 경우 최대한 저렴하면서도 튼튼하고 그 눈높이를 맞출 수 있는 디자인을 가진 브랜드를 찾기란 쉽지 않았을 테니 두닷의 등장이 얼마나 반가웠을까.

김 나라도 사서 쓰고 싶은 가구를 만들고 싶었다. 생각해 보면 그런 기준을 만족하는 가구가 단순히 디자이너에게만 필요한 것도 아니다. 우리는 Good Design, Good Quality, Good price를 동시에 만족시키는 가구가 필요한 사람을 위해 두닷을 만들었고, 그것이 우리의 초심이다. 두닷을 만들다가 혹시 샛길로 빠지더라도 돌아올 지점은 바로 여기다.

두닷은 '이건 왜 시장에 없을까?' 하는 고민에서 시작되었고, 따라서 없는 것을 만들어 보자는 목적이 생겼다. 그런데 만약 이들이 처음부터 *한국의 가구 시장을 경험으로 잘 아는 전문가였거나 가구 제조사였다면 이런 목적이 있다고 해서 쉽사리 경쟁에 뛰어들 생각은 하지 못했을 것이다. 그만큼 우리의 가구 시장은 완전히 새로운 방법

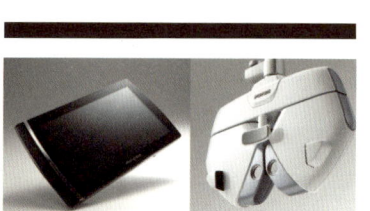

* 코다스 디자인(Kodas design)
두닷은 20여 년간 산업디자인 전문 에이전시로 업계에서 인정을 받아온 코다스 디자인(대표 이유섭)의 사내 벤처 형태로 사업을 시작했다. 코다스 디자인은 유니타스브랜드에서도 소개한 적이 있는 아이레보의 디지털 도어록 Gateman의 디자인이나 위니아 에어컨, 웅진 코웨이, 노비타, 롯데음료 2% 부족할 때, 트로피카나 등의 제품 디자인을 성공시키며 명성을 얻었다.

* 한국의 가구 시장
한국 가구 시장은 약 10조 원 규모로 추정되고 매년 성장세를 기록하고 있다. 점유율과 매출 등의 면에서 보면 종합 가구 브랜드 '한샘'이 올해 매출 6,000억 원을 바라보며 1위를 달리고 있으며 2위인 퍼시스는 약 2,300억 원의 매출을 기록하고 있다. 매출로만 비교하자면 1, 2위 간의 격차도 꽤 나는 편인데다 몇몇 대형 브랜드를 제외한 수많은 작은 가구 브랜드의 경우 몇 백억 원에서 적게는 몇 억 원 정도의 매출을 올려 기업 간의 빈부 격차도 어마어마하다. 이처럼 대기업 브랜드에 대한 충성도가 높고 그만큼 대기업의 영향력이 큰 시장이기에 중소기업들로서는 그야말로 생존을 위한 브랜드 관점이 필요하다.

으로 시장에 접근하지 않는다면 경쟁조차 힘들다는 시각이 지배적이기 때문이다. 당신이 서울의 몇몇 유명 가구 거리에 가 본다면 이곳에 단순히 매장만 내놓고 판매를 시작한다고 해서 브랜드의 경쟁력이 뚝, 생겨 버릴 리 만무하다는 것을 이해하게 될 것이다. 그렇다면 두닷은 어떤 시각으로 시장을 보고 어떤 방법을 사용해 브랜드를 시작하게 되었을까?

작은 가구 브랜드의 선택,
RTA 방식 가구의 온라인 판매 시장

김 디자이너의 장점은 항상 다르게 하려고 노력한다는 것과 동시에 새로운 방식에 대한 거부 반응이 없고 오히려 그것을 흥미롭다 느낀다는 것이다.

두닷이 기존의 방법이 아닌 다른 방식으로 브랜드를 시작할 수 있었던 것은 가구 제조부터 완전히 새롭게 시작할 수 있었던(시작해야만 했던) 신생 기업인데다, 이들이 소수의 디자이너로 구성된 집단이었기 때문이었다. 신생 기업으로서 이들은 기존의 가구 브랜드가 따르는 전형적인 비즈니스 모델부터 검토해 보았다. 그리고 기존 시장에서는 그들이 가진 적은 자원이나 인력으로는 경쟁력이 없다는 사실을 간파했다. 대형 브랜드처럼 매장도 많이 낼 수 없었고, 거대한 물류창고를 구축하기도 어려웠다. 그 때 떠오른 것이 당시 이케아가 판매해 좋은 호응을 얻고 있던 RTA Ready To Assemble 가구다. 가구를 완제품으로 판매하는 것이 아니라 분리해서 판매하되 소비자가 쉽게 조립해서 사용할 수 있도록 볼트와 너트 등을 사용하는 조립식 가구를 만드는 것이다. 제조와 유통을 하는 입장에서는 적재 및 운반 비용을 줄여 전체적인 가구 가격을 낮출 수 있는 방법이다. 앞서 말했듯이 두닷은 가격, 품질, 디자인을 모두 만족시킬 가구를 만들고 판매하는 것이 목적이었다. 만약 이들이 품질과 디자인을 사람들이 저가 가구에 기대하는 수준이 아니라 디자이너가 만족할 만한 수준에 맞출 수 있다면 RTA는 합리적인 가격의 가구를 만드는 데 아주 적합한 방법이었던 것이다. 제조부터 마케팅까지 모든 과정이 대부분 디자이너에 의해 진행되

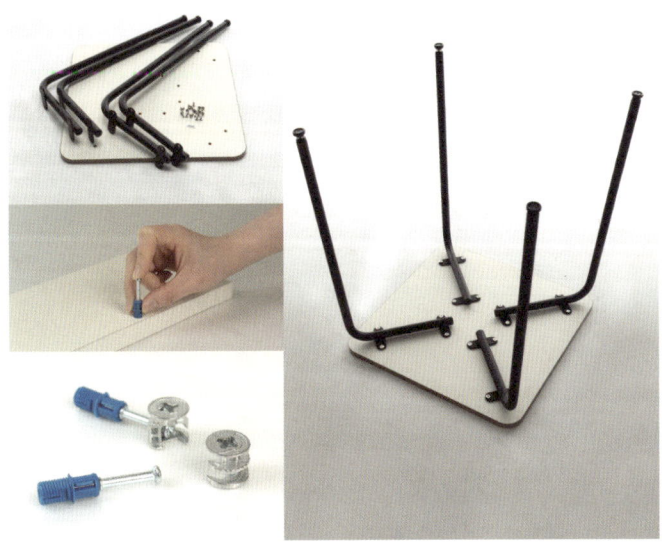

두닷에서 판매하는 테이블. 위와 같이 간단한 구성이며 쉽게 조립할 수 있다.

는 두닷은 이 조건을 만족시키기에 유리했다. 더군다나 디자인이라는 요소에 민감한 젊은 층을 공략한다면 가구를 직접 조립함으로써 얻는 재미의 요소도 안겨줄 수 있으리라는 판단도 섰다. 그리고 이 모든 것을 오프라인 시장이 아닌 성장세에 비해 훨씬 적은 비용으로 유통이 가능한 온라인에서 판매함으로써 차별화를 극대화 했다.

> 적은 비용으로 고객들에게 직접 가구를 보여 줄 방법이 필요했고 그래서 '쇼룸' 형태의 매장을 오픈했다.

김 물론 가구라는 아이템을 온라인에서 판매하는 게 사람들의 인식상 쉬운 일은 아니었다. 더군다나 두닷이 런칭할 때만 해도 온라인 가구 시장이 거의 전무하던 상태라 브랜드도 알려지지 않은 상태에서 고객들의 경험을 유도하는 것이 가장 어려운 일이었다.

두닷은 시장 접근 방법에서부터 차별화를 시도했기 때문에 타 브랜드와 구분되면서 대형 브랜드와 경쟁을 피하는 효과는 있었지만 아무래도 (당시, 적어도 한국 시장에서만큼은) 새로운 방법이다 보니 브랜딩 과정에서 겪는 어려움이 많았다. 그러나 그렇다고 대충 타협하지는 않았다. 그들이 애초에 브랜드를 만들었던 이유를 기억하며 어려움들을 어떤 방법으로 해결해 나갔는지 살펴보면, 작은 기업이 스마트하게 브랜딩을 하는 방법에 대한 팁을 얻을 수 있지 않을까?

존재 목적에 맞는 솔루션 찾기
1) 온라인 유통으로 인한 부족함 보완하기

온라인으로 가구를 판매할 때 부딪히는 첫 번째 난관은 역시 가구가 눈으로 보지 않고 컴퓨터 모니터에서 이미지만 보고 구입하기에는 고관여 제품이라는 사람들의 인식이다. 물론 기존의 대형 가구 브랜드들은 전국 곳곳에 근접성이 높은 대리점이 있어 직접 보고 살 수 있기 때문에 온라인 시장에 진출하더라도 어려움이 덜할 것이다. 그러나 오직 온라인 쇼핑몰을 통해 가구를 판매하는 방식을 취한 두닷은 적은 비용으로 고객들에게 직접 가구를 보여 줄 방법이 필요했고 그래서 '쇼룸' 형태의 매장을 오픈했다.

김 방배동에 있는 쇼룸에서는 제품을 직접 눈으로 볼 수 있다. 처음에는 제품을 온라인으로 유통하는 대부분의 브랜드들이 그러하듯 쇼룸을 만들 생각이 없었다. 하지만 가구는 눈으로 보고 사지 않으면 믿을 수 없다는 고객이 아직도 많은 시장에서 직접 보고 구매하는 고객을 위해 쇼룸을 4년째 유지하고 있다. 여기서 판매는 하지 않는다. 쇼룸에서 본격적으로 판매를 하면 상품을 상시 쇼룸으로 유통해야 해서 비용이 높아지고 따라서 고객에게 합리적인 가격에 제품을 제공할 수 없어서다. 다만 직접 쇼룸에 와서 보고 구매를 결정했는데 인터넷 쇼핑이 익숙치 않아서 구매가 어려운 분들은 직원이 도와드린다. 그조차 인터넷으로 주문하는 것을 도와드리는 것이고 집에서 주문할 때처럼 물류창고에서 집으로 직배송된다.

이 쇼룸은 위층이 본사 사무실로 이용되고 1층과 지하에 가구들을 전시하는데 원하는 고객들은 방문해서 온라인에서 판매하는 상품 대부분을 직접 보고 구매 결정을 내릴 수 있다. 이왕에 공간을 사용하는 데 판촉을 해도 되지 않을까 싶지만 브랜드의 핵심인 합리성, 이를 지켜 줄 비용 절감을 위해 앞으로도 쇼룸으로만 사용할 생각이다. 다만 수익적으로 좀 더 성장하면 쇼룸을 여러 곳에 만들 계획이다.

많지는 않지만 평균적으로 평일 10팀, 주말 20팀 정도가 이곳을 방문한다고 한다. 온라인에만 집중하여 비용을 최소화하겠다는 브랜드로서는 과감한 결정이지만 고객들의 불안을 해소하고 비용이 들더라도 천천히 가구의 구매 방법을 바꿔 나갈 수 있다는 점에서는 효과적이다. 더군다나 이렇게 쇼룸을 방문한 고객들은 인터넷으로 본 것 이상으로 두닷을 신뢰할 수 있다. 온라인 유통의 단점을 보완한 것이다.

2) 온라인 공식 유통채널 강화하기

온라인 유통에서 위와 같은 단점이 있다면 장점은 적은 비용으로 판매할 수 있는 창구(온라인 쇼핑몰 등)의 확산 속도가 빠르다는 것일 테다. 그런데 오히려 김 이사의 목표는 두닷 공식 홈페이지(www.dodot.co.kr)의 쇼핑몰을 강화하여 결국 그곳에서만 판매하게 되는 것이라고 한다.

김 타 인터넷 쇼핑몰에 많이 유통하면 확산은 훨씬 빠르겠지만 우리 쇼핑몰을 포기하면 우리는 납품업자로 전락하게 될 것이다. 우리가 우리 쇼핑몰로 점점 유통의 무게 중심을 옮기고 투자하면 소비자들도 구매가 일어난 타 인터넷 쇼핑몰을 기억하는 것이 아니라 '두닷'을 기억하게 될 것으로 기대한다. 그러면 언젠가 100% 우리 쇼핑몰에서만 두닷을 판매하게 되더라도 무리가 없지 않을까. 지금은 이를 위해 두닷을 알리는 중이라고 생각한다.

한샘이나 퍼시스같이 잘 알려진 오프라인 가구 브랜드 이

외에 옥션, 인터파크, 11번가, 텐바이텐 같은 쇼핑몰을 통하지 않고 해당 브랜드의 홈페이지에서 가구 구매를 경험한 적이 있는지 되새겨 보라. 순수하게 온라인에서만 거래되는 브랜드로서는 상당히 어려운 일이다. 그런데 현재 두닷이 약 20개의 쇼핑몰에서 거래되고 있음에도 전체 매출의 50% 이상이 두닷 공식 홈페이지에서 일어난다. 그만큼 소비자들의 재구매율이 높고 리뷰 등의 입소문을 통한 인지도도 높아졌다는 말이다. 그도 그럴 것이 두닷은 공식 홈페이지에 비교적 많은 투자를 해서 일반 쇼핑몰 못지않은 운영을 하고 있다. 비용이 들더라도 자사의 공식 유통 채널을 키워 장기적인 브랜드 파워를 높이기 위해서다. 이 홈페이지에서 각종 이벤트를 비롯해 'My 사용기' 같은 고객 사용 후기를 모아 매번 추첨을 통해 상품을 보내 주며, 그마저도 온라인을 통해 소문이 나도록 하고 있는 것도 다 이 때문이다. 한편 'Prompt reply in 1HOUR'라는 모토를 내건 두닷의 고객센터는 운영 시간 중에는 문의 후 1시간 내에 무조건 고객에게 답변을 주는 것을 원칙으로 하고 있다(그러지 못할 경우 적립금을 따로 지급한다). 전화 상담이 통화량에 따라 원활하지 않았던 문제점을 개선하고 빠른 대응을 하기 위함과 동시에 이 공식 유통 채널의 신뢰를 높이는 역할도 하고 있다.

3) 할 수 있는 것에만 집중하기

김 두닷이 판매하는 모든 가구를 우리가 자체 생산하는 것은 아니다. 액세서리나 패브릭 제품, 특히 의자 같은 경우는 다른 가구와 공정 과정이 달라 까다롭고 많은 투자가 이루어져야 하기 때문에 다른 업체의 상품을 MD하는 방식을 취하고 있다. 물론 기준은 두닷의 톤앤매너와 가장 잘 어울리는 것이다. 그렇지 않으면 아무리 수익이 많이 남아도, 디자인이 좋아도 일단은 제외한다. 목표는 모두 우리가 생산하는 것이지만 한꺼번에 급하게 모두 시도할 생각은 없다. 우리의 자원을 생각하면서 나아갈 방향을 정해야지 만약 매출에만 급급해 10억만 해도 훌륭한 회사가 100억을 욕심내면 어떻게 되겠나. 지금은 잘하는 것을 더 잘하는 것이 중요하다.

두닷의 가구들은 콰트로QUATTRO, 모스MOS, 스툰2STOON2, 어번URBAN, 엔비오ENVIO, 쿠키KUKI 등의 시리즈로 나뉘어 개발되고 있다. 이 시리즈는 예를 들어 책상, 의자, 서랍장을 하나로 묶어 세트 형태로 많이 판매되는데 책상을 제외한 의자와 서랍장은 다른 업체의 제품으로 구성, 대행 판매하는 것이다. 그럼에도 가구들이 한 세트처럼 느껴지는 것은 두닷이 그들만의 기준으로 까다롭게 상품을 선택하여 브랜드의 톤앤매너를 해치지 않기 때문이다. 개발할 수 있는 한 많은 것을 시도하지만 무리하게 확장을 위해서 애쓰기보다는 두

두닷 홈페이지와 쇼핑몰 등에서 확산되고 있는 고객들의 상품 리뷰.

닷이 가장 잘 만드는 상품에 집중하고, 잘 할 수 있는 분야에서 더 많이 시도하고 개발하려는 의도다.

4) 타협 없는 품질의 제품 만들기

이렇듯 많은 부분에서 두닷에 가장 적합한 의사 결정을 해나가고 있지만 역시 실무자의 입장에서 작은 브랜드의 가장 어려운 문제는 바로 '자본'이 아닐까 싶다. 특히 두닷이 가격에 의한 합리성을 브랜드 핵심의 하나로 삼고 있어서 품질과 함께 그것을 지켜 나간다는 것이 여간 까다롭지 않다.

김 우리는 가구 가격의 약 60%가 제작 단가다. 모두들 "그러고도 남는 게 있느냐"고 물어 볼 정도다. 그럼에도 불구하고 그 단가를 줄곧 고수해 왔다. 첫 해는 당연히 적자가 났다. 처음에는 두닷이 가구를 기획, 개발하고 OEM으로 가구를 제작하는 방식으로 사업을 하려고 했다. 그런데 이 단가에 소량으로 주문을 받아 생산하려는 곳이 없어서 중간에 거래처를 바꾸는 일도 생겼다. 그러니 아예 우리가 투자를 받아 직접 공장을 만들어 제조를 진행하기도 했다. 지금은 그 공장이 분사되어 두닷 제품만 생산하고 있다.

보통 가구들은 제조 단가의 약 2~3배수를 판매가로 책정한다고 한다. 그런데 제조 단가가 60%나 된다고 하니 동종 업계마저도 두닷을 신기하게 바라본다. 그렇다고 제조 단가에 맞게 판매가를 높일 수도 없다. 가격이 더 높아지면 대형 브랜드에 비해 가질 수 있는 경쟁력 하나가 줄어들뿐더러

> "매출에만 급급해 10억만 해도 훌륭한 회사가 100억을 욕심내면 어떻게 되겠나."

애초에 목적했던 합리적인 가격의 가구를 제공할 수 없기 때문이다. 그러나 소비자가 직접 조립하는 가구가 앞으로는 더 보편화될 것이라는 생각, 그리고 이것을 온라인으로 유통해서 소비자들이 좀 더 싼 가격에 좋은 가구를 살 수 있게 해주자는 생각에는 변화가 없기에 조급할 것이 없단다.

김 처음에 유니타스브랜드의 질문지를 보고 한참을 고민했다. '도대체 두닷은 뭐지?' '두닷은 어떤 브랜드지?' 첫 번째 떠오른 단어는 내가 느끼기엔 '정직honesty'이었다. 왜냐하면 어떤 경우에도 품질만큼은 타협하지 않기 때문이다. 대기업은 워낙 자본도 있고 하니 같은 품질이라도 더 저렴하게 만들 수 있겠지만 우리는 그렇지 못하다. 그들 기준에 맞춰서 우리도 단가를 낮추면 중국산 저가 가구처럼 특유의 냄새가 나고 후가공을 제대로 못해 마감이 엉망인 가구가 나온다. 솔직히 숫자 계산을 하기 시작하면 흔들릴 때도 있지만 마음을 다잡고 고객을 속이지는 말자고 했다. 내가 사고 싶은 가구를 만들려던 초심만 기억하면 이것은 절대로 변하지 않을 원칙이다.

이제까지 김 이사의 이야기를 들어보면 사실 '작기 때문에' 대기업은 쉽게 할 수 있을지도 모를 일들을 더 어렵고 힘들게 해야 하는 고단함도 엿보인다. 두닷뿐만 아니라 대부분의 중소기업들이 겪는 어려움일 것이다. 그러나 작기 때문에 고집을 더 부릴 수 있었고(대기업이었다면 조직적인 문제나 주

주 압력 등의 이유로 수익이 나지 않는 일에 오래 고집을 부릴 수가 없다), 작기 때문에 이 모든 것을 계속해 올 수도 있었다는 게 김 이사의 설명이다. 오히려 작은 기업이 그래서 더 유리하다는 의견도 있다. 리처드 코치는 《전략을 재점검하라》에서 다음과 같이 말했다. "통상적으로 생긴 지 얼마 안 되거나 규모가 작은 회사에서 시장을 창출하는 것이 더 쉬운데, 그런 회사는 옛날 범주에서 잃을 게 얼마 없거나 전혀 없다. 실패할 위험이 높고 성공하더라도 심각한 결과를 얻을 수 있지만 성숙한 기업도 물론 기존 사업을 위해서 새로운 생태계를 창출할 수 있다. 하지만 새로운 기업가에게는 그런 딜레마가 전혀 없다."

이처럼 작아서 생기는 문제들을 보완해 가면서 두닷 나름의 독특한 생존 방식이 생겨났고, 바로 그것을 통해 브랜드 생태계에서 도태되지 않고 공존할 수 있는 독특한 '생태적 지위ecological niche'를 얻을 수 있었다.

생태계에서 찾은 강소 기업을 위한 지혜

생태적 지위는 쉽게 말해 어떤 생명체가 한 생태계 내에서 어떤 지위를 차지하고 있느냐이며, 각 생명체마다 그만의 독특한 생태적 지위를 갖는다는 것이다. 왜냐하면 생태적 지위는 어디서 서식하고, 무엇을 먹으며, 누구와 경쟁하는가 등이 결정짓는데, 많은 경우 동일한 생태적 지위를 차지하는 두 종의 생물체는 한 생태계에서 공존하지 못하고 한

> 동일한 생태적 지위를 가지고 뛰어든 브랜드들이 있다면 이들은 필연적으로 치열한 경쟁 상황에 놓이게 된다.

쪽이 도태되거나 사라진다고 보기 때문이다. 그래서 공존하는 종들은 아무리 비슷한 환경에서 살더라도 서로 다르게 살아가는 방식을 알고 있다고 한다. 그래서 서로 다른 생태적 지위를 유지하는 것이다. 같은 환경에서 사는 경쟁자들은 서로 활동하는 시간을 조정하거나 먹이를 달리한다. 예를 들어 딱따구리와 동고비는 같은 나무 껍질 사이에 사는 같은 벌레를 먹고 살아도 본능적으로 서로 반대쪽(딱따구리는 아래쪽, 동고비는 위쪽)에서부터 먹이를 잡아먹으며 살아간다고 한다.

생태적 지위라는 개념은 비즈니스를 하고 있는 브랜드들에도 꽤 유사하게 적용된다. 만약 어떤 분야에 동일한 생태적 지위를 가지고 뛰어든 브랜드들이 있다면 이들은 필연적으로 치열한 경쟁 상황에 놓이게 된다. 이들이 서로 차별점, 즉 다르게 생존하는 법을 찾지 못한다면 평화로운 공존이 가능할까? 더군다나 작은 기업의 입장에서 거대 기업들과 같은 생태적 지위를 갖게 된다면 사태는 더욱 심각해진다.

두닷의 사례를 살펴보면 작은 기업의 입장에서는 거대 기업이 몸담은 시장에서 어떻게 그들과 경쟁할 것인지를 생각하기보다는 이들과 어떻게 다르게 살아갈 것인가를 고민해 보아야 한다는 메시지를 발견할 수 있다. 만약 두닷이 대형 브랜드들이 장악한 시장에서 똑같은 방법으로 승부를 걸려 했다면 어땠을까? 그러나 두닷은 다르게 하려고 노력했다. 그리고 브랜드가 추구하고자 하는 바를 놓치지 않으려는 의지를 행동으로 보여 주었다. 그 과정에서 감수해야 할 것들

도 많았지만 그것이 결국 오늘날 *두닷이라는 브랜드만의 생태적 지위를 만들어 낸 것이다. 만약 이 글을 읽는 독자가 작은 기업에서 브랜드를 만들고 있는 중이라면 우리 브랜드의 생태적 지위는 과연 어떻게 획득할 것인지를 고민해 보는 것도 도움이 될 것이다.

One step ahead of the Big brand

이 모든 것들에도 불구하고 6년 남짓 된 두닷은 앞으로 더 많은 시간을 브랜딩에 투자해야 할 것이다. 두닷을 보고 있으면 한 브랜드가 머릿속에 떠오른다. 바로 이케아다. 이케아가 창업자 잉바르 캄프라드Ingvar Kamprad의 나이 열일곱에 잡화를 파는 통신회사로부터 시작되었다는 사실은 이제 너무 유명하다. 작은 기업이던 이케아가 약 70년이 지난 지금, 한국의 가구 시장에까지 영향력을 행사하는 글로벌 기업으로 성장하리라는 것을 과연 몇 사람이나 예상했을까. 이런 이야기를 새삼스럽게 꺼내는 이유는 작년 말, 이케아가 한국에 직접 진출한다는 소문이 돌자 소비자는 기대에 잔뜩 부풀었을지 몰라도 한국 가구 기업들은 너나 할 것 없이 위기감으로 살얼음판을 걷는 분위기였기 때문이다. 이케아가 뭐길래, 높은 시장 점유율을 자랑하는 대형 가구 브랜드들마저 공격 경영을 선언하며 대책 마련에 고심했을까?

두닷은 이케아와 비즈니스 모델에서 유사한 측면이 많아 종종 '한국의 이케아'로 불리고 있었고 그래서 최근에 고민이 더 많아졌다 한다. 물론 그간의 이케아는 RTA 가구를 주로 오프라인으로 판매하는 데 더 많은 에너지를 써 왔고, 온라인으로 진출한다고 해도 한국의 온라인 쇼핑 시장의 특성(예를 들어 어느 나라보다 즉각적이고 빠른 대응이 필요하고, A/S나 여러 가지 측면에서 오프라인 못지않은 에너지를 쏟아야 한다는 점 등)을 제대로 파악하지 못한다면 한국 시장에서 어려움을 겪게 될 것이다. 그러나 두닷도 최근 젊은 소비자층을 중심으로 높은 인지도와 충성도를 갖고 있는 이케아와 (제품 이상으로) 더 확실한 차별성을 갖고 일관성 있는 전략을 펼칠 필요가 있다. 여기서 말하는 차별성은 제품의 가시적이고 차별화된 특성들이라기보다는 브랜드의 무형적 가치와 이미지를 공고히 하되 두닷이 하는 모든 행위들이 이것들과 일관성 있게 연결되도

지금은 글로벌 기업으로 성장하여 세계 시장을 긴장시키고 있는 이케아.

록 해서 누구도 두닷을 '제2의 이케아' 혹은 '한국의 이케아'로 생각하지 못하게 해야 한다는 것이다. 예를 들어 앞서 김 이사가 말한 것처럼 두닷이 정직을 추구하는 브랜드이고 그래서 고객에게 그렇게 인지되고 싶다면 제품에서부터 마케팅에 이르기까지 두닷이 하는 모든 행위가 이 가치를 중심으로 정렬alignment되어야 한다는 것이다(이것이 모호하다는 생각이 든다면 마침 '정직도 전략 그 자체가 될 수 있다'고 주장하는 린 업쇼와의 해외 인터뷰를 싣게 되었으니 p162를 참고해도 좋다). 그래야 장기적으로 고객들의 열망을 이끌어 낼 수 있다. 이것이 두닷이 앞으로 브랜드로서 더 잘 사는 법이라 할 수 있다.

만약 지금 작은 브랜드를 강한 브랜드로 만들려는 독자라면 다음 질문에 꼭 답해 보길 바란다. 당신의 브랜드는 대형 브랜드와 경쟁하지 않아도 되는 생태적 지위를 가지고 있는가? 그리고 그 생태적 지위를 공고히 하기 위한 브랜딩을 하고 있는가? 작은 브랜드가 대형 브랜드보다 크게 한 발 앞서는 길은 이 질문에 대한 대답으로부터 시작된다. UB

---

* 두닷이라는 브랜드만의 생태적 지위

유니타스브랜드가 브랜드를 생태학적 관점으로 들여다본 것은 이번이 처음은 아니다. 브랜드 전략 측면에서 브랜드가 각 생태계에 적합한 생태적 지위를 가져야 한다는 개념은 Vol.17 '브랜드 전략'에서 인터뷰에 응해 준 리처드 코치Richard Koch가 선보인 개념이다(Vol.17 p136 참조). 그는 베인앤컴퍼니의 창립 멤버로서 브랜드를 연구해 온 컨설턴트이자 베스트셀러 작가인데 브랜드가 기업이 가지고 있던 기존의 유전자 코드를 그 브랜드가 속한 환경에 적합한 방법으로 진화시키거나, 아니면 전혀 새로운 생태계를 창조함으로써 그 브랜드만의 톡특한 생태적 지위를 만들 수 있다고 했다. 그의 이론에 따르면, 두닷은 한국에는 거의 전무하다시피 했던 온라인 RTA 디자인 가구 시장이라는 새로운 생태계를 창조했다고 볼 수도 있고, 기존 생태계에서 거대 브랜드와 경쟁하지 않고 자신을 환경에 적합한 방법으로 진화시켰다고도 볼 수 있어 두 가지 해석이 모두 가능하다.

김상욱 국민대학교 조형대학 공업디자인학과를 졸업한 뒤 현대자동차 디자인실에서 현대 뉴그랜저, 엑센트, 티뷰론 등의 디자인에 참여했다. 대우상용차를 거쳐 1994년에 코다스디자인에 입사한 뒤 1996년 두닷을 런칭하였고 현재 코다스디자인의 이사로 재직 중이다.

우리나라 사업체 수의
99%는 중소기업,

우리나라 노동인구의
88%는 이곳에 종사

초콜릿 속에 녹인 스마트 브랜딩 노하우
나눔 브랜딩으로 상대적 우위를 노리다, 쥬빌리 쇼콜라띠에

The interview with ㈜제이에프엔비 대표 김영환

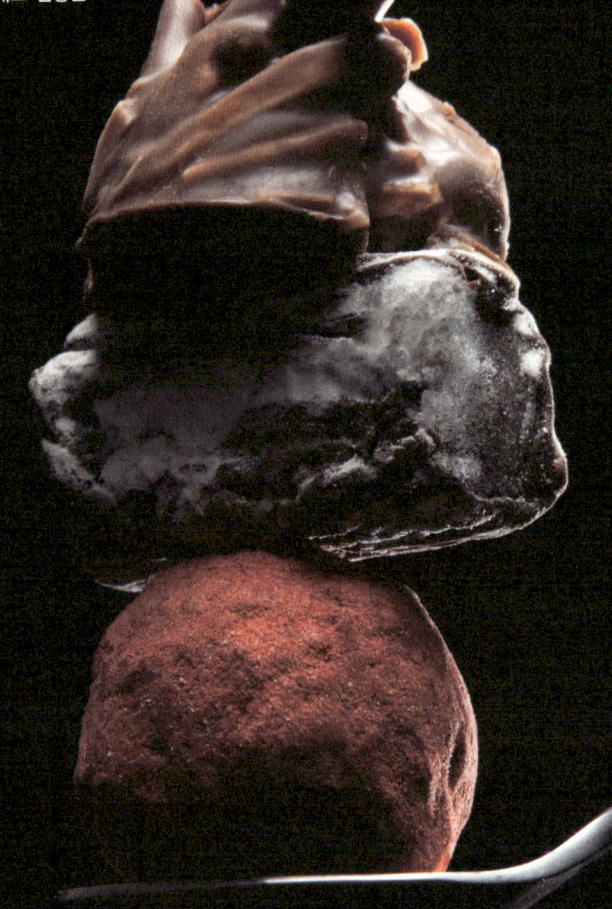

5년 전쯤 대학로에서 '쥬빌리 쇼콜라띠에jubilee chocolatier'라는 다소 어려운 이름의 간판을 단 한 카페를 발견했을 때만 해도 이곳이 JF&B라는 B2B 초콜릿 전문 중소기업의 B2C 브랜드임은 알지 못했다. 다만 (지금도 그리 익숙한 문화는 아니지만) 그때는 이곳의 씁쓸하기까지 한 순도 높은 초콜릿 음료와 생초콜릿 디저트가 생소하면서도 색다른 경험을 안겨 주기에 충분했고, 매장의 다양한 초콜릿들을 구경하며 어린 시절 읽었던 영국 작가 로얼드 달의 동화《찰리와 초콜릿 공장》속에 등장하는 수많은 초콜릿들의 맛이 이렇지 않았을까 상상하는 것이 전부였다.

그렇게 시간이 흘러 올해, 이 브랜드를 다시 들여다보게 되었다. 이들에 대해 예전과 달리 알게 된 점이 있다면 '쥬빌리jubilee'가 '미칠듯이 기쁘하다' '기쁨의 해' 등의 뜻을 담고 있는 희망적인 단어라는 것과, 이 단어가 그들에게 이름 이상의 의미가 있다는 사실이다. 그래서 더 궁금해졌다. 지금부터 이들의 스마트 브랜딩을 살펴보며 이들처럼 당신의 제품 속에는 어떤 가치를 넣을 것인지, 그리고 그것을 더 많은 사람들과 어떻게 나눌 것인지 함께 고민해 보면 어떨까? 브랜드가 추구해야 할 스마트함이란, 바로 이런 게 아닌가 하면서 말이다.

JF&B가 벨기에에 건설한 디어푸드유럽 초콜릿 공장

작은 기업의 상대적 우위

"절대적인 우위를 차지할 수 없을 때는 현재 가지고 있는 숙련된 기술을 사용하여 결정적인 시기에 상대적 우위를 차지해야 한다." 전쟁 사상가 클라우제비츠가 《전쟁론》에서 써 내려간 이 한 문장이 작은 기업에게 얼마나 매력적인 기술일지는 굳이 말하지 않아도 될 것이다. 그것도 많은 자본과 인재, 네트워크를 가진 대기업이 시장에서 절대적 우위를 차지한 것처럼 보이는 상황에서 말이다.

얼마 전 뉴스 기사들을 들춰 보다가 흥미로운 기사 하나를 발견했다. 바로 초콜릿 종주국이라 해도 무방할 벨기에 남부 니벨 지역에 공장을 세우게 된 한국 초콜릿 회사, *JF&B에 관한 것이었다. 벨기에가 어떤 나라인가. 세계적으로 사랑받는 *고급 초콜릿 브랜드 고디바와 길리안의 모국임과 동시에 곳곳에서 초콜릿 박물관을 만날 수 있고 이 때문에 관광산업마저 발전하게 된 나라다. 까다로운 선별을 거쳐 'Made in Belgium'이 찍힌 초콜릿은 좀 더 쉽게 최상품으로 인정받는다니 그 명성이 어느 정도일지 짐작이 간다. 그런데 그 나라에 JF&B가 디어푸드유럽dear food europe이라는 이름으로 벨기에 투자청과 민간 합작 투자사들의 투자(3년간 약 240만 유로)를 받아 공장을 짓게 되었고, 벨기에 이브르테름 총리가 JF&B의 방문을 위해 직접 한국을 찾아 이슈가 된 것이다(디어푸드유럽에서 생산되는 B2B 초콜릿들은 모두 Made in Belgium으로 올해 6월 1일부터 본격 생산됐다). JF&B에 전에 없이 많은 이목이 집중되었고 이들의 기술력과 초콜릿에 대한 관심이 높아졌다.

국내에도 초콜릿을 만들고 생산하는 굴지의 대기업들이 많지만 과거, 이들에게 초콜릿 시장은 제과 시장 내 일부에 불과했다. 몇 해 전 롯데제과의 드림 카카오를 필두로 해 이른바 하이 카카오 초콜릿(high cacao chocolate, 카카오 함량이 높은 초콜릿)들이 잇따라 개발되고 이런 초콜릿이 건

*JF&B

Jubilee Food & Bakery의 준말이다. jubilee는 본래 유대인이 7년에 한 번 갖는 안식년이 7번 지나고 맞는 50번째 해마다 사람들의 모든 빚과 채무를 탕감 주고 노비를 해방하는 축제에서 비롯된 단어로 우리 말로 번역해 '희년(禧年)'으로도 쓰인다. 이 축제가 그러했듯 쥬빌리라는 단어 속에는 무거운 짐에서 해방되었다는 기쁨과 새로운 50년을 살아갈 희망, 축제로서의 풍요로움이 담겨 있다.
JF&B는 1996년 5월 '케이제이 인터내셔날'이란 이름으로 설립되었으며 특급 호텔이나 유명 제과점 등의 기업들을 대상으로 프랄린(아몬드 또는 말린 과일 등이 들어 있거나 올려진 초콜릿), 케이크 위의 초콜릿 데커레이션. 그 외 쥬빌리 쇼콜라띠에 카페를 통해 유통되는 다양한 초콜릿들과 케이크나 쿠키 등의 베이커리류를 생산하고 있다. B2B 시장에서는 이미 70% 이상의 시장 점유율을 보이고 있으며 작년 한 해 300억에 가까운 매출을 올렸다. 이들이 다루고 있는 다양한 초콜릿에 관한 정보와 역사가 궁금하다면 쥬빌리 쇼콜라띠에의 홈페이지(www.jubileechocolatier.com)를 참고하기 바란다.

*고급 초콜릿 브랜드들

벨기에에서는 초콜릿 종주국이라 불리는 만큼 고디바(Godiva), 길리안(Guylian), 레오니다스(Leonidas) 등의 많은 브랜드들이 세계를 무대로 활약하고 있고 그 밖에 프랑스의 드 보브에 갈레(De Bauve & Gallais), 리샤(Richart), 이탈리아의 페레로 로쉐(Ferrero Rocher), 스위스의 린트(Lindt), 일본의 메리스(Mary's) 등의 브랜드가 세계적으로 유명하다. 그중 고디바는 1966년 우리에게는 수프 통조림으로 유명한 캠벨(Cambell Soup Company)에서 지분을 인수한 뒤 미국 내 공장을 지으면서 본격적인 마케팅 활동을 통해 알려졌으나 2008년 터키의 Yildiz Holding으로 매각되었고 같은 해에 길리안은 한국 롯데제과에 인수되었다.

강에 더 좋은 것으로 알려지면서 현재 4,000억 원대 이상의 시장이 형성되어 있지만 여전히 초콜릿 산업에만 집중하기에는 다른 제품들을 많이 생산하는 대기업들이다. 더군다나 전문 *쇼콜라띠에의 개입이 필요한 수제 초콜릿 시장은 더 어려운 시장임에 틀림없다. 이런 상황에서 1996년부터 계속 초콜릿을 만들고 개발해 온 JF&B의 '숙련된 기술'이 마침내 근 1~2년, '결정적인 시기'에 '상대적 우위'를 차지할 기회를 발견한 것이다.

한 분야에 대한 오랜 집중을 통한 전문 기술로 해외 시장을 공략하여 더 큰 성장을 바라볼 수 있는 기회를 얻는 것은 작지만 강한 기업들이 많은 것에 분산 투자하는 대기업보다 더 유리한 점이라 할 수 있다(우리는 비슷한 예를 p126 '씽크와이즈'에서 찾아볼 수 있다). 게다가 해외 진출을 통해 한국에서만 생산했다면 얻을 수 없는 경쟁력을 얻게 되기도 한다. 실제로 다른 매체들과의 인터뷰에서 김영환 대표는 벨기에에 초콜릿 공장을 짓게 된 이유 중 하나로 '코리아 디스카운트Korea discount의 해결'을 꼽기도 했다. 아무리 맛있는 초콜릿을 만들어도 한국에서 생산했다는 이유로 수출이 어려웠던 초콜릿을 더 많은 사람들이 맛보게 하기 위한 시도였다는 것이다. 이들은 이번 기회를 통해 B2B 영역에서 디어푸드유럽이 안착하고 나면 독자적인 브랜드인 쥬빌리 쇼콜라띠에를 세계 시장에 선보이겠다는 계획도 가지고 있다.

*쇼콜라띠에(쇼콜라티에)

chocolatier. 프랑스어로 초콜릿을 의미하는 쇼콜라에서 유래된 단어로 초콜릿을 만들거나, 초콜릿으로 예술 작품을 만드는 사람까지 통칭한다. 초콜릿은 다양한 재료를 어떻게 혼합하느냐에 따라 완전히 다른 제품이 되기 때문에 전문적인 기술이 요구되는 까다로운 분야다. 이런 상황에서 수제 초콜릿 생산에 쇼콜라띠에의 개입은 필수적이다. 주로 유명 쇼콜라띠에 밑에서 도제 형태로 기술이 전수되며 이들이 독자적인 브랜드를 만드는 경우도 적지 않다. 흡사한 발음으로 쇼콜라테리chocolaterie라는 단어도 있는데 전문적으로 초콜릿만 취급하는 가게를 뜻한다.

여기까지 듣고 보니 김 대표가 작은 기업으로서 생존 이상의 성공을 이뤄 내는 데 매우 스마트한 전략을 가진 사람이 아닐까 하는 생각이 들었다. 그래서 그를 만나 브랜드에 관한 이야기를 좀 더 들어 보기로 했다. 그와의 만남을 통해 시장 전략이나 경쟁에 관한 이야기 속에 숨겨진 초콜릿과 브랜드 가치에 대한 인사이트를 더 많이 얻을 수 있었다.

초콜릿에 대해 다시 생각하다

쇼콜라띠에가 만드는 예술에 가까운 초콜릿 작품, 생각지도 못한 복잡한 공정 속에 미묘한 온도의 차이가 만들어 내는 초콜릿 맛의 차이, 그 정성에 걸맞은 고급스러운 포장과 비싼 가격. 따라서 아무나 누릴 수 없는 귀족 문화. 수제 초콜릿이라고 했을 때 기본적으로 가질 수 있는 인식이다. 굳이 원류를 따지자면 멕시코 원주민들이 매우 귀중한 약용으로만 사용하던 카카오콩을 콜럼버스와 코르테스가 유럽에 전파했을 때 초콜릿은 귀족들의 디저트로서 사랑 받았다. 물론 지금처럼 화학 성분이나 우유, 설탕의 함량을 높게 하여 대중화된 초콜릿이 아닌 카카오 순도가 높은 수제 초콜릿들이었다. 그러니까 처음부터 초콜릿은 귀족들이 향유하던 사치스런 문화에 가까웠다. 그래서 시장 초기 해외 굴지의 브랜드들은 사람들이 이런 점을 소비하도록 부추겼다.

그러나 결론부터 말하자면 이제 우리

헤이리에 있는 쥬빌리 쇼콜라띠에의 초콜릿 팩토리

는 수제 초콜릿에 대해 조금은 다른 시각을 가져 볼 때가 된 것 같다. 김 대표가 직접적으로 제안한 것은 아니지만 인터뷰 첫머리에 그가 한 한마디가 마음에 남았고, 그것이 지금 쥬빌리 쇼콜라띠에(이하 '쥬빌리')의 모든 브랜딩 활동과 연관되어 있기 때문이다.

김영환(이하 '김') 초콜릿이란 것을 연상하면 어떤 느낌이 드나? 초콜릿이란 음식은 유난히 좋은 단어들만 속에 품고 있다. 쉽게 말해 사랑, 기쁨, 행복, 만족, 따뜻함 같은 것 말이다.

김 대표는 처음에 초콜릿을 접할 때만 해도 이렇게까지 심도 있게 초콜릿 기술에 파고들 생각은 없었다고 한다. 그런데 이 일을 하면서 초콜릿이란 음식 자체에서 특별한 점을 발견했다고 한다. 그것은 다름 아닌 초콜릿이 갖고 있는 정서다. 사람이 사랑을 느낄 때 생기는 신경 물질인 페닐에틸아민이 초콜릿 속에 포함되어 있어서인지는 몰라도 우리는 사랑하는 사람에게 뭔가를 선물할 때는 물론이고 기분이 좋지 않거나 힘들 때, 스스로 용기를 북돋고 싶을 때 달콤한 초콜릿을 떠올리곤 한다. 쥬빌리는 이 같은 초콜릿의 특성에 김 대표의 개인적 신념이 잘 어우러진 독특한 브랜드다. 그는 쥬빌리 이전에 JF&B만 운영할 때도 줄곧 종교를 가진 사람으로서 '나눔'의 실현에 대해 남들보다 더 많은 관심을 가지고 있었다. 우연한 기회에 해외 유통을 하면서 초콜릿을 알게 되어 사업을 시작했지만 운이라 해야 할지, 초콜릿은 하면 할수록 그의 생각과 잘 맞는 아이템이었다. 따라서 그는 쥬빌리가 단순히 럭셔리한 소비 문화 이상의, 따뜻한 나눔이 있는 초콜릿 문화로서 자리매김하기를 바란다.

김 쥬빌리라는 브랜드는 단어의 의미 그대로 기쁨, 풍요로움, 그리고 희망인 것 같다. 희망은 나누어야 하는 것이다. 그래서 쥬빌리의 초콜릿을 접하는 모든 사람에게도 그것을 나누어 주어야 한다고 생각한다. 이것이 내가 브랜드를 키울 때 나눔을 가장 중요한 가치로 생각하는 이유다.

그렇다면 이제 쥬빌리가 기쁨과 풍요로움, 희망 등 '나누어야 할 가치들'을 어떻게 많은 사람들과 나누고 있는지 살펴보자. 그리고 그것이 브랜딩에 어떤 영향을 미치고 있는지도 말이다. 아직 그리 오랜 역사를 가진 브랜드는 아니지만 이런 행보들이 앞으로 오랜 시간 하나로 정렬되어 소비자들에게 인식되기만 한다면 다른 초콜릿 브랜드들과는 다른 쥬빌리만의 목표가 실현될 날도 그리 멀지 않을 것이다.

첫째, 가진 것으로 나눔 실천하기
초콜릿 교육을 통한 나눔

초콜릿 생산의 기술력은 굳이 말하지 않겠다. 시장 장악력만 보아도 이들의 기술력이 필요한 기업들이 얼마나 많은지 알 수 있다. 그런데 이들의 기술은 단순히 제품을 더 잘 생산하는 '기술'에 그치지 않고 또 다른 방식의 컨텐츠로 활용되고 있다. 바로 초콜릿 공장과 쿠킹 클래스에 고객들이 직접 방문해 배울 수 있는 교육 컨텐츠로의 재탄생이다.

김 지금 우리가 가지고 있는 컨텐츠 중 몇 가지는 다른 기업들은 생각도 못한 것들이다. 그 중 한 가지는 우리 공장에 유치원생부터 고등학생, 일반인까지 와서 견학할 수 있고 초콜릿에 대해 직접 배울 수 있는 시스템을 만들었다는 것이다. 예전부터 아이들을 가르치는 선생님들로부터 학교에서 겨우 1년에 몇 번 진행하는 체험 학습인데도 이것을 할 만한 공간과 컨텐츠가 없다는 이야기를 줄곧 들어 왔다. 매번 똑같은 곳에 가서 재미 없고 지겨운 내용들을 아이들에게 가르치기가 너무 힘들다는 것이다. 그래서 우리가 가진 컨텐츠를 교육을 통해 나눌 수 있는 방법을 생각했고 투자를 결정했다. 처음에 공장을 지을 때부터 견학이 가능한 유리식 복도를 만들도록 해서 생산하는 모습을 가까이서 볼 수 있도록 했다. 또한 견학 후 초콜릿에 관한 영화를 시청하거나 초콜릿을 만드는 실습을 자체 강사가 진행해 현장에서 전문가에게 배울 수 있는 프로그램을 정기적으로 운영한다.

공장에서 운영되는 현장 교육뿐만 아니라 쥬빌리 직영점인 종각점 2층 공간에서 열리는 쿠킹 클래스 등에서도 일반인들이 쇼콜라띠에로부터 직접 수제 초콜릿 만드는 법을 배울 수 있다. 이 모든 것은 나누는 초콜릿 문화라는 핵심으로부터 출발한 것이다. 그들이 가진 자원을 제품을 생산하는 데만 사용하지 않고 문화와 교육적인 측면에도 기여할 수 있

쥬빌리의 초콜릿 제작 과정을 배우는 어린이

쥬빌리 쇼콜라띠에의 초콜릿을 만드는 과정

도록 활용함으로써 나눔이라는 핵심 가치를 실현하는 스마트한 전략이라 하겠다(공개했을 때 다른 기업에서 카피가 가능한 기술력이 아닌 전문가만 가질 수 있는 기술력이 있는 기업의 경우 적용해 볼 만한 전략이 아닐까?). 물론 이런 교육이 장기적으로 쥬빌리의 잠재 고객을 넓힐 수 있다는 측면에서도 유익하다. 아직도 디저트 문화가 완전히 우리 문화로 정착되지 않았다고 보는 한국 시장에서 쥬빌리를 통해 어린 시절 이런 교육을 받게 된다면 이들의 인식 속에는 쥬빌리가 제품 이상의 새로운 경험과 추억으로 자리 잡게 될 것이다.

비고객을 위한 나눔?

"혹시 지난 대지진 이후 아이티에 가본 적이 있나?" 김 대표가 이렇게 다소 뜬금없는 질문을 던진 이유는 쥬빌리가 실행하고 있는 많은 나눔 관련 행사와 지원 때문이었다. 겉보기에는 CSR을 통한 홍보나 이미지 쌓기 정도가 아닐까 싶기도 했다. 그러나 그는 좀 더 실질적인 도움이 필요한 곳을 돕고 싶다며 아이티 이야기를 꺼냈다.

김 우리와 함께 봉사하시는 분들 중에 현지에서 물품을 나누는 일을 하신 분으로부터 이런 이야기를 들은 적이 있다. 당시 아이티를 돕기 위해 전 세계에서 많은 돈과 물품을 지원했는데 UN군이 그 많은 지원 물품을 싣고 헬기로 아이티에 갔다가 결국 내려주지 못하고 옆 나라로 옮겨 갔다는 것이다. 그 이유가 뭔지 아는가? 필요한 것이 많은 아이티 사람들이 헬기가 착륙하고 있는데도 멀리 비켜나지 않고 모여들어 사고가 생길 가능성이 컸기 때문이다. 물품을 실은 트럭도 마찬가지였다. 이 이야기가 시사하는 바가 컸다. 제

아무리 많은 자본과 물품으로 지원을 한다고 해도 결국 그 상황에서 필요한 것은 물품을 나누는 봉사라는 실질적인 도움이었다. 이런 이야기를 들으면서 우리도 무엇을 하건 돈만 쥐어 주는 게 아니라 실질적인 도움이 되었으면 좋겠다고 생각했다. 그래서 할 수 있는 일은 즉시 실행하려 한다.

쥬빌리의 직원들은 매달 첫 번째 월요일에 서울역에서 '밥 퍼 운동'에 참여한다. 새벽부터 사랑의 밥차를 통해 노숙자들과 어려운 이웃에게 음식을 제공하는 이 행사는 봉사자를 포함해 약 1,500명이 모이는 규모로 벌써 1년 넘게 후원, 봉사하고 있다. 그런데 이런 봉사 자체가 특별하지는 않단다. 이미 이런 일들은 사내 문화로 정착한 듯 보였다.

신영선(쥬빌리 홍보팀장, 이하 '신') 솔직히 처음에는 마음먹기가 좀 힘들었다. 새벽에 나가야 하고 이전에는 이런 일을 해보지 않아서 부담도 됐다. 그런데 처음 밥을 펐을 때, 굉장히 '찡한 느낌'이 있었다. 정확히 말로 표현은 못하겠지만, 그 느낌을 받고 난 후 이건 계속 나와야겠다. 안 나오는 직원이 있다면 억지로 깨워서라도 나오게 해야겠다는 생각을 했다. 그런데 이제 그럴 필요도 없다. 이제는 자연스러운 문화라 특별히 공지하지 않아도 나와 있고 대표님도 항상 참석하신다. 우리에게는 자연스러운 일이다.

사실 어찌 생각하면 쥬빌리가 도움을 주고 있는 이들이야말로 마트에서 파는 초콜릿 보다 고가인 쥬빌리의 초콜릿을 당장 구매하기 가장 어려운 사람들이 아닌가. 그럼에도 불구하고 이것을 계속하는 이유는 역시 나눔에 대한 생각 때문

한국을 방문한 지라니 합창단이 쥬빌리 쇼콜라띠에를 방문해 초콜릿도 만들고 즐거운 시간을 보냈다.

이다. 밥퍼 행사뿐만 아니라 쥬빌리에 있는 모든 사람들은 특히 어려운 아이들에게 관심이 많아 *지라니 합창단 등은 지속적으로 후원하고 있다. 또한 유방암 의식 개선 및 유방암 환우를 돕는 핑크리본 캠페인에 동참, 핑크리본을 초콜릿 위에 새겨 판매하고 수익금 일부는 저소득층 유방암 환우들을 위해 기부한다. 이래저래 도움을 주는 일에 적극적이다 보니 옛날에는 잘 모르는 사람이나 단체들이 좋은 일에 사용한다고 해서 도와줬다가 생각지 못한 사기(?)를 당하기도 했단다. 협찬이 도움을 위한 것이 아니었던 것이다. 그래도 어찌됐든 쥬빌리의 나눔 행보는 계속 되고 있다.

어쨌든 이런 나눔을 통해 추가적으로 얻는 것들도 많다. 하나는 직원들이 사내 문화로 이런 일들을 경험하면서 얻는 기쁨이다. 직원들은 암묵적으로 일을 하는 데 필요한 동기를 부여 받는다. 또 하나는 브랜드를 만드는 사람으로서 이를 자랑스러워하고 알리는 데 좋은 의미에서의 '명분'을 얻게 된다는 점이다. 돈이 들어서가 아니라, 자신들의 시간과 노력이 들어가는 도움이었기 때문이다.

신 우리가 이런 것을 한다는 걸 기자분들께 말씀 드리면 처음에는 '아, 홍보 정도만 하는구나'라고 생각을 많이 하신다. 물론 이것들이 자연스럽게 홍보가 되는 게 우리가 대외 활동으로 방송에 나간

*지라니 합창단
아프리카 케냐의 수도 나이로비 전역의 쓰레기가 모이는 고로고초(스와힐리어로 '쓰레기'라는 의미다) 마을에 사는 아이들을 모아 한국인인 임태종 목사가 꾸린 어린이 합창단이다. 지라니는 '좋은 이웃'이라는 의미로 임 목사는 성악가 김재창 씨를 상임 지휘자로 초빙해 아이들에게 합창을 가르치고 2006년 2월에 케냐 국립극장에서 첫 공연을 가졌다. 현재 전 세계를 돌며 공연을 하고 있는 지라니 합창단은 어려운 이들에게 희망을 전하고 있다.

것만 훑어봐도 기부나 장애우들을 위한 방송들이 많기 때문이다. 그러나 홍보와 관련된 일을 하는 내 입장에서는 떳떳하다. 우리가 다른 곳들처럼 겉으로 보일 때만 악수하고 손 내밀고 돈 내는 게 아니라, 누구보다 진심으로 이런 일을 찾아서 한다는 걸 잘 알고 있기 때문이다.

둘째, 작은 힘을 천천히 크게 키우기
쥬빌리라는 이름으로 살기

그런데 앞서 짚었던 쥬빌리의 이런 나눔이 지속적으로 제대로 실행되기 위해서 쥬빌리가 꼭 지키는 원칙이 있다고 한다. 하나는 제조 기술력을 가지고 있지만 OEM은 하지 않겠다는 것이다. 모든 가치가 '쥬빌리(B2B에서는 JF&B)'라는 이름 아래 실행되게 하기 위해서다. 특히 중소기업이 대기업에 의해 흔들리지 않을 힘을 키우고 브랜드로서 자립하기 위해서는 이런 원칙이 꼭 필요하다는 게 김 대표의 설명이다(우리는 비슷한 사례를 p38 폼텍에서 찾을 수 있었다).

김 대기업과의 상생은 꼭 필요하지만, 그들의 힘에 의지해서 우리 같은 중소기업의 브랜드력이 약해지거나 원하는 방식대로 일할 수 없다면 상생은 불가능하다고 할 수 있다. 예를 들어 대기업의 경우 경영자나 담당자가 바뀌면 조직적인 문제로 투자 규모가 바뀌거나 거래 업체가 바뀌는 일이 잦다. 그럼 그것만 믿고 일하는 하청 업체

등은 타격이 어마어마하다. 그것을 알기 때문에 일부러 PB상품을 만드는 등의 OEM은 하지 않고 있다. 압력이 있어도 우리의 저력을 믿기 때문에 우리 나름의 기준을 고수하는 것이다.

쥬빌리가 그 이름처럼 기쁨이나 풍요로움, 희망을 나눈다고 했을 때 그 가치가 아무리 훌륭하다고 해도 기업이 계속해서 생존하지 않으면 나눔이 지속될 수 없다. 따라서 좀 더 쉬운 길을 가자는 유혹도 떨쳐낼 수 있었다. 얼마 전 홈플러스에 쥬빌리의 이름으로 디저트 라인을 내놓은 것도 이들 고집의 저력을 보여 주는 사례다. 물론 처음부터 생산자로서 인정받는 충분한 시간 없이 이런 원칙을 고수하기는 어려울 것이다(폼텍과 쥬빌리는 모두 탁월한 생산자임을 인정받기까지 충분한 검증의 시간을 거쳤고 그 결과로 생산에서 해당 분야의 높은 마켓 셰어를 얻었다). 그러나 만약 자신의 브랜드를 키우기로 마음먹은 다음이라면 장기적인 관점에서 브랜드의 가치를 높이기 위한 원칙들을 눈여겨볼 필요가 있다.

쥬빌리가 자체 브랜드로 이마트에서 판매하는 디저트 상품.

쥬빌리 천천히 키우기

김 우리가 작기는 하지만 그렇다고 소인배는 아니다. 무슨 말이냐면, 돈을 빨리 벌기 위해서 근시간 내에 조직을 불리고, 상장을 시키고… 그렇게 일하지는 않는다는 말이다. 물론 회사가 존립할 만큼 계속 돈을 벌어야 하고 그것이 중요하지 않다는 것은 아니다. 그러나 우리 회사에는 200명이 넘는 사람들이 적을 두고 있다. 가족까지 합치면 약 800명이 넘는 사람들의 삶을 책임지는 셈이다. 그렇기 때문에 더욱이 신중하게, 가능한 길게 보고 일하려는 것이다.

'비전과 수익 중 한 가지를 선택해야 하는 트레이드오프 상황이 발생하면 비전을 선택한다'는 점은 《스몰 자이언츠》에 등장하는 많은 강소 기업들의 공통점이기도 했다. 로버트 토마스코는 《거대 기업의 종말Bigger isn't always better》에서 아예 '성장'이 "옳은 방향으로의 전진이지 규모의 확대가 아니"라고 재정의한다. 그는 "고속 성장이 최선의 성장은 아니"라며 금융학 교수 사이러스 라메자니Cyrus Ramezani가 11년 동안 수천 개 기업의 영업 실적을 검토한 결과를 예로 들기도 했다. 매출 증가율이 연평균 167%에 달하는 상위 25개 기업들이 속도는 느려도 천천히(연평균 26%) 성장하는 기업들보다 주주들에게 결국 더 낮은 이익을 안겨 주었다는 것이다.

쥬빌리가 규모 성장에 크게 연연하지 않는다는 점은 카페 형태를 띤 쥬빌리의 프랜차이즈 방식에서도 엿볼 수 있다. 요즘 프렌차이즈들 답지 않게 5년이나 지났음에도 매장이 단 9곳뿐이다. 프랜차이지 수를 제한할 이유는 없지만 목적에 맞게 천천히 늘려 간다는 계획인 것이다. 이는 *홈페이지상

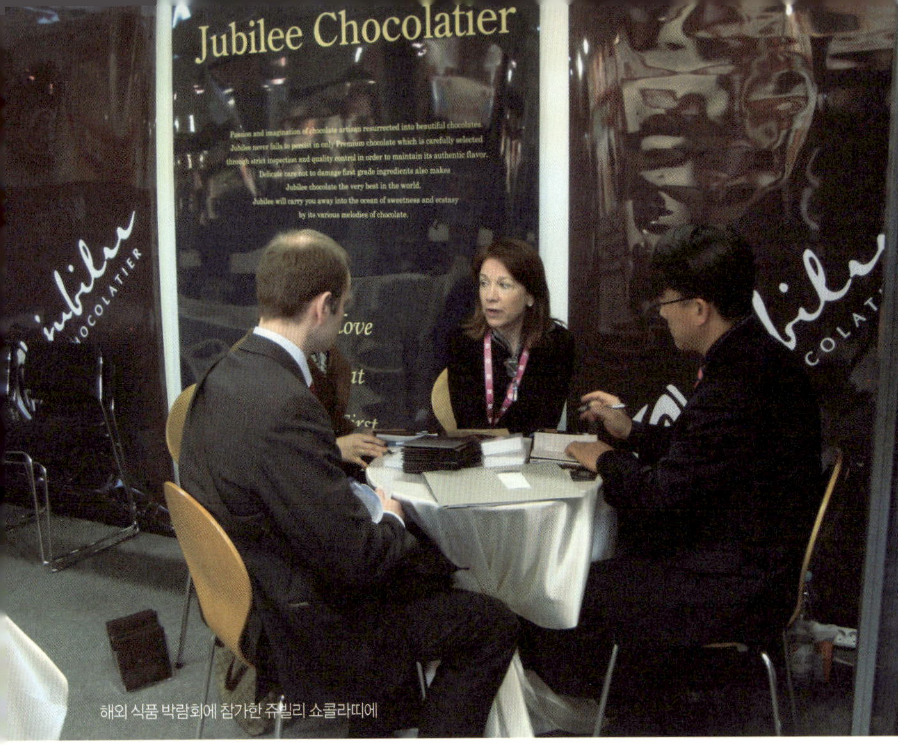

해외 식품 박람회에 참가한 쥬빌리 쇼콜라띠에

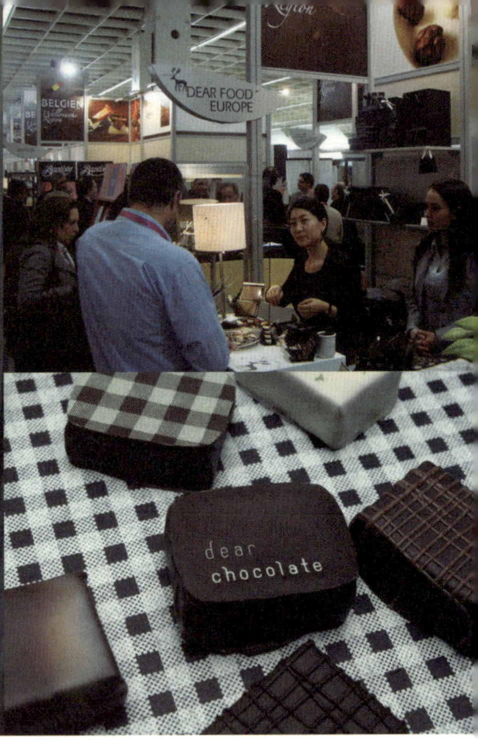

순도 높은 브랜딩은 쌉사름하다
마치 순도 높은 초콜릿처럼

김 보통 대기업에서 어떤 일을 시작하면 어마어마한 자본금을 가지고 일을 시작한다. 그 한도 내에서 광고도 크게 하고 패키지도 화려하게 하고…. 그러나 나처럼 적은 자본금으로 시작한 사람들은 획기적인, 남들이 하지 못한 생각과 행동을 통해서 브랜딩을 해야

에도 뚜렷이 명시하고 있다. 브랜드 가치를 훼손하지 않기 위한 또 하나의 원칙인 셈이다.

한다고 생각한다. 그래서 어렵더라도 (업계에서) 남들이 쉽게 웅성웅성 모이는 곳에는 가지 않으려 한다. 그런 곳에서는 해보니까 절대로 내가 말하는 희망이나 만족감을 얻지 못하더라.

어떤 사람들은 카카오의 순도가 높은, 소위 고급이라고 불리는 초콜릿 쓰기만 하고 쓸데없이 비싸다고 말한다. 하지만 이미 많이 알려진 대로 그런 순도 높은 다크 초콜릿들이 몸에 좋은 성분들(예를 들어 항산화 효과가 있다고 알려진 코코아 플라노볼 성분 등)을 훨씬 많이 함유하고 있다. 설

*홈페이지상에 명기된 쥬빌리의 프랜차이즈 원칙
1. 쥬빌리 쇼콜라띠에는 회사의 이익과 성장만을 위해 가맹사업을 전개하는 것은 아닙니다.
2. 저희가 배우고 다듬은 초콜릿 제조 기술과 영업 전략을 밑천으로 좀 더 많은 고객님들에게 우리의 존재를 알리고 초콜릿의 맛을 함께 나누고 싶은 것이 여러분과 함께하고자 하는 이유입니다.
3. 돈이 우선이 아니라 쥬빌리 쇼콜라띠에의 자존심과 양심으로 고객님을 맞이하고 호흡이 맞는 분과 인연을 함께하고 싶습니다.
4. 작은 것을 크게 보이게 하려고 과대 포장하거나, 순간을 모면하기 위한 대응은 앞으로도 하지 않을 생각입니다.
5. 어제 나눈 작은 약속이 10년이 지난 후에도 오롯이 남아 있고, 정직하게 이익을 창출하는 쥬빌리 쇼콜라띠에가 되도록 노력하겠습니다.

〈그림 1〉 브랜드의 핵심 키워드로 유니타스브랜드가 정리해 본 쥬빌리 쇼콜라띠에의 그간의 행보.

쥬빌리 쇼콜라띠에의 매장들

탕 함유가 높고 자꾸 손이 가는 초콜릿은 입에는 달지만 오히려 건강에 악영향을 준다. 이 당연한 사실들이 브랜딩에도 그대로 적용된다. 건강에 좋은, 순도가 높은 브랜딩은 입에는 쓰다. 마치 순도 높은 초콜릿처럼 말이다.

물론 쉽지 않았다. 초창기에 무턱대고 해외 식품 박람회를 찾아가 초콜릿을 보여 주며 그 자리에서 바로 부스를 얻어 냈고, 그렇게 쥬빌리를 해외에 알리기 시작했다. 아무도 엄두를 못 냈던 벨기에 공장도 기약 없이 보이는 그런 시도들이 만들어 낸 결과였다. 이런 시도가 있을 때마다 내부에서 걱정의 목소리, 반대의 목소리도 만만치 않았고 이들을 설득하는 것도 쉽지 않았다. 원칙들을 지키기 위해 맛보아야 한 씁쓸함도 만만치 않았을 것이다. 분명하게는, 높은 단기이익을 포기해야 했을 것이다. 그러나 당장 입에는 쓰더라도 쥬빌리라는 브랜드의 건강을 유지하기 위해 필요한 일이었다.

지금까지 쥬빌리가 보여 준 행보에는 그들이 중요하게 생각하는 기쁨의 나눔, 희망의 나눔, 풍요로움의 나눔 같은 씨앗이 내포되어 있다. 그것을 모아 정리해 보면 〈그림 1〉과 같다.

다만 아직까지도 쥬빌리라는 이름하에 모든 것들을 정리해 나가는 중이며 이제 B2B에서 B2C 브랜드가 만들어지면서 본격적인 마케팅을 시도하는 중이라 이 모든 것이 핵심 키워드로 일관성있게 정렬되어 소비자들에게 인식되기까지는 더 많은 시간이 필요할 것이라는 점이다. 쉽게 말해 쥬빌리의 핵심 키워드를 가운데 두고 앞으로도 계속 사업의 우선순위를 정하고, 구성원들의 행동 원칙을 정하고, 이를 보여 줌으로써 고객들의 머릿속에 이렇게 '포지셔닝' 되어야 한다는 것이다. 물론 가끔 포지셔닝이 단순한 광고 혹은 홍보의 효과를 통한 인지도의 영향으로 잘못 이해되는데 포지셔닝 개념을 처음 내놓은 잭 트라우트와 알 리스의 말처럼 포지셔닝은 철저히 사실을 기반으로 한다는 점을 명심해야 할 것이다. 쥬빌리는 많은 부분에서 이미 행위들에 그들이 중요하게 생각하는 것들을 내포하고 있으므로 이것들을 정리하고 조직화 하여 더 세분화된 원칙들을 세움으로써 더 많은 고객들과 옳은 가치를 공유하고 그들의 참여를 유도할 수 있다. 그렇게 되면 이 작은 브랜드의 성장은 브랜드의 목적이 아니라 결과로서 따라 오지 않을까.

요즘 세대에게는 너무 옛날 이야기라 쉽게 와 닿지 않을지도 모르지만 한국전쟁이 막 끝난 참상 뒤 배고프고 절망에 빠진 우리 민족이 다시금 일어서도록 희망으로 전해졌던 것 중 하나가 바로 초콜릿이었다. 지금도 일상에서 피곤하거나 지칠 때, 혹은 다른 사람과 작은 행복을 나눌 때 초콜릿을 많이 떠올린다. 어쩌면 우리가 이제껏 떠올린 초콜릿의 럭셔리함이란, 이런 작은 행복들보다는 좀 더 사치스러운 이미지로 왜곡되어 있는지도 모르겠다. 그래서 쥬빌리를 보면서 작은 희망을 가져본다. 이들이 계속 좋은 가치들을 더 많이, 더 잘 나눈다는 핵심에 초점을 맞춘 브랜딩을 앞으로도 계속해 나간다면 우리가 가진 이런 인식들을 더 따뜻하게 바꾸어 줄 수 있지 않을까? 더불어 쥬빌리도 더욱 사랑을 받으면서 말이다. 중소기업이 상대적 우위를 점할 수 있는 스마트한 브랜딩 비법이란 바로 이런 가치 우선 주의에서 나온다. UB

김영환 호주시드니아퀼라 대학교에서 경영과 선교를 전공하고 서울대학교 보건대학원에서 외식최고경영자과정을 수료하였다. 한국듀폰㈜ 총무과를 거쳐 중앙일보 호주 시드니 지국장. KJ Intertrade 호주 지사장을 역임한 뒤 1996년 케이제이 인터내셔널(현 JF&B)을 설립했다. 그 후 2007년 B2C 브랜드인 쥬빌리 쇼콜라띠에를 런칭했다.

SMART BRANDING

작지만 진짜인 것들에 탐닉하다
마이너minor 마이닝mining의 마법, 위즈아일랜드

The interview with ㈜위즈코리아 대표 김승일

'내일 아침에 출근해 보면 지난밤 사이 청구된 주문이 폭주하고, 우리 브랜드에 사랑을 고백하는 사람들로 넘쳐나면 얼마나 좋을까?'

미안하지만 이런 '마법' 같은 일은 단번에 일어나지 않는다. 이따금씩 획기적인 마케팅으로 '마술'같은 일이 일어나긴 하지만, 마술과 마법은 엄연히 다르다. 마술은 마술사의 기민한 손재간이거나 눈속임에 가깝지만 마법은 실재하지만 도무지 설명하기 힘든 힘, 즉 마력에 의한 기이한 현상을 말한다(획기적인 마케팅이 마술이라면, 진정성 있는 브랜딩이 마법이다). 하지만 그 마법도 그냥 일어나는 법은 없다. 마법사(마술사가 아니다)의 피나는 수련과 노력, 그리고 진실로 그것이 실현되기를 바라는 굳은 신념에서 비롯된다.

혹자는 자본금 3억 원으로 런칭 3년 만에 가맹점 수 50여 개, 가맹점을 제외한 본사 매출만 40억 원을 기록하며, 런칭 5년 차에 200억 원의 외부 투자를 받아 현재까지 영·유아 교육 브랜드 1위를 지키고 있는 위즈아일랜드의 지난 행보를 누군가의 마술 정도로 생각할는지 모른다. 하지만 그것은 한순간에 이루어진 마술이 아닌, 그들이 마이너 마이너(Minor Miner, 작은 것을 캐내어 크게 만든 사람들)였기 때문이다. 그들의 마이너 마이닝minor mining 기술에 대해 알아보자.

그들만의 마력

"입학할 때와 졸업할 때가 너무 달라지는 아이들을 보면서 매해 느끼는 거지만, 정말 위즈아일랜드에는 어떤 '마력'이 있는 것 같다. 위니(위즈아일랜드의 캐릭터)의 직업이 마법사라서 그런가?(웃음)"

위즈아일랜드의 현장 목소리를 듣기 위해 찾은 동대문 장안 위즈아일랜드의 윤여정 이사장의 말이다(이 기사의 마지막 페이지에서 윤 이사장의 인터뷰를 확인할 수 있다). 프랜차이지franchisee의 농담 같은 한마디, 게다가 너무나도 추상적인 '마력'이란 단어에 웬 호들갑인가 싶을지도 모르겠다.

만약 우리 또한 보 벌링엄의 《스몰 자이언츠》를 읽기 전에 그녀를 만났다면 그녀가 언급한 '마력'이란 단어를 그냥 흘려 들었을 것이다. 미국의 경제전문지 〈인크Inc.〉의 편집위원인 보 벌링엄이 《스몰 자이언츠》에서 소개한 마력이란 '확고한 의지로 자신만의 길을 걷는 브랜드들에게서 공통적으로 발견되는 독특한 힘'이다(더 자세한 내용은 p156, 그와의 인터뷰에서 알아보자). 그런데 그런 '마력'이 현장에서 일하는 윤 이사장에게도 감지된 모양이다.

다시 돌아와서, 무엇이 윤 이사장으로 하여금 자신이 몸담은 조직에서 마력이란 오묘한 힘을 느끼게 했을까? 그 마력의 근원을 찾아 그들의 탄생 스토리부터 강소브랜드로 자리매김하기까지의 과정을 살펴보자.

🔍 위즈아일랜드

위즈아일랜드(Wiz : 영재 + Island : 섬)를 직역하자면 영재들의 섬이다. 그렇다면 영재들만 다니는 교육원이란 의미일까? 위즈아일랜드의 창립자인 이재환 전 대표를 이어 2010년 8월 새로 취임한 김승일 대표의 말을 빌리자면 영재들의 섬의 의미는 '무한한 가능성을 지니고 존귀하게 태어난 아이들의 능력을 최대한 보존하고 구현하기 위해 노력하는 가능성의 공간'이다. 모든 아이들은 태어났을 때 영재라고 생각하기 때문이라고 한다. 이러한 생각을 지닌 그들만의 특화된 교육 방식을 이해하기 위해서는 그들의 이름을 수식하는 '국내 최초의 감성놀이학교'란 표현을 살펴볼 필요가 있다. 2003년 실질적인 교육원을 오픈하기 전 연구소(감성놀이연구소)를 먼저 설립하여 영·유아 교육에서 감성의 중요성을 피력하며 '감성'이란 단어를 영·유아 교육에 접목시켰다.

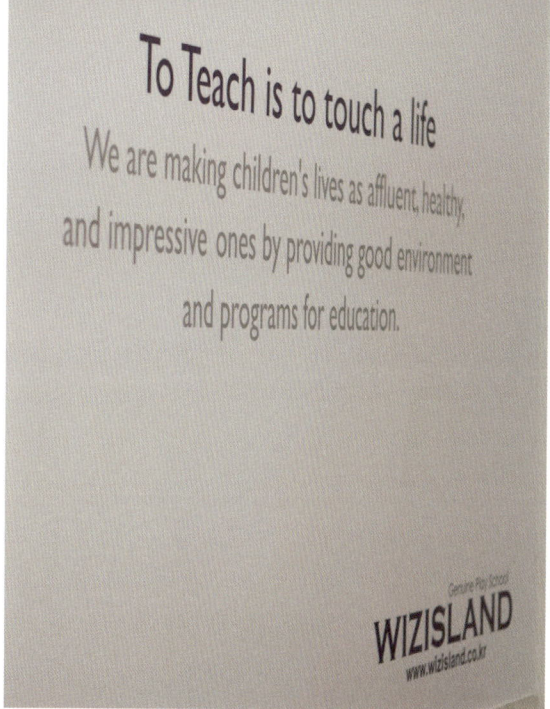

'To Teach is to touch a life(교육은 삶을 감화시키는 것이다)'는 위즈아일랜드의 브랜드 철학을 대변한다.

마법의 비밀, 마이너 마이닝

참으로 작지만 엄청난 가치를 지닌 것의 대표격은 금과 다이아몬드일 것이다. 크기에 비해 상대적으로 높은 '가치' 때문이다. 하지만 마이너 마이닝 기술이 말하는 가치란 '높은 화폐가치'를 의미하지 않는다. 오히려 남들은 소홀히 생각하거나 시장의 관심이 미치지 못하는 것, 혹은 시대적 결핍 요소지만 반드시 필요한 것(혹은 옳다고 생각되는 것)을 의미한다. 그것을 좇아 새롭게 조명하고 시장과 사람들의 관심 영역으로 가져오는 일, 이것이 스마트한 마이너 마이닝 기술이다.

감성이란 단어. 이제는 너무나 식상하지만major 2003년 위즈아일랜드가 런칭할 당시만 해도 감성을 기치로 내건mining 영·유아 교육기관은 없었다minor. 오히려 1992년 국내 최초로 유치원 형태의 영어학원이 등장하고, 1997년 7차 교육과정 개편과 함께 초등학교 3학년부터 영어교육 실시 안이 발표되면서 당시 영·유아 교육 시장은 영어 조기교육 사업으로 뜨거웠다. 게다가 IMF 금융위기와 심각한 취업난을 경험한 당시의 '팍팍했던' 부모들은 '교육' '글로벌 인재' 등의 단어에 막연한 위압감을 느끼며 자녀들의 조기교육에 맹목적인 집착을 보였다. 그런 시장에서 위즈아일랜드가 꺼내 든 '감성'이란 키워드는 언감생심, 먼 나라 이야기처럼 들렸을 것이다. 실제로 우리나라 신문 3사

(동아일보, 경향신문, 매일경제)에서 '감성'이란 단어를 언급한 횟수는 1991년부터(201건) 눈에 띄게 늘고 1997년까지 꾸준히 증가(559건)하더니 IMF 구제금융 치하(!)에 있던 1998년에는 (323건) 급감(-42%)했다.

그런데도 그들은 위즈아일랜드를 런칭하기도 전인 2001년, '감성놀이연구소'를 먼저 설립하고 감성에 대한 연구를 시작했다. 그들은 왜 그런 무모한(?) 선택을 했을까? 이유는 간단하다. 감성을 교육하는 것이 영·유아 교육에 옳은 일이라 생각했기 때문이다.

마이너 마이닝 기술 Step 1
: 옳다고 생각하는 일 찾기

앞서 DTR과 DRT의 차이점에 대해 설명한 바 있다(p19 참조). 간략히 설명하자면 DTR은 Doing the Thing Right, 즉 '일을 옳게(제대로) 해내는 것'을 의미한다. 즉 어떤 일에 대한 의미보다는 주어진 것을 최대한 잘, 경제적으로 해내는 것을 의미한다(대기업들의 대부분은 이것에 사활을 거는 편이다). 반면 DRT는 Doing the Right Thing, 즉 옳은 일 혹은 옳다고 생각하는 일을 하는 것이다. 재미

> **반면 DRT는 Doing the Right Thing, 즉 옳은 일 혹은 옳다고 생각하는 일을 하는 것이다.**

있는 것은 이번에 만난 대부분의 강소브랜드들은 DRT의 기업들이었고 위즈아일랜드 역시 마찬가지였다는 점이다.

김 위즈아일랜드의 창업자인 이재환 전(前) 대표는 영유아 교육이 가야 할 올바른 방향성을 찾기 위해 애썼고, 감성교육이란 단어를 도출해 냈다. 당시 시장의 화두는 영어 교육이었다. 물론 영어 교육 자체가 옳지 못한 것은 아니다. 우리도 영어 교육을 한다. 하지만 그 시기와 방법에 있어서는 옳고 그름이 있고, 목적과 수단도 반드시 구분되어야 한다. 부모의 욕심에 아이들의 미래가 어두워지는 사례가 얼마나 많은가.

기업 차원에서 위즈아일랜드에게는 (단순히 DTR 관점에서라면) 당시 시장에서 선호되는 영어유치원을 택하는 것이 분명 단기적으로 더 돈이 되는(?), 경제적인 의사결정이었을 것이다. 하지만 그들은 작지만 옳다고 생각하는 일을 하기로, 즉 DRT의 길을 택했다.

그런데 이런 DRT 관점의 비즈니스는 다소 답답해 보일는지 몰라도 시장을 스마트하게 움직이는 방법이 되기도 한다. 중소기업에게는 더욱 그렇다. 첫째는 규모의 경제 개념에 투철한 대기업은 옳다고 생각하는 일이 있어도 그것이 비즈니스적으로 큰 효익이 없거나 시장이 너무 작다고 판단되면 옳은 일이 무엇인지 알면서도 하지 않는 경우가 있다. 이런 현상은 사회적으로 보았을 때, 애석한 일이지만 중소기업에게는 분명 기회다.

둘째는 진정성이 가져오는 마법과 같은 힘이다. 내가 옳다고 생각되는 일이 실제로 많은 사람들에게도 인정받을 수 있다면, 게다가 과학적이고 사실적인 근거까지 지녔다면 그것에 동조할 (현재, 그리고 미래의) 고객들이 힘을 실어 줄 것이기 때문이다. 즉 대기업과의 경쟁을 최소화하면서도 세상에 이로운 가치로 브랜드를 구축할 수 있다는 것은 상당한 장점이다.

여기에 위즈아일랜드가 강소브랜드가 될 수 있던 이유 중 하나는 '교육'이란 아이템 자체가 중소기업에 더 어울리는 것이기 때문이기도 하다. 교육은 투자에 대한 가시적 성과가 바로 나타나는 아이템이 아니다. 또한 일괄적인 생산라인으로 운영되는 메커니즘을 구현하기 힘든 '사람을 다루는 일'이다. 기계적 효율성은 끼어들 틈이 없고 모든 것이 1:1 커뮤니케이션으로 완성되는 서비스 산업이기에 상당히 디테일한 부분까지 조직원 전체가 숙지하고 있어야 하는 비즈니스다.

옳은 일

'다 때가 있다'는 말은 학업의 시기를 놓친 만학도의 노파심 어린 잔소리에 그치는 것은 아닌가 보다. 인간의 뇌는 시기별로 발달되는 부분이 다르며 특정 영역이 가장 활발히 발달될 때 그 영역이 관장하는 학습분야를 교육하는 것이 가장 옳은. 그리고 효과적이고 스마트한 교육법일 것이다.
예를 들어, 영·유아기(만 0~3세)에는 뇌가 가장 활발하고 고르게 발달하는 시기라서 오감을 골고루 자극할 수 있는 교육이 필요하며 특히 정서가 발달되는 시기이므로 사랑의 결핍이 없도록 환경을 조성하는 것이 가장 중요하다. 반면 만 3~6세의 시기에는 창의력, 판단력, 집중력뿐만 아니라 인간성, 도덕성을 관할하는 전두엽이 발달하는 시기이므로 이에 집중된 교육이 필요하다. 그리고 만 6~12세는 언어 능력과 청각 기능을 담당하는 측두엽이 발달하는 시기이므로 이때가 언어교육의 적기다.
그럼에도 불구하고 1~3세 영·유아기는 물론, 태어나기 전부터 태교로 영어교육을 시작하는 경우가 적지 않다. 이는 뇌 발달 과정을 이해한 교육(brain based learning)이 아니다. 이른 조기 교육에 따른 영·유아가 겪는 스트레스의 폐해가 지적된 지 오래지만 여전히 영·유아 영어교육 시장은 뜨겁다.

위즈아일랜드의 교육 커리큘럼과 교육 교구는 대부분 감성놀이연구소 연구원들에 의해 개발된다.

이런 이유로 DTR에 익숙한 대기업이 진입하기에는 상대적으로 높은 장벽이 자연스레 만들어진다.

결론적으로 중소기업이 대기업과의 경쟁에서 이기고 때로는 비경쟁 구도의 시장 상황을 재편하기 위해서는 대기업이 하기 힘든, 그리고 옳다고 생각하는 일을 찾아야 한다. 그것이 강소브랜드가 되는 여러 방법 중 하나로 제시하고픈 마이너 마이닝 기술의 첫 번째 단계다. 진정으로 옳다고 생각하는 일에 대한 진정성 있는 태도는 자본으로 뺏을 수 없는, 듬직한 자산이 된다.

마이너 마이닝 기술 Step 2
: 구체적으로 구현하기

금과 다이아몬드처럼 가치 있는 그 무엇을 찾았다 해도 재련하지 않으면 돌 덩어리, 탄소 덩어리에 불과하다. 그것을 정련하고 가공해 구체적으로 구현할 수 있어야 한다.

자신이 찾은 '옳은 일'을 구현하기 위해 이재환 전 대표는 자신의 전공 분야와는 전혀 상관없던(위즈아일랜드 런칭 전 그는 10여 년간 무역업에 종사하던 직장인이었다) 이 분야에 대한 지식을 습득하기 위해 늦깎이 대학원생으로 교육학 석사학위를 받기도 했다. 뿐만 아니라 감성놀이연구소를 통해 30여 명의 석·박사급 연구원들과 함께 교육원 런칭 전, 2년여 동안 교육 프로그램(Funplay, 창의 동작 프로그램 연구 등)을 먼저 개발했다. 전체 교육 영역을 술래잡기 같은 아이들의 일상생활에서 쉽게 접할 수 있는 놀이수업 형태로 전환한 것이다.

그러나 제일 중요한 것은 그들의 감성교육이 교육원에서 일시적인 교육으로 끝나게 내버려 두는 것이 아닌, 아이들이 가장 많이 정서적으로 교감하고 시간을 보내는 가정에서도 병행될 수 있도록 세심히 배려했다는 점이다. 그것을 대변하는 것이 바로 '데일리 리포트(Storybook of my child)'다. 데일리 리포트는 아이들에게 진행된 교육 내용과 활동 사항을 담임 교사가 매일매일 꼼꼼히 기록해 부모에게 보내주는 형식이다. 매일 이루어지는 직·간접적인 학부모와 교사 간의 커뮤니케이션은 아이의 정서와 태도 변화를 서로 교환하며 더 긴밀한 교육이 진행될 수 있도록 돕는다. 이런 데일리 리포트는 1년에 두 번 제공되는 아이별 '감성 리포트'라는 형식으로 정리되기도 한다. 이런 활동은 위즈아일랜드가 참고한 여러 교육 사상에 기반한 활동이다.

교육원과 가정에서의 교육 연계성을 위한 '위즈 감성리포트'와 전문성 확보를 위해 출간한 《WIZ감성교육학》

김@ 위즈아일랜드의 감성교육은 세 교육 사상에 근거해 표현된다. 첫째는 가장 뿌리가 되는 '감성지능이론'이며 둘째는 하워드 가드너의 '다중지능이론', 셋째는 '유대인 교육이론'이다.

마이너 마이닝 기술 Step 3
: 전문성의 확보

찾아낸 금과 다이아몬드를 정련해 가공했다고 해도 그것은 여전히 혼자만의 즐거움일 수 있다. 다음 단계는 공인받는 것이다. 금과 다이아몬드로 만든 귀금속을 감정 받는 일이라 이해해도 좋다.

많은 중소기업이 새로운 가치를 혁신적인 방법으로 구현해 낸 뒤 그것에 대한 전문성을 인정받기 위해 특허나 실용실안을 받는 것도 전문성을 인정받는 좋은 방법이다. 하지만 그것보다 좀 더 구체적이고 고객과 가까이 다가갈 수 있는 방법들을 위즈아일랜드는 찾아낸 듯하다. 바로 도서 출간이다. 2007년 발간된 《WIZ 감성교육학》은 21세기 유아를 위한 감성교육을 제안하는 책으로 감성교육에 관한 이론적, 실천적 연구를 담고 있다. 이를 통해 감성교육에 대한 전문적 입지를 확고히 한 스마트 전략이다.

이러한 전략이 가능했던 이유 중 하나는 그들의 감성놀이연구소 자체에 대한 평판에서 기인한다. 8년 연속 영국 ISO 9001(고객에게 제공되는 제품, 서비스 체계가 규정된 요구사항을 만족하고 지속적으로 유지, 관리되고 있음을 인증해 주는 제도)를 인정받아왔을 뿐만 아니라, 독일 아헨대학에서 수학한 교육학 박사이자 한국청소년개발원장을 역임한

한국교원대학 명예교수인 권이종 박사를 위즈원격평생교육원장으로 위촉하는 등 전문성을 확보하기 위한 다양한 방법을 모색했다. 이런 전문성을 바탕으로 감성교육학 세미나를 개최하며 감성교육에 대한 인식의 저변을 확대해 온 것이다.

이처럼 위즈아일랜드는 시장의 관심 영역 밖이던, 그러나 옳은 방향성을 지닌 작은 것을 발견하고 그것을 캐내어 세상에 빛을 보게 했다. 그것에 그친 것이 아니라 그것이 지닌 가능성을 최대한 발현시켜 자신들에게만 옳은 것이 아닌, 세상에 옳은 것임을 증명해 보이며 전문성을 확보하고, 또 그것에 지지하는 여러 전문가들의 힘을 빌려 고유한 명성 brand을 쌓아 온 것이다.

이런 그들이 이제는 감성교육을 바탕으로 더 뾰족한 가치를 찾아내 구현할 계획이라고 한다. 새로 취임한 김 대표를 중심으로 펼쳐질 넥스트 위즈아일랜드가 찾을 작지만 강력하고도 중요한 가치는 무엇일까?

마이너 마이닝의 두 번째 스테이지 stage

이미 '감성놀이학교'라는 아이덴티티를 가진 위즈아일랜드는 올해로 런칭 9년 차를 맞는다. 그간 수많은 후발업체들이 시장에 등장했고 동시에 위즈의 성장 역시 가파른 곡선을 그려 왔다. 시기상 재활성화 전략이 필요할 것이며, 과거를 돌아보며 아이덴티티의 견고성을 되짚어 볼 때다. 이런 상황에서 현재 위즈아일랜드를 이끄는 김 대표의 가장 큰 고민은 무엇일까?

⊕ 위즈아일랜드의 교육 사상

1. 감성지능이론
인간의 감성 능력(자기 감정 인식, 감정 조절, 자기동기화, 감정이입, 대인관계)는 유아기에 가장 활발하게 개발되므로 감성교육을 통해 올바르게 자리 잡을 수 있도록, 또 강화될 수 있도록 도와야 한다는 이론

2. 다중지능이론
하버드대학 교육심리학과 교수인 하워드 가드너에 의해 주창된 이론으로 인간에게 잠재된 8가지 지능(언어 지능, 논리-수학 지능, 공간 지능, 신체-운동 지능, 음악 지능, 대인관계 지능, 자연친화 지능, 자기이해 지능)의 소통과 결합, 그리고 특화된 특정 지능의 개발이 필요하다는 이론

3. 유태인 교육
고기를 잡아 주는 것이 아닌 고기를 낚는 법을 알려 주는 교육, 즉 근원적이고 원리적 교육에 충실해야 한다는 이론

김 어떻게 하면 과거의 위즈아일랜드가 지닌 장점을 보존하되 새로운 에너지와 가치를 가질 수 있을 것인가. 감성교육이란 단어를 더 구체화해서 보여 줄 뾰족한 단어는 무엇일까. 그것은 위즈아일랜드에 '귀족 문화'의 DNA를 심는 것이다.

그는 왜 귀족이란 단어를 생각해 냈을까? 감성교육보다 더 작은minor 시장일 것 같다는 생각과 함께, '귀족 문화'라는 키워드 자체가 약간의 거부감이 들게 했다. 자고로 교육은 평등해야 하고, 만인에게 열려 있어야 하지 않나 하는 막연한 생각 때문이었다. 게다가 '보통 사람들'의 자녀가 다니는 유치원 혹은 어린이집의 원비를 꽤나 상회하는 가격 정책을 펴는 그들이기에 자칫 (소위) 이너서클inner circle을 양성하는, 그런 '책략'이 아닐까 하는 의구심도 있었다. 어째서 김 대표는 교육의 본질을 고민하면서 귀족 문화라는 키워드에 도달했고, 연계성을 찾았다는 것일까?

김 귀족 문화의 옳고 그름, 혹은 진정성을 논하는 것은 해묵은 논쟁일 거다. 이는 '귀족 문화'라는 단어 자체가 주는 위압감 때문일 가능성이 크다. 내가 정의하는 귀족 문화는 단순한 상류사회, 재력이 있는 집단의 의미는 결코 아니다. 진정한 귀족은 사회에 좀 더 공헌하며 전반적으로 도덕적 의무감을 지닌 사람들이라 생각한다. 노블레스 오블리주noblesse oblige의 모습을 보이며 존경 받을 수 있는 인물이다. 그런데 이것은 단시간 내에, 또 성인이 된다고 자연스레 체득되는 것이 아니어서 어렸을 때부터 교육해야 한다.

그래서 영·유아 교육을 하는 우리가 그 역할을 맡아야 한다고 생각하는 것이다. 이것을 실현하기 위해 필요하다면, 원비를 더 높일 생각이다.

김 대표의 말은 20:80, 파레토의 법칙에서부터 심지어 프랜시스 호즈슨 버넷의 (우리에게는 소공자로 더 잘 알려진) 《세드릭 이야기》까지 여러 생각이 들게 했다. 분명 우리는 사회 구조적으로 계급 사회를 살고 있지는 않다. 하지만 많은 부분에서 파레토 법칙은 여전히 발견된다. 어쩌면 리딩 그룹이 생기고 팔로잉 그룹이 생기는 것은 자연계에 속하는 모든 생명체가 처한 숙명인지도 모른다. 그래도 리딩과 팔로잉 그룹을 나누는 기준이 과거처럼 타고난 신분, 혹은 재력이라는 단일 기준에서 벗어나 훨씬 더 다양하게 분화되었다는 점에서 위안이 된다. 정치인이나 언론인뿐만 아니라 박진영과 같은 뮤지션이 음악 분야에서는 리딩 그룹이 되고 스포츠계에서는 김연아가 리딩 그룹이 되는 시대다.

그런 측면에서라면, 언젠가 어떤 기준에서든(법조계, 정치계, 예능계 등 어디에선가) 리딩 그룹의 일원이 될지도 모를 아이들에게 김 대표가 설명한 '귀족 문화'의 DNA는 상당히 필요한 교육이 될 것이다. 리딩 그룹이 제대로 된 길을 걸어야 팔로어 그룹도, 사회도 더 올바른 길을 갈 수 있을 것이기 때문이다.

그렇다면 어떻게 하면 진정한 노블레스 오블리주의 태도를 가지도록 도울 것인가가 앞으로 위즈아일랜드의 숙제인

데, 어떤 준비를 하고 있을지 자못 궁금해졌다. 그에 앞서 김 대표의 개인적인 생각을 조직원들에게 설득하는 작업이 필요할 테다. 이상idea을, 그리고 본질을 현실로 만드는 것에 대한 '(책략이 아닌) 전략' 말이다.

'리더'의 생각을 '브랜드'의 생각으로

귀족 문화 DNA를 심는다는 것, 그것도 신임 CEO로서 종전에 약 8년간 자신보다 먼저 위즈아일랜드라는 조직 속에서 브랜드 아이덴티티를 만들어 온 직원들과 가맹원 이사장, 그리고 고객에게 인식의 변화를 요구하기란 결코 쉽지 않을 것임은 김 대표가 더 여실히 느끼고 있었다.

김 무척 어려운 숙제다. 문화적 코드를, 게다가 단순한 럭셔리 코드가 아닌 진정한 귀족 문화 코드를 가시화하고 전파한다는 것은 더욱 그렇다. 주입식 방법으로는 전혀 될 일이 아니다. 뿐만 아니라 현재 우리나라 정서상 크게 와 닿지 않는 부분일 수도 있다. 방법은 최대한 많이 느낄 수 있도록 많은 사례를 제시하고 체험하게 하고 깨닫게 하는 것이다.

지식의 저주에서 벗어나기

리더들이 가장 빠지기 쉬운 오류 중 하나가 '지식의 저주'다. 자신은 잘 알고 있고 충분히 설명했는데 직원들은, 또 고객들은 전혀 모르는 현상 자체를 이해하지 못하는 경우가 많기 때문이다. 그렇기 때문에 경영에서 늘 강조되는 것이 조직 내 커뮤니케이션과 자사의 자기다움을, 리더가 태초에 품은 미션과 비전을 전사적으로 공유하는 브랜드 교육이다.

그렇다면 리더들은 어디서부터 어떻게, 그리고 무엇을 커뮤니케이션해야 조직 차원에서 지식의 저주에 빠지지 않을까? 특히 중소기업이 이것에 더 집중해야 하는 이유는 작은 조직의 '원활한 커뮤니케이션'에 대한 맹신 때문이다.

흔히 작은 조직의 가장 큰 장점으로 빠른 커뮤니케이션과

🔍 '지식의 저주'

'지식의 저주'라는 표현은 《스틱》의 저자 칩 히스가 심리학자 엘리자베스 뉴턴이 스탠퍼드 대학에서 진행한 실험을 설명하면서 사용한 용어다. 원래 엘리자베스 뉴턴이 진행한 실험의 이름은 '두드리는 사람과 듣는 사람의 멜로디(Heard and Unheard Melodies)'다. 실험에 참가한 두 그룹 중 한 그룹에게는 생일 축하 노래, 미국 국가 같은 누구나 알 법한 25개의 곡목이 적힌 페이퍼를 주고 그 곡 중 하나를 골라 멜로디에 맞춰 테이블을 두드리게 했다. 그리고 다른 한 그룹은 그 곡이 어떤 곡인지를 알아 맞히도록 했다.

실험의 결과가 말해 주는 것이 바로 '지식의 저주'다. 두드리는 그룹은 듣는 그룹이 아마도 50%는 곡명을 맞힐 것이라 생각했다. 자신이 생각하기에(자신의 지식 내에서는) 너무나 쉽고 익숙한 멜로디이기에 적어도 반 정도는 알지 알겠나 싶었던 것이다. 하지만 듣는 그룹이 실제 정답을 말한 경우는 2.5%에 불과했다.

의사결정 프로세스를 꼽는다. 하지만 중소기업의 커뮤니케이션의 용이함이라 함은 커뮤니케이션에 대한 노력 없어도 의사소통이 잘 된다는 것이 아니라, 이런 조직적 합의를 이끌어 내는 것에 있어서, 합의된 내용의 정리 및 공유를 큰 조직보다 더 빨리, 그리고 견고히 할 수 있다는 의미일 뿐이다(더 심각한 것은 빈번한 미스커뮤니케이션이 지식의 저주를 불러오고 있다는 것조차 모르는, 불감증이지만 말이다).

지식의 저주에 빠지지 않기 위해 김 대표는 종전에 진행되던 위즈아일랜드의 모든 요소를 귀족 문화와 관련해 새로운 해석을 시도하고, 그것이 좀 더 조직 전체에 넓고 깊숙이 퍼질 수 있도록 새로운 제도를 마련하기로 했다.

Special Day!

일주일 중 하루는 '특별한 하루'를 경험한다. 그룹 활동, 팀플레이, 필드트립, 생일파티 등으로 이루어지는 이날은 아이들이 자연스럽게 인적, 물리적 환경과 다양한 상호작용을 경험할 수 있다. 예를 들면 중남미 문화원을 방문한다든지, 뮤지컬이나 아동극을 관람한다든지, 봉사활동을 하거나 재활용품을 이용한 작품을 만들기도 한다. 직·간접적인 사회, 문화적 이슈를 접할 수 있게 해준다는 의미다.

이것이 귀족 문화 DNA를 심는 데 의미 있는 이유는 사회, 문화적 다양성에 대한 이해의 폭을 넓혀야 성장해서도 이에 대한 심리적, 물리적 지원을 아끼지 않고 사회 전반이 질적 성장을 이룰 것이란 생각 때문이다.

김 진짜 문화적 귀족은 돈이 많은 사람보다 돈이 없는 사람들 사이에서 더 잘 구현된다. 1년에 30만 원짜리 음악회를 10번 간다고 문화적 귀족이 아니라 한 번을 가더라도, 혹은 음악회를 못 가더라도 일상에서 그것을 정말로 즐길 수 있는 능력을 가진 사람이 진짜 문화적 귀족이다.

우리가 하는 일은 '문화를 즐기는 태도'를 배양하는 것에 가깝다. 어렸을 때부터 접하다 보면 성인이 되어서도 생활 속에서 문화 예술적 코드를 찾는 일에 익숙할 것이라 본다. 앞으로는 한국 전통에 관한 문화도 많이 소개하려고 한다.

실제로 고부가가치 산업은 문화·예술분야에서 태동되는 경우가 많고 역사적으로 보았을 때 그런 문화·예술에 대한 후원은 문화를 향유할 줄 아는 진정한 귀족들에 의해 지속성을 가질 수 있다. 김 대표가 말했듯 재력이 아닌, 단돈 만 원이라도 문화와 예술을 위해 후원금으로 내놓을 수 있는 문화 지력(智力)을 가진 사람들에 의해서 말이다.

Less is more!

귀족 문화의 DNA를 위해 인테리어까지 바꾸기로 했다는 김 대표의 말에 '좀 더 럭셔리한 인테리어를 구현하려나 보다' 했다.

하지만 좀 의외의 코드가 있었다. '작지만 중요한 가치를 지닌 것을 발견한 그들, 그것을 구현해 내기 위해 이렇게까지 하는구나'라는 생각이 들었다.

김 진정한 귀족 문화를 위해서는 좀 더 비워진 공간, 좀 더 심플한 공간이 필요하다. 채우는 것이 아니라 비우는 것에 아름다움이 있고 Less is More, 이는 노블레스 오블리주와도 맥이 닿아 있다고 믿는다. 심플하고, 오픈되고, 절제된 공간은 아이들에게 넓은 안목을 길러 줄 것이라 생각한다. 교실을 구분하는 벽도 거의 통유리 개념으로 구성돼 있다. 외부에서 내부가 다 들여다보이기 때문에 아이들을 좀 더 가까이, 면밀하게 관찰할 수 있다는 장점도 있다. 기존의 것이 예쁜 인테리어로서 그 역할을 했다면 새로운 인테리어는 앞으로 채워질, 가능성을 내포한 디자인으로서 아이들이 더 주인공이 되는 환경이 될 것이다. 환경에서 프로그램까지 통일성을 주려는 것이 목표다.

실질적인 브랜드 교육

그러나 프랜차이즈 비즈니스이기 때문에 컨트롤 영역에 한계가 있을 것이고 그만큼 더 어려운 점도 많을 것이다. 새로운 브랜드의 핵심을 전달해야 하는 김 대표의 경우는 더욱 그렇다.

이를 위해 정기적인 이사장 회의를 마련하고 온라인을 통한 프랜차이즈 관리 시스템을 새로 도입했다. 뿐만 아니라 교사 선발에 있어 본사의 권한을 더욱 확대하고 각 가맹원에 교육 지원의 폭을 넓혀 나가고 있다. 신입 교사의 퀄리티 컨트롤을 위해 본사에서 일괄 지원서를 받고 서류 및 1차 면접을 통과한 지원자만이 각 가맹원 이사장의 2차 면접을 볼 수 있다. 면접 후 최종 합격자는 본사에서 진행되는 8일간의 종일 교육(오전 8시~오후 8시)을 받게 된다.

김 힘든 교육 과정이지만 더 늘리고 싶은 게 욕심이다. 실제 현장에서 아이들을 만나면 이보다 더 힘들 것이기 때문이다. 아이 눈높이에 자신을 맞춰야 하는 것은 물론이고 육체적으로도 고된 것이 영·유아 교육자다. 게다가 상당한 전문성을 요구하기 때문에 교육은 더 견고해 져야 한다. 유아교육을 전공했건, 다른 경력이 어떻든 이 교육을 통과해야만 위즈아일랜드에서 교육을 할 수 있다. 교육 과정에서 생기는 탈락자도 있지만 오히려 행운이다. 그 선생님을 위해서도, 위즈아일랜드를 위해서도 말이다.
기존 교사의 경우도 이는 마찬가지다. 가맹원 입장에서 재교육이 필요하다고 생각되는 경우나 본사 컨설팅을 통해 재교육이 권고되는 경우에는 1년에 4회, 2일간 교사교육이 진행된다. 업무 특성상 주말에 진행되는 터라 힘들긴 하지만 어쩔 수 없다.

아마도 김 대표가 언급한 그것이 그들만의 고유한 자산이 될 것이다. 만약 어떤 대기업이 위즈의 컨텐츠와 커리큘럼,

브랜딩의 최접점에서 아이들을 만나는 교사교육은 무엇보다 중요하다.

그리고 교육 환경을 그대로 복사한다 해도, 혹은 더 좋게 만든다 해도, 아이들과 만나는 최접점에 서 있는 선생님들이 어떠한 철학과 태도를 가져야 하는지 교육할 수 없다면 모방자는 금세 무너지고 말 것이다. 이것이 리더의 철학, 정확히는 브랜드의 철학과 미션이 중요한 이유다. 철학을 가진 그 사람 자체는 절대로 모방할 수 있는 것이 아니기 때문이다.

슈퍼바이저를 통한 핵 전이

위즈아일랜드는 짧은 시간 내에 고속 성장을 한 터라 내·외부 운영체계가 그 성장의 속도와 함께 성장하지 못했다면 되잡을 시간이 분명 필요하다. 실제로 운영적인 측면에서 이따금씩 도태되거나 본사의 교육 방침을 제대로 따라 주지 못하는 경우가 발생 하기도 한다. 그래서 현재 새로이 도입된 것이 바로 '슈퍼바이저 제도'다.

김 프랜차이즈 가맹 사업을 하는 분들을 돕기 위함도 있지만 위즈아일랜드의 아이덴티티 유지에도 매우 중요한 이슈이기에 상당한 리스크가 있음에도 불구하고 감행하려고 한다. 프랜차이즈 가맹점 사업에 성공하기 위해서는 세 가지 요건이 필요하다. 시장 규모, 본사의 시스템, 그리고 운영자의 능력이다. 비중은 3 : 3 : 4 정도다. 특히 위즈아일랜드 같은 경우는 서비스 산업에 속하기 때문에 경영자가 서비스 마인드가 없다면 상당히 힘들다.
경영난을 토로하는 가맹 이사장님을 만나면 왜 자신이 현재 어려움에 처해 있는지 조차 알지 못한다. 그런 경우 판단을 내릴 수 있

도록 본사에서 도와야 한다. 본사와 가맹원이 함께 해볼 때까지 해보고, 그래도 안 되는 경우는 모두를 위해 클로징해야 하는 경우도 생기는 것이다. 그래서 슈퍼바이저 제도를 두고 최소 한 달 이상 경영 지원을 나가려는 것이다. 이로써 전 점의 아이덴티티와 운영의 표준화가 개선될 것으로 본다.

'브랜드'의 생각을 '고객'의 생각으로

앞서 설명한 김 대표의 새로운 위즈아일랜드의 DNA에 대한 교육은 조직과 가맹원을 위한 것에서 그쳐서는 안 될 것이다. 소비자에게 인정받고 고객에게 사랑받는 강력한 브랜드로 거듭나기 위해서는 위즈아일랜드가 믿고 있고, 가고자 하는 방향성에 동의하는 고객이 필요하다. 그들의 메시지가, 또 캠페인이 실제 '구매'라는 수익구조를 만들어 주는 실효성 있는 것이 될 때 기업으로서 지속성을 보장하고 가치가 녹아든 브랜드로서 영속성을 담보하기 때문이다. 따라서 다음 숙제는 위즈아일랜드의 행동 지식을 고객의 행동 지식으로까지 전이시키는 것이다.

이를 위해 그들은 지난 3월 말, 홈페이지를 컨텐츠 중심으로 리뉴얼했다. 진정한 교육과 아이들의 행복을 위한 교육은 무엇인지를 비롯해 감성교육의 중요성과 육아 상식에 이르는 폭 넓은 컨텐츠를 준비 중이다. 물론 아직은 컨텐츠의 양이 풍족하지 못한 것이 사실이지만 고객에게 전달될 가치 있는 정보가 생성될 것이라는 가능성이 점쳐진다.

또한 그간 홈페이지라는 온라인 채널과 각 가맹점 중심으로 이루어지던 고객과의 커뮤니케이션을 〈Wiz+〉라는 매거진의 형태로 확장했다. 본사의 생각과 움직임이 바로 전달될 수 있는 매체를 발행함으로써 좀 더 전문적이고 직접적인 커뮤니케이션을 시도한 것이다.

그 외에 진정한 의미의 감성교육과 귀족 문화에 대한 이해의 폭을 넓히기 위해 학부모 대상의 간담회를 지속적으로 진행하고 있다. 이 역시 커뮤니케이션의 확장을 위한 노력의 일환으로 판단된다. 하지만 성인을, 또 한창 아이들의 교육에 관심이 쏠려 있는 부모들의 인식을 바꾸는 것은 백지 상태의 아이들에게 새로운 사고의 체계를 전달하는 것보다 훨씬 더 어려움이 있다.

김 새로운 귀족 문화의 DNA를 대표할 수 있는 것이 문화 말고도 '나눔'의 키워드다. 하지만 시도해 본 결과 아직은 벽이 높다는 것을

> "새로운 귀족 문화의 DNA를 대표할 수 있는 것이 문화 말고도 '나눔'의 키워드다. 하지만 시도해 본 결과 아직은 벽이 높다는 것을 체감했다."

체감했다. 예를 들면 어린이날을 기부 문화를 경험할 수 있는 날로 정해 저금통을 나눠 주고 아이들이 일정 금액을 저금하게 하고 '이번 어린이날에는 내가 선물을 받는 것이 아니라, 내 주변 혹은 내 이웃에게 기부하는 날로 생각해 보는 행사를 진행했다. 그런데 학부모들 역시 이런 가치관의 중요성을 인식하고 있고, 또 좋아하지만 반드시 필요하다고 생각하는 것 같지는 않더라. 학부모에게 이런 것이 바로 감성 리더가 되는 기초 교육이라는 점을 일깨우기 위해 계속해서 노력할 것이다. 크게 하는 것도 중요하지만 작지만 꾸준히, 그리고 진정성 있게 하는 것이 더 중요하다.

이런 점들 때문에 새로운 고민이 시작됐다고 한다. 어떻게 하면 학부모들이 그런 인식을 갖고 실제 그들 스스로 사회공헌, 나눔의 실천을 하도록 이끌 것인가가 그 고민이다. 예를 들면 마일리지 포인트라든가 여러 이벤트를 통해 학부모들이 주체가 될 수 있는 나눔 이벤트를 구상 중이다. 이런 고민의 결과가 곧 위즈아일랜드의 진정성을 보여 주는 브랜딩 전략의 시작이 되길 기대한다.

마이너 마이닝의 마법에 촉매제를 뿌리다

씨앗이 좋다면 그를 위한 물과 자양분이 많은 것도 나쁘지 않을 것이다. 상대적으로 작은 규모에 머물렀던 위즈아

학부모, 잠재고객, 그리고 대중과의 커뮤니케이션 확대를 위해 리뉴얼한 그들만의 매체, 〈Wiz+〉.

일랜드와 리버사이드라는 미국계 펀드의 만남도 그렇게 해석될 수 있다.

김 리버사이드컴퍼니는 뉴욕에 지사를 둔 사모펀드다. 이 펀드가 독특한 이유는 다양하다. 전 세계 각지에서 활동하는 유망한 중소기업에만 투자를 하며, 피투자 기업이 대기업이 되는 것 자체를 싫어하기 때문에 투자처의 상장을 원하지도 않는다. 심지어 배당 수익도 없다. 상당히 장기적인 관점에서 최소 7년 이상 투자하는 펀드로도 유명하다. 장기적 파트너십 개념으로 투자하기 때문이다. 작지만 가능성이 있는 회사에 투자해 좋은 인력 풀을 구성하고 있고, 그들에 의해 구축된 피투자 기업의 탄탄한 인프라와 강력한 아이덴티티를 통해 저변 확대에 관심이 많은 펀드다. 그로 인한 시너지를 글로벌하게 만들어 나갈 수 있다는 것을 더 큰 지향점으로 삼기 때문이다.

학부모들에게 소구할 수 있는 다양한 브랜드와의 제휴를 통해 맴버십 서비스를 제공 중이다.

위즈아일랜드는 지난 2008년 리버사이드컴퍼니라는 미국계 펀드로부터 200억 원을 투자 받고 지분의 80%를 인계했다. 대신 경영권은 100% 김 대표에게 있다. 앞으로 위즈아일랜드의 핵심 아이덴티티를 중심으로 인접이동하려는 김 대표에게 리버사이드컴퍼니는 요긴한 촉매제 역할을 할 것이다.

한편 실제 구매 고객은 학부로라는 점에 착안해 (학부모들, 혹은 학부모와 아동이 함께 이용할 수 있는 여러 브랜드와 제휴를 통한) 멤버십카드 제도를 운영 중이다. 그들 나름의 생존, 성장, 그리고 성숙의 코드를 찾은 듯하다.

김 하워드 가드너의 *굿워크 Good Work 프로젝트에 관심이 많다. 궁극적으로 우리는 이것을 실현시킬 사회 구성원의 영·유아기를 책임지고 있다고 생각한다. 그 책임의 수행이 우리의 종착지다.

넥스트 위즈아일랜드를 만들어 가는 김 대표에게는 아직 열매보다 숙제가 더 많다. 분명 고된 일일 것이다. 하지만 그것이 당분간 성장보다는 내실을 다짐하는 그에게 옳은 방향성임에는 틀림없다. 그는 "결국 브랜드는 신뢰지수다"라는 그의 브랜드에 대한 정의를 검

*굿워크 프로젝트
하워드 가드너의 굿워크 프로젝트는 하워드 가드너와 동시에 대표적으로 손꼽히는 세계적인 심리학자 미하이 칙센트미하이, 윌리엄 데이몬 등이 '질적으로 매우 높은 수준을 지닌 일, 사회적인 책임감과 의리를 지니는 일'을 굿워크로 규명하고 이런 굿워크를 실천할 수 있는 훌륭한 시민을 양성할 수 있는 사회 구조를 만들어 내기 위한 프로젝트를 말한다. 이를 위해 9개의 각기 다른 직업 종사자 1,500명의 사람들을 10여 년간 인터뷰한 뒤 굿워크를 규명해냈다. 현재까지 그들이 꼽은 굿워크는 세개의 E, 즉 Excellence (뛰어남), Engagement(참여), Ethics(도덕성)의 조합으로 실행되는 일을 말한다. 일 자체를 기술적으로 뛰어날 때, 개인적으로 참여성과 의의가 있을 때, 도덕적이며 책임감 있는 방식으로 수행될 때 유효하다고 본다.

증하기 위해 직원들에게 "모든 차이는 남과 다른 10%의 마음 씀씀이와 1%의 디테일에서 생긴다"고 강조한다. 이 메시지는 직원을 넘어 고객에게 전해지리라는 것은 의심의 여지가 없다.

본질을 고민하며 얻은 지식과 그 지식이 녹아든 제품과 서비스, 그리고 디테일. 이것이 21세기 다윗이 골리앗 같은 거대 기업들보다 더 많이 사랑받기 위해 택해야 할 전략일 것이다. 만약 21세기 다윗이 되기 위해 노력 중이라면 작지만 소중한 가치를 발견해 구현하고, 구현한 가치를 많은 사람들에게 인정받을 수 있어야 한다. 또한 그것을 너머 가치 구현에 대한 전문성을 확보하기 위한 방법을 심도있게 고민해 봐야 할 것이다. 그것이 작기에 더 강할 수 있는 스마트 브랜딩 전략이다. 이것은 위즈아일랜드의 현장에 있는 ®동대문 장안점, 윤여정 이사장 또한 잘 이해하고 있었다.

이처럼 조직의 지식을 융합하고 직원과 고객 사이에 인식의 다리를 연결하는 것, 그 과정에서 잘못 자리 잡은 정보들은 솎아 내고 지혜로 발전된 지식들을 추려내는 것, 이것이야말로 '스마트 브랜딩'을 위한 선행 작업일 것이다. UB

김승일 서강대학교 정치외교학과와 동대학 대학원에서 MBA를 마쳤다. (주)삼립식품을 거쳐 (주)윤디자인 연구소 이사, 한국짐보리(주) 짐월드에서 COO와 CFO를 역임했던 그는 현재 (주)위즈코리아 대표이사, 한국유아교육협회 부회장으로 활동하고 있다.

동대문 장안점, 윤여정 이사장

동대문점을 찾은 이유가 있다. 꼭 그런 것은 아닐 테지만 상대적으로 강남권보다는 위즈아일랜드의 원비나 나눔의 코드를 지닌 귀족 문화가 부담스럽게 느껴질 지역일 것 같다는 생각 때문이었다. 물론 더 전략적으로 생각하면 프리미엄 서비스에 대한 수요가 많지 않아 경쟁자들이 많이 진입하지 않은 상황에서 선도자가 된다면 소수이긴 하지만 분명이 있을 프리미엄 서비스에 대한 니즈가 모두 이 곳으로 몰릴 수 있기에 가능성도 높다. 하지만 대다수의 고객 저변에 깔린 인식의 구조는 깨기 힘든 것이기 때문에 위험요소도 많은 그 지역에서 가맹원 운영을 시작한 윤 이사장에게 현장에서 겪는 어려움에 대해 물었다.

이 지역은 상대적으로 이런 비즈니스를 운영하기가 쉽지 않을 것 같은데, 어떤가?
물론 힘들다. 교육비가 적지 않아 부담스러운 점도 있다. 하지만 옳다고 믿는 교육을 하는 것이기에 별로 흔들리지 않는다. 나 역시 동대문구 답십리에서 태어났고, 자랐다. 그리고 정말 대학 때부터 입버릇처럼 말한 것이 "난 동대문 지역의 최고 유아교육기관을 만들 거야"였다. 강남으로 이사 갈 계획도 전혀 없다. 이곳에서 내 꿈을 이루고, 즐거워하며 살고 싶다.

감성놀이교육이란 것 자체에 대한 인식이 어떤지도 궁금하다.
눈에 보이지 않는 것이라 설득이 더 힘든 점도 분명 있다. 하지만 여기를 졸업한 아이들이 확실한 교육의 결과를 방증한다. 감성교육은 눈에 보이지 않지만 쌓이는 것이 분명한 학습법이다. 발표력, 리더십의 스킬을 알려 주는 것이 아니라 그것이 담길 그릇, 그것을 구현할 태도적 측면의 토대를 만들어 준다. 감성이 튼튼해야 인지 학습도 효과가 있는 것이다. 처음에는 막연한 믿음으로 시작하는 학부모가 많다. 하지만 달라지는 아이들에 의해 믿음을 보상받는다고 한다.

위즈아일랜드는 어떻게 시작하게 됐나.
내 아이를 보내던 놀이학교가 기대와 달라 여러 곳을 알아보다가 위즈아일랜드를 알게 됐다. 유아교육을 전공한 내가 옳다고 생각하던 유아교육에 대한 나름의 컨셉, 철학이 있었는데 그것과 너무 잘 맞았다. 내 안에 잠재한 아이들을 가르치고 싶은 욕망까지 다시 자극하더라. 그래서 시작하게 됐다.

영어유치원의 수요가 많은 요즘이다. 학부모들도 많은 제안을 해 올 텐데 어떻게 답하나.
영어를 중심으로 하는 교육은 위즈아일랜드의 교육 방침과 맞지 않다. 그것이 주가 되면 안 된다. 그래서 요청하시는 분들에게는 감성교육에 대해 충분히 설명드리지만 그래도 동의를 못 하시는 경우 정중히 영어유치원에 보내시라 말씀드린다. 외려 나는 집에서도 공부는 가급적 덜 시킬 것을 학부모에게 당부한다.

귀족문화 코드를 위한 활동이 실제 진행되고 있나?
시도하고 있지만 솔직히 부모님들을 설득하는게 쉽지는 않다. 얼마 전부터 생일을 맞은 아이들에게 선물대신 소정의 금액을 주고 자신의 생일에 선물을 받는 것이 아니라 불우한 어린이를 돕는데 써보도록 권유한 적이 있다. 아이는 충분히 이해하고 좋아했지만 학부모의 반응은 그리 썩 좋은 것만은 아니더라. 앞으로 좀 더 다양한 방법으로 진행하려 준비중이다.

학부모들에게 하고 싶은 이야기가 많을 것 같다.
얼마 전에는 홈페이지에 아이들이 원내 혹은 야외 활동을 하는 사진을 최소화 하겠다 말했다. 아이들이 집밖에서 어떻게 생활하는지 궁금해 하는 엄마의 마음은 누구보다 내가 더 잘 안다. 하지만 내가 직접 아이들과 함께 하다 보니 활동 사진의 단점을 알게 됐다. 활동 중에 사진을 찍으려면 교육적으로 많은 것을 놓치더라. 아이들이 한참 몰입하거나 할 때 학부모에게 보여줄 사진을 찍느라 갑자기 "애들아 멈추고 여기 봐봐"라고 하는 것은 아이들의 몰입을 방해한다. 누구를 위한 교육이며, 야외활동인지를 분명히 할 필요가 있겠다 싶어 학부모들께 설명했더니 그 부분은 충분히 공감하시더라.

위즈아일랜드의 경쟁자가 차츰 느는 것 같은데 걱정은 없나.
위즈를 따라 하는 것은 전혀 부담스럽지 않다. 솔직히 말하면 외려 난 그렇게 됐으면 한다. 따라하는 브랜드가 많으면 많을수록 분명 우리나라 영·유아 교육 환경 전체가 좋아질 테니 말이다. 동시에 위즈아일랜드는 더 진화할 것이고 나도 거기에 동참할 수 있도록 최선을 다할 것이다. 내 꿈은 이 지역에서 마당이 있는 놀이학교를 여는 것이다. 물론 그때도 간판은 위즈아일랜드이길 희망한다.

과연
인지도 1위와
충성도 1위는
같을까?

사업확장이 아닌 핵심확장을 위한 스마트 브랜딩
성장을 위한 의도적 변주, aA디자인뮤지엄

The interview with aA디자인뮤지엄 **대표 김명한**

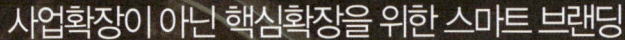

"기업이 성장에 집착한다면 두 가지 문제가 발생한다. 하나는 한 곳에 집중하여 남보다 먼저 차별성을 찾아내 더 좋은 것으로 발전시킬 기회를 잃게 되는 것이다. 그리고 다른 하나는 계열 확장의 덫에 걸려 브랜드의 본질과 차별성을 해치는 것이다."

마케팅의 거장 잭 트라우트가 한 말이다. 이 말을 다시 한 번 곱씹어보며 다음의 브랜드가 거쳐온 일련의 과정을 살펴보자.
'카페에서 뮤지엄으로, 뮤지엄에서 잡지사로, 잡지사에서 라이프숍으로.'
순차적으로 하나씩 등장했지만, 현재 이 모든 것은 동시에 운영(?)되고 있다. 잭 트라우트의 말을 기준으로 살펴본다면, 카페에서 시작해서 라이프숍으로까지 다양한 모습으로 자신의 영역을 확장해 나간 이 브랜드는 브랜드의 본질과 차별성을 해치며 결국, 자멸을 자초한 브랜드라 할 수 있다. 그런데 아이러니컬하게도(?) 이 브랜드는 런칭 이후 단 한 번도 수익곡선이 하강한 적이 없으며, 현재 서울에서 두 곳, 그리고 부산과 광주로까지 영역을 확장하며 그야말로 파죽지세破竹之勢의 형국을 띠고 있다. 바로 aA디자인뮤지엄이다. 물론, 잭 트라우트의 말이 때로는 정답이 아닐 수도 있음을 알려주려는 것은 결코 아니다. 오히려, 이 말이 작은 기업이 '강한' 브랜드가 될 수 있는 전략임을 명백히 보여주려는 것이다.

새로운 카페일까, 새로운 뮤지엄일까

잠시, 시간을 5년 전으로 되돌려보자. 2007년, 그 해는 스타벅스가 우리나라에 200호 점을 오픈하며 한국에서도 스타벅스 신화를 차근차근 만들어가고 있는 중이었으며, 이러한 스타벅스의 열풍을 타고 각양각색의 커피전문점들이 선을 보이고 있던 때였다. 특히, 2000년대 중반 '브런치 문화'가 트렌드를 만들며 샐러드와 샌드위치, 혹은 와플 등을 제공하는 비스트로 스타일의 카페가 신사동 가로수길을 중심으로 활성화되던 때였다. 마치 전쟁터를 방불케 할 정도로 특색 있는 카페들이 이곳 저곳에서 소위, 하루가 멀다 하고 생겨나고 있던 그때 (물론 지금도 그렇지만), 만약 당신이 카페를 런칭했다면 어떤 모습(?)의 카페를 만들었겠는가? 다시 말해, 이전에는 없었던 형태의 카페나 혹은 같은 모습이라도 차별화된 전략을 가진 다른different 카페를 만들 수 있었겠는가? 분명 쉬운 일은 아닐 것이다. 그런데, 그 해에 우리나라의 패션라이프 잡지에서 일제히 런칭 보도 기사가 난 카페가 하나 있었다. '목을 빼고 기다렸다'는 극적인 표현까지 등장하며 소개된 이 카페가 바로 aA디자인뮤지엄(이하 'aA')이다. 2007년 aA의 탄생은 이처럼 건물의 주춧돌을 세우기 전부터 사람들의 이목을 끌기에 충분했다. 이유는 홍대를 잘 모르는 사람이라 할지라도 한 번은 들어보았을 법한 이탈리안 레스토랑 *'아지오AGIO'의 김명한 대표가 런칭한 카페이기 때문이다. 1991년에 오픈한 아지오는 20년이 지난 지금에도 시시때때로 변한다는 홍대에서 핫 플레이스로 각광 받으며 아직도 그야말로 줄을 서서 먹는 레스토랑이다. 아지오가 오랜 시간이 흘렀음에도 불구하고 여전히 명성을 누릴 수 있었던 것은 그만한 이유가 있다. 바로, 아지오의 구석구석을 장식하고 있는 어디에서도 볼 수 없는 독특한 빈티지 가구와 다양한 디자인 오브제들이 아지오를 다른 이탈리안 레스토랑과 명확하게 구분짓는 기준점이 되었기 때문이다. 그렇기에 aA가 사람들에게 초미의 관심사가 되는 것은 어쩌면 너무나 당연한 것이었을 지도 모른다. aA는 아지오가 보여주었던 것들과는 비교도 안 될 만큼의 양量은 물론이거니와 이름만 들어도 귀가 솔깃해지는 해외 유수 가구 디자이너들의 작품을 볼 수 있는 이른바 '뮤지엄 카페'였기 때문이다.

---

*이탈리안 레스토랑 아지오AGIO

1991년 홍대에 1호점을 오픈한 아지오는 우리나라 최초의 유럽 정원식 레스토랑으로 손꼽힌다. 지금이야 흔하디 흔한 스타일이지만, 그때만 해도 '파격'적이라 불리었던 2층 주택을 개조해 만든 아지오는 앤티크한 분위기의 실내와 유럽식 정원을 연상케하는 실외로 구분되어 이루어져있다. 1990년대 '해외 여행 자율화' 시대가 본격적으로 열리면서 일반인들이 유럽에 대한 로망을 갖기 시작했다. 김명한 대표는 이러한 대중들의 로망을 분석하여 '유럽여행'이라는 트렌드 코드를 아지오에 삽입, 레스토랑을 만들게 되었다고 지난 Vol.18 '브랜드와 트렌드' 인터뷰에서 말한 바 있다. 아지오는 현재 홍대를 비롯하여, 삼청동과 인사동에 있다.

가구 컬렉터 김명한,
aA의 출발을 알리다

먼저, 아지오는 물론이거니와 aA까지, 그곳에 특별하다 못해 귀하디귀한 가구 컬렉션들이 등장할 수 있었던 이유에 대해 살펴볼 필요가 있다. 그 출발점은 다름 아닌 김명한 대표다. 김 대표

1. 1850년대 프랑스 프로방스 왕족성의 연회실 바닥 타일
2. 1900년대 영국의 공장 창문
3. 핀율의 1958년 작품, Model 500 Coffee table
4. 핀율의 대표작 베이커 소파
5. 1980년대 프랑스 정육점 도마
6. 1960년대 허먼밀러사의 찰스&레이 임스 라폰다 체어
7. 1920년대 영국 서랍장
8. 1800년대 영국 성공회 성당에서 쓰이던 대리석 제단
9. 1850년대 영국 목재 냉장고
10. 1850년대 스코틀랜드의 주물기둥과 문

는 그의 말을 빌려 설명하면, 그의 스승이자 멘토인 일본의 오다 노리츠쿠를 제외하면 세계적으로 그만큼 가구를 소장한 컬렉터를 찾아보기 어려울 정도로 수많은 가구를 수집한 세계적인 가구 컬렉터다. 특히 의자의 경우, 1910년대부터 현재까지 한 시대의 획을 그은 작품이라면 그 중 90%는 그가 소장하고 있을 정도다. 어린 시절부터 유난히 가구에 관심이 많았다고 자신을 소개하는 그가 본격적으로 가구 컬렉터가 된 것은 사실, 아지오를 런칭하면서부터다.

김명한(이하 '김') 어린 시절부터 가구에 관심이 많았다. 어렸을 때는 외가가 안동 하회마을이었는데 그곳에 전통가구들이 많아 그거 보는 재미로 살았고, 경제적으로 여유가 없던 20대에는 이태원과 을지로를 다니며 윈도 쇼핑을 하는 것이 취미였다. 그러다 성인이 되면서 남성 패션 디자이너가 없던 시절이라 그 직업이 유망할 거라는 가족의 권유로 그 길을 걷게 되었다. 그런데 내가 그 방면에 소질은 있으나, 남보다 월등히 뛰어나지는 않다는 것을 알게 되었다. 자연스레 나는 무엇을 잘할까, 무엇을 해야 할까를 고민하고 되었고, 그 과정에서 카페 문화를 유난히 좋아하는 나를 발견하게 된 것이다. 오랜 고민 끝에 디자이너로서의 삶을 정리하고 30대 후반 아지오를 런칭했다. 그런데 런칭하면서 내가 만들어내고 싶은 아지오의 모습을 연출해줄 디자인 오브제들이 한국에는 너무나 없다는 것을 알게 되었다. 그래서 외국으로 나갔다. 그곳에서 유명한 디자이너들이 만든 가구와 빈티지 가구, 그리고 디자인 오브제들을 사서 그것을 아지오에 인테리어 소품으로 활용했다. 이것이 컬렉터로서 첫 시작이었다.

아지오의 공간 디자인을 위해 본격적으로 시작된 가구와 디자인 오브제 수집은 20여 년이 지난 후, 그 수집품이 100여 평의 창고 8개를 가득 채우며 그를 세계적인 가구 컬렉터가 되게 했다. 게다가 그가 수집한 것은 비단, 가구나 디자인 오브제뿐만이 아니었다. 그는 역사가 서린 곳이 해체 혹은 보수가 된다는 소식이 들릴라치면 어김없이 그곳으로 달려갔다. 이러한 그의 열정적인 발품으로 그의 창고에는 영국 템스 강변을 수놓던 가로등에서부터 프랑스 프로방스 왕족 성의 바닥 타일에 이르기까지, 말 그대로 '희귀한' 수집품들까지도 차곡차곡 쌓였다. 이것이 바로 aA를 태생부터 사람들의 이목을 집중시키며 이슈메이커로 만든 이유다. "가구 편집증"이라고 스스로를 칭할 정도로 김 대표의 유별난 가구 수집은 덕분에 aA에게 우리나라 '최초'의 가구 뮤지엄 카페라는 타이틀을 안겨 주었다. 무엇보다 카페가 봇물 터지듯 생겨나던 그 때에 aA를 출발부터 다른 카페들과는 '완

aA디자인뮤지엄의 김명한 대표

벽한' 차별화를 선언하게 하며 적어도 외형적으로는 '자기다움'을 뚜렷하게 보여주었다.

어쨌든, aA는 화제의 중심에 서며 다른 브랜드들에 비해 비교적 쉬운 출발을 한 것으로 보인다. 그러나 그 이후의 aA의 행보를 보면 사뭇 고개가 갸웃거려진다. 카페에서 시작한 aA는 얼마 후 뮤지엄을 오픈했으며 《캐비닛》이라는 무크지를 발행했는가 하면, 올해에는 라이프 숍이라는 새로운 공간을 오픈했다. 특이한(?) 것은 이 모든 것이 @한 공간(정확히 말하면 한 건물)에서 모두 이루어졌다는 것이다.

본론은 지금부터다. 화제의 중심에 서며 출발은 비교적 쉬웠을지 모르나 지난 5년간 aA는 그리 탄탄한 길을 걸어온 것만은 아니다. "일부러 어려운 길만 택했다"고 말하는 김 대표의 말처럼, aA는 '의도적으로' 어려워 보이는 길만을 골라서 갔다. 이것이 바로 aA가 강소브랜드가 된 근원적인 이유다. 지금부터 본격적으로 고집스러워 보일 정도로 어려운 길을 택해 걸은 그들의 속내(?)를 알아보도록 하겠다. 그 시작은 그들이 넘은 두 개의 고개로부터 비롯된다. 첫 번째 고개는 왜 아지오가 아니라 aA라는 새로운 브랜드 런칭이 필요했을까, 에서부터 출발한다.

첫 번째 고개, '핵심'을 찾다

김 유럽, 특히 스칸디나비아 지역을 중심으로 디자인 가구 문화가 놀랍게 형성되어 있는 것을 보며, 우리나라에도 저런 문화가 있었으면 좋겠다, 하는 생각을 수도 없이 많이 했다. 인간은 정착하는 동물이다. 정착을 하면 그곳에 집을 세우고, 그 내부를 꾸미게 마련이다. 이것은 너무나 자연스런 본능이다. 그런데 우리나라의 경우 오랫동안 유교 문화가 지배하면서 필수적인 가구 외에는 집 안에 들이지 않았다. 절제가 미덕이라 생각했기에 장식이 필요한 가구는 사치라 여겼기 때문이다. 그래서 우리나라에서는 이러한 가구나 디자인 오브제 등의 문화가 근본적으로 발달할 수 없었다. 참 안타까운 일이다. 하지만 과거는 그렇다 하더라도 미래는 바꿀 수 있다고 생각했다. 그래서 aA를 구상하게 되었다. 만약, 디자인 가구를 경험해 볼 수 있는 공간이 있다면 그러한 문화가 정착하리라 믿었기 때문이다.

가구나 인테리어 디자인 오브제들은 인간의 라이프스타일을 만들어주기에 어떤 디자인 조형물보다도 인간과 밀착되어 있는 '일상의 디자인'이다. 그럼에도 불구하고 한국적인 문화 토양 때문에 그것이 발달하지 못하는 상황에 김 대표는 "연민이 들었다"라는 표현을 쓸 정도로 책임감을 느꼈다고 한다. 다시 말해, 디자인 가구 문화가 발달하지 못한 우리네 현실에 대한 그의 연민은 결국 이 분야에 대한 (유니타스

⊕ aA의 공간 구성

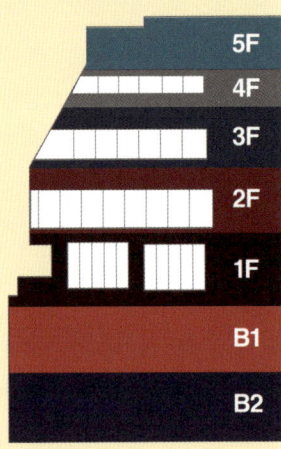

독특하다, 라는 말이 절로 나오게 하는 aA는 건물 전체가 노출 콘트리트로 이루어져 있다. 지하 2층 지상 5층으로 이루어진 이곳은 소위, 하나의 Art다. 자, B2에서부터 한 층씩 올라와 보도록 하자.

B2 Industrial
B2은 18세기 산업혁명 시절에 탄생한 인더스트리얼Industrial 빈티지 제품들이 전시되어 있는 공간이다. 그 당시는 대량생산이라 해도, 공예와 예술 분야에서는 기계를 도입했다 해도 '양질'의 조형물을 만드는 데에 관심이 있었기 때문에 획일화된 공산품과는 달리 만든 이에 따라 개성적인 조형미를 갖춘 제품들이 많았다. 흡사 18세기 산업혁명의 진원지였던 영국을 떠올리게 하는 공간이다.

B1 aA life shop
B1은 라이프 숍으로 aA가 오랜 기간 컬렉션한 가구와 디자인 오브제들을 비롯하여 아티포트Artifort, 톰딕슨TomDixon, 프리츠한센Fritz Hansen 등의 해외 유명 가구 브랜드들의 제품을 구매할 수 있는 숍이다. aA는 2011년 5월 이 공간을 한국판 무인양품Muji이라 할 수 있는 라이프숍으로 새롭게 리뉴얼하여 선보였다. 이 공간을 통해 aA가 직접 기획한 가구와 디자인 오브제들을 구입할 수 있다.

1F cafe aA
1층은 카페다. aA에서 가장 먼저 오픈한 공간으로, 찰스&레이 부부에서부터, 핀율, 아르네 야콥센 등 소위, '전설'이라 불리는 가구 디자이너들의 오리지널 작품들이 인테리어 소품으로 사용되고 있는 아주 특별한 공간이다.

2F Scandinavian
2층은 스칸디나비아 스타일의 디자인 가구들이 전시되어 있는 공간이다. 스칸디나비아 지역은 일조량이 적고, 길다 못해 척박한 겨울을 보내야 하는 지역 특성상 이곳 사람들은 집안에서 생활하는 시간이 길어 자연스레 세계적으로 가구 문화가 발달하게 되었다. 1890년대 알바 알토에서부터 1980년대 잉그베 엑스트롬에 이르기까지, 숙련된 장인들이 만들어내는 가구 문화의 정수를 볼 수 있는 공간이다.

3F Bauhaus, Modern vintage, Contemporary
3층은 바우하우스, 모던 빈티지, 그리고 현대의 가구들이 전시되어 있는 공간이다. 1900년대, 바우하우스 이후 본격적으로 '산업디자이너'라는 직업군이 생겨나면서 생산된 가구들을 비롯하여, 이주희, 정재범 등 우리나라의 가구 디자이너들의 작품이 전시되어 있다.

4F Private area, 5F aA design studio
4층과 5층은 aA의 오피스로 이용하는 공간이다. 4층은 김명한 대표의 개인 공간이며, 5층은 디자이너, 마케터, MD 등의 aA 직원들의 사무 공간이다.

브랜드 Vol.16 '브랜드십'에서 읊었던) '초월적 책임감'으로 발전하며 결국, aA라는 브랜드를 탄생시킨 것이다. 그런데 생각해 보라. 만약, 당신이 어떤 브랜드를 10년 이상 탄탄하게 성장시켜 왔다면 그 브랜드의 성장을 의도적으로 멈추고 다른 브랜드의 런칭에 '감히' 도전할 수 있겠는가. 열에 아홉은 무모한 도전이라고 단정할 것이다. 그러나 이것이 무모한 것이 아니라 오히려 '현명한 선택'이 될 수 있다. '핵심 가치'를 기준으로 새로운 브랜드를 런칭했다는 전제 조건이 붙는다면 말이다. 김 대표의 말을 조금 더 들어보자.

김 내가 우리나라에서 유럽과 같은 디자인 가구 문화를 만들 수 있겠구나, 생각할 수 있었던 것은 아지오를 통해서였다. 아지오를 즐겨 찾는 사람들을 찬찬히 관찰해 보니 그들은 음식 때문에 오는 것이 아니었다. 아지오만의 독특한 공간을 즐기러 오는 것이었다. 이곳에 있는 디자인 가구들, 빈티지 가구들이 주는, 어디서도 느낄 수 없던 이곳만이 주는 공간적 즐거움을 탐닉하러 오는 사람들이 많다는 것을 알게 되었다. '음식'이라는 것은 사실, 객관성을 띠기 어렵다. 너무나 주관적이다. 그러나 디자인은 다르다. 일정 정도의 수준에 오르면 객관성을 띠게 된다. 아지오는 시간이 지나면서 디자인적 객관성을 띠게 되었고, 사람들로부터 디자인적인 가치를 인정받게 되었다. 이것은 이제 디자인 가구를 즐길 수 있는 토양이 우리나라에 서서히 만들어지고 있다는 것을 방증한다. 그 당시 아지오를 확장하려는 계획을 가지고 있었다. 그런데 이 모든 것을 중지시켰다. 그리고 aA를 런칭했다. aA를 런칭한 후에는 아지오를 하나씩 줄여갔고, 오로지 aA에만 집중했다.

결국, 아지오를 (의도적으로) 버리고(?) aA를 런칭한 이유는 아지오의 '핵심'이 무엇인지 '정확히' 알았기 때문이다. 대부분의 카페 혹은 레스토랑이라면 커피, 차, 혹은 음식의 질質을 일단 우선순위에 놓고 자신들의 '핵심역량'으로 키울 것이다. 그렇기에 커피의 원산지에서부터 로스팅 기법, 특별한 유기농 기법으로 재배한 재료, 혹은 어디 출신의 주방장 등을 내세우며 그것을 강화시키는 전략을 구사하는 데 집중한다. 그러나 김 대표는 달랐다. 그는 (적어도 아지오에서는) 고객과 아지오가 만나는 접점이 '음식'이 아닌 '공간', 더 나아가 '디자인'이라는 것을 발견한 것이다.

이것이 앞서 말한 aA가 강소브랜드로 성장할 수 있었던 출발점이다. 그들은 '사업의 확장'이 아니라 '핵심의 확장'을 선택했던 것이다. 베인&컴퍼니의 전략부문 대표인 크리스 주크와 이볼루션 글로벌 파트너스의 CEO 제임스 앨런은 그들의 저서 《핵심에 집중하라》에서 "기업(브랜드)에서는 자신

1950년대 영국의 철제문으로 이루어져 있는 aA의 입구.

만이 가진 강력한 '핵심'이 바로 경쟁에서 우위를 차지하는 주요한 원천이며, 성장은 이 핵심을 중심으로 사업을 확장시켜 나가는 것이다"라고 말하면서, "10년 동안 가치를 창출함과 동시에 매년 적어도 5.5% 이상 성장한 기업들을 조사해 보면 80% 이상이 자신들의 '핵심'에 지속적으로 투자했다"는 결과 보고서까지 내밀었다. 그러면서 수많은 기업(브랜드)들이 자신들의 핵심을 '오인'하여 잘못된 성장 곡선을 그린다며 일침을 가했다. 그들의 말에 귀가 솔깃해질 수밖에 없는 이유는 중소기업이 가진 '제한된' 조건 때문이다. 자본, 인재, 혹은 기술력이 부족한 중소기업의 경우 그들이 가진 제한된 조건이 닳기 전에 (가능하기만 하다면) 빛의 속도로 성장하길 원한다. 따라서 주크와 앨런이 말한 '자신만이 가진 핵심'을 찾아 그것을 확장시키기 보다는 (수익을 늘려 줄) '사업의 규모'를 확장시키는 데에 더욱 관심을 가지게 되기 마련이다. 이것은 결국, 잭 트라우트의 말을 다시 빌리면 "브랜드가 독특함을 잃는 주원인은 계속적으로 더 커지고 싶은 열망 때문이다"라는 말처럼, 중소기업이 강력한 '브랜드'가 되는 데에 실패하는 가장 주된 원인이 된다. 다시 aA로 돌아가 보면, 아지오를 통해 '핵심'이 무엇인지 명확하게 알게 된 김 대표는 소위 '유럽 여행'이었던 아지오의 핵심을 '지속가능 디자인의 교육'이라고 '재정의' 함으로써 이러한 핵심 가치를 새롭게 담은 새 부대인 aA라는 브랜드를 런칭한 것이다.

김 aA가 추구하는 디자인은 '지속가능 디자인'이다. 유명하든 유명하지 않든, 비싸든 싸든, 그것은 상관없다. 지속가능 디자인이어야만 한다. aA가 말하는 지속가능 디자인이란 네 가지 조건을 갖춰야 한다. 첫째, 시간의 흐름과 상관없이 소비자로부터 지속적인 사

aA의 곳곳을 장식하고 있는 디자인 가구와 디자인 오브제들을 디자인한 디자이너들.

량을 받아야 하며, 둘째 (가구이기에) 소비자들의 실생활에서 요구되는 내구성과 편리성을 갖추어야 하며, 셋째 합리적인 가격을 갖추어야 하며, 마지막으로 친환경적인 재료를 사용해야 한다. aA에서 보여주는 가구와 디자인 오브제들은 모두 적어도 세 가지 이상을 갖추고 있다. 네 번째 요소의 경우 시대에 따라 친환경적인 재료를 사용할 수 없던 때가 있었기 때문에 간혹, 제외되는 경우가 생긴다.

겉은 뮤지엄 카페, 속은 교육기관

aA는 디자인 가구에 있어서 '지속가능 디자인'이 무엇인지를 알리는 것에서부터 우리나라에 그러한 디자인 문화를 조성하겠다는 것을 자신들의 미션으로 삼았다. 결국 겉으로 보기에는 카페 혹은 뮤지엄의 모습이지만 실상은 지속가능 디자인을 전파하는 '교육기관'(정식으로 인가를 받은 기관은 아니지만)이 그들의 실체였던 것이다. 다시 말해, 카페나 뮤지엄은 그저 외형적인 형태일 뿐, 그들의 뼛속은 지속가능 디자인이 무엇인지 알리는 전령사이며, 그것을 가르치는 교사이며, 그것을 행하도록 도움을 주는 멘토였던 것이다(이 세 가지 모습에 대해서는 뒤에서 좀 더 자세히 알아볼 것이다). 그래서일까. 자신들의 탄생을 알리는 오픈식 날 aA가 초청한 사람은 다름 아닌 우리에게는 (aA의 1층 카페에도 있는) 미러볼 Mirror

＊톰 딕슨
1987년, 쇠파이프를 휘어서 형태를 만든 후 짚풀을 이리저리 엮어서 만든 한 의자가 세상에 탄생했다. 아름다운 곡선에 예술성을 갖추고 있었을 뿐만 아니라, 의자가 가져야 할 기능성과 경제성까지 갖추고 있었다. 게다가 그 당시에는 개념조차 없었던 친환경적이기까지 했다. 이것이 바로 톰 딕슨의 첫 번째 작품인 S-chair다. S-chair는 이후 뉴욕 현대미술관 모마Moma를 비롯하여, 런던디자인뮤지엄, 빅토리아앨버트뮤지엄, 비트라디자인미술관 등 세계적인 미술관에 소장되었다. 이처럼 출발부터 핫이슈를 몰고 온 톰 딕슨은 첨단기술을 사용하면서도 소박하고 단순한 삶의 가치를 드러내는 디자이너로서 영국을 비롯하여 세계적인 가구 디자이너로 현재까지도 활발히 활동하고 있다.

Ball로 친숙한 영국을 대표하는 디자이너 ＊톰 딕슨Tom Dixon이었다. 이것은 자신들이 누구인지를 '명확히' 보여주는, 그러니까 "여기는 카페가 아닙니다. 디자인 교육기관입니다"라는 것을 마치 선포라도 하듯 명쾌하게 보여주는 오픈식이었던 것이다.

주크와 앨런은 '핵심'을 찾았다는 것은 "내가 누구인가를 안 것"이라고 했다. 내가 누구인가를 알았다면 그 다음은 간단하다. 자신이 발견한 '자기다움'대로 사는 것이다. 그런데 문제는, 핵심을 찾았지만 그 핵심을 구심점 삼아 확장하는 것이 그리 쉽지만은 않다는 데에 있다. 이것이 바로 aA가 넘은 두 번째 고개다.

두 번째 고개, '핵심' 확장을 위한 스마트 브랜딩

주크는 앨런과 함께 《핵심에 집중하라》를 출간한 후, 그 후속 격인 《핵심을 확장하라》는 책을 곧이어 출간했다. 그는 이 책에서 '핵심'이 무엇인지 알았다면, 그 다음 단계인 '어떻게' 그 핵심을 확장할 것인지에 대한, 이른바 'How to'에 대해 얘기한다. 그는 "브랜드의 핵심을 인접사업으로 확장시켜라"라고 말하며, 그것을 위한 6가지 방법을 제시한다. aA의 경우 이 6가지 방법 중 '제품 인접'을 통해 자신들의 핵심을 확장시켜 나갔다고 볼 수 있다.

aA가 구심점으로 삼은 '핵심'은 다름 아닌 '지속가능한 디자인 교육'이다. 그런데 이 핵심을 확장해 나가는 데 있어 aA의 고민은 다름 아닌 '디자인 가구'라는 조금은 생소한 혹은, 특수한(?) 사람만이 향유할 수 있는 문화라는 선입견과 거리감을 없애는 것이었다. 게다가 '주목'을 받으며 런칭한 브랜드들이 그렇듯 그 주목에 대한 '기대감'을 고객에게 끊임없이 상쇄시켜줘야 한다는 것도 고민 중의 하나였다. 무엇보다 '이색카페'라는 모습으로 고객에게 각인되는 것이 아닌, '디자인 교육기관'이라는 본색*을 명확하게 드러내야 하는 것은 그들이 풀어야 할 가장 큰 숙제였던 것이다. 사실, 자본이 많은 브랜드라면 끊임없는 광고나 혹은 특별한 이벤트 등이 이러한 고민을 한 번에 해결해줄 수도 있다. 그러나 aA가 문제 해결법으로 들고 나온 것은 너무나 단순하지만, 그러나 명백한 것이었다.

> "aA는 지속가능한 디자인이 무엇인지 보여주려고 합니다" 그 외에는 어떤 메시지도 전달하지 않으면 되는 거였다.

김 "aA는 지속가능한 디자인이 무엇인지 보여주려고 합니다" 그 외에는 어떤 메시지도 전달하지 않으면 되는 거였다. 그래서 우리에게는 그 흔한 마케팅 전략서라는 것이 없다. 그저 우리가 전하려고 하는 메시지가 어떤 것에도 희석되지 않고 그대로 고객들에게 전달할 수 있는 방법만을 고민했다. 다양한 이벤트를 왜 생각해보지 않았겠나. 그러나 어떤 퍼포먼스도 하지 않고 진실되고, 정직하게 디자인 가구 속에 담겨진 '지속가능한 디자인'이라는 메시지만 보이고 다른 어떤 것도 절대로 보이지 않게 하는 방법만을 택했다. 왜? 이 길은 우리가 가장 처음으로 걷는 길이었다. 그렇기에 누구보다 '올바르게' 걸어야 할 책임이 우리에게는 있는 거였다.

이 말은 바로, DTR이 아닌 DRT를 선택했다는 것이다(p. 19 참조) 다시 말해, 그저 일이 제대로 되는 것이 아닌(DTR), 옳은 일을 하겠다는(DRT) 확고한 의지의 표명이다. 그렇기

❖ 핵심 확장을 위한 6가지 방법

1. 제품 인접 : 핵심고객에게 새로운 제품이나 서비스를 파는 것으로, 인접 사업 중 가장 일반적으로 쓰인다. 이유는 가장 가능성이 높기 때문이다. IBM이 하드웨어 고객들을 위해 IBM글로벌 서비스를 개설한 것이 단적인 예다.

2. 지역 인접 : 새로운 나라로 진출하는 것을 말하는 것으로, 새로운 지역이 가진 복잡성 때문에 성공률이 낮다. 주크는 영국의 보다폰Vodafone이 유럽에서 미국으로, 그리고 일본까지 확장한 것을 성공한 예로 든다.

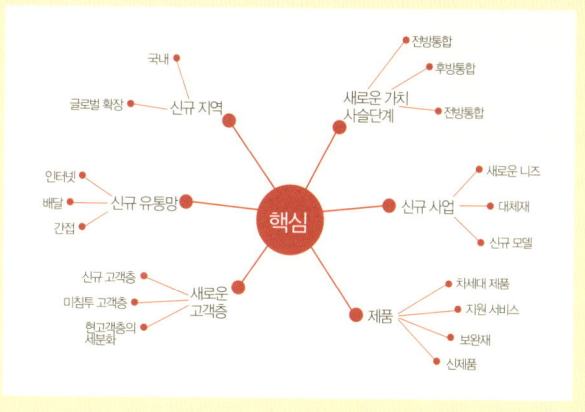

3. 가치사슬 인접 : 가치사슬 상에서 이동하여 완전히 새로운 기능을 추가하는 것으로, 인접 확장 중 가장 어려운 형태 중 하나다. LVMH가 1996년 세포라Sephora와 DFS를 매수를 통해 소매사업이 기존의 핵심에 보완이 되어줄 것을 기대했으나, 결국 2001년 분할 매각한 것처럼, 주크는 성공 가능성이 가장 어렵다고 얘기한다.

4. 유통채널 인접 : 이 방법은 새로운 유통채널에 진입하는 것을 말하는 것으로, 성공하면 거대한 성장을 하지만 실패할 경우 엄청난 타격을 받는다. 스포츠 보충 식품제조 분야의 선두인 EAS가 영양식품 전문점에서만 판매되던 마이오플렉스를 월마트에 유통함으로써 그 분야사업에서 부동의 1위를 차지했지만, 델의 경우 월마트에 유통하기 위해 대규모 물류 창고를 짓고도 그 시기에 가장 최저의 수익률을 올린 결과를 낳은 것처럼 말이다.

5. 고객인접 : 이미 검증된 제품이나 서비스에 수정을 가해 새로운 고객 시장에 진출하는 방법으로 제품 확장 방법과 마찬가지로 많은 기업들이 사용하는 방법이다. 단적인 예가 완구 브랜드인 토이즈러스가 키즈러스를 만든 것이다.

6. 신사업 인접 : 새로운 방향에서 접근하여 신사업을 구축하는 방식으로, 가장 드문 경우이며 동시에 가장 성공하기 어려운 방식이다. 그럼에도 불구하고 이 방법으로 성공한 예는, 아메리칸 에어라인이 세이버 예약 시스템을 만든 것으로, 현재는 이것이 항공사 자체보다 더 커졌을 뿐만 아니라, 트래블로시티라는 또 다른 인접사업으로 확장되기까지 했다.

에 aA는 자신들의 철학을 지키기 위해 광고나 홍보, 혹은 전략적인 마케팅까지도 '잡음'이라 생각하고, 자신들이 전하려고 하는 철학만을 분명하다 못해 '선명하게' 보여주기로 결정한 것이다. 앞서 김명한 대표가 aA가 지나온 길을 일컬어 '의도적으로 선택한 어려운 길'이라고 얘기한 것이 이해되는 지점이다. aA는 자신들이 걸어야 할 길이 무엇인지 명확하게 알고 있었기에, 화려한 전략을 구사하는 것을 의도적으로 멀리하고 그야말로 그 길을 '올바르게' 걷는 것에만 의도적으로 집중한 것이다. 그렇다면 그들이 '의도적으로' 집중한 것은 무엇일까, 가 다음의 화두일 것이다. 여기에서 그들만의 '스마트'한 브랜딩 방법이 드러난다. 이것은 'aA'라는 그들의 이름을 통해 엿볼 수 있다. 소문자 a는 Art, Architecture, Alive를 뜻하는 것이며, 대문자 A는 불변하는 고유명사적 가치를 뜻한다. aA는 바로 이 세 가지 'a'가 뜻하는 의미를 충실히 담아내며, 결국 자신의 본색(지속가능 디자인 교육)을 명명백백히 드러낸다. 그 흔한(?) 전략서 하나 없다는 aA만의 스마트한 브랜딩이 더욱 궁금해지는 이유다.

aA의 스마트 브랜딩, 3A
1. Art : 생활 속의 Art, 디자인 전령사가 되다

김 aA를 처음 만들 때 뮤지엄 형태라는 것을 알고 박물관으로 등록하라는 요청이 왔었다. 그러나 나는 단박에 No 했다. 화석화된 뮤지엄은 의미가 없다고 생각했다. 이것은 가구이기 때문에 더더욱 그랬다. 가구는 몸이 기억하고 체험하지 않으면 안 된다. 그래서 눈으로 보는 것뿐만 아니라 앉아 보기도 하고, 만지고 즐기면서 가구 본연의 매력을 충분히 느껴야 하는 것이다. 그렇지만 사람들은 나를 걱정스럽게 보며 늘 이런 질문을 한다. 그렇게 귀한 가구들을 고객들이 사용하다가 훼손하면 어떻게 하느냐, 하고 말이다. 그것은 훼손되는 게 아니다. 가구는 쓰면 쓸수록 색이 바래고 오히려 예쁜 흔적들이 남는다. 이게 바로 가구의 진짜 히스토리가 되는 것이다.

aA는 1850년대 영국의 철제문을 여는 것에서부터 디자인 오브제들과의 만남이 시작된다. 천장에는 영국 출신의 세계적인 디자이너 톰 딕슨의 미러볼이 손님들을 맞이하고 있으며, 전설적인 디자이너라 불리는 찰스&레이 임스 부부의 체어는 아예 곳곳에 널려 있다. 값으로 환산할 수 없을 정도의 진귀한 오리지널 작품들을 보는 것만으로도 사실, aA는 그 역할을 충분히 했다고 할 수 있다. 그러나 aA는 거기에서 더 나아가 '뮤지엄'을 "체험하는 곳"이라고 새롭게 정의함으로써, aA를 방문한 고객들로 하여금 이전에 해보지 못했던 새로운 경험을 하도록 만들어버렸다. 실제로 aA를 방문한 고객이 자신의 블로그에 올린 글을 보면 뮤지엄에 대한 aA의 정의가 어떻게 고객들에게 전달되고 있는지를 여실히 볼 수 있다.

"처음엔 이 의자가 그렇게 유명한 것인 줄 몰랐다. 그런데 이 의자가 의자 역사의 전설이란다. 내가 여태껏 전설적인 의자에 앉아 있었다니. 놀랍다. 더 놀라운 것은 의자에도 역사가 있다는 것이다!!!"

aA는 디자인 가구 문화에 대해 제대로 접해본 적이 없는 고객들의 눈높이에 '철저하게' 자신을 맞추고는, 디자인 가구의 오리진에서부터 고객들이 충분히 경험할 수 있는 장을 마련했다. 이것이 바로 앞서 말한 지속가능 디자인이 무엇인지 알리는 '전령사로서의 역할이다. 전령사란, 무언가를 전달하는 '메신저messenger'다. 디자인 가구가 무엇인지 제대로 전달하기 위해 aA는 기존의 뮤지엄에 대한 상식을 과감히 버리고 새로운 뮤지엄을 선보이며 전령사로서의 자신들의 본색을 드러낸 것이다.

김 사실 디자인이 무엇인지에서부터 화두를 던져야만 했다. 왜냐하면 사람들은 예술과 디자인을 착각하기 때문이다. 예술은 무조건 생산적인 입장에서 탄생되는 것이다. 그러나 디자인은 소비자적인 입장에서 탄생되는 것이다. 사람들의 라이프에 밀접하게 관여하는 가구의 경우는 더더욱 그렇다. aA에 있는 가구와 디자인 오브제들은 예술이 아니라 '디자인'이다. 디자인이 무엇인지 알려주는 가장 극적인 방법은 말이나 글이 아닌 결국 체험해보게 하는 것이다.

자칫하면 디자인 가구의 외형적인 면에서 느껴지는 화려함에 매혹되어 '디자인'의 본질을 망각하기 쉽다. aA는 '디자인'이라는 정의를 제대로 내리는 것을 지속가능 디자인 교육의 시발점으로 삼고, 본격적으로 디자인 가구가 무엇인지를 알렸다.

2. Architecture : 디자인 학교의 교사가 되다

김 대표는 aA를 오픈하기까지 꼬박 십 년이 걸렸다고 했다. 카페를 열 개는 만들고도 남을 디자인 가구 컬렉션이 모두 준비되어 있음에도 불구하고 십 년이라는 꽤 오랜 시간이 걸린 이유는 다름 아닌, '건축' 때문이었다.

김 뮤지엄의 역할까지 해야 했기 때문에 단독 공간이 필요하기도 했지만, aA는 1~2년 경영하고 말 것이 아니라 영원한 브랜드가 되어야 한다고 생각했다. 때문에 흔들리지 않는 구조를 처음부터 마련해 놓아야 했다. 대부분 작은 기업에서 많은 부분이 임대료로 지출이 된다. 이 임대료가 부담이 되는 순간, 브랜드를 키워 나가는 것도 부담이 된다. 이 부담을 애초부터 없애기 위해서 건축을 할 수 있는 때가 될 때까지 기다린 것이다.

혹자는 자본이 많기 때문에 건축을 할 수 있었던 것이 아니냐고 대뜸 반문할 수도 있다. 그러나 aA도 건축을 할 수 있을 때까지 '기다렸다'는 것이다. 무려 10년을 말이다. 김 대표는 작은 브랜드들이 쉽게 무너지는 이유 중의 하나가 바로 하드웨어가 튼튼하지 못하기 때문이라고 꼽았다. 브랜딩은 기나긴 시간과의 싸움이기 때문에 조금 천천히 가더라도 하드웨어를 탄탄하게 다지고 가자고 생각했던 것이다. 천천히 가는 법을 선택했기에, aA는 현재 대부분의 카페들의 경영 방식 중의 하나인 프랜차이즈는 아예 생각조차 하지 않았다. 규모의 경쟁을 의도적으로 버린 것이다. 그러다 보니 런칭한지 5년이 지난 지금 홍대와 삼청동을 제외하고는 aA를 볼 수 있는 곳이 없다. 그렇다면 프랜차이즈를 버린 대신 aA가 얻은 것은 무엇일까. 바로, '대체 불가능'이다.

김 공간을 갖는다는 것은 엄청난 자유를 갖는다는 것이다. 특히, 뮤지엄에게 있어서는 말이다. 공간이 확보되다 보니, 디스플레이를 자유롭게 할 수 있는 기회가 마련되었다. 그래서 우리는 실험적인 디스플레이를 수도 없이 시도했다. 오늘은 이런 컨셉으로, 내일은 또 다른 컨셉으로… 그러면서 늘 새로운 공간을 고객들에게 선사했다. 그러다 보니 어제 왔던 고객이 오늘 또 다시 방문했다가 변신한 모습을 보고는 너무 놀래더라. 결국, 홍대와 삼청동 딱 두 곳 밖에 없지만 사람들이 물어물어 찾아오지 않으면 안되는, 어떤 곳으로도 대체할 수 없는 공간이 되어 버렸다.

aA는 수많은 분점(?)을 내는 대신 단 두 곳이라도 그곳을 희소적인 가치가 있는 곳으로 바꾸었다. 즉 건축이라는, 어찌 보면 모험을 감행한 대신, aA는 그곳을 'aA스럽다'라는 형용사로 만들어버림으로써 그곳을 방문하지 않으면 어디에서도 그것을 경험하지 못하도록 만든 것이다. 그러나 경쟁을 버리는 대신 그들이 얻은 것은 사실, 이것이다.

김 카페를 통해 디자인 가구가 무엇인지 경험한 이들에게 우리는 그러한 디자인 가구가 가진 철학과 그것이 만들어지는 과정을 알려줘야겠다고 생각했다. 단순히 아름다운 가구를 보는 것이 아니라 그것이 탄생하게 된 배경, 그리고 역사와 철학을 안다면 디자인 가구를 보는 진짜 눈이 떠지기 때문이다. 그래서 우리는 전설적인 가구 디자이너들의 전시회를 열었다. 물론, 이 전시회도 단순히 관람만을 하는 것이 아니라 직접 보고, 만지고, 느껴볼 수 있는 전시회로 꾸몄다. 덴마크의 디자인 아버지라 불리는 핀율의 전시가 단적인 예다.

핀율의 전시를 필두로, aA는 시시때때로 특별 전시회와 상설전시회를 열어 디자인 가구의 계보를 보여주는 것은 물론이거니와 그러한 가구가 탄생하게 된 시대적인 배경과 더불어, 디자이너들의 철학과 그러한 철학이 실제로 가구로 만들어지기까지의 과정을 보여주었다. 결국, 규모의 경쟁을 버림으로써 aA가 얻은 것은 두 번째, 지속가능 디자인을 교육시키는 '교사'로서의 본색을 드러낸 것이다. aA는 디자인

> "10년도 짧다고 생각했다. 하나의 브랜드를 런칭하는 게 그리 쉬운 일인가. 철학을 제대로 표현하기 위해서는 시간이 걸릴 수 밖에 없다."

가구의 시작이라 볼 수 있는 1910년 바우하우스 시대에서부터 현대에 이르기까지의 횡적인 역사와 시대를 대표하며 굵직굵직한 철학을 내뿜은 디자이너들이 만들어내는 종적인 역사까지 아우르며 aA를 디자인 가구를 보고 배우는 '학교'로 만들어버렸다. 실제로 aA는 디자인과 관계된 일을 하는 사람들에게 있어서는 반드시 가봐야 하는 소위 '성지순례지'로 불린다. 만약, aA가 공간을 가지고 있지 않다면 이것이 가능했을까? 김 대표는 단호하게 고개를 내젓는다. 자신들이 말하고자 하는 지속가능 디자인을 말하고 싶은 때에, 말하고 싶은 모습으로 보여줄 수 있었던 것은 결국, '공간의 자유로움'이 있었기 때문이라는 것을 절대, 부인할 수 없는 것이다.

3. Alive : 살아있는 지식을 전하는 멘토가 되다.

지난 해 aA는 캐비닛과 캐비닛 주니어라는 두 권의 무크지를 창간했다. 캐비닛은 '사람'을, 캐비닛 주니어는 '도시'를 테마 삼아 aA가 말하고자 하는 지속가능 디자인의 소위 활자판을 선보였다. 사실, '불황'이라는 꼬리표를 연신 달고 다니는 출판 시장을 aA가 모르지는 않았을 터. 그럼에도 불구하고 출판사로서의 외도(?)까지 감행한 이유는 무엇일까.

김 그것은 개인적인 경험이 너무나 값졌기 때문이다. 잡지를 낸다고 했을 때 많이들 말렸다(웃음). 그러나 나에게는 수많은 나라를 다니며 훌륭한 디자이너들을 만날 기회가 많이 주어졌다. 그들로부터 나는 정말로 상상할 수도 없는 자극을 많이 받았다. 이러한 사람들이 지속가능 디자인을 만들어가고 있음에 전율을 느꼈다. 그들이 나에게 준 이 귀한 것들을 혼자만의 것이 아니라 사람들에게도 나눠주고 싶었다. 이들의 철학과 생각이 글을 통해 소개되었을 때, 지면으로나마 그들 중의 누군가를 꼭 멘토로 삼으라고 말이다. 특히 미래의 디자인을 만들어나갈 젊은이라면 말이다.

이것이 지속가능 디자인 교육을 행할 수 있도록 돕는 멘토로서의 본색이다. 캐비닛은 취재하는 데만 무려 8개월이 걸렸고 디자인 작업도 두 달이 소요된, 대장정의 편집기간을 거쳐 탄생한 책이다. 책이 한 권 나오기 위해서는 이만한 작업이 무슨 대수일까, 싶지만 실제로 김명한 대표가 '직접(!)' 만나 멘토로서의 자격이 검증(?)된 이들의 이야기라면 이 대장정이 의미하는 것이 무엇인지 절로 고개가 끄덕여진다.

김 만약, 내가 어렸을 때 이런 멘토를 알았다면 어땠을까, 하는 생각을 종종 했다. 그래서 좋은 디자이너들을 만날 때마다 빨리 한국에 소개시켜줘야지, 하는 생각이 퍼뜩 들었는지도 모른다. 그래서 내가 직접 그들을 만나 나누었던 이야기들을 담아낼 캐비닛은 반드시 필요한 도구였다.

김 대표는 그의 디자인 철학에 깊은 울림을 준 디자이너들을 그의 뒤를 이어 디자인을 준비하는 젊은이들과 은근슬쩍 짝짓기를 하고 있었던 것이다. 판율이나 임스 부부처럼 역사 속에서 만나는 위대한 디자이너도 물론, 있지만 현실 속에서 함께 숨 쉬는 사람의 생생한 생각을 직접 듣는 것은 또 다른 것임을 그는 너무나 잘 알고 있었기 때문이다. 그렇기에 캐비닛은 살아있는alive 지식을 전달하는 통로로 또 하나의 교육기관으로서의 역할을 감당하고 있는 것이다.

지속가능 디자인이란 무엇일까, 에서 출발한 aA는 카페를 시작으로, 뮤지엄을 거쳐 그리고 캐비닛이라는 잡지로까지 그 가지를 뻗어나갔다. 전령사로서, 교사로서, 멘토로서 이러한 aA의 행보는 그래서 '변주곡'이다. 하나의 주제를 가지고 그것을 다양한 방법으로 연주하는 변주곡처럼 '지속가능 디자인'이라는 핵심을 '제대로' 전달하기 위해 매번 변형을 즐기기 때문이다. 그런데 이 변주곡이 아주 끝나지 않았다고 한다. 마지막 곡은 라이프 숍이다. 그들은 이 곡을 어떻게 완성할까.

마지막 변주곡,
라이프 숍을 통한 브랜딩의 완성

한국형 '무인양품'을 만들겠다는 목적으로 5월 런칭을 앞두고 있는 aA의 라이프 숍은 가구를 중심으로 인테리어 오브제를 판매하는 곳이다. 아쉽게도 유니타스브랜드의 편집 일정으로 인해 런칭을 보지 못한 채 Vol.21이 출간되게 되었다(우리가 김명한 대표를 만난 것은 3월 29일이었다.) 그러나 그와의 짧은 인터뷰를 통해 aA의 브랜딩은 aA의 라이프 숍을 통해서 완성되는 것임을 알 수 있었다.

라이프 숍을 오픈하게 된 계기는 무엇인가?
유럽의 좋은 가구를 만날 때마다 왜 우리나라에는 이런 가구 브랜드가 없을까, 생각했다. 하다 못해 가까운 일본에는 '무인양품이라는 브랜드가 있는데 말이다. 언젠가는 대한민국만의 가구 브랜드를 만들어야겠다고 생각했다. 그 생각을 한 후 10년 만에 라이프 숍을 통해 가구 브랜드를 선보이게 된 것이다.

창간호를 낸 〈캐비닛〉과 〈캐비닛 주니어〉.

왜 이렇게 오랜 시간이 걸렸나?
사실 난 10년도 짧다고 생각했다. 하나의 브랜드를 런칭하는 게 그리 쉬운 일인가. 철학을 제대로 표현하기 위해서는 시간이 걸릴 수밖에 없다. aA를 통해 지속가능 디자인이 무엇인지 끊임없이 설파했다. 그 철학이 고스란히 담겨야 하기 때문에 가구의 재료를 구하는 것에서부터, 디자인, 그리고 공정하는 것까지 수없이 많은 실험이 필요했다.

라이프 숍을 통해 aA가 보여줄 가구는 어떤 모습인가?
컨셉은 '혼재'다. 아직 한국 사람들은 정확히 자신의 집을 어떤 가구로 꾸며야 할 지에 대해 잘 모른다. 그렇기 때문에 선택의 폭을 넓혀주어야 한다고 생각했다. 가격대도 10만에서 100만 원을 훌쩍 넘어서는 것까지 매우 다양하다. 이러한 다양성을 경험하면서 결국에는 나와 가장 잘 맞는 디자인이 무엇인지 알게 되는 전 과정을 aA 가구를 통해 경험할 것이라고 생각된다.

카페로 시작해서 라이프 숍까지, 머나 먼 여정을 왔다. 궁극적으로 aA가 고객에게 말하고자 하는 것은 무엇인가?
결국에는 지속가능 디자인이다. 카페는 지속가능 디자인이 무엇인지를 처음으로 대면하는 공간이다. 뮤지엄은 그러한 지속가능 디자인을 만든 디자이너들을 만나는 곳이다. 캐비닛은 그들의 사상을 만나는 곳이라면 이제 라이프 숍은 그러한 지속가능 디자인을

현재 런칭 준비를 하고 있는 aA 라이프 숍.

창조하는 곳인 것이다. 아마도 지금까지 우리가 외쳐왔던 aA식의 지속가능 디자인의 실체를 라이프 숍을 통해 볼 수 있을 것이다. 사실은 이것을 하기 위해 그 먼 길을 왔다고 할 수 있다.

사실, 라이프 숍의 경우 아직 이렇다할 결과물을 목도한 것이 아니기에, 이것이 aA의 브랜딩에 얼마나 도움을 주고 있는 지에 대한 여부를 판단하기에는 아직 이르다. 다만, 라이프 숍을 통해 aA가 어떤 메시지를 지속적으로 전파하려고 하는지는 충분히 판단할 수 있을 것이다. '지속가능 디자인'이라는 것을 체험하는 것을 넘어서 한국판 '지속가능 디자인'의 결정판을 보여주고자 하는 그들의 의도는 이 간단한 인터뷰를 통해서도 충분히 느낄 수 있으니까 말이다.

그렇다면 이제 결론이다. 독특한 편곡을 할 때마다 새로운 변주곡으로 자신들의 목소리를 올곧게 내고 있는 aA는 그렇다 치고, 만약 당신도 이렇게 핵심을 확장하기 위해서는 어떻게 해야 하는지가 궁금할 것이다.

핵심 확장을 위한 이유 있는 변주

카페에서 라이프 숍까지, aA의 이러한 변주의 과정은 작은 브랜드들에게 시사하는 바가 크다. 왜? 어찌되었든 브랜드는 그들이 가진 철학을 확장시켜야 하기 때문이다. 그러한 성장에 대한 선택을 할 때 aA가 어떻게 자신들을 성장시켜 왔는지에서 그 해답을 찾아볼 수 있을 것이다. 다시 정리해 보면 그들이 선택한 것은 성장이되, '규모'가 아니라 '핵심'의 성장을 선택했다는 것이다. 아마도 주크가 그의 두 번 째 책인 《핵심을 확장하라》에서 '핵심'이 무엇인지 알게 된 기업(브랜드)이 '어떻게' 핵심을 확장해야 하는지 말해주기 위해 제시한 다음의 출발선이 '성장'을 고민하고 있는 당신에게 도움이 될 것이다. 주크는 대부분의 브랜드들이 성장을 하기 위해 인접사업을 할 때, 반드시 다음의 5가지 질문을 해볼 것을 권한다.

- 고객 : 지금 상대하고 있는 고객들과 얼마나 같은가?
- 경쟁자 : 지금 맞서고 있는 경쟁자들과 얼마나 같은가?
- 비용구조 : 비용구조(인프라)가 얼마나 같은가?
- 유통채널 : 현재와 얼마나 같은가?
- 독특한 역량 : 핵심사업을 특별하게 만들어줄 능력이 있다면, 이것이 새로운 기회에도 적용이 되는가?

당신의 대답은 어떤가. 먼저, '얼마나 같은가'라는 질문에 대해 당신의 대답을 수치화해보길 바란다. 그리고 수치화 한 것을 종합해보았을 때, 〈그림 1〉에서 주크가 말하는 핵심에서부터 다각화에 이르기까지 어느 단계에 그 수치가 위치하는지 표시해보라. 만약 그 위치가 1단계라면 핵심을 중심으로 건강하게 확장하고 있는 것이라 할 수 있다. 문제는 핵심에서 한 단계 반 이상 떨어져 있는 경우다. 주크는 "핵심에서 한 단계 반에서 세 단계 반 정도 떨어져 있다면 '잘못된 열정'이 도사리고 있다"고 말한다. 그러한 열정에 더욱 가속도가

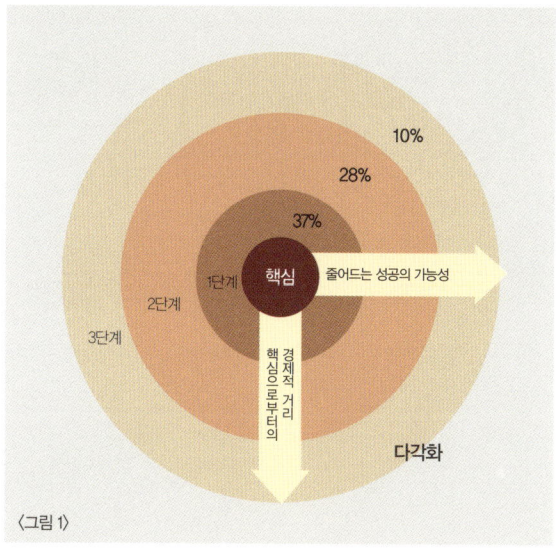
〈그림 1〉

붙을 경우, 〈그림 1〉에서 보는 것처럼 원 밖으로 튕겨져 나가 핵심과는 관련이 없는 오로지 '다각화'에만 관심을 쏟는 브랜드로 전락할 지도 모른다. aA의 경우 '지속가능한 디자인의 교육'을 중심으로 고객, 매번 새로이 선보인 비즈니스 모델의 경쟁자, 유통채널, 그리고 독특한 역량이 1단계에 위치한다고 볼 수 있다. 따라서 핵심을 중심으로 확장을 한 것이라는 결론에 제대로 안착한다. 이러한 aA의 브랜딩 전략을 살펴보면 짐 콜린스와 제리 포라스의 저서 《성공하는 기업들의 8가지 습관》에 등장하는 이른바 '비전 기업'들의 행보와 공통점을 발견할 수 있었다. 책에서 저자들은 이렇게 말한다.

"비전 기업들은 단순한 경제적인 의미를 뛰어넘는 핵심 이념을 가지고 있다. 그리고 가장 중요한 점은 이 핵심 이념을 확장하기 위해 기업을 성장시켰다는 것이다."

그럼에도 불구하고 이 글의 끝에서 이렇게 생각하는 독자가 있을지 모르겠다. "그래도 난, 생존이 더 급하다. 비전의 확장은 너무나 멀게 느껴진다. 수익을 위한 전략이 더 급하다"라고. 물론, 그 말이 틀렸다는 것은 결코 아니다. 다만, 그 생각에서 한 걸음 물러나 조금 더 멀리 보길 원한다. "멀리 나는 새가 멀리 본다"는 해묵은 고전의 명언을 꺼내지 않아도 왜 당신이 조금 더 멀리 봐야 하는지 김명한 대표의 다음 말을 곱씹어 보라.

김 초일류가 되는 것은 자본 싸움이 아니라 마인드의 싸움이다. 마인드란 각 사람이 가지고 있는 철학이다. 나는 초일류가 되기 위해 현재 마인드 싸움을 하고 있는 것이다. UB

김명한 패션디자인을 공부했으며, 일 년의 3분의 1은 해외에 거주하며 트렌드 읽기 삼매경에 빠지거나, 지속가능 디자인을 알려줄 좋은 디자인 가구, 오브제들을 수집하러 다닌다. 수많은 잡지에 지속가능 디자인에 대한 컬럼을 게재하며, 지속가능 디자인의 전도사를 자처하고 있다.

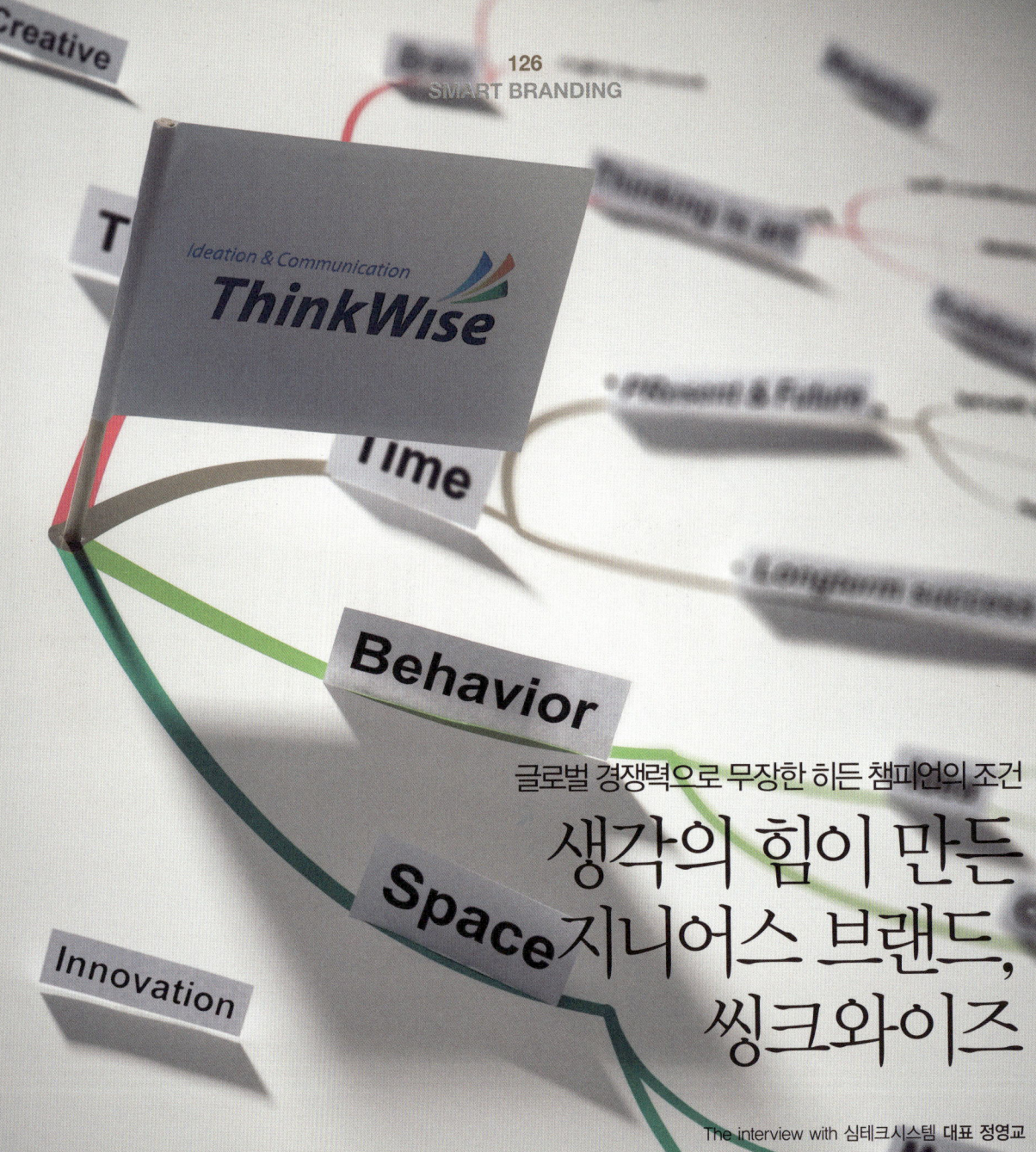

글로벌 경쟁력으로 무장한 히든 챔피언의 조건

생각의 힘이 만든 지니어스 브랜드, 씽크와이즈

The interview with 심테크시스템 대표 정영교

한글과컴퓨터의 아래아 한글, 안철수 연구소의 V3, 그레텍의 곰플레이어, 이스트소프트의 알집…. 우리나라의 대표적인 소프트웨어를 꼽다 보니 금세 밑천이 바닥나고 만다. 누군가의 도움을 얻어 하우리나 지란지교와 같은 조금은 낯선 이름들을 떠올린다. 그러나 여기까지다. 물론 국내 소프트웨어 업계는 그동안 눈부신 발전을 해 왔다. 특히 기술에서는 세계 수준에 뒤떨어지지 않는다고 해도 과언이 아니다. 그런데 왜 인도나 이스라엘처럼 세계적으로 성공한 글로벌 소프트웨어 회사는 나오지 않는 것일까? 소프트웨어 컨설팅 회사인 ABC Tech의 김익환 대표는 세계 수준에 근접한 기술과 기법은 그에 걸맞은 균형 잡힌 사고와 문화 수준이 어우러질 때 극대화될 수 있다고 말한다. 즉 글로벌 마인드의 부재가 가장 큰 원인이라는 것이다.

그러나 아는가? 1998년에 첫선을 보인 이후 무려 13년간 소리 없이 세계 시장의 인정을 받아온 소프트웨어가 있다는 사실을 말이다. 마인드맵의 기능을 소프트웨어로 고스란히 옮겨 무려 9개의 언어로 70여 개국의 지식 노동자들을 열광케 하는 소프트웨어, 씽크와이즈(수출명 마인드맵퍼)가 그 주인공이다. 그리고 그 배경에는 기술적인 경쟁력과 아울러 창의적인 사고력으로 무장한 글로벌 경쟁력이 숨어 있었다. 너무나 숨어 있어서 아무도 알지 못한 그들만의 브랜딩 전략을 살펴보기로 하자.

강소기업의 숨겨진 경쟁력, 글로벌 마인드

"한국의 중소기업은 기술적인 잠재력이 뛰어나다. 하지만 이들이 '히든 챔피언hidden champion'으로 성장하려면 무엇보다 글로벌 마인드라 할 수 있는 '멘탈 글로벌라이제이션Mental Globalization'이 절실히 필요하다."

여기서 말하는 *'히든 챔피언'이란 규모는 작지만 신기술을 개발하고 틈새 시장을 파고들어 세계 최강자에 오른 중소기업을 말한다. 《히든 챔피언》의 저자 헤르만 지몬을 통해 전 세계에 전파된 이 말은 대중에게 널리 알려져 있지는 않지만 세계 시장을 지배하는 탁월한 경쟁력을 지닌 기업에 붙여진 이름이다. 그런데 헤르만 지몬은 왜 한국의 중소기업들에게 '글로벌 마인드'의 필요성을 특별히 강조했을까? 그것은 이미 충분한 기술 경쟁력을 갖춘 한국 기업들에게 가장 필요한 것은 보다 넓은 해외 시장과, 이에 걸맞은 글로벌 경쟁력이라 생각했기 때문이 아닐까?

20세기의 글로벌화가 몇 가지 굵직한 사건을 통한 세계 질서의 재편으로 이뤄진 시장 중심의 글로벌화였다면, 21세기의 글로벌화는 개개인의 욕망이 전 지구적으로 확산되는 현상을 통해 점점 세분화되고 있다. 코카콜라, 리바이스, 맥도날드 같은 기업들이 맛과 규격, 멋의 표준화로 세계 시장을 창조해낸 반면, 닌텐도, 컨버스, 유니클로 같은 기업들은 상대적으로 세분화된 틈새 시장의 필요를 정확히 읽어 냄으로써 또 다른 의미의 글로벌화를 이뤄 내고 있다.

그렇다면 중소기업들이 이러한 시장 환경의 변화에 걸맞은 글로벌 경쟁력을 갖추기 위해서는 어떤 노력들을 해야 할까? 당장 국내 시장에서의 생존을 걱정해야 하는 중소기업들에게 '글로벌화'라는 말은 아직 멀게만 느껴지는 단어다. 하지만 오토바이 헬멧만을 전문으로 하는 HJC나 밀폐 용기를 생산하는 락앤락처럼 해외 시장에서 먼저 명성을 얻은 후 국내 시장에 진입해 성공하는 기업들이 점점 더 늘고 있다. 지금부터 소개할 '심테크시스템'처럼 처음부터 세계 시장을 목표로 하는 기업들 역시 점점 늘고 있다. 과연 그들이 생각하는 글로벌 경쟁력이란 어떤 것일까?

심테크시스템의 정영교 대표

글로벌 경쟁력이란 무엇인가?

심테크시스템은 전 세계 마인드맵 소프트웨어 회사 중 인지도 면에서 2, 3위를 다투는 기업이다. 업종의 특성상 대중들에겐 잘 알려지지 않았지만 무려 13년 이상 오직 하나의 제품만으로 경쟁하고 있다. 처음부터 해외 시장에 진출해 다국적 기업의 브랜드들과 치열한 경쟁을 벌이고 있다. 특히 심테크시스템의 정영교 대표는 실리콘밸리의 시뮬레이션 벤처기업에서 부사장 자리까지 오른 경험을 가진 CEO다. 하지만 그가 말하는 글로벌 경쟁력이란 일반적으로 우리가 알고 있는 그것, 즉 어학 능력이나 현지화 능력 등과는 사뭇 달랐다.

정영교(이하 '정') 오랫동안 다양한 프로젝트를 외국인들과 함께 진행하면서 그들이 부분은 논리적으로 파고들면서도 전체를 바라보는 능력 역시 탁월하다는 것을 알게 되었다. 한마디로 좌뇌, 우뇌가 균형 잡힌 창의적인 사고력을 아주 어릴 때부터 교육 받고 있었다는 거다. 바로 이러한 교육에서 그들의 경쟁력이 나온다는 사실을 오랜 해외 생활의 경험을 통해 알 수 있었다. 애플이나 페이스북 같은 미국의 기업들을 떠올려 보라. 그들이 가진 경쟁력은 더 이상 인적 자원이나 물적 자본만이 아니다. 전혀 새로운 것을, 전혀 다르게 생각할 줄 아는 힘에서 나왔다는 것을 쉽게 알 수 있을 것이다.

---

* 히든 챔피언의 조건

그렇다면 그가 말한 히든 챔피언이란 어떤 기업들을 말하는 것일까? 우선 세계 시장에서 1위, 적어도 3위 내의 시장 점유율이나 인지도를 가지고 있어야 한다. 또한 생존 능력이 탁월하며 주로 대중에게 잘 알려지지 않은 제품을 전문적으로 생산하는 기업들을 말한다. 그리고 진정한 의미에서 다국적 기업과 경쟁하고 있어야 한다. 이 점을 깊이 인식한 한국거래소는 2009년부터 한국형 히든 챔피언들을 찾는 작업을 시작했고, 한국의 강소기업들을 찾아 《히든 챔피언에서 길을 묻다》라는 책을 발간하기도 했다.

뜻밖에도 정 대표는 글로벌 경쟁력을 다름 아닌 '창의적 사고력'으로 이해하고 있었다. 오랫동안 직접 몸으로 부딪혀 경쟁해 온 그에게는 언어와 문화의 장벽으로 인한 소통의 어려움보다 더 큰 장벽이 하나 더 있었던 셈이다. 그는 글로벌 경쟁력을 가진 기업을 창의적인 방법을 통해 전 세계인들을 감동시킬 수 있는 새로운 가치를 창출해 내는 기업이라고 생각하고 있었다. 그렇다면 그가 생각하는 창의적인 기업이란 어떤 회사를 말할까? 그리고 어떤 방법으로 전 세계인들의 마음을 움직일 수 있는 제품과 브랜드를 키워 내고 있을까?

> 글로벌 마인드를 가진 기업이란 창의적인 방법을 통해 전 세계인들을 감동시킬 수 있는 새로운 가치를 창출해 내는 기업이라고 생각하고 있었다.

씽크와이즈의 4가지 지니어스 브랜딩 전략

비즈니스 전략가인 피터 피스크는 그의 책 《비즈니스 지니어스》를 통해 세계를 변화시킨 천재적인 기업들의 창의적인 사고방식과 행동방식을 설명하면서 경쟁력 있는 기업들이란 리더와 경영자, 브랜드와 기업이 큰 그림을 볼 줄 아는 이들이었음을 발견한다. 그가 만난 기업들은 사물을 남과 달리 보고 남과 다른 일을 하고 있었다. 또한 연관되지 않은 것들을 연관시키고, 관습에 도전하고, 새로운 기회를 찾고, 두려움 없이 새로운 아이디어를 시도하고, 영감을 주는 리더를 갖고 있었다. 그는 이러한 기업들이 가진 특징을 다음의 네 가지 영역으로 구분해 설명하고 있다. 바로 사고방식과 시간, 공간, 행동의 영역이 그것이다.

만약 심테크시스템이 가진 글로벌 경쟁력이 창의적인 사고력에 기초한다면 피터 피스크가 말한 네 가지 영역에서 그들의 경쟁력의 원천을 발견해 볼 수 있지 않을까? 작은 기업일수록 시장에서의 경쟁은 어렵기 마련이고 이 때문에 자신만의 특별한 경쟁력은 필수적이다. 만약 그 시장이 원래 없던 시장이라면 더욱 그렇다.

마인드맵 소프트웨어 시장은 심테크시스템이 뛰어들기 전까지는 그 존재 자체가 미약했다. 창의적 사고력이 기업의 경쟁력에 미치는 영향을 간파한 심테크시스템이 과감하게 이 시장에 뛰어들면서 지금은 수십여 개의 관련 제품이 경쟁하는 시장으로 변모했다. 규모도 작고 글로벌 소프트웨어 회사가 전무한 국내 환경에서 그들이 일궈 낸 성과가 흥미로운 이유는 바로 여기에 있다. 과연 그들은 어떠한 방법으로 새로운 시장을 개척하고 또 경쟁해 왔을까? 그 경쟁력의 원천을 피터 피스크가 말한 네 가지 영역에서 살펴보기로 하자.

지니어스의 '사고방식'
: 좌뇌와 우뇌를 동시에 활용하라

정 대표가 처음 마인드맵을 프로그램으로 개발하기 시작한 것은 순전히 개인적인 필요 때문이었다. 그가 1986년 미국의 산호세에 있는 시뮬레이션 컨설팅회사 심소프트$^{Sim-Soft}$에 입사한 이후 모토로라 반도체 공장의 프로젝트를 처음으로 맡았을 때였다. 버거운 업무 때문에 밤새워 다음 날 미팅 준비를 하는 것이 다반사였지만, 언제나 선글라스에 스포츠카를 타고 여유만만하게 나타나는 책임자 마이크 헤이번$^{Mike\ Havern}$이 전개하는 논리와 결론은 거의 예술에 가까워

마인드맵과 씽크와이즈

마인드맵은 한마디로 '생각하는 힘'을 기르는 일종의 두뇌 훈련법이라고 할 수 있다. 근육을 키우기 위해 무거운 기구를 들거나 힘든 운동을 반복하듯이 사고력 역시 훈련을 통해 발달시킬 수 있다는 것이다. 하지만 영국 태생의 토니 부잔이 창안한 마인드맵의 기본 훈련법은 생각보다 간단하다. 하얀 백지 한 가운데에 주제어나 이를 상징하는 이미지를 두고 생각의 가지를 마치 지도를 그리듯 확장해 나가는 것이다. 중심에서 멀어질수록 점차 작고 세밀한 생각을 연결해 배치함으로써 생각 간의 연결력과 부분과 전체를 조화롭게 볼 수 있는 능력을 기르는 것이 마인드맵의 핵심적인 기능이다. 이는 인간의 뇌가 좌뇌와 우뇌로 구분되어 있으며 서로 다른 기능을 하는 두 개의 뇌를 고루 사용함으로써 더 큰 시너지를 낼 수 있다는 원리에서 출발했다. 1971년 창시된 이래 세계적인 뇌 관련 석학들로부터 찬사를 한 몸에 받으며 오늘날 여러 형태의 교육 프로그램과 책, 소프트웨어, 강의 등을 통해 지속적으로 전파되고 있는 학습 이론이기도 하다. 씽크와이즈는 이를 PC용 소프트웨어 형태로 개발한 것이다.

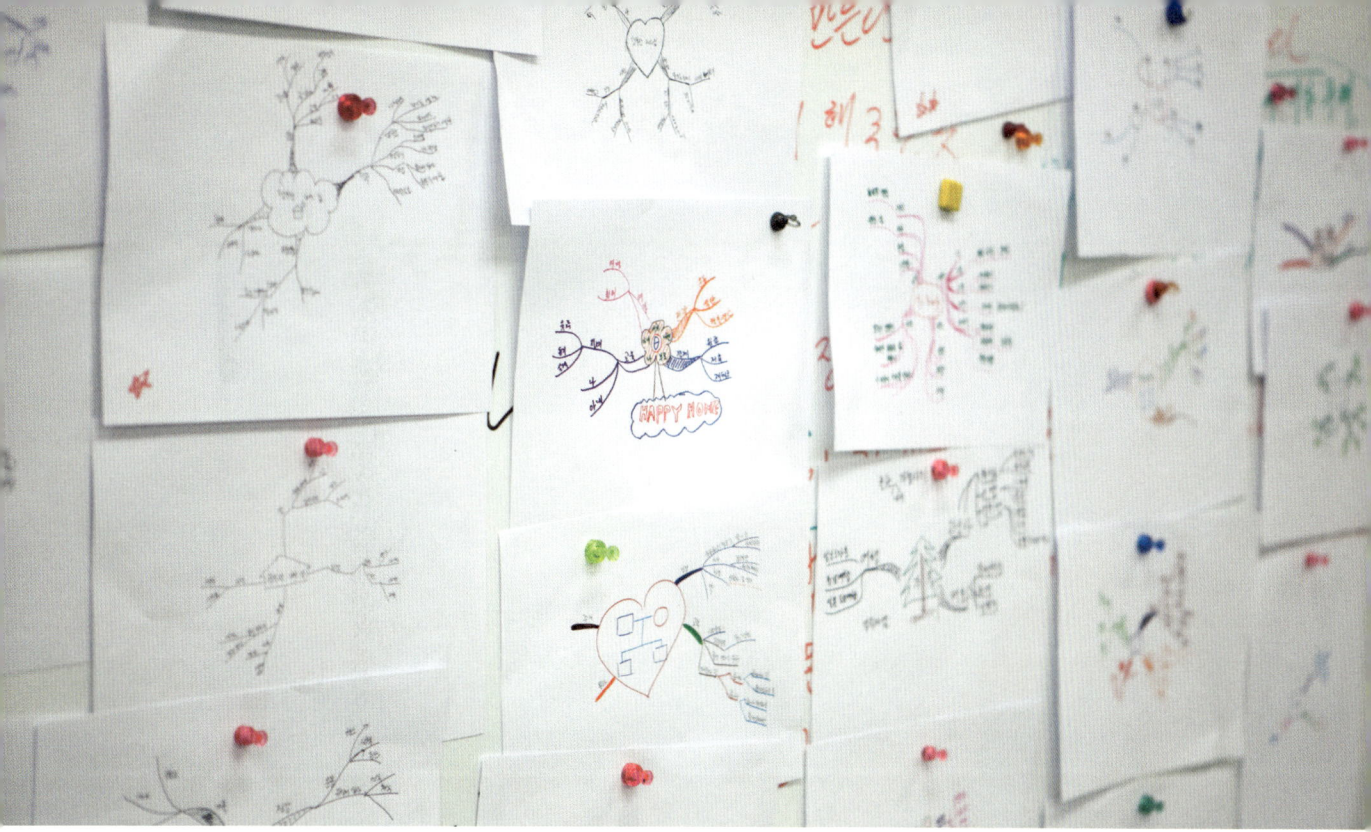

보였다. 정 대표는 도대체 그 자신감과 경쟁력의 원천이 무엇인지가 너무도 궁금했다.

정 마음속으로 감탄하면서도 나 자신의 사고력이 정말 초라하게 여겨졌다. 도대체 무엇 때문에 이런 차이가 나는지 알 수 없었다. 그러다 문득 '방대한 자료와 정보를 정리하고 분석하는 데 지금보다 더 나은 방법은 없을까'라고 자문하게 되었다. 그때까지만 해도 나는 주로 엑셀을 사용했다. 엑셀로 글을 쓰고, 계산도 하고, 도형을 이용해서 보고서를 만들었다. 그러나 뭔가 매우 복잡한 문제를 분석하면서 떠오르는 생각을 정리하는 데에는 엑셀이 2% 부족하다고 생각하던 차에 마인드맵을 떠올리게 됐다.

마인드맵의 가장 유용한 점은 좌뇌와 우뇌를 고루 사용함으로써 업무를 전체적으로 이해할 수 있도록 도와준다는 것이다. 인간의 좌뇌는 직선적이고, 진보적이며, 문제와 기회를 수량화하는 역할을 한다. 반면에 우뇌는 전체론적이고, 자의적이고, 가능성과 큰 그림을 볼 수 있게 만든다. 오랫동안 외국의 대형 기업들을 위한 시뮬레이션 컨설팅을 해오면서 항상 방대한 업무를 효율적으로 처리할 수 있는 방법을 고심해 왔던 그로서는 이러한 마인드맵이 가진 유용함의 발견이 누구보다 반가웠다. 귀국 후 본격적인 연구가 시작됐고, 개발을 시작한 지 얼마 되지 않아 씽크와이즈ThinkWise의 첫 번째 버전이 완성되었다. 하지만 초기에 생각한 기능의 일부만 구현되었음에도 사람들이 긍정적인 반응을 보이기 시작했고, 급기야 주변의 연구원, 교수, 컨설턴트들을 통해 입소문이 나기 시작했다. 제품화에 대한 압력이 곳곳에서 들어오기 시작했다. 마인드맵의 유용함이 기업 차원에서 활용될 수도 있다는 생각을 하게 된 건 바로 이 때였다.

정 공부 잘하는 사람, 일 잘하는 사람, 컨설팅 능력이 뛰어난 이들의 공통점은 깊고 넓게 생각하면서 전체를 파악하는 능력을 가졌다는 것이다. 그러한 창의적이며 논리적인 사고력의 개발에 마인드맵이 얼마나 큰 도움을 줄 수 있는지를 직접 체험했다. 결국 씽크와이즈가 중요한 역할을 할 수 있다는 확신을 갖게 됐고 남들이 가지 않는 멀고 먼 개발의 길을 걷게 되었다.

개인적인 필요에 의해 시작된 개발은 1997년 12월 교육용 소프트웨어 전시회에 선을 보이는 상황으로 진행되었고, 씽크와이즈라는 제품의 개발과 판매로 이어졌다. 이후 심테크시스템은 시뮬레이션 컨설팅이라는 본업을 제쳐두고 씽크와이즈의 개발에 더욱 많은 시간과 노력을 기울이게 된다. 이유는 한 가지였다. 개인적인 필요와 기능의 유용함에 대한 확신, 이것이 제대로 된 시장 자체가 존재하지 않던 당시에 무모한 시도를 하게 된 동기였다. 즉 우뇌의 통찰력을 바탕으로 기회 포착에 들어갔고 이를 위해 체계적으로 소프트웨어의 개발과 제품화에 뛰어든 것이다.

그 결과 국내에서는 포스코, 삼성전자, LG전자 등 1만 개 이상의 기업과 청와대를 포함한 100개 이상의 공공기관, 150개 이상의 연구소에서 활용되고 있으며 이 외에도 학교에도 널리 보급되어 활용되고 있다. 창의적인 사고력, 즉 사고방식의 변화가 개인과 기업의 경쟁력으로 이어질 수 있다는 확신이 현실로 실현된 것이다. 하지만 이러한 결과를 위해서는 아주 오랜 기다림이 필요했다. 만약 앞으로 도래할 시장에 대한 확신이 없었다면 그들의 행보는 오래전에 닻을 내리고 말았을 것이다. 그 첫 시험대는 다름 아닌 세계 최대의 컴퓨터 관련 전시회인 ⊕컴덱스였다.

지니어스의 '시간'
: 미래를 현재화하고, 현재를 미래화하라

피터 피스크는 높은 성과를 올리는 창의적인 기업들이 장기적 가치의 극대화와 단기적 수익성의 극대화를 동시에 추구한다고 주장한다. 심테크시스템 역시 이러한 사실을 잘 알고 있었다. 2001년 3월, 심테크시스템은 당시 참여한 한국 기업들 중 가장 큰 규모로 부스를 열었다. 아직 마인드맵이 무엇인지에 대한 설명도 건네기 힘든 한국의 시장과 비교했을 때 미국과 유럽은 이미 준비된 시장이라는 확신이 있었기에 가능한 일이었다. 더욱이 마인드맵의 기본적인 기능을 PC로 옮긴 미국이나 유럽의 제품들에 비해 오피스 프로그램과의 연결이라는 확실한 차별화 요소를 갖고 있었다. 당시만 해도 거의 존재하지 않다시피한 시장이 열릴 것을 이미 확신하고 있었던 것이다.

정 '창의적 사고능력이 가치 창출에 직결된다는 사실'이 당시의 한국에서는 막연한 믿음의 수준이었다면 미국과 유럽은 상식적인 수준이라는 사실을 오랜 외국 생활을 통해 알고 있었다. 만약 세계 2위의 경제대국이라 불리는 일본 시장에 처음부터 올인했다면 어떻게 됐을까? 남에게 피해를 주지 않으면서 시키는 일만 하는 문화가 팽배한 사회에서 창의력을 바탕으로 하는 것으로 성공을 거두기란 결코 쉽지 않았을 것이다.

심테크시스템은 소프트웨어를 설명하는 인력 역시 전문적으로 프레젠테이션을 하는 사람들을 고용해 트레이닝을 시켜 부스에 배치했다. 아무리 제품이 훌륭하다 해도 현장에서 만나는 고객에게 제대로 설명할 수 없다면 무의미하다고 생각했기 때문이다. 대부분의 한국 기업들이 급하게 구한 교포 대학생들을 아르바이트로 쓰던 것에 비하면 확실히 차별화된 전략이었다.

예상하던 대로 반응은 폭발적이었다. 2, 3분 정도 설명을 듣다가 어느새 뒷주머니의 지갑에 손이 가는 소비자들이 부지기수였다. 더구나 씽크와이즈는 당시로서는 획기적이라 할 수 있는 일정 관리 기능에 차트 자동 생성까지 탑재되어 있어서 이러한 필요에 목말라 있던 수많은 비즈니스맨들의 뜨거운 호응을 얻을 수 있었다. 하지만 기대와 달리 그 결과는 대실패였다. 대체 그날 무슨 일이 있었던 것일까?

정 컴덱스를 위해 세 가지를 준비했다. 제품, 전시회, 그리고 전자상거래 시스템이 그것이다. 제품과 전시회는 100점 만점에 200점 이상이었다. 하지만 비즈니스 인프라의 중요성을 미처 알지 못했다. 현지 판매를 위해서는 리셀러reseller를 모아야 하고 이를 위해서는 시스템이 갖춰져 있어야 하는데 홈페이지를 통해 신청하고 결제하는 부분이 완성되지 않았던 것이다. 그간 B2B 형태의 사업만 하다 보니 개당 100달러, 200달러를 받는 시장에 대해서는 전혀 모르고 있었다는 사실을 그제야 알게 됐다. 폭발적인 반응을 뒤로한 채 비행기를 타고 빈 손으로 돌아와야 했다.

⊕ 컴덱스 COMDEX

미국에서 해마다 봄과 가을에 열리는 세계 최대의 컴퓨터 관련 전시회로 'Computer Dealers Exposition'의 줄임말이다. 1979년 인터페이스사(社)에 의해 미국 라스베이거스에서 소형 컴퓨터 소매업자 등을 중심으로 시작되었다. 1990년부터 시작된 봄 전시회는 애틀랜타를 중심으로 여러 도시에서 열리는 데 비해 가을에는 대부분 라스베이거스에서 열리며, 특히 가을 전시회는 다음해 컴퓨터 시장의 흐름을 예측할 수 있는 기회로 활용된다. 초기의 컴덱스는 컴퓨터 신기술과 신제품을 세계 각국의 판매상들에게 소개하는 PC 전문 전시회였으나, 1990년 이후 컴퓨터 산업이 주요 산업으로 급성장하면서 전세계 IT 산업 전체를 주도하는 행사로 자리 잡았다. 한국은 1988년 봄 애틀랜타 컴덱스에 현대전자가 전화자동응답 장치를 출품하면서 처음 진출하였고, 1992년부터는 대한무역투자진흥공사 주관으로 국내 중소업체들의 제품을 전시하는 한국관이 자리잡기 시작하였다. 2000년에는 200여 개에 이르는 업체가 중소 벤처기업을 중심으로 참가하였다.

심테크시스템은 직원들의 창의력 향상을 위한 다양한 프로그램들을 진행하고 있다.

정 대표는 안타까운 마음에 제품과 판매망을 정비한 후 같은 해 11월에 열린 가을 컴덱스에 다시 참여했지만 결과는 마찬가지였다. 하지만 이때 입은 심테크시스템의 손해는 단순히 판매를 하지 못했다는 수준에서 그칠 문제만은 아니었다. 그들이 야심차게 준비한 마인드맵의 새로운 기능들을 특허와 같은 아무런 보호 장치 없이 세상에 공표한 꼴이 되어버렸기 때문이다. 하지만 심테크시스템은 이러한 실패를 통해 판매보다 더 중요한 한 가지 자원을 얻을 수 있었다. 그것은 바로 비즈니스맨을 위한 최고의 마인드맵 프로그램이라는 소비자들의 인정과 기대감이었다.

훌륭한 브랜드들은 실제적이고 단기적인 성과를 올리기 위해 현재의 관점에서 전략과 혁신을 추진하면서도, 장기적으로 최적의 기회를 포착하기 위해 미래의 관점으로 시장에 접근하는 것을 게을리 하지 않는다. 심테크시스템이 컴덱스에서 이룬 절반의 성공은 이처럼 단기적으로는 손실이었지만 장기적으로는 그들의 브랜드가 알려지는 중요한 전환점이 되었다. 바야흐로 그들의 본격적인 브랜딩이 소리 없이 시작되고 있었던 셈이다.

정 컴덱스의 실패로 인해 이후 1~2년간 굉장히 어려운 시기를 보냈다. 수년간 전시회 준비를 위해 올인을 했으니 당연한 결과였다. 하지만 얻은 것 역시 적지 않았다. 전시회를 통해 우리 회사가 만든 마인드맵 소프트웨어가 세계의 표준으로 자리 잡을 수 있었고, 참석한 잠재적인 소비자들에게 강력한 각인 효과를 남기는 성과도 있었기 때문이다. 또한 결과적으로 전 세계의 마인드맵 시장을 키우는 데 보이지 않는 공헌을 했다고 본다.

지니어스의 '행동'
: 혁신적 아이디어에 실용적 행동을 더하라

창의적인 기업들은 혁신적인 아이디어를 새로 창출해낼 뿐 아니라 이러한 아이디어를 사업에 적용하는 능력 역시 뛰어나다. 이를 통해 기업은 새롭고 독특한 솔루션을 창출해내는 기반을 갖게 되고 탁월한 성과를 추구할 수 있게 된다. 심테크시스템의 경우 창업 초기부터 주 5일 근무와 40시간 근무를 명시하고 이를 지켜 왔다. 하지만 제한된 시간 내에서 성과를 내기 위해서는 또 다른 창의적인 노력들이 필요했을 거라 짐작할 수 있다. 업무 시간은 짧아도 근무 시간의 집중도는 엄청난 것이 창의적인 기업들의 업무 문화다. 정 대표는 규모가 작은 기업이라서 겪는 어려움에 대해 한마디로 '인재의 부족'이라고 답했다. 그렇다면 어떤 기업보다도 창의적인 인재가 필요했을 심테크시스템은 자신의 버스에 오를 사람들을 어떤 방식으로 선택했을까?

정 우리가 선택한 업종 자체가 창의적인 노력으로 부가가치를 만들어야만 하는 곳이다. 따라서 그런 업을 오랫동안 함께하려면 일하는 사람들도 최소한 같은 성향을 갖고 있어야 한다고 생각한다. 그냥 시간만 때우겠다는 마인드로는 절대 함께 일할 수가 없다. 그것은 서로를 비참하게 만들 뿐이다. 그래서 채용 시 가능한 인터뷰를 길게 하는 편이다. 어떤 때는 하루 종일 인터뷰를 할 때도 있다. 그 사람이 어떤 사람인지 정확히 알기 위해서다.

제품 개발과 시장 확장, 그리고 인재의 선발과 교육에 이르기까지 일관되게 이어지는 '창의성'에 대한 정 대표의 생각은 바로 남과 다른, 그러나 일관된 목표가 만들어 내는 추진력으로 연결된다. 하지만 창의성이란 일상의 작은 훈련을 통해서 길러질 수 있다는 것이 정 대표의 생각이다. 예를 들어 매월 월급날이면 심테크시스템의 직원들은 월급 이외에 만 원의 현금을 추가로 받는다. 그리고 모든 직원은 이후 한 달간 만 원의 사용 내역을 보고해야만 한다.

> 그들의 혁신은 언제나 뚜렷한 한 가지 지향점을 가지고 있었다. 그것은 철저히 제품을 사용하는 소비자들 입장에서 불편을 발견하고 이를 해결하기 위해 노력하는 것이다.

정 바쁘게 일을 하다 보면 여유가 없어지게 마련이다. 그러다 보면 오로지 자신만을 위한 삶을 살게 된다. 이건 마음이 나빠서가 아니라 훈련이 안 되어서다. 아무리 작은 것이라도 살면서 다른 사람에게 줄 수 있어야 하는데 이를 위해 훈련이 필요하다는 생각을 했다. 그래서 만 원을 현찰로 줄 테니 한 달 동안 거리의 노숙자를 돕든 고마운 사람에게 커피를 사든 그런 상황을 적극적으로 찾으라고 했다. 남에게 주는 연습을 하지 않으면 회사가 성장한다 하더라도 함께 일하는 누군가가 과연 행복해질 수 있겠는가 말이다.

이 같은 *창의성에 대한 훈련의 결과는 심테크시스템이 그동안 만들어 온 제품의 형태로 고스란히 드러나고 있다. 실제로 심테크시스템의 모든 기획과 회의, 보고, 발표, 토론은 씽크와이즈를 통해 이뤄진다. 즉 불편함의 제거를 통해 새로운 필요를 지속적으로 발견하고 이를 제품 개발에 연결시키는 것이다. 그중 하나가 프로그램의 설치 과정이 전혀 필요 없는 씽크와이즈 USB의 개발이다. 대표적인 마인드맵 전문 블로거인 척^{Chuck}이 "왜 아무도 이런 생각을 하지 못했을까?"라고 경탄한 이 제품은 자리 이동이나 출장이 잦은 사람들의 필요를 위해 만들어졌다. 프로그램은 '당연히 설치되어야 한다'는 상식을 깨지 않았다면 씽크와이즈 USB는 결코 세상에 나오지 못했을 것이다. 씽크와이즈 패드는 소프트웨어인 마인드맵의 기능을 종이 위로 옮긴 버전이다. 부팅이나 프로그램 실행의 번잡함을 피하기 위해 만들어진 패드 역시 '우리는 소프트웨어를 만드는 회사'라는 기준을 넘어설 수 있었기에 나온 결과였다.

이러한 창조적 파괴 전략은 전 세계에서 단 하나뿐인 '어린이씽크와이즈'를 비롯해 '씽크와이즈온'이라는 마인드맵을 활용한 협업 서비스의 개발로 이어졌다. 만일 씽크와이즈의 유용함이 사용자들의 삶과 업무에 조금이라도 도움을 주지 못했다면 이토록 오랫동안 소비자들로부터 사랑받을 수 있었을까?

"오늘날 발생하는 창조력과 관련된 문제는 사람들이 아이디어만 내놓으면 자기가 할 일이 끝났다고 생각하기 때문이다. 그들은 아이디어 실행에 대한 복잡한 세부사항을 결정하고 보고하는 것이 다른 사람의 일이라고 생각한다. 통상적으로 창조력이 뛰어난 사람일수록 행동에 대한 책임을 더 적게 지려는 경향이 있다."

〈하버드 비즈니스 리뷰〉의 전직 편집자인 테오도르 레빗 교수의 이 같은 말은 창의력이 가진 허와 실에 대한 일반적인 우려를 대변한다. 하지만 분명한 것은 심테크시스템이 이러한 아이디어의 실행을 통해 지난 10여 년간 쉴 새 없이 스스로를 혁신해 왔다는 점이다.

그들의 혁신은 언제나 뚜렷한 한 가지 지향점을 가지고 있었다. 그것은 철저히 제품을 사용하는 소비자들 입장에서 불편을 발견하고 이를 해결하기 위해 노력하는 것이다. 지금도 '마인드맵퍼'를 구글에서 검색하면 100만 건 이상의 검색 결과를 확인해 볼 수 있다. 끊임없는 고민과 제품 개선이 실제 사용자들의 지속적인 반응을 끌어낼 수 있었고 이 모두가 씽크와이즈만이 가진 독특한 브랜드 경쟁력으로 축적되고 있었던 것이다.

대표실의 당구대는 진정한 창의력이란 일상에서 나온다는 이들의 믿음을 보여준다.

심테크시스템은 사내에서 진행되는 모든 회의를 씽크와이즈를 활용해 진행한 후 여기서 나온 다양한 아이디어들을 제품 개선에 반영한다.

지니어스의 '공간'
: 고객과 기업 중심적 관점을 동시에 추구하라

씽크와이즈의 개발 초기, 정 대표가 필요한 기능을 구현하는 데는 그다지 큰 어려움이 없어 보였다. 문제는 마인드맵의 유용함을 어떻게 많은 사람들에게 알릴 것인가였다. 본업이 있는 상태에서 일일이 기업을 쫓아다니면서 강의를 할 수도 없었다. 기업에서 활용할 수 있는 용도가 무궁무진하다는 확신이 있었지만 단순히 기존의 마인드맵 기능을 소프트웨어로 옮기는 것만 가지고는 무언가 부족하다는 생각이 들었다. 하지만 단순한 학습법이 아닌 실무에서 성과를 창출해 낼 수 있다는 확신이 있었다. 고민에 고민을 거듭하던 중 어느 날 한 가지 번뜩이는 아이디어가 떠올랐다. 바로 마이크로소프트의 오피스 프로그램과 마인드맵을 연결해 보면 어떨까 하는 생각이었다. 즉 필기법에서 비즈니스 툴로 제품의 성격을 확장한다면 자신이 느낀 유용함을 시장과 연결할 수 있을 것 같았다.

정 미국에서 학교와 직장을 다니면서 그들이 MS Word를 거의 정석대로 쓰는 경우가 많다는 사실을 잘 알고 있었다. 자연스럽게 서식 기능을 많이 활용할 수밖에 없는데

*심테크시스템의 창의력이 만든 제품들

창의력을 강조하는 심테크시스템의 문화는 씽크와이즈 외에도 다양한 형태의 제품들을 선보이고 있다. 씽크와이즈 USB는 일반 소프트웨어와 달리 별도의 설치 과정이 필요 없어 이동이나 출장이 잦은 비즈니스맨들에게 큰 환영을 받았다. 노트북에 꽂는 것만으로도 마인드맵의 사용과 저장이 가능하다. 씽크와이즈 패드는 이마저도 힘든 이들을 위해 유용하게 쓸 수 있게 만들어진 메모장이다. 특히 씽크와이즈온은 '회의는 모여서 해야 한다'는 상식과 '마인드맵은 개인용 소프트웨어'라는 한계를 깨고 만들어진 서비스다. 이를 활용하면 여러 명이 동시에 동일한 주제를 가지고 하나의 마인드맵을 함께 완성해 갈 수 있다.

이 기능이 마인드맵과 매우 유사하다는 사실이 떠올랐다. 마인드맵으로 정리를 하다 보면 결국엔 MS Word의 목차에 해당하는 구조를 갖게 된다는 사실을 알고 일단 프로토타입prototype을 만들었다. 이후 1년간 밥을 먹지 않아도 배가 부를 정도로 만족스러운 결과가 나왔다. 마인드맵의 내용을 워드 프로그램의 서식 형태로 바로 전환할 수 있으니 그 유용함이 이루 말할 수 없었다.

컴덱스에서의 실패에도 불구하고 씽크와이즈는 단순한 필기법에서 비즈니스 툴로서의 혁신을 감행한 첫 번째 소프트웨어로 소비자들에게 강력하게 각인되었다. 이후 다양한 마인드맵 소프트웨어들이 시장에 선을 보였음에도 불구하고 씽크와이즈를 원조로 생각하는 소비자들의 끊임없는 리뷰 기사들은 이렇다 할 마케팅 활동이 전무하던 심테크시스템의 가장 큰 경쟁력이다. 이에 화답하기라도 하듯이 2008년에 있었던 대규모 업데이트를 제외하고 씽크와이즈의 모든 버전은 무료로 업그레이드되고 있다. 단순히 이익만을 생각한다면 쉽게 내릴 수 없는 결정이었지만 소비자의 기대에 부응하면서도 지속적인 제품 경쟁력을 유지할 수 있는 가장 좋은 방법이라는 생각에서 나온 선택이었다. 하

전 세계 다양한 언론에 소개된 씽크와이즈. 특히 빌 게이츠는 뉴스위크와의 인터뷰를 통해 마인드맵퍼가 정보 민주주의를 다음 단계로 끌어올린다고 말한 바 있다.

지만 이 같은 고집은 결과적으로 전세계에 수많은 씽크와이즈 마니아들을 만들어냈고 그 결과 70여 개국 이상에서 판매되는 글로벌 소프트웨어로 자리매김할 수 있었다.

정 우리의 마케팅 자원은 한정적이다. 하지만 단 하나의 제품에만 올인함으로써 얻을 수 있는 경쟁력을 극대화하려고 했다. 예를 들어 어떤 제품보다도 자주 업데이트를 해왔다. 우리가 하는 모든 업무에 씽크와이즈를 활용해 조금이라도 불편하게 여겨지는 부분들을 찾아내고 개선해 왔기 때문이다. 그 결과 개인 사용자와 팀 단위의 사용자에게 최적화된 기능들로 차별화할 수 있었다.

현재 글로벌 시장에서 가장 많은 인지도를 얻고 있는 마인드맵 프로그램은 마인드젯사의 마인드매니저다. 독일에서 출발한 이 회사는 기술력을 바탕으로 미국에 진출하여 대규모 펀딩을 받아 기업 시장을 적극적으로 공략했다. 2008년 당시의 매출이 3,000만 달러에 달할 정도로 공격적인 마케팅을 펼친 탓에 시장 점유율 1위를 고수하고 있다. 상대적으로 규모의 경쟁에서 밀릴 수 밖에 없는 구조다. 하지만 개인

〈그림 1〉 피터 피스크의 《비즈니스 지니어스》를 통해 본 심테크시스템의 글로벌 경쟁력

사용자, 팀 사용자를 타깃으로 한 씽크와이즈는 거품을 없앤 최적화된 기능과 끊임없는 성능 개선, 빠른 실행 속도를 바탕으로 여전한 경쟁력을 유지하고 있다.

하지만 심테크시스템을 고객과 시장지향적인 기업으로만 볼 수 없는 몇 가지 이유가 있다. 만약 그들이 시장만을 지향했다면 애초에 이러한 사업을 시작하지도 않았을 것이라는 점이다. 지금과 같은 마인드맵 시장이 만들어진 것은 심테크시스템이 개발을 시작한 지 한참 후의 일이다. 게다가 심테크시스템은 자신에게 가장 편리하고 효율적인 방식으로 사업을 지속해 왔다. 직원의 수도 사업의 규모도 마케팅 방법도 크게 달라지지 않았다. 그들은 시장의 가능성을 긴 호흡으로 바라보기 때문에 여타의 기업들처럼 규모를 키우거나 공격적인 마케팅의 필요성에 연연하지 않는다. 제품의 기능에 있어서는 고객들의 필요에 지나치다 싶을 만큼 민감하면서도 시장의 가능성에 대한 그들의 전략은 여타의 기업들보다 길고 깊은 호흡을 가진 것처럼 보인다.

그렇다면 궁금해진다. 제한된 시장과 한정적인 자원으로 여전히 힘겨운 경쟁을 벌이고 있는 이들은 과연 어떤 생각으로 지금의 시장을 바라보고 있을까?

작지만 강한, 그리고 세계적인 기업의 조건

이탈리아와 슬로베니아의 접경 지대인 코르몬스Cormons에는 이탈리아에서 최고의 생햄을 제조하는 작은 회사가 있다. 이 회사가 만드는 햄을 구하기 위해서는 2, 3년쯤 기다리는 것은 예삿일이다. 매일같이 사업가들이 찾아와 제품의 양을 늘릴 계획과 대형화 사업 계획을 제안하지만 로렌초 사장의 대답은 한결같다. "확대지향보다 행복지향".

그들은 상품과 인생의 질을 고려해 "스스로 정한 것 이상의 사업을 확장하는 않는다"고 말한다. 그들에게 있어 성공의 기준은 규모가 아닌 '행복'이기 때문이다. 그렇다면 심테크시스템이 꿈꾸는 '성공'이란 어떤 기준을 갖고 있을까? 그들은 성장하지 않은 것일까? 성장하지 못한 것일까?

정 작아도 강한 회사가 되는 것이 가장 어려운 일이다. 크고 강한 회사가 되는 것은 그다음에 오는 선택의 문제라고 본다. 2006년 쯤엔가 내가 원하는 성공이 무엇인지를 스스로에게 물어 본 적이 있다. 그런데 바로 대답할 수가 없었다. 그리고 오랫동안 고민을 거듭한 끝에 개인적인 성공과 사회적인 성공을 구분할 수 있어야 한다는 사실을 깨달았다. 개인적인 차원의 성공은 '후회하지 않는 삶'이다. 하지만 사회적인 성공은 다르다. 그 사람 때문에 좋은 영향을 받은 사람이 많은 사람일수록 사회적으로 성공한 것이다. 그렇

게 기준을 세우고 나니 이후에 회사 경영에서 선택과 판단이 명확해지고 쉬워졌다.

우리가 파는 것은 소프트웨어가 아니다

씽크와이즈는 마인드맵퍼라는 브랜드로 영어, 독일어, 일본어, 폴란드어, 네덜란드어 등 9개 언어로 개발되어 해외에 수출되고 있으며, 보급된 국가는 미주, 유럽, 아시아를 아울러 76개국에 이른다. 하지만 여전히 마인드 매핑의 효과를 사람들에게 설득시키기는 쉽지 않은 일이다. 마인드맵의 사용자가 폭발적으로 늘지 않는 이유도 현대인들에게 '생각한다'는 것 자체가 귀찮은 노동 정도로 여겨지기 때문이다. 스마트폰을 위시한 다양한 디지털 기기들 때문에 인간의 기억력이 오히려 퇴보하고 있다는 연구 결과들도 속속 나오고 있다. 만일 심테크시스템의 목표가 시장을 키우고 매출을 늘려 이윤을 추구하는 기업 본연의 목적에 충실하고자 했다면 처음부터 이 시장에 뛰어들지 말았어야 했을지 모른다. 하지만 그들은 다른 기준(창의적 사고)과 다른 시야(글로벌) 그리고 다른 목표(사고력이 경쟁력임을 공표)를 가지고 있었다.

정 우리는 사람들에게 단순히 마인드 매핑이 가능한 소프트웨어를 파는 것이 아니다. 이 소프트웨어를 사용하는 사람들이 이를 통해 자신의 능력을 새롭게 발견하고 경험할 수 있도록 하는 것이 가장 큰 목표다. 브랜드란 한 기업이 제품을 통해서 고객에게 전달하고 보여주고 싶은 가치라고 생각한다. 우리가 궁극적으로 추구하는 가치란 필요에 따라 전체와 세부적인 내용을 동시에 조감할 수 있는 사고력을 경험하게 하고 그 결과 자신의 업무에서 더 큰 성과를 낼 수 있도록 돕는 것이다. 씽크와이즈는 이를 가능하게 하는 도구일 뿐이다.

자신만의 호흡과 기준으로 완성하는 브랜딩 전략

기존의 기업과 사회가 갖고 있는 상식적이고 보편적인 기준과는 다른 기준을 가진 기업들은 자기다움의 유전자를 통해 자신만의 성공을 이루고 그 성공은 업종의 성격을 바꾸며 전에 없던 가치있는 일들로 사회와 문화를 바꾸기도 한다. 애플이 기존의 룰을 따라 좀 더 빠르고 싼 MP3P와 컴퓨터의 개발에 열중했다면 오늘날의 아이폰과 앱스토어가 탄생할 수 있었을까? 그로 인해 파생된 새로운 시장과 문화가 만들어질 수 있었을까?

정 만약 소비자들이 우리가 만든 제품을 본다면 깃발이 꽂힌 하나의 소실점을 향해서 쉴 새 없이 뭔가가 새로워지는 것처럼 보일 것이다. 고민과 연구의 방향 자체가 명확하다 보니 십 년이 넘어서도

정 대표 책상 위의 컴덱스 방문자 리스트는 글로벌 시장의 가능성을 환기시켜 준다.

지치지 않고 하나의 소프트웨어만 만들어 올 수 있었다. 그래서 날마다 생각하고 새로운 생각이 떠오르면 바로 얘기하고 실행에 옮긴다. 아마도 많은 이들이 씽크와이즈 하면 있지도 않은 시장을 두고 하나의 제품을 참 오래도록 잘 만들었다고 기억해 줄 것이다.

정 대표의 책상 위에는 아직도 두 번의 전시회에서 가져온 수천 명의 방문자 리스트 더미가 있다. 성공의 목전까지 다다랐던 그때의 생생한 그 느낌, 그리고 글로벌 시장의 높은 벽을 잊지 않기 위해서다. 이 벽을 넘는 원칙 역시 명확하다. 글로벌 마인드에 기초한 창의적 사고력이 세계적 수준의 완성도를 가진 제품으로 만들어져 전 세계인들을 상대로 한 경쟁력을 갖는 것이다. 그들에게 글로벌 경쟁력이란 여타의 기업들의 눈에는 보이지는 않는 조금 더 높은 기준선이자 더 넓은 시야를 의미하며, 세상의 어떤 기업보다 더 훌륭한 제품을 만들어 낼 수 있다는 자신감의 다른 말이기도 하다. 이것이 작지만 강한, 그리고 '세계적인' 기업이 되기 위해 변함없이 지켜 온 그들만의 기준이자 브랜딩 전략이다. [UB]

정영교 한양대학교 산업공학 석사를 거쳐 Oregon State Univ.에서 산업공학석사를 전공했다. 미국의 Simulation Software Systems사에서 컨설팅 담당으로 일하다 1991년부터 ㈜심테크시스템의 대표이사로 재직 중이다. 저서로는 《창의적 사고의 기술》, 역서로는 《브레인스마트리더》 등이 있다.

중소기업 브랜딩의 As is와 To be
Hot spot에서의 생존과 성숙을 위한 과제, SGP

The interview with SGP KOREA 대표 김대영

유니타스브랜드가 만나 보기로 한 회사의 대표가 스스로,
"나는 철학이 없다."
"우리는 아이덴티티가 없다."
"우리는 기생하고 있다."
라는 말을 인터뷰 내내 강조했다.

그의 말은 어디까지 옳고, 어디까지 틀린 것일까?
그들의 등장은 브랜드계의 새로운 종species의 탄생을 알리는 것일까,
아니면 '브랜드로의 진화' 과정 중 어려움에 봉착한 많은 중소기업들의 표본일까?
앞으로 이어질 글은 이에 대한 고민의 결과다.

Hot spot, 시장이 들끓는 곳

대기업, 중소기업을 막론하고 기업들의 핫스팟에 대한 감지력은 본능적이다. 시대정신에 따라 고객은 늘 변하고, 변화된 고객에 의해 시장의 움직임도 활발하다. 고객의 욕구와 그 욕구를 충족시키려는 기업들의 움직임이 만들어 낸 교집합 영역. 그곳이 바로 핫스팟이다. 역사적으로 이런 핫스팟을 향한 기업(인간)의 움직임을 가장 잘 볼 수 있었던 때가 19세기의 골드러시일 것이다.

> 샌프란시스코발 스티브 잡스의 프레젠테이션은 기업들의 촉수를 곤두서게 하기에 전혀 부족함이 없다.

"아메리칸강 바닥에서 금이 발견됐다!"

이 소문은 미국 전역은 물론 유럽, 중남미, 중국 등지로 퍼져 나갔고 아메리칸강이 있는 캘리포니아 지역에는 한 해 동안에만 약 2만 5,000명의 사람들이 몰려들었다. 1848~1849년에 불던 골드러시Gold Rush는 포티나이너스(forty-niners, 그 시기 그 지역으로 몰려든 사람을 일컫는 말)라는 새로운 유목민을 만들어 내며 캘리포니아가 미국 역사상 최단기 내에 주state로 승격되는 결과를 낳게 했다. 그야말로 19세기의 최고의 핫스팟이었던 셈이다. 그런데 포티나이너스는 얼마나 부자가 되었을까?

실제로 금을 위해 몰려들었던 사람들 중에는 눈에 띄게 금을 캐서 한몫 챙긴 사람은 거의 없다고 한다(전문가들은 광부들의 성공률을 1%로 약술한다). 외려 진짜로 억만장자가 된 사람들은 금광 대신 금광을 캐러 온 사람들을 캔 사람들이었다. 바로 샘 브래넌Sam Brannan, 리바이 스트라우스Levi Strauss, 그리고 헨리 웰스와 윌리엄 파고Henry Wells and William Fargo, 조지아나 커비Georgiana Kirby 등이다.

샘 브래넌은 금광에 혈안이 된 사람들에게 삽과 쟁기 등의 장비를 팔아서, 리바이 스트라우스는 잘 찢어지지 않는 바지를 만들어 팔아서, 헨리 웰스와 윌리엄 파고는 광부들이 집으로 보낼 금이나 돈을 안전하게 운송해 줌으로써 억만장자가 됐다. 이밖에도 아이들 교육에 선구자적인 역할을 한 조지아나 커비, 골드러시 때의 경험을 글로 적어 유명해진 마크 트웨인, 광부들을 대상으로 한 엔터테인먼트 비즈니스로 큰돈을 번 로타 크랩트리Lotta Crabtree가 있다. 그 외에도 골드러시 과정에서 생겨난 도로 건설에 종사한 사람들, 새로 생긴 도시에서 요식업과 숙박업에 뛰어든 사람들이 외려 광부들보다 더 큰돈을 거머쥐었다.

결국 핫스팟을 찾는 것도 중요하지만 핫스팟에서 무엇을 하느냐는 더 중요하다는 얘기다. 게다가 요즘처럼 정보의 속도가 촌각을 다투며 거의 실시간으로 대중에게 오픈되는 시대에서는 정보를 아는 것보다 그 정보를 어떻게 활용하는가가 더 중요할 것이다.

"스티브 잡스가 신상품을 내 놓는다!"

샌프란시스코에 자리 잡은 애플의 수장, 스티브 잡스가 새로운 제품을 출시한다는 소식이 들리면 과거처럼 직접 몰려가지는 않아도(아메리칸강, 샌프란시스코…, 캘리포니아에는 뭔가 있는 것일까?!) 미국은 물론 전 세계의 IT 관련 산업군은 들썩이기 시작한다. '애플러시Apple Rush'라고 불러도 손색이 없을 만큼 막대한 파장력을 지닌 그들의 행보는 '애플 효과' '애플 관련 수혜주' 등의 신조어를 만들기에 충분했다. 애플 관련 기기의 부품 중 30%를 담당하고 있는 한국 기업들 또한 요동을 치는 마찬가지이며(아이폰에 가장 많은 부품을 대는 업체는 다름 아닌 삼성전자다), 부품 납품 등 애플과 직접적인 공생관계에 있는 업체들이 아니더라도 큰 영향을 받기는 마찬가지다. 일례로 'Why?'라는 어린이 도서 시리즈로 유명한 예림당은 아이패드 출시가 발표된 이후에 주가가 급등했다. 'Why?'의 컨텐츠가 아이패드 애플리케이션으로 개발될 것을 염두에 둔 투자였다. 이처럼 샌프란시스코발 스티브 잡스의 프레젠테이션은 기업들의 촉수를 곤두서게 하기에 전혀 부족함이 없다.

촉수가 예민해진 여러 기업 중 휴대폰과 떼려야 뗄 수 없는, 그리고 시장이 점차 확대되고 있는 '휴대폰 액세서리 시장'이 있다. 업계 전문가에 따르면 휴대폰 액세서리 관련 시장은 전 세계적으로 10조 원에 이를 것이라 한다. 해당 시장의 1위는 *벨킨Belkin이지만 그들은 휴대폰 케이스 품목수가 몇 안 되기도 하고 우리가 더 궁금한 것은 국내 토종 브랜드였다. 그러다가 SGP를 발견했다(우리 회사 아이폰 사용자들의 휴대폰 보호필름 및 케이스의 80%가 SGP 제

---

*벨킨
미국 샌프란시스코에 본사를 둔 벨킨은 1983년 쳇 핍킨(Chet Pipkin)에 의해 탄생됐다. 학생 신분으로 친구 한 명과 부모님 집 차고에서 비즈니스를 시작한 핍킨의 첫 아이템은 PC와 주변 기기(프린터, 팩스 등)의 시장 확대를 염두에 둔 케이블 비즈니스였다. 그 후 인터넷 공유기 등으로 시장을 확대해 간 그들은 케이블 및 유무선 연결 기술을 체득해 가며 현재 컴퓨터 주변기기 및 관련 액세서리 시장에서 명실상부 1위 브랜드로 자리매김했다. HP, DELL, 삼성, 샌디스크, 애플 등과의 제휴를 통해 지속적인 성장 중이다. 2009년까지 런칭 후 27년 연속 흑자 경영이라는 기록을 세웠다. 하지만 이제는 휴대폰 액세서리 시장보다 주변기기 시장에서 더 큰 빛을 발하고 있는 그들이기에 액세서리 전문 브랜드에게는 도전해 볼 만한 틈새가 열리고 있는 것으로 점쳐진다.

품을 사용하고 있는 것을 발견한 것도 이들을 궁금케 하는 데 큰 영향을 미쳤다). 국내에 아이폰이 출시되기 전인 2005년경부터 액정 보호필름인 인크레더블 실드Incredible Shield, 슈타인하일 실드Steinheil Shield를 생산해 국내보다 해외에서 먼저 검증을 받은 그들이었다. 그들은 벨킨 및 동종 업계의 경쟁자들에 대비해 어떤 전략을 구사하고 있을까? 작지만 강한 그들의 전략을 들어보자.

Be Smart!

그런데 김 대표는 무슨 이유로 SGP를 런칭하게 됐을까(SGP 런칭 전 그는 IT 관련 소프트웨어 영업사원이었다)? 생각보다 그 시작은 상당히 단출했다. 2003년 어느 날 실수로 떨어뜨린 휴대폰에 흠집이 생긴 것이 속상했던 김 대표는 스스로 보호필름을 제작해 붙여 보았다고 한다. 그런데 그 기능이 뛰어나 몇몇 주변 사람들에게 만들어 주었는데 반응이 좋아 주변에서 사업을 권유했고, SGP는 단돈 50만 원으로 그렇게 시작됐다.

현재로서는(이 수식어가 반드시 필요하다) 휴대폰 및 태블릿 PC 관련 액세서리를 생산하고 있는 SGPStylish people's Good Partner. 이제는 200억 원의 연 매출을 내는 그들은 적은 자본과 작은 규모의 열악한 환경에서 스마트해지는 방법으로 현실적 어려움들을 극복해 나갔다.

각개전투와 총공격

한국 사람들의 휴대폰 교체 주기는 보통 1~2년 사이다. 교체 사유는 업그레이드된 기능, 새로운 트렌드, 분실 등으로 다양하겠지만 그들 모두에게 적용되는 사항이 있다면 교체와 동시에 액세서리 비용이 추가로 지출된다는 점일 것이다. 과거처럼 단순히 줄로 매다는 교통카드나 패션 소품용 액세서리는 재활용이 가능하지만 액정 보호필름이나 휴대폰 케이스는 이야기가 다르다. 따라서 관련 시장이 커진 것도 어찌 보면 당연하다. 상대적으로 고가인 스마트폰 보급이 1,000만 명을 넘은 요즘에는 (대부분) 2년이라는 약정 사용 기간 동안 휴대폰을 잘 '보존'해야하고 그에 대한 부담감이 생긴 것도 액세서리 시장을 키우는 데 한몫했을 것이다. 아이폰의 경우는 리퍼만 받아도 새로 액정 보호 필름을 붙여야 하지 않은가. 이런 사람들에게 ®SGP의 A/S 정책은 꽤나 매력적이다. 예를 들어 리퍼를 받을 때 종전에 사용하던 필름을 떼어 내 본사로 보내면 무료로 새로운 필름을 받을 수 있기 때문이다. 그래서 SGP에 한 번 발을 담그면(?) 좀처럼 헤어나오기 힘든 매력에 빠지기 십상이다. 우선 김 대표의 말부터 들어 보자.

> "그래서 제품 서로간에 도움을 줄 수 있는 연합된 형태의 구조가 마련되어야 총공격에서 시너지가 난다고 본다."

김대영(이하 '김') 우리는 제품군들이 많다. 즉 전선이 굉장히 넓게 퍼져 있는 셈이다. 그리고 각 전선에는 수많은 경쟁자가 있다. 보호필름은 보호필름대로, 플라스틱 케이스는 플라스틱 케이스대로, 가죽 제품은 가죽 제품대로 각 시장에서 경쟁해야 한다. 전쟁에 비유하자면 각개전투다. 그런데 모든 영역에서 최고의 경쟁력을 확보하는 것은 상당히 어려운 일이다. 특히 우리처럼 전혀 새로운 분야로 뛰어든 중소기업의 경우는 더욱 어렵다. 그래서 제품간에 도움을 줄 수 있는 연합된 형태의 구조가 마련되어야 총공격에서 시너지가 난다고 본다.

⊕ SGP의 A/S 정책

언리미티드Unlimited 서비스
구매한 지 1개월이 지난 제품에 이상이 생긴 경우나 수명이 다한 경우, 해당 부분에 대해 무상교체를 해주는 서비스다. 사용하던 제품을 SGP로 반납하면 되고, 월 1회 사용이 가능하다. 구입한 제품이 단종된 경우에는 같은 제품군의 다른 색상으로 교환하거나 같은 기종 내 다른 제품으로 교환해 준다.

프리미엄Premuim 서비스
사용자의 과실과 상관없이 사용 중인 제품을 반납하면 같은 제품을 소비자가의 50% 가격으로 재구매할 수 있다. 구입한 제품이 단종된 경우에는 같은 제품군의 다른 색상으로, 같은 제품군의 모든 색상이 단종된 경우 같은 기종 내 다른 제품으로 프리미엄 서비스를 받을 수 있다.

체인저버Changerver 서비스
사용 중인 SGP 제품의 동일 기종 제품군에 속하는 다른 제품을 할인가(30~50%)에 교환 구매할 수 있다.

크로서버Crossever 서비스
사용 중인 SGP 제품을 제품군에 상관없이 동일 전자기기의 다른 제품으로 할인가(20~40%)에 교환 구매할 수 있다.

앞서 설명한 그들의 A/S 정책이 꽤나 매력적이어서 벤치마킹을 하고 싶지만 기업에 너무 큰 부담을 주지 않을까 싶어 주저하는 독자도 있을 것이다. 우리 또한 비슷한 생각을 했지만 김 대표의 말은 다르다. "우리나라 사람들이 생각보다 그리 부지런하지 않다. 한두번 교환하는 사람들이 대부분이고 많이 교환해 봐야 3번 정도다." 즉 생각보다 부담스럽지 않다. 하루에 출고되는 제품 수 중 약 10%가 이 서비스를 위해 출고되는 수준인데, 이는 다음과 같은 효익 때문에 분명히 실失보다 득得이 더 많다.

1) 자기잠식 cannibalization 의 최소화

업의 특성상 한 전자기기당 여러 가지 케이스를 판매하는 그들은 같은 제품군 간에도 자기잠식의 상황에 빠지기 십상이다. 게다가 특정 보호필름은 그 필름을 붙이는 경우 필름의 두께 때문에 원하는 케이스를 사용하지 못하는 경우가 발생하기 때문에 필름과 케이스 간(서로 다른 제품군 간)에도 자기잠식이 일어난다.

이런 상황에서 그들의 서비스는 고객의 기회비용을 최소화할 수 있게 돕는 동시에, 2차 구매를 연계함으로써 자기잠식도 최소화할 수 있게 된다.

2) 소비자의 재구매 연결

종전에 사용하던 제품이 싫증이 난 고객이 새로운 케이스를 구매하려 할 때 이러한 판매 정책은 고객의 심리적 부담감을 상당히 완화시킬 수 있다. 이로써 SGP에서 한 번 제품을 구매하면 고객으로서 받을 수 있는 여러 혜택 때문에 다른 브랜드로 쉽사리 이탈할 수 없게 된다. 진입 장벽을 견고하게 하는 데 큰 도움이 되는 것은 당연하다.

3) 신뢰

가장 큰 부분은 이것이다. 일단 사면 특정 보증 기간 없이, 수명이 다한 경우일지라도, 무한한 (일부 유상) 교환이 가능하다는 것은 고객 입장에서 상당히 큰 매력이 아닐 수 없다. 이런 믿음이 차곡차곡 쌓이게 되면 신뢰로 이어지고 이는 곧 브랜딩에 있어 강력한 주춧돌이 된다.

Designed by SGP in California

'원산지 표기'는 분명 정보 이상의 가치를 지닌다. 우리는 그 가치를 다른 말로 신뢰(또 달리 말하면 검증)라 부른다. 이탈리아 패션 브랜드, 프랑스산 와인, 일본 전자제품, 그리고 상주 곶감까지… 원산지는 지역 이름 이상의 무언가를

국내 스마트폰 사용자는 천만 명을 넘은 지 오래다.

말해 준다. 그런 점에서 애플은 원산지 정보가 'Made in China'로 표기되는 것이 억울했던 것일까? 애플 제품에서 'Designed by Apple in California'라는 표기를 찾아보는 것은 어렵지 않다.

이런 전략을 사용하는 브랜드는 애플만이 아니다. p88에 소개된 쥬빌리 쇼콜라띠에 역시 한국에서 시작된 브랜드지만 (해외뿐만 아니라 한국 사람들 인식에서도 그 잔재가 엿보이는) 코리아 디스카운트가 억울해 초콜릿 종주국인 벨기에에 공장을 세우고 현지 생산 및 Made in Belgium이라 표기한다.

개인적으로는 2008년 아이팟 터치 제품의 액정 보호필름 때문에 처음 접하게 된 SGP는 으레 미국 제품인 줄 알았다. 패키지의 모든 표기가 영어로 된 것도 이유였지만, 시간이 흘러 2009년에 접한 SGP의 아이폰 3GS 케이스의 'Manufactured by SGP in California, USA'라는 표기 때문이었다. 게다가 그 표기 아래 적혀 있던 Made in Korea는 분명 Made in China보다 훨씬 좋은 이미지를 주기에 충분했다). 현재는 명확한 의미 전달을 위해 'Designed by SGP in California'라는 표기를 사용한다.

이것이 가능했던 이유는 일찍이 미국 시장에서 그 브랜드력을 인정받아 온 SGP가 글로벌 시장에서 입지를 좀 더 굳히기 위해 2008년에 설립한 캘리포니아 지사(United SGP, www.sgpstore.com) 덕분이었다. 뿐만 아니라 일본에는 협력사를 두어(SGP Japan, www.sgp-store.jp) 해외 시장에서의 경쟁력을 갖추고 있다. 그 결과 현재 (김 대표의 표현대로라면) 북한과 아프리카를 제외한 모든 나라에서 SGP의 제품을 만날 수 있다.

핫스팟에서 살아남기

분명 SGP는 시장성 있는 핫스팟을 찾아낸 중소기업임에 틀림없다. 하지만 핫스팟인 만큼 경쟁자도 수없이 많다. 이것은 골드러시 때도 마찬가지였을 것이다. 골드러시 때 큰 수익을 낸 사람으로 앞서 소개한 샘 브래넌, 리바이 스트라우스, 그리고 헨리 웰스와 윌리엄 파고, 조지아나 커비라고 경쟁자가 없었을까? 미투$^{me\ too}$ 기업이 없었을까? 중요한 것은 환경에 적응해 살아남는 것, 그리고 살아남는 것을 넘어 고객에게 신뢰를 얻어 성숙한 기업(브랜드)으로 안착하는 것이다.

그렇다면 혹시 골드러시 때 태어나 현재까지 살아남은 자들로부터 생존과 성숙의 비밀을 배울 수도 있지 않을까? 잘 알다시피 리바이 스트라우스는 현재 '리바이스'라는 패션 브랜드로, 헨리 웰스와 윌리엄 파고는 '웰파고'라는 금융 브랜드로, 조지아나 커비는 '조지아나 브루스 커비'라는 학교로 영생하고 있다. 그런데 왜 유독 삽과 쟁기를 팔던 샘 브래넌은 브랜드가 되지 못했을까? 브랜드가 될 수 없었던 그의 행보에서 역으로 브랜드로 자리매김 하는 데 중요한 요인들을 찾아볼 수 있지는 않을까?

샘 브래넌을 설명하는 단어는 다양하다. 말쑥한 외모에 옷 잘 입는 신사 달변가. 하지만 '사기꾼, 부동산 투기꾼'이란 단어도 그를 따라다니는 꼬리표였으며, 그의 최후는 알코올중독과 이혼으로 말미암은 재정 파산으로 얼룩졌다. 신문사를 런칭할 만큼 풍족한 자금과 정보력, 그리고 언론의 힘을 가진 그였지만 결국 고객에게 이로운 가치를 제공하지는 못했다.

반면 청바지가 해지진 않지만 주머니가 자주 뜯어지는 것을 해결하기 위해 리벳으로 고정시켜준 리바이 스트라우스(이것에서 유래된 리벳 장식은 이제 모든 청바지의 필수 요소가 되었다), 좀 더 안전하고 빠른 자금 배송을 위해 새롭고 다양한 서비스(조랑말, 역마차, 증기선, 기차 등 배송 채널 확대)를 개설하고 금융 서비스를 넘어 우편 및 전보 전달 서비스까지 제공한 웰스와 파고, 여성 교육자로서 노동자들의 영성과, 평등, 존엄성을 강조하며 학교를 설립해 그들의 계몽에 앞장선 커비는 샘 브래넌과는 사뭇 다른 길을 걸었다.

생존이 곧 성장이자 브랜드로의 성숙으로

리바이 스트라우스, 웰스와 파고, 커비 또한 골드러시라는 시대적 조류에 올라탄, 운 좋은 경영자임에는 틀림없다. 하지만 중요한 것은 그들은 '핫스팟에서 살아남기'를 단순한 밥벌이로 생각하지 않았다는 점이다. 자신들의 제품과 서비스를 사용하는 사람들에게 더 좋은 편의를 제공하기 위해 노력했고 더 큰 만족을 줄 수 있을 만한 가치들을 끊임없이 제공했으며 이를 위한 행보에 진정성(아마도 그 진정성을 정리한 한 문장이 '철학'일 것이다)이 녹아 있었다.

그것에 대한 고객들의 신뢰가 오늘의 리바이스, 웰파고, 커비라는 브랜드로 안착되게끔 한 가장 중요한 버팀목이었을 것이다. 즉 그들은 생존과 성장, 그리고 성숙의 과정을 분리시키지 않았다. 그것이 같은 발아의 단계를 거치더라도 왜 한쪽은 한때의 반짝 스타(샘 브래넌)로 생을 마감하고 한쪽은 영생하는 브랜드(리바이스, 웰파고, 커비 학교)로 나뉘었는지에 대한 답이다.

리바이스, 웰파고, 조지아나 커피의 과거(위)와 현재(아래)

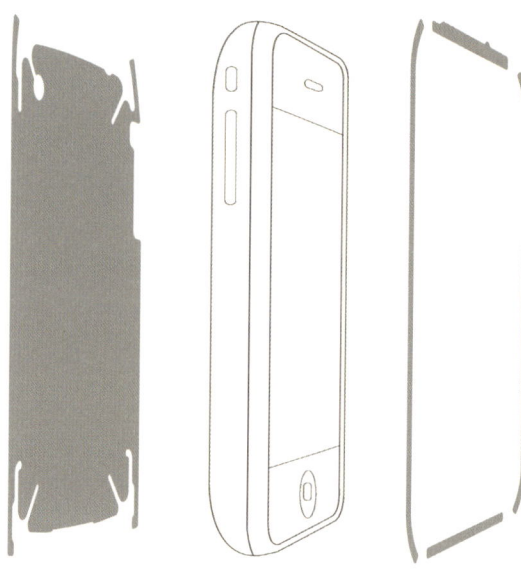

> 중심축이 공고히 서고 그
> 것을 해하지 않으면서도
> 무한히 변모하는 것, 그
> 것이 진정한 의미의 브랜
> 드가 갖는 일관성이다.

그렇기에 현재 놀라운 성장기를 보내고 있는 SGP를 보며 가장 궁금했던 것도 전략적으로도, 브랜딩 차원에서도 귀감이 될 만한 이런 놀라운 A/S를 고안해 낸 김 대표의 철학이었다. 분명 A/S에 대한 남다른 생각이 있었기에 남과 다른 차별화를 만들어 냈을 것이고 작지만 강한 브랜드가 됐을 것이라 생각했기 때문이다.

하지만 예상은 보기 좋게 빗나갔다. 앞으로 소개할 김 대표와의 대화는 우리를 당황시킨 김 대표의 이야기를 가급적 있는 그대로, 가감 없이 정리 수준으로만 요약했다.

SGP, 아니 많은 중소기업들의 As is
SGP의 A/S 정책들을 보면 실로 놀랍다. 근저에 깔려 있는 철학이 궁금하다.
김 솔직히 철학은 없다. 난 그런 것에 상당히 약하다. 다양한 A/S 전략은 경쟁에서 살아남기 위한 것이었다.

사실 그간 유니타스브랜드가 만난 많은 인터뷰이들 중에는 "내 철학은 이것이오!"라며 말해 준 경영자들도 있지만 "잘 모르겠다"라는 말로 시작한 인터뷰도 많았다. 그러나 그들은 인터뷰 중에 그간 느끼고는 있었지만 말로 표현해 보지 못했던 생각을 철학으로 정리하곤 했다. 따라서 김 대표가 표현하지 못하는 그것을 찾아 정리하면 될 일이었다.

철학이 꼭 거창할 필요는 없다. 이 일을 왜 하게 됐는지부터 정리해 보면 도출되지 않을까?
김 시작한 이유는 너무 단순하다. 운동을 하다가 휴대폰을 떨어뜨렸는데 액정은 보호필름이 있어 괜찮았지만 몸체는 많이 긁혀서 속상했다. 그래서 휴대폰 몸체 전체를 감쌀 수 있는 보호필름을 만들어 붙여 봤는데 반응이 괜찮아서 시작했을 뿐이다.

비즈니스를 시작하면서부터 어떤 대의(大義)나 숭고한 사명감을 지닌 경영자는 손에 꼽을 정도라 김 대표의 이번 답변도 대단히 놀랍지는 않았다. 다만 비즈니스를 하면서 갖게 된 어떤 독특한 생각이 있는지가 궁금했기에 이를 추적하기 위한 질문을 이어 나갔다.

그러면 보호필름을 하다가 어쩌다 케이스 쪽으로 확장하게 됐나.
김 당연히 시장에서 케이스에 대한 니즈가 있었기 때문이다. 회사는 시장의 니즈에 따라 항상 유기적으로 변할 수 있어야 한다고 생각한다.

그가 옳다. 시장, 즉 고객의 니즈에 따라 지속적으로 혁신하며 인접이동 할 수 있는 기업만이 생명력을 유지할 수 있을 것이다. 하지만 중요한 것은 그 인접이동의 중심축이다. 중심축이 공고히 서고(우리는 그것을 기업의 아이덴티티라 부른다) 그것을 해하지 않으면서도 무한히 변모하는 것, 그것이 진정한 의미의 브랜드가 갖는 일관성이다. 그런 이유로 김 대표에게 SGP의 아이덴티티를 물었다.

SGP의 (기업) 아이덴티티가 궁금하다.
김 SGP 자체를 정의내리기는 힘들다. SGP가 휴대폰과 테블릿 PC의 액세서리를 만드는 회사인가? 요즘 들어 처음 우리를 알게 된 사람들은 그렇게 생각하겠지만 몇 년 전에는 보호필름을 만드는 회사로 알았을 것 아닌가. 또 어느 나라에 가면 SGP는 가죽 케이스를 만드는 회사로 알고 있을 것이다. 우리가 우리를 스스로 규정짓는 순간 다른 걸 할 수 없게 된다. 애플은 무슨 회사인가? 우리가 어느 날 어떤 사업을 갑자기 할지도 모르는 일 아닌가. 과거가 답이면 안 된다고 생각한다.

수많은 경영학, 아니 브랜드학(?) 용어 중 가장 중요하지만 정의 내리기 힘든 단어가 아이덴티티가 아닐까 한다. 단어의

> 사실 많은 중소기업들이 '아이덴티티의 계열화 작업'에서 혼돈을 겪는다. 특히 여러 사업부가 생기면 더욱 그렇다.

정의에만 최대한 집중해서 간결하게 한글로 번역하면 '정체성' 정도가 되겠지만 정체성이란 단어 역시 여전히 모호하고 어렵기는 마찬가지다. 한 인간의 정체성은 어떻게 설명될 수 있을까? 한 가지 요소는 아닐 것이고 그 사람의 직업, 성격, 태도, 성향 등 수많은 요소들이 융합되어 생기는 하나의 이미지 정도가 될 것이다.

아마도 철학이란 단어가 주는 무게감이 그렇듯 아이덴티티라는 단어 역시 김 대표에게 부담스러웠던 것 같다는 생각이 든다. 게다가 김 대표의 말처럼 그들은 그간 수차례 진화했고 그에 따라 아이덴티티에도 혼란이 있었을 테다. 게다가 앞으로의 가능성을 더 크게 보고 있는 그들에게 아이덴티티는 자신들에게 족쇄를 채우는, 그래서 앞으로의 혁신에 방해가 되는 불편한 단어에 지나지 않는 것이라 생각했을지도 모른다.

사실 많은 중소기업들이 '아이덴티티의 계열화 작업'에서

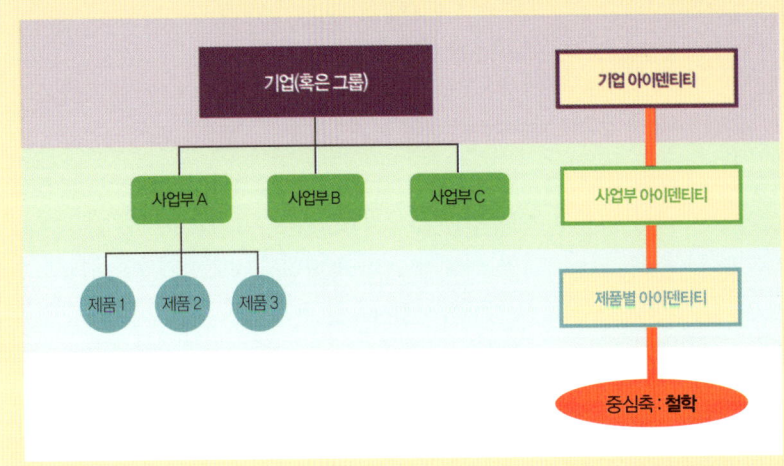

'아이덴티티의 계열화 작업'

만약 당신이 '할머니 냉면'이란 이름을 걸고 냉면 하나만을 파는 가게라 해보자. 그렇다면 당신은 하나의 아이덴티티만 고민하면 된다. 기업(냉면집)의 아이덴티티가 곧 사업부(냉면을 만드는 팀)의 아이덴티티이자 제품(냉면 자체)의 아이덴티티이기 때문이다. 할머니가 손수 만들어 주는 냉면에 대한 고민만 하면 그만이다.

하지만 당신이 겨울에는 칼국수와 만두를 추가로 판매하기로 했다면 이야기는 달라진다. 기업의 아이덴티티(할머니가 손수 만들어 주는 음식)의 연장선상에서 사업부(냉면팀, 칼국수팀, 만두팀) 아이덴티티를 정리하고 이에 맞는 각 제품의 아이덴티티(눈물이 쏙 빠지도록 매콤한 냉면, 오로지 멸치로만 국물을 내는 칼국수, 밀가루가 아닌 감자가루로 빚은 만두)를 고민해야 한다. 이것이 아이덴티티의 계열화 작업이다.

기업의 인접이동은 기업 차원의 아이덴티티를 중심으로 확장해야 고객의 인식 속에 일관성을 유지할 수 있으며 그 일관성은 '신뢰'라는 브랜드의 핵심 자산으로 남게 된다. 그 자산을 활용하는 대표적인 모습이 세컨second 브랜드 런칭이며 자회사에 도움이 된다는 측면에서 엄브렐라 브랜드(umbrella brand, 즉 모기업 브랜드)라고 불리기도 한다.

물론 때로는 기존의 기업 아이덴티티를 벗어난 확장이 이뤄지기도 하기 때문에 기업 자체의 아이덴티티 리뉴얼을 시도하기도 한다. 하지만 이것 역시 종전 브랜드의 연장선상에서 이뤄져야(적어도 신뢰를 얻어 두었어야) 성공의 확률이 높다. 이처럼 제품 아이덴티티, 사업부 아이덴티티, 그리고 사업부 전체를 아우르는 기업의 아이덴티티를 구분해 고민해 볼 필요가 있다.

혼돈을 겪는다. 특히 한 기업에 여러 사업부가 생기고 그에 따른 다양한 상품을 전개해야 할 때는 더욱 그렇다.

그가 언급한 애플 역시 수많은 제품을 출시해 왔다. 그들은 소프트웨어 회사인가, 컴퓨터 회사인가, 아니면 MP3P 제조사인가, 아니면 휴대폰 회사? 아니면 TV제조사? 그들이 파는 제품은 수도 없이 변했지만(앞으로는 자동차를 만들 것이란 소문도 있다) '애플=혁신 혹은 혁신 제품이란 등식, 그리고 친사용자주의user-friendly라는 그들의 아이덴티티에는 변한 것이 없다. 이것이 진정한 의미의 아이덴티티다. 아이덴티티는 절대로 한 기업이 판매하는 제품이나 서비스에 대한 설명어가 아니다.

유명 디자이너의 패션 제품은 물론 예술가들을 위한 도서와 음반, 그리고 카페 운영을 비롯해 식기류와 각종 소품을 망라하는 제품을 판매하면서도 '슬로 쇼핑'이라는 아이덴티티를 유지하는 컬렉샵, 10 꼬르소꼬모. 음반사, 음료 브랜드, 항공사, 매거진 등 수십 개의 계열사에서는 물론 CEO의 삶 자체에서 '자유'라는 그들의 아이덴티티를 여실히 느끼게 해주는 버진 그룹. 원산지와 제조사도 확인하기 힘든 이름 모를 제품을 팔면서도 경제적이고 '스마트한 라이프'라는 기치에 어긋남이 없기에 일반적인 천냥숍과는 차원이 다른 브랜딩을 전개하는 다이소. 그것이 아이덴티티의 위력이다. 아이덴티티는 어떤 제품을 판매하느냐에 따라 달라지는 것이 아니라 어떤 제품을 팔든 그 제품을 통해 소비자에게 어떤 가치와 이미지를 전달하는가에 관한 문제다. 어떤 총알

을 넣어도 사용 가능한 총이 되고자 한다 해도 그 총은 아이덴티티가 있어야 한다.

어찌 되었든 SGP의 (기업) 아이덴티티를 찾아내기 위한 비전을 묻기로 했다. 보통 한 기업의 아이덴티티는 미션과 비전에 그 맥이 닿아 있기 때문이다.

그렇다면 SGP의 비전은 무엇인가?

김 헤게모니를 잡는 것이다. 현재의 우리는 '기생'하고 있다. 빨판상어처럼 애플이나 삼성 같은 휴대폰 제조사에 기생하고 있고, 그래서 배가 아프다. 하지만 우린 아직 능력이 안 된다. 그래서 언젠가는 애플처럼 헤게모니를 잡는 브랜드가 되기 위해서 노력하는 중이다. 대부분의 리더들이 고민하는 부분일 것이라 생각한다.

단어에 대한 오해를 피하기 위해 그가 말한 '헤게모니'에 첨언한다면, 그것은 아마도 무력적 느낌의 지배권을 의미하는 것이 아닌 강력한 브랜드로서 '문화와 그 문화를 표현해 내는 제품을 통해, 한 시대를 리딩하는 지배력을 갖고 싶다는 의미일 것이다. 현재의 애플이 아이튠즈와 함께 다양한 제품으로 이 시대의 문화적 아이콘으로서 헤게모니를 잡은 것처럼 말이다.

하지만 결과적인 측면의 미래상(헤게모니를 잡는 것)은 있지만 그것을 구체적으로 어떤 단어를 핵심어로 두고 이루어 갈지에 대해서는 명쾌히 듣지 못했다. 그래서 사실 그쯤에서 인터뷰를 그만 둘까도 했다. 유니타스브랜드가 찾던

'그런 브랜드'는 아니라는 생각에서였다. 철학도, 비전도, 아이덴티티도 명확히 정리된 것 없이 운영되는 기업이라고 생각했기 때문이다. 하지만 그가 언급한 헤게모니와 그것을 잡기 위한 가치의 핵심은 무엇일지 자못 궁금했고, 마지막으로 한 가지를 더 묻고 싶었다. 바로 '브랜드에 대한 정의'다. 헤게모니의 중심에는 인물이든 기업이든 분명 브랜드화된 무엇인가가 있기 때문이다.

브랜드란 무엇이라 생각하나?

김 브랜드란 그 기업이 주는 '그 무엇'에 대한 신뢰, 확신 혹은 보증이다. 그것이 없다면 브랜드는 허상일 뿐이라고 생각한다.

참으로 신기했다. 브랜드에 대한 그의 정의만큼은 우리가 생각하는 정답에 가깝다는 생각이 들었기 때문이다. 그가 말한 '그 무엇'이 바로 브랜드가 제공하는 모든 것에 대한 '핵심가치' 소비자에게는 '핵심효익'이다. 만약 '그 무엇'이 깨진다면 브랜드는 김 대표의 말처럼 '허상'일 것이다. 한때 소비자에게 깊이 사랑받던 브랜드가 어느 날 갑자기 몰락하는 브랜드들도 정리해 보면 기존에 제공하던 '그 무엇'에 대한 약속을 일방적으로 파기했기 때문이 아니었을까? 만약 현재 애플이 주고 있는 '그 무엇(친사용자주의에 입각한 제품과 서비스, 완벽을 기하는 그들의 태도, 디자인 등)'이 깨진다면 그래도 여전히 애플만을 사랑하는 사람이 몇이나 될

> "브랜드란 그 기업이 주는 '그 무엇'에 대한 신뢰, 확신 혹은 보증이다. 그것이 없다면 브랜드는 허상일 뿐이라고 생각한다."

까? 애플까지 가지 않더라도 당신이 즐겨 찾는, 그래서 당신의 마음속에 이미 브랜드로 자리 잡은 제품이든 서비스든 그들이 현재 당신에게 제공하고 있는 '그 무엇'이 변질된다면, 그럼에도 당신은 여전히 그것을 당신이 '(사랑하는) 브랜드'로 남겨 두겠는가? 그렇지 않다면 김 대표가 말한 브랜드에 대한 정의에 동의할 수 있을 것이다.

묻지 않았더라면 후회했을 브랜드에 대한 정의를 듣고 나서 2차 취재를 약속했다. 그간 보지 못한 브랜드를 만났다는 기대감(부담감)과 이것이 어쩌면 우리나라의 많은 중소기업들이 처한 현재의 모습일지도 모른다는 생각도 크게 작용했고, 무엇보다 너무나도 솔직한 김 대표의 이야기가 너무나 진솔하게 다가왔기 때문이다. 김 대표의 다소 극단적인 몇몇 표현들은 그간 중소기업으로서, 또 (현재로서는) 액세서리 제조사로서 뭔가 '핵심'이 아닌 '주변부'라는 일종의 상대적 박탈감이 아이덴티티도, 비전도, 철학도 정의 내리기 힘들게 만든 것은 아닐까 하는 생각마저 들었다. 어찌 되었건 우리로서는 많은 고민이 필요했다. 그중 가장 마음이 쓰인 단어는 '기생'이었다.

정말 '기생'일까?

김 대표가 언급한 기생이란 단어를 두고 많은 고민이 되었다. 자칫하면 김 대표는 물론 SGP에서 일하는 직원들의 자존감마저 떨어뜨릴 위험성 있는 단어(자신이 하는 일에 대한

아이폰 및 각종 스마트폰의 케이스를 기기별 아이덴티티 특성에 맞춰 다양하게 제시하는 SGP

자부심은 내부 브랜딩에 상당한 영향을 미친다)이기 때문이다. 이 단어를 좀 더 규명할 필요가 있었고, 그 시작은 기생의 사전적 정의부터 알아보는 것이었다. '한쪽이 이익을 얻고 다른 쪽이 해를 입고 있는 일', 이것이 기생의 정의다.

그런데 애플이 SGP 때문에 해를 입고 있다고는 볼 수 없다. 애플은 액세서리 제품군을 크게 보유하고 있지 않으며 직접적인 타격이 있다고는 볼 수 없기 때문이다. 기생은 카피 제품을 만들어 불법 유통시키고 이로써 특정 브랜드의 이미지를 실추시키거나 수익을 감소시키는 악덕 제조사에게나 어울리는 이름일 것이다.

그래서 다른 단어를 찾던 중 '편리공생片利共生'이란 단어를 발견했다. 편리공생이란 공생관계를 이루는 두 생물 중 한쪽은 이익을 얻고, 다른 쪽은 이익이나 불이익을 받지 않는 관계를 뜻한다. 대표적인 예로는 독침을 가진 말미잘을 삶의 터전으로 삼는 힌동가리(《니모를 찾아서》의 니모가 힌동가리다)나, 자신보다 큰 다랑어류, 상어류, 가오리류, 거북류, 고래류 등의 몸에 붙어 그들이 흘린 먹이를 얻어먹는 빨판상어가 편리공생 관계다. 김 대표가 기생이란 단어를 언급하며 동시에 빨판상어를 예로 들었지만, 대표적인 온라인 포털 사이트의 빨판상어를 설명하는 내용에서처럼, 오류가 있다. 빨판상어는 기생이 아닌 편리공생 생물이다. 그래서 SGP를 편리공생의 형태를 띤 브랜드 정도로 정리했다.

그런데 애플의 여러 사이트를 조사하다 한 가지 사실을 더 알게 됐다. 애플이 자사 제품의 프로그램 및 주변 제품 개발자들을 지원하기 위해 개설한 애플 개발자 사이트다(developer.apple.com). 이곳에는 'iPod, iPhone & iPad Cases'라는 항목이 있고 여기에서 각 제품별 제품 사양을 모두 담은 도면을 공개한다. 즉 애플 역시 자사 제품의 액세

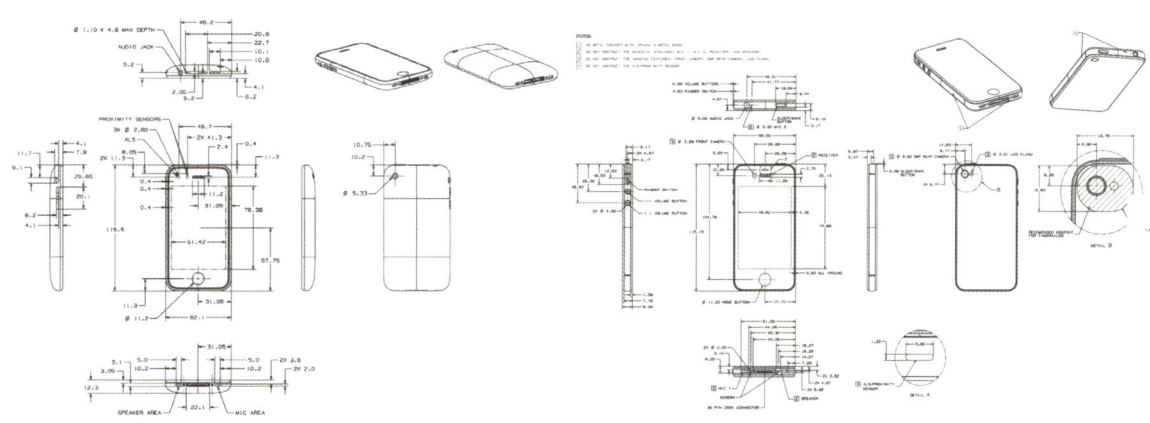

〈그림 1〉 케이스 개발자를 위해 오픈한 아이폰 3, 4의 상세 도면

서리를 누군가 만들어 줄 것을 '권유'하고 있다. 그도 그럴 것이, 다른 휴대폰 제조사들처럼 다양한 모델을 가진 것이 아니라 현재로서는 단 두 가지 휴대폰 모델을 지닌 그들로서는 각 고객별로 자신의 휴대폰에 추가적인 차별화를 꾀할 수 있도록 다양한 케이스들이 필요했을 것이다. 그리고 케이스 시장에서의 이슈(예를 들어 케이스 제조사와 예술가의 협업 등)는 고스란히 애플이 편승할 수 있는 좋은 기회 아닌가. 즉 SGP는 애플과 '공생관계'였다.

SGP를 두둔하거나 감싸 주고 싶은 생각은 없다. 다만 순수 국내 브랜드로서 국내외 해당 시장에서 건강하게 자라고 있는 그들이 좀 더 명확한 정체성을 갖고 활동하기를, 그래서 우리나라에서도 훌륭한 브랜드가 탄생하기를 바랄 뿐이다. 그래서 앞으로 SGP가 해주었으면 좋을 법한, 비단 SGP뿐만 아니라 현재 우리나라의 많은 중소기업이 해주었으면 하는 몇 가지 제안을 하고자 한다. 현재(As is)의 그들이 '탄탄한 중소기업'이라면 앞으로는(To be) '귀감이 될 만한 (강소)브랜드'로 자리매김하기를 바라기 때문이다.

SGP, 아니 많은 중소기업들의 To be

중소기업들은 대부분 브랜드에 대한 일종의 부담감을 가지고 있다. 여기서의 '브랜드'를 좀 더 쪼개어 말하면 '아이덴티티, 비전, 철학'과 같은 것들이다. 이런 요소들은 많은 중소업이 능력과 돈이 더 생기면 꼭 하고는 싶지만 아직은 부담스러운 존재, 그리고 아직 우리에게는 없기 때문에 언젠가는 '만들어야 할 것'으로 미뤄 둔다. 현재로서는 '그런 것(?)'보다는 생존이 우선이기 때문이라면서 말이다.

하지만 그것만큼 큰 오해도 없는 것 같다. 때로는 외려 철학이나 비전은 만들어진 것에 불과하다고 생각하는 사람도 있다. 좋은 허울처럼 말이다. 분명 그런 회사도 있다. 다만 그것은 시장에 의해서 또 그 안에서 일하는 직원들에 의해서 조만간 진위 여부가 드러나며 귀결은 파멸이다. 허울 좋은 몇몇 문구가 적힌 종이 조각과 함께 말이다.

물론 SGP처럼 액세서리를 만드는 기업이나 완제품이 아닌, 부품을 만드는 회사는 업의 특성상 철학이나 비전, 그리고 아이덴티티를 갖기 힘들다고 생각할 수도 있다.

그렇다면 앞서 잠시 소개한 벨킨은 어떨까? 그들 역시 전자제품 액세서리와 주변기기를 생산하는 브랜드다. 하지만 그들은 'Connection연결'이라는 기업 철학을 지녔다. 업의 태생이 케이블(제품과 제품을 연결하는)이었기에 갖게 된 (처음부터 가졌는지는 창업자만 알 수 있다) 생각일지 모른다. 철학이 (비즈니스적으로도) 중요한 이유는 앞으로의 사

케이스의 프레임을 세 부분으로 구분하고 원하는 컬러로 다양하게 선택 할 수 있게 한다.

업 방향성에 힌트를 주는 동시에 고객에게, 또 경쟁사 대비 확실한 포지셔닝을 할 수 있는 무기가 되기 때문이다. 제품과 제품을 연결하는 벨킨은 무선사업(사람과 사람을 '연결'하는)으로도 확장되었고 또 다른 의미로 제품과 제품을 연결하는 액세서리 사업으로도 확장됐다. 핵심가치(철학을 정리한 몇몇 단어)의 확장을 가능케 하는 데 주된 정신적 에너지가 된 것이 '연결'이라는 그들의 철학이었으며 확고한 포지셔닝의 중심축이 된 셈이다.

이번에는 완제품이 아닌 부품을 만드는 회사로서 굳건한 브랜드로 자리매김한 인텔은 어떤가? '기술의 진보는 삶의 진보이자 편리함의 극대화를 위한 것'이라는 그들의 철학이 '오픈 이노베이션'이라는 신기술을 위한 전략으로, 경기가 어려울 때도 R&D에 투자해 제품 혁신을 가속화하는 그들의 결정에 힘을 실어 주었을 것이다. '인텔 인사이드'라는 보증은 괜히 생겨나는 것이 아니다. 그밖에도 많은 브랜드들의 행보에서 (적어도 귀납적으로 는) 명확한 철학을 발견할 수 있다. 분명 철학이 건강한 브랜드가 되기 위한 필요충분조건은 아니어도 필요조건인 것은 확실하다.

그렇다면 브랜드에 대한 관심도, 열정도, 지식도, 필요성도 (대기업에 비해) 상대적으로 적었던 우리나라 중소기업은 어떻게 이것을 가질 수(찾을 수) 있을까?

아이덴티티, 이미 내 안에 있다

대부분의 기업들이 그렇듯 처음부터 뚜렷한 명분을 가지고 시작한 경우가 아니라면 (기업) 아이덴티티는 만드는 것이 아니라 찾는 것에 가깝다. 물론 찾은 아이덴티티가 마음에 들지 않는다면 원하는 방향으로(그 방향이라는 것이 미션일 것이다) 수정할 수는 있다. 지난날을 돌아보며 찾되 미래를 바라보며 가다듬고 정리하는 것이 필요하다.

김 현재 우리가 하고 있는 업의 특성상 우리는 아이덴티티가 없다. 우리의 역할은 '해당 제품이 가진 장점을 어떻게 증폭' 시켜 주느냐에 있다. 즉 우리는 각 제품이 가지고 있는 아이덴티티를 손상시키지 않는 범위 내에서 그 제품이 더 빛나도록 해야 하는 '조연'이다. 네오하이브리드 시리즈가 가장 대표적인 것으로 본다. 아이폰4의 가장 큰 아름다움은 옆 라인을 둘러싼 메탈 느낌이다. 그것을 최대한 구현한 것이 성공적인 모델을 만드는 데 가장 큰 밑거름이 됐다.

이쯤에서 SGP의 아이덴티티는 (아마도) 아래 〈그림 2〉처럼 정리될 수 있을 것이다.

김 대표는 아이덴티티가 없다 했지만 이미 그는 인터뷰 내내 SGP 자체의 기업 아이덴티티, (휴대폰 케이스) 사업부의 아이덴티티, 그리고 (네오하이브리드 시리즈의) 제품 아이덴티티에 대해 말하고 있었다. 그리고 이것이 융합된 모습이 분명 현재 SGP의 아이덴티티의 단상일 것이다.

SGP, 즉 Stylish people's Good Partner(스타일리시한 사람들의 좋은 파트너)가 되기 위해 스타일리시한 사람들이 구매하는 각종 휴대폰이 더욱 빛날 수 있도록 SGP의 독특한 스타일을 배제하는 것, 그리고 그것을 구체화하기 위한 다양한 제품 모델들이 각기 나름의 개성을 갖게 하는 것으로 자신만의 아이덴티티를 이미 갖추고 있는 셈이다.

그것이 그들의 (존재 이유이자) 정체성을 표현하는 중요한 요인 중 하나다(그들의 정체성은 기업 문화 등 또 다른 요인들로 추가 설명될 수 있다).

이처럼 SGP 자체, 즉 기업의 아이덴티티가 명확해지면 김 대표가 우려하는 '사업 영역 자체가 규정되는 것'도 문제 될 것이 없다. 앞으로 시대를 지배할 헤게모니를 잡기 위해 그들이 스타일리시한 사람들의 좋은 파트너가 되는 방법은 수도 없이 많기 때문이다. 스타일리시한 사람들이 주로 찾는 커피 전문점이 될 수도, 패션 비즈니스가 될 수도, 그들이 주로 즐길 만한 컨텐츠를 제공하는 애플리케이션이나 게임 산업도 가능할 것이다. 그 모든 것이 스타일리시한 사람들의 좋은 파트너가 되기 위한 노력의 일환으로 일관성을 갖는다면 말이다.

이렇게 (기업/사업부/제품별) 아이덴티티의 계열화 작업이 선행되면 내외부 커뮤니케이션에 상당한 경제성이 뒤따른다. 만약 아직 자신의 아이덴티티를 찾지 못한 중소기업이라면 회사 차원에서 가장 많이 하는 이야기, 가장 강조하는 단어, 어울릴 법한 수식어, 그리고 이 비즈니스를 하게 된 이유 등에서 아이덴티티를 찾아 정의해 보는 연습이 필요하다.

비전, 그것은 꿈 자체다

김 대표는 실제로 앞으로 다양한 비즈니스를 꿈꾼다 했다. 그렇기 때문에 어떻게 전개될지 모르는 회사를 두고 직원들에게 비전을 제시하는 것은 오히려 옳지 않다 했다.

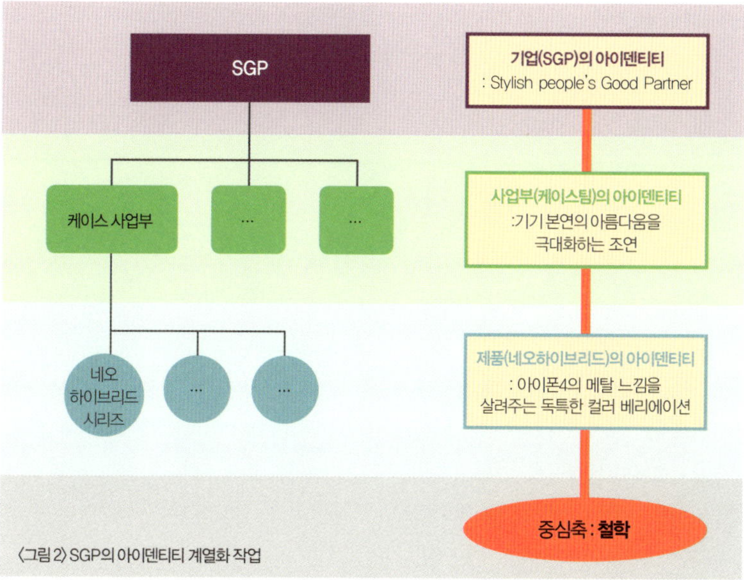

김 나는 직원들에게 비전을 제시하지 않는다. 더 솔직히 말하면 비전은 직원들의 노동력 착취를 위한 하나의 수단에 불과하지 않다고 생각한다. 비전을 제시하는 것이 리더의 역할이라고들 말하지만 비전은 회사가 제시하는 것이 아니라 개인이 찾는 것이다. 직원들에게 늘 이기적으로 행동할 것을 부탁한다. 회사가 그들을 책임져 주지 않을 것이기 때문이다.

회사가 어려워지기 시작하면 이런 현상들이 일어나는 것을 많이 봐왔다. 직원들에게 "이 단계만 넘어가면, 두 달 후에 상황이 좋아질

〈그림 2〉 SGP의 아이덴티티 계열화 작업

수 있으니 그때까지만 참아라". 또 임원들에게는 "지분을 담보 잡아 대출을 더 받자" 한다. 결국에는 미련과 집착 때문에 일어나는 일이다. 본의 아니게 자기도 속이고 남도 속이는 최악의 경우를 맞이하고 싶지는 않다. 그래서 난 직원들에게도, 스스로에게도 회사와 개인을 분리하자고 말한다.

> '고객이 원하는 답, 생각지도 못한 불편의 해소'만큼 브랜드가 고객에게 제공해야 할 확실한 가치가 있을까?

어떻게 보면 매몰차고 무책임한 리더라고 생각할지도 모른다. 하지만 다른 차원에서 생각해 보면 외려 직원들을 걱정하는 마음이 크기 때문에 할 수 있는 (경영자로서는 상당히 솔직하면서도 위험한) 말이다.

하지만 그렇다고 비전이 필요 없는 것은 아니다. 오히려 김 대표가 걱정하듯이 무리하게 회사에 집착해 모두가 파멸하지 않기 위해서라도 비전이 필요하다. 역설적으로 들리겠지만 제대로 된 비전은 회사의 존립이 아닌 회사를 통해 이루려는 '가치 자체'에 목적을 두기에 외려 회사에 대한 '청산력'을 갖게 한다. 히말라야 등반을 비전으로 가진 사람은 산 정상을 100m 앞두고서라도 목숨이 위태로우면 뒤돌아설 수 있다. 왜냐하면 그의 목표는 히말라야 정상 등극 자체이지 꼭 이번 기회에만 그것을 이뤄야 하는 것이 아니기 때문이다. 목적과 수단을 구분할 줄 아는 지혜, 돌아설 수 있는 용기, 그것이 제대로 정립된 비전의 파워다.

또한 어차피 직원들을 책임져 주지 않을 것이기에 비전이 없다는 것도 조금 달리 생각해 볼 필요가 있다. 가장 이상적인 조직의 모습은 개인의 비전과 조직의 비전이 일치하는 조직일 것이다. 그런데 조직원이 일하면서, 혹은 취업을 하기 전에 자신의 비전이 회사의 비전과 일치하는지 확인해야 하는데 조직의 비전이 없다면 이 조직과 함께 할 것인지 그렇지 않을 것인지를 판단할 기준을 가질 수 없다는 것이다. '우리는 이 방향으로 갈 테니, 만약 그렇지 못한 사람은 이 버스에서 내려도 좋다'는 것을 일러주는 것이 더 좋은 조직, 그리고 리더의 모습일 것이다. 그리고 이것이 정립되면 추가적으로 김 대표의 다음과 같은 고민도 해결될지 모른다.

김 보통 중소기업은 리더가 전체 업무의 70%가량을 하게 된다고 들었다. 애플도 내가 봤을 때는 스티브 잡스가 제일 많은 일을 하는 것 같다. 나도 경험상 그런 것 같다. 그런데 만약 처음부터 다시 경영을 할 수 있다면 권한 위임도 많이 하고 직원들이 더 앞장서서 할 수 있는 구조를 만들고 싶다. 나도 너무 힘들기도 하고 직원들에게도 그게 더 좋을 것 같다.

그의 말처럼 우리나라 대부분의 중소기업 대표가 이와 같은 고민을 할지도 모르겠다. 그런데 혹시 이것은 비전의 공백으로 생기는 문제가 아닐까? 조직이 명확한 비전을 갖추고 있다면 (그 수가 많고 적음을 떠나) 그 비전에 동참하고 싶은 사람들이 모여들고 그런 인재의 힘은 조직의 성장에 그 무엇보다 강력하며 상당한 시너지를 낼 수 있다. '기업은 혼자서 하지 못하는 일을 해내기 위해 함께 모인 사람들의 모임'이라는 안철수 교수의 '기업에 대한 정의' 역시 이러한 맥락에서 이해할 수 있다.

또한 비전이 확고하고 직원들이 그것에 동의할 때 리더는 자연스럽게 쉴 수 있다. 굳이 자신이 직원들의 업무에 일일이 관섭하지 않아도 비전이 리더를 대신해 가이드라인을 제시하기 때문이다. 구글의 직원들이 모든 논의 과정에서 '어떻게 하면 악해지지 않을까!Don't be evil!'를 고민하듯이 말이다. 리더 스스로가 이루고자 하는 꿈을 정리하는 것, 그것을 조직원과 함께 (강요가 아닌) 공유하는 것, 그리고 그들의 의사결정에 도움을 주는 것, 그것이 직원을 더 깊이 생각하는 리더의 모습일 것이다.

철학, 하지 말아야 할 것을 정하는 것만으로도 족하다

마지막으로 철학이다. 철학이 절대로 거창할 필요가 없다. 가치관도 철학도 모두 '나만의 생각 정리'일 뿐이다. 단어 자체가 주는 무게감은 잠시 잊고 앞으로 어떤 방향성을 갖고 살 것인가를 염두에 두고 막연하지만 솔직한 생각들을 적어 보는 것도 방법이다. 만약 이런 방법도 잘 되지 않는다면 '적어도 이것만은 하지 않겠다'하는 항목을 나열해 보는 것도 좋다.

개인의 철학이 조직의 철학이 되는 것이 부담스럽다면 현재까지 기업을 운영하면서 생긴, 기업 내에 암묵적으로 공유되고 있는 생각이나 분위기를 정리해 보고 그것을 다듬는 것도 큰 도움이 될 수 있다.

이러한 철학은 조직의 의사결정을 상당히 빠르게 만든다. 조직적 차원에서 '절대 해서는 안 되는 기준'이 생긴다는 것은 각 조직원들이 업무 곳곳에서 리더의 코칭 없이도 스스로 일할 수 있는 기준을 갖게 하며, 나아가 삶과 아주 밀접히 관계하고 있는 '업業'을 통해 자부심과 행복감을 얻을 수 있기 때문이다.

고객이 원하는 답, 생각지도 못한 불편을 해소하는 것이 진정한 의미의 Stylish people의 Good Partner가 되는 길임을 그들은 이미 이해하고 있다.

SGP, 이미 그들 또한 모두 가지고 있다

"브랜드란 그 기업이 주는 '그 무엇'에 대한 신뢰, 확신 혹은 보증이다. 그것이 없다면 브랜드는 허상일 뿐이라고 생각한다"라는 김 대표의 '브랜드'에 대한 정의를 기억할 것이다.

그렇다면 SGP의 '그 무엇'은 무엇인지가 당연히 궁금해진다. '그 무엇' 안에 분명 존재하지만 아직 정리되지 않은 SGP의 (현재) 아이덴티티, 비전, 그리고 철학이 담겨 있을 것이기 때문이다. 이제 앞서 소개한 도표에서 아이덴티티를 관통하는 기둥의 근간이 되는 그들의 중심 철학이 밝혀질 차례다.

김 우리의 가장 큰 강점은 '무한한 시뮬레이션'이다. 제품 하나를 놓고도 '만약에 고객이 이렇게 사용한다면? 이렇게 생각한다면? 이것을 불편해 한다면?'이란 가정을 쉼 없이 해본다. 제품 개발 때도 그렇고 서비스 고안 때도 마찬가지다. 그래서 곰곰이 생각해 보면 우리의 '그 무엇'은 '고객이 원하는 답, 생각지도 못한 불편의 해소'다. 우리가 그것을 제공하지 못하는 순간 우리의 브랜드는 물론 존폐의 위기까지 들이닥칠 것이기 때문이다.

한 가지 덧붙이자면 Stylish people의 Good Partner가 되기 위해 부단히 노력하는 것이다. 그래서 늘 '우리는 당신을 좋아하고, 당신의 친구다. 우리는 우리보다 당신의 취향, 당신의 생각, 당신의 관심사에 더 많은 관심이 있다'는 마음가짐을 갖고 R&D에 임하는 것이다.

'고객이 원하는 답, 생각지도 못한 불편의 해소'만큼 브랜드가 고객에게 제공해야 할 확실한 가치가 있을까? 유니타스브랜드를 통해 그간 몇 차례 강조했듯이 이제 시장은 'Make & Sell(만들면 팔리는 제품 생산)'의 시대에서 'Sense & Respond(고객의 니즈를 반영한 제품 생산)'으로 전이되었고, 이제는 'Imagine & Surprise(표현되지 않은 불만까지 해결해 고객을 놀라게 하는 제품 생산)'으로 패러다임이 전환됐다. 'Imagine & Surprise'를 위해 고군분투 중인 그들이기에 앞으로 경쟁력을 지닌 글로벌 브랜드로 점차 진화할 SGP가 기대된다.

앞서 살펴보았듯, 분명 SGP는 그들만의 아이덴티티, 비전, 그리고 철학을 가지고 있다. 다만 그간 숨 가쁘게 달려오느라 정리할 시간이 없던 것일 수도 있다. 고객이 원하는 답, 그것도 김 대표처럼 솔직하고 대담한 사람이 제안하는 그 무엇이라면 분명 승산 있는 씨앗을 지녔다고 판단된다. 다만 이제는 그 씨앗을 좀 더 건강하고 명확하게 키울 차례다.

물론 선택은 그들의 몫임에는 틀림없다. 다만 이것이 한국 토종의 강력한 브랜드가 더 많아지길 바라는 유니타스브랜드의 진심 어린, 그리고 솔직한 충언임에도 틀림없다. UB

김대영 중앙대학교 물리학과를 졸업한 그는 쌍용정보통신, 한국쌔스소프트웨어, 한국컴퓨터통신, 티맥스소프트에서 근무한 바 있으며, 2004년 SGP를 런칭, 현재 SGP KOREA 대표이사로 활동 중이다.

비非타협,
비非경쟁,
비非상식,
3非를 추구하는
Smart Branding

작은 브랜드가 겪는 여진 aftershock

"요즘은 옛날보다 안 좋은 일이 생기면 그 여파가 더 빨리 느껴집니다. 그 쪽 회사는 별 일 없습니까?" 일본에 유례없는 대지진이 있고 얼마 지나지 않아, 추가 인터뷰를 위해 다시 방문한 한 중소기업의 CEO가 인사 대신 이렇게 말을 건넸다. 겨울 추위도 채 가시지 않은 3월. 무려 규모 9.0의 지진이 가까운 일본을 흔들었을 때 누군가는 일본에 살고 있는 친지들을 걱정했을 테고, 또 누군가는 지진으로 유출된 방사능이 우리나라에까지 영향을 주지 않을까 두려워했으리라 생각된다. 그러나 우리나라 중소기업 CEO들의 두려움은 그것과는 달랐다. 우리나라 중소기업의 주요 수출입국 중 하나인 일본의 대재난, 그것이 줄 경제적인 타격을 최전선에서 고스란히 맞게 될 것이 바로 내 회사일지 모른다는 불안감이 감돌았고, 아니나다를까 여진餘震은 곧바로 느껴졌다 한다. 지진 후 일주일 만에 중소기업중앙회가 250개 중소기업을 대상으로 피해현황을 조사했고 그 중 203개 기업이 직간접적인 피해를 입었다고 응답했다. 지진 피해가 클 경우 두 달 후쯤 영향을 받게 될 것으로 예상하는 대기업들과는 대조적이다.

자연재해는 평등하다. 대기업이라 해서 지진이 피해가는 것도 아니고 중소기업이라고 더 강한 지진을 맞게 되는 것도 아니다. 하지만 그런 대형 재해가 발생한 후에 남겨진 피해(직접적인 피해뿐만 아니라 시장 상황의 변화로 인한 간접적인 피해조차도)를 수습하는 일은 중소기업에게 훨씬 가혹한 일이다. 어떤 기업이건 사용할 수 있는 자원에는 제한이 있겠지만 대기업에 비해 전반적으로 자원과 인력이 부족한 중소기업은 어려울 때 해결책을 쉽게 마련하지 못하고 더 큰 시련을 겪게 마련이다. 이들은 더 많이, 그리고 더 빨리 한계에 부딪친다.

흔치 않은 자연재해만을 두고 이렇게 말하는 것은 아니다. 매일 매일 경영자가 부딪치는 한계들도 마찬가지다. 의사결정이 이루어질 때마다 당장 내일의 생존을 고민해야 하는 상황이다. 그런데 브랜딩까지 하자 생각하니 마음의 짐도 배가된다. 중소기업 경영자들의 머릿속에, 진짜 지진은 그 때 일어난다.

그들이 추구하지 않는 것들

그런 의미에서 이번 특집을 위해 앞서 만나보았던 10개의 브랜드들은 (완전하지는 않지만) 중소기업으로서 더 많은 한계 상황을 경험하면서도 끊임없이 브랜드에 대해서 고민하고, 기업의 크기와는 상관없이 단단한 강도 strength를 가진 브랜드를 만드는 방법을 모색해 왔다는 점에서 의미가 있다. 이들을 '브랜드'라 칭한다면 이는 10개의 브랜드가 저마다 '자기다움'을 가진 것이라 볼 수 있고, 이것은 동시에 '남과 다르다'는 의미다. 따라서 우리는 10개의 브랜드 모두가 동시에 가진 공통된 전략이나 전술을 억지로 뽑아내려 애쓰지는 않았다. 각 케이스가 줄 수 있는 메시지가 다르다고 생각해서다. 다만 이들을 통해 작은 기업들이 만든 강한 브랜드가 어떤 방향을 추구해 왔는지는 확실히 알 수 있었다. 아니, 정확하게 말하면 어떤 것을 '추구하지 않았는지'를 알 수 있었다. 종종 어떤 주체가 '하지 않는 것'은 '하는 것' 혹은 '할 수 있는 것'보다 우리에게 더 많은 것을 알려준다.

싸우지 않고 싸우다, 비경쟁

"첫 번째는 '경쟁하지 않겠다'는 것이다. 타 출판사나 다른 사람들이 이룬 것들과 경쟁해서 기존의 가치를 잠식하거나 갉아먹는 행동을 하거나 기존 시장에서 생존을 위해 발버둥치지 않겠다는 의미다." - 도서출판 보리 대표 윤구병

새로운 시장을 만들어 경쟁을 피한다, 혹은 가치혁신을 이루어 경쟁이 의미 없도록 만든다는 모토는 이미 '블루오션 전략'을 필두로 해 각종 사례가 뒷받침 되면서 우리에게 그야말로 '익숙한 혁신'이 되었다. 물론 '익숙하다'는 말이 '쉽다'는 말과 동의어는 아니다. 익숙한 말이지만 실천하기 어렵고, 어

렵다는 걸 알지만 모두가 바라는 것이 바로 시장에서 경쟁하지 않고도 생존하는 '비경쟁'이다.

중소기업에게 비경쟁은 어쩌면 생존을 위해 필수불가결한 것일지도 모른다. 흔히 말하는 레드오션에 후발주자로, 그것도 막대한 자본력이나 풍부한 인력, 전에 없던 기술력을 동원하지 않고 뛰어들어 정면승부를 통해 성공한 케이스가 몇 가지나 떠오르는가? 분명 손에 꼽을 정도일 것이고 그나마도 비경쟁이 아니라면 뒤에 언급할 비상식이나 비타협 등의 추구점이 있는 기업일 것이다. 운동 경기가 아니고서야 경쟁(한자로 다툴 경競에 다툴 쟁爭을 사용한다)에서 모든 기업이 공평한 조건에서 다툼을 할 수는 없다. 유리한 조건의 대기업이 이미 패권을 장악한 시장을 중소기업이 비집고 들어가기란 하늘에 별 따기다. 그래서 중소기업은 시장을 자신에게 유리한 조건으로 분할하거나 전혀 다른 가치(제품이 아니다)를 선보여 그것을 기준으로 새로운 시장을 만든다. '최초는 시장에서 유리한 위치를 선점할 수 있다'는 이점을 노리는 것이다.

그런데 앞서 브랜드 케이스들에서 보았듯, 그리고 앞서 인용한 도서출판 보리 윤구병 대표의 말만 들어보더라도 진정한 '브랜드로서 비경쟁을 추구한다는 것은 시장 논리에서의 비경쟁과는 사뭇 다르다는 것이 느껴질 것이다. "기존 가치를 잠식하거나 갉아먹는 행동을 하지 않겠다"는 말에 힌트가 있다. 이들은 기존 시장에서 소비자들이 얻는 가치를 인정하고 동일한 것을 추구하지 않는다. 그리고 시장이 이미 충분히 제공할 수 있는 가치들 이외에 사회에 필요한 가치가 없을까를 고민하고 그것을 제공하기 위해서 노력한다. 결과적으로 치열한 다툼으로서의 경쟁은 사라진다. 다툼이 사라진 자리에 오히려 협력과 공생이 남는다. 그렇기에 이들은 남들이 보기에는 경쟁자가 분명한 대상의 훌륭한 점은 쉽게 인정할 수 있고, 그들과의 협력과 제휴에도 거리낌이 없을 수 있었다. 게다가 좋은 점은 받아들이고 문제점은 지적할 수 있다. 이 모든 것은 경쟁자와 자신이 본질적으로 다른 존재임을 알기에 가능했다. 실제로 우리가 만나본 비경쟁을 추구하는 브랜드들은 시장점유율과 매출에 연연하지도, 경쟁자의 일거수일투족에 예민하게 굴지도 않았다. 오로지 이들에게 의미 있는 경쟁은 세상에 이로운 가치를 제공하는 브랜드가 얼마나 더 많아질 것인가를 기준으로 하는 일종의 '철학 경쟁'뿐이다.

꺾을 것과 꺾지 않을 것을 안다, 비타협

철학 경쟁이 중소기업이 만든 강소 브랜드들이 시장에서

추구하는 바라면 이를 위한 내실 다지기도 뒤따르게 마련이다. 비타협은 그런 기업들이 추구하는 바다.

융통성은 종종 스피드라는 말과 함께 중소기업의 강점처럼 일컬어진다. 중소기업은 대기업에 비해 변화하는 시장 상황에 맞게 작은 조직을 빠르게 움직이고 변화시킬 수 있다는 강점이 있다. 그러나 이 융통성이라는 것은 '타협하지 않는다'는 말과 분리해서 이해할 필요가 있다. 타협하지 않는다는 것은 기업이 어떤 분명한 목적과 이에 맞는 원칙을 가지고 있다는 말이고, 중요한 원칙을 단기적인 이익이나 상황을 핑계로 타협하지 않겠다는 의미다. 비타협을 추구하는 기업들도 원칙에만 부합한다면 얼마든지 융통성을 발휘했고, 그것이 각 브랜드의 스마트한 전략으로 드러났다. 다만 그들의 만들고자 하는 브랜드의 목적에 위배될만한 여지가 있는 행위는 그 어떤 것도 허용하지 않는다는 것이다. 이런 기업들은 이 부분에 있어서 만큼은 칼 같은 단호함을 보였기에 우리로서는 확인을 위해 재차 물어볼 필요도 없었다.

"대기업과의 상생은 꼭 필요하지만, 이들의 힘에 의지해 중소 기업이 만드는 브랜드의 힘이 약해지거나 우리가 일하는 방식대로 일할 수 없다면 상생은 불가능하다고 할 수 있다. (중략) 일부러 PB상품을 만드는 등의 OEM은 하지 않고 있다. 압력이 있어도 우리의 저력

을 믿기 때문에 우리 나름의 기준을 고수하는 것이다." - 쥬빌리 쇼 콜라띠에 대표 김영환

타협하지 않기 때문에 얻는 불이익이야 왜 없겠나. 중소기업의 경우 모두 그렇다는 것은 아니지만 종종 대기업과의 거래에서 힘의 논리에 의해 공공연하게 압력을 받을 때도 있다. 그런데 그마저도 단기적인 불이익일 뿐이라 걱정하지 않는다는 것이다. 매번 이런 상황을 겪을 때마다 의사결정은 신중하게 이루어지지만 좋은 의미에서의 이 '고집'이라는 것이 웬만해서는 꺾이지가 않기에 고려 대상이 못 된다. 게다가 오히려 이런 고집이 믿음직하다는 인상을 심어주어 더 좋은 효익을 끌어올 때도 있단다.

상식적인 방법은 방법이 아니다, 비상식

"성공? 나는 기존 은행의 방식과 정반대로 일했을 뿐이다." 불과 20달러가 없어 고리대금업자의 괴롭힘에 시달려야 했던 방글라데시 서민을 도와주면서 시작된 그라민 은행의 창립자 무하마드 유누스는 그의 성공 비결을 이렇게 압축한다. 이 말은 기존 은행들이 서민에게 닫혀있고 전혀 도움을 주지 못했던 데 대한 날카로운 비판이기도 하지만, 동시에 무하마드 유누스가 비즈니스를 함에 있어 얼마나 상식에 반하는 행동을 했을 지를 짐작케 한다. 신원 보증이나 담보 없이 갚을 수 있을지 없을지도 모르는 빈곤층에 돈을 대출해주는 그라민 은행은 비즈니스의 주요 골자에 있어서부터 이미 상식에 반하고 있다. 단돈 27달러를 빌려주는 것으로 시작했던 이 은행의 오늘이 궁금한가? 이들은 사회의 존경을 한 몸에 받으며 2,000개가 넘는 지점에서 90%가 넘는 원금 회수율을 보이며 비즈니스를 확장하고 있고 2006년에는 유누스와 함께 노벨 평화상을 받기까지 했다.

상식에 반하는 행동은 언제나 처음이 어렵다. 비즈니스를 함에 있어서도 언제나 암묵적인 상식이라는 것이 존재하는데 이에 반하는 것들이 처음부터 항상 좋을 수만은 없다. 시장에서는 물론하고 처음에는 소비자들마저도 '이상하다' 혹은 '뭐 그렇게까지 하나' 하는 시선을 준다.

비상식적인 것을 추구하는 중소기업들은 그러나 확실히 차별성에 있어서 만큼은 남다른 브랜드를 만든다. 물론 기존의 방식을 거부하기에 새로운 방식을 찾아야 하고 그래서 여러 가지 측면에서 들이지 않아도 될 추가 비용을 지불하기도 한다. 그러나 그럼으로써 다른 방식을 찾는데 성공하면 확실한 차별성을 갖게 된다. 이렇게 시간이 흐르면서 찾은 다른 방법들이 모이고 모일수록 그 차별성은 더욱 확고해 진다. 제고 처리의 어려움이 있으면서도 3~6개월 내에 생산한 제품만 출고하며 남다른 홍보 방식을 고집하는 제니스웰, 남들은 다 하지 말라 하는 투자를 마다 않고 세밀화를 담은 책을 펴내는 보리출판사, 배보다 배꼽이 더 크다는 말을 들으면서도 소프트웨어에 투자해 온 폼텍, 잘되는 레스토랑의 규모를 줄이면서까지 사명에 충실한 사업을 전개해가는 aA디자인뮤지엄 등 앞서 만나본 모든 브랜드들이 상식적이지 못하다는 소리를 듣는 방법을 사용해 브랜드의 차별성을 키워왔다. 기존 시장의 중심에 서있는 대기업이 쉬이 흉내낼 수 없는 방법으로 말이다.

우리가 만나본 10개의 브랜드들은 이상 3가지 공통점들 중 하나 이상을 추구하며 브랜드를 키워가고 있다. 3가지 모두를 처음부터 염두에 둔 기업도 있었고 어느 한 가지를 추구하다 보니 다른 두 가지가 따라서 충족된 경우도 있었다. 예를 들어 비경쟁을 추구하다 보니 타협하지 않아야 하는 부분들이 생겼다던지, 비상식적으로 일하려다 보니 비경쟁하는 상황이 되었다던지 하는 방식으로 말이다. 어느 것이 먼저인지는 크게 중요하지 않았다. 다만 3가지 요소 모두가 결과적으로 아주 밀접한 관계를 갖고 있음은 분명하다.

왜 스몰 브랜드는 스마트 브랜딩이 가능한가

걸리버가 파도에 휩쓸려 소인국 해안에 다달았을 때 걸리버보다 더 놀라고 두려웠던 것은 아마 소인국에 살던 사람들이었을 것이다. 똑같은 눈, 코, 입, 그리고 손과 발을 가진 사람이 이토록 거대할 수 있다는 사실과 그런 걸리버가 얼마든지 우리를 위험에 처하게 할 수 있다는 사실이 얼마나 위협적으로 느껴졌을까.

그런 소인국 사람들이 걸리버의 세계에 어느 날 갑자기 떨어지게 되었다고 생각해보자. 그들이 바라보는 세상 안의 것은 하나도 빠짐없이 생존을 위협하는 장애물일 것이다. 머리 위를 오가는 거대한 발들과 달려오는 자동차 바퀴들뿐만 아니라 하늘에서 갑자기 떨어지는 비마저도 이들이 살아남을 수 있을지를 의심케 할 것이다.

마찬가지로 상대적으로 자원이 부족한 중소기업들에게 시장의 모든 상황과 변수들은 모두 생존을 위협하는 요소들이 될 수가 있다. 제품을 잘 생산하던 한 중소기업이 어느 날 갑자기 발생한, 그것도 우리 나라가 아니라 일본에서 발생한 대지진 때문에 문을 닫게 되리라고 상상이나 했겠는가. 브랜드를 만들다 보면 세상에 존재하는 모든 것들이 한 순간에 나와 등을 돌릴 수도 있다는 사실을 배우게 된다는 것이 그간 많은 인터뷰이들이 알려준 현장 지식이다.

그러나 이번 특집 주제를 통해 우리는 또 한번, 넘지 못할 한계처럼 보이는 것들이 많을수록 오히려 그만큼 더 큰 혁신이 만들어진다는 사실을 배운다. 자원이 부족하지 않았다면 고민하지 않았을 일들, 인력이 좀 더 있었다면 떠올리지 않았을 방법들, '작은' 우리에게 시장이 좀 더 관대했다면 세우지 않았을 전략들이 각 브랜드들의 차별성을 만들었고 경쟁력을 키웠다. 한계를 알았기 때문에 혁신의 단초도 마련할 수 있었던 것이다.

어떤 이들은 우선 매출을 늘이고 단기적으로 이익을 충

> 중소기업이 추구해야 할 성장은 팽창이 아니라 목적에 맞는 전진이다. 이는 브랜드가 추구해야 할 바와도 일맥상통한다.

분히 얻어 중소기업이 가질 수밖에 없는 문제들을 해결한 다음에, 즉 규모를 충분히 키워 대기업으로 성장한 다음에 고민해도 되는 문제가 브랜드가 아니냐고 말할 지도 모르겠다. 그러나 양적인 성장이 항상 중소기업에 닥친 모든 문제를 해결해 주지는 않는다는 사실을 기억해야 할 것이다. 가끔은 '기업은 성장하지 않으면 퇴보한다'는 말이 진리처럼 받아들여지는 상황에서, '성장'의 의미가 잘못 해석되고 있는 것이 아닌가 싶다. 로버트 토마스코는《거대 기업의 종말》에서 잘못된 성장의 해석에 대해 다음과 같이 경고한다.

"사업에서 성장이란 개념은 팽창과 혼동되기 쉽다. 성장하는 기업들은 흔히 부산물, 상관물, 또는 성장의 징후로 팽창을 경험한다. 하지만 성장의 자리를 팽창이 차지하게 되면 수단과 목적은 혼동을 일으킨다. 규모, 사업영역, 그리고 수익성의 증가는 전진운동의 결과일 것이다. 그러나 그것들이 전진을 부추기지는 않는다. 팽창 그 자체는 결코 영구적 목적이 될 수 없다. 오직 팽창만 추구하는 것은 유기체로 보자면 위화대증이나 암과 동일하며 기업세계에서 보자면 엔론, 타이코, 그리고 월드콤과 동일하다."

그의 말에 따르면 중소기업이 추구해야 할 성장은 팽창이 아니라 목적에 맞는 전진이다. 이는 브랜드가 추구해야 할 바와도 일맥상통한다. 위에서 살펴본 브랜드들의 이른바 '3非 법칙'은 팽창이 아니라 전진으로서의 성장을 위한 선택이라 할 수 있다. 그리고 이 선택들이 결과적으로 브랜드로서 전진할 수 있는 차별성과 자기다움을 만들었던 것이다.

항상 등장하여 식상하긴 하지만, 성경에서 다윗은 작은 물맷돌 5개로 거인 골리앗을 이겼다. 그 상황에 비유하자면 중소기업(다윗)에게 골리앗이 꼭 대기업이 되란 법은 없다. 골리앗은 대기업일 수도 있고, 때아닌 재난일수도 있고, 지난 IMF 경제난 같은 시장의 어려움일 수도 있다. 하지만 다윗이 든 무기로서 '브랜드'는 물맷돌의 역할을 충분히 감당할 수 있을 것이다. 물론 그러기 위해서는 다윗의 물맷돌이 그랬듯 물맷돌 자체가 중요한 것이 아니라 무엇보다도 그것에 담긴 신뢰와 믿음이 중요하다.

역사가 증명하듯, 꼭 풍부한 자원과 자본만이 시장에서 성공하고 존경받는 브랜드를 만드는 것이 아니라는 사실이 이처럼 감사할 수가 없다. **LB**

156	작은 거인들의 선택적 성장_보 벌링엄
162	정직이 곧 스마트한 전략이다_린 업쇼
168	작은 기업의 Making Ideas Happen!_스콧 벨스키
172	교토의 강소기업에게 배우는 1,000년 브랜딩의 노하우_홍하상
178	대한민국 중소기업들의 제로섬 게임 탈출법_김경훈
182	차별화의 원천을 발견하고 전략을 혁신하라_이장우
186	품었던 씨앗으로부터 브랜드의 싹을 틔워라_김형곤
190	추천도서 l 강소브랜드를 만드는 스마트한 독서 전략

7 Smart Advices
강소브랜드의 성장과 성숙을 위한 7개의 조언

앞서 소개한 10개의 브랜드처럼 현실적인 어려움 속에서도 자사 브랜드의 미션을 잃지 않기 위해서는
기업 내·외부의 문화 환경이 '그에 걸맞게' 조성 되야 한다.
'그에 걸맞게'라는 표현의 구체적인 제반 사항에 대해 국내외 석학 및 전문가들에게 조언을 구했다.
그들의 이야기에는 양적 성장보다 질적 성장을 택한 기업들이 직면하는 문제들을 위한 솔루션은 물론,
정직이란 단어 하나가 브랜딩에 있어 얼마나 스마트한 방법으로 사용될 수 있는지,
그리고 (특히 작은) 기업들이 원하는 아이디어를 통한 혁신에서 주의할 점에 대한 실질적인 노하우가 들어있다.
뿐만 아니라 강소기업들이 넘쳐나는 일본의 교토 지방에서 우리가 배워야 할 기업가 정신은 무엇인지,
그리고 그들이 어떻게 100년, 1,000년의 브랜드를 꿈꿀 수 있었는지도 살펴보면 흥미롭다.
우리나라가 처한 현재의 경제 생태계 속에서 왜 중소기업의 역할이 더욱 강조되어야 하는지와 중소기업이
어떻게 하면 자신만의 아이덴티티를 중심으로 브랜딩의 첫 단추를 제대로 끼울 수 있는지, 그리고 이미 늦었다고
생각하는 지금이 왜 중소기업의 브랜딩에 가장 빠른 시기인지에 대한 이유 또한 확인할 수 있을 것이다.

to be BETTER

to be BIGGER

크다는 것과 위대하다는 것은 동의어가 아니다
작은 거인들의 선택적 성장

The interview with 보 벌링엄(Bo Burlingham)

"작은 것이 곧 큰 것이다. 이 말을 듣고 고개가 갸우뚱거려진다면, 반드시 이 책을 읽어라!"
21세기형 마케팅의 개척자로 꼽히는 세스 고딘은 지금 소개할《스몰 자이언츠》란 책에 어떤 매력을 느꼈기에 이런 평가를 하게 됐을까?
기업 성장의 목적이 '더 거대해지기 위함'인지 아니면 '더 훌륭해지기 위함'인지를 구분할 줄 알아야 한다는 것. 이것이 보 벌링엄이《스몰 자이언츠》를 통해 전하려는 메시지의 핵심이 아닐까 한다. 물론 기업에게 있어 성장은 분명 필요한 요소다. 하지만 그것이 목적이 될 때와 수단이 될 때는 사뭇 다른 결과를 만들어 낸다.
"기업은 성장하지 않으면 사라진다"란 표현에서 '성장'을 우리는 그간 너무 양적 성장으로만 해석해 왔다. 그렇기 때문에 '내실' 혹은 '질적 성장'에 대한 강조는 늘 문제가 생긴 다음에야, 경고성 어조의 문구로 등장하는 것이 현실이다. '성장은 곧 상장'이란 도식이 상식이 되어 버린 요즘, 보 벌링엄에게 대체 어떤 성장이 올바른 성장인지에 대해 물었다.

to be Bigger vs. to be Better

한국에 소개된 보 벌링엄의 책 《스몰 자이언츠Small Giants》의 부제는 '무한성장보다 비전을 택한 비범한 기업들'이다. 만약 "성장하지 않는 기업은 사라진다"라는 GE 잭 웰치의 말을 맹신해온 혹자는 "성장은 기업의 숙명 아니냐"며 반문할지도 모른다. '성장은 곧 상장'이란 도식이 상식이 되어버린 요즘, 그런 반응은 그다지 이상할 것도 없다. 그에게 던진 첫 질문 역시 이와 같은 반문이었다.

무한한 성장은 기업을 운영하는 이들의, 그리고 인간의 기본적인 열망이 아닌가 하는 생각이 든다.

그것이 내가 가장 많이 받는 질문 중 하나다. 우선 그 오해부터 바로잡을 필요가 있다. '스몰 자이언트'가 된다는 것이 성장을 멈춘다는 것을 의미하지는 않는다. 내가 책에서 소개한 14개의 기업은 책을 쓸 당시도, 그리고 지금도 (한 회사를 제외하고는) 꾸준히 성장하고 있다. 다만 그들의 성장은 그들의 행동에 따른 결과이지 그것 자체가 목적이 아님은 분명하다. 그들에게는 단순히 커지는 것 이상의 더 큰, 몇몇 목적이 있었다.

그 몇몇 목적이라는 것은 무엇인가?

그 목적들은 '고루해 보이지만 진실인 단어들'에 집중되어 있다. 실제로 그들은 고객에게 좋은 제품과 서비스를 제공하기 위해 자신이 하는 일 자체에서 보람을 찾고 직원에게 더 좋은 근무 환경을 제공하는 것, 또 이해관계자들과의 원만한 관계를 유지하는 것, 나아가 지역 사회의 발전에 이바지하는 것을 중요하게 여긴다. 달리 말하면 그들은 성공의 기준이 좀 다르다. 앞서 열거한 목적에 얼마나 도달했는가가 그들이 지닌 성공의 가늠자다. 즉 그들은 큰 기업이 되기 위해to be bigger 노력한 것이 아니라 더 좋은 기업이 되기 위해to be better 노력했다.

하지만 오늘날의 시장경쟁 상황을 돌아보면 약간의 괴리감이 드는 것도 사실이다. 기업은, 또 리더들은 늘 성장에 대한 자의적, 타의적 압박에 시달린다. 가장 가깝게는 주주의 외압이 그럴 것이다.

십분 이해가 된다. 하지만 그런 상황이 연출됐다면 그것은 그들 스스로가 선택한 것에 대한 결과다.

어떤 의미인가?

상장을 하거나 외부 자본을 투자 받는 것은 '선택'의 문제였지, 의무는 아니었을 것이란 이야기다. 외부 자본이 유입되는 동시에 리더는 주주에게 최상의 재정적 성과에 대한 법적, 도덕적 의무를 지게

14개의 기업

앵커 브루잉 Anchor Brewing
징거맨스 델리카트슨 및 7개의 식품 관련 회사를 지님

시티 스토리지 CitiStorage Inc.
미국 최고의 기록 보관 서비스사

클리프바 Clif Bar Inc.
유기농 에너지바 및 영양식품 제조사

ECCO Electronic Controls Company
차량용 후진 경보음 발생기 및 황색 경고등 제조사

해머헤드 프로덕션스 Hammerhead Productions
영화용 컴퓨터 특수효과 제공 업체

O. C. 태너 O. C. Tanner Co.
직원 보상 프로그램 및 상패회사

레엘 프리시전 매뉴팩처링 Reell Precision Manufacturing
랩톱 컴퓨터 힌지 같은 동작 조절 제품 디자인 및 제조사

리듬 앤 휴스 스튜디오 Rhythm & Hues Studios
CG 캐릭터 애니메이션 및 시각효과 제작사

라이처스 베이브 레코즈 Righteous Babe Records
싱어송라이터 애니 디프랑코가 설립한 음반사

셀리마 Selima Inc.
엄선한 고객을 상대로 하는 패션 디자인 및 의류 제조사

골츠 그룹 The Goltz Group
미국에서 가장 유명한 액자 제작사인 아티스트 프레임 서비스를 포함

유니온 스퀘어 호스피탤러티 그룹
Union Square Hospitality Group, USHG
유명 레스토랑 경영자인 대니 메이어가 운영하는 레스토랑 기업

W. L. 버틀러 컨스트럭션 W. L. Butler Construction, Inc.
상업용 건설 프로젝트를 전문으로 하는 종합건설사

징거맨스 커뮤니티 오브 비즈니시즈
Zingerman's Community of Business
징거맨스 델리카트슨 및 7개의 식품 관련 회사를 지님

출처: 《스몰 자이언츠(2008, 팩컴북스)》
이미지 출처: www.smallgiantsbook.com

스몰 자이언트들의 딜레마

벌링엄은 책을 집필하기 위해 만난 스몰 자이언트들이 단기적 성장보다 비전 강화를 위한 활동에 더 초점을 맞추면서 맞닥뜨리는 딜레마에 대한 언급도 놓치지 않았다. 그 딜레마 상황은 크게 보자면 두 가지인데, '의도적인 고객 제한'과 '권태로움'에 관한 것이다. 다소 낯선 단어들처럼 느껴지지만 이어지는 그의 설명을 들어 보면 어떤 의미인지 이해가 된다.

구체적으로 어떤 딜레마를 의미하나?

첫째는 자신들이 오랫동안 좋은 관계를 유지하고 싶은 고객일지라도 그들의 니즈를 자사의 비즈니스로 해결해 줄 수 없을 경우 고객들을 떠나보내야 한다는 점이다. 상업용 건설 프로젝트를 진행하는 버틀러W. L. Butler를 예로 들어 보자. 그는 26세의 젊은 나이에 전기도, 수도 시설도 없는 작은 집에 기거하며 사업을 시작했다. 진정성 있는 그의 태도에 사업은 승승장구했고, 약 15년이 지나면서 연 매출 2,000만 달러에 130여 명의 직원을 거느린 건설사가 됐다. 그런데 회사가 커지고 사업 분야가 넓어지면서 감당하기 힘들 만큼의 건설 수주를 받게 됐다. 뭔가 잘못됐다는 것을 알아챈 그는 지난날의 경영 방침에 대해 반성과 점검을 시작했고 결국 모든 작업을 직접 하기 보다는 프로젝트를 관리하는 종합건설사가 되기로 했다. 직원 수도 125명 정도로 제한하고 직업 허가증까지 반납해 가며 넓혀 온 사업부를 정리했다.

문제는 거기서부터였다. 기존에 좋은 관계를 유지했던 고객들과 관계를 끊을 수밖에 없게 된 것이다. 사업부를 줄여서 이제는 처리할 수 없는 사업 영역에서도 계속 수주 요청이 들어오자 그는 거절하는 것을 넘어 클라이언트를 경쟁 업체에 추천해야만 하는 상황에 처하게 됐다. 하지만 장기적인 관점에서는 그것이 옳은 결정이라 단행했다고 한다. 그런데 신기하게도 거절을 거듭할수록 버틀러의 인기가 점점 더 높아졌고 불경기에도 수주는 끊이지 않았으며 결국 2005년에는 1억 9,500만 달러의 매출을 기록하는 스몰 자이언트가 됐다.

규모를 작게 유지하는 것이 결국은 브랜드 희소성을 높이는 역할을 하는 것 같다. 그런데 리더의 생각이 그럴지라도 직원들은 달리 생각할 수도 있지 않은가. 대부분의 직원들은 성장하는 조직에서 일하길 원할 것이며 이를 위해서 리더는 적어도 꾸준히 성장하는, 또 비전 있는 기업임을 증명해 보여야 하는 것이 현실이다.

그것이 바로 스몰 자이언트들의 리더들이 겪는 두 번째 딜레마, 권태로움에 관한 것이다. 그중에서도 당신이 의문을 제기한 부분은 '직원들이 느끼는 권태'다. 작은 규모를 유지하기로 한 리더들은 직

버틀러사가 건설한 수많은 건축물들

된다. 그러다 보면 리더의 초심을 지키기보다는 성장에 더 큰 우선순위를 두게 되는 것이 보통이다. 그들은 비전을 실현할 자유(통제력과 시간) 대신 자본을 택한 셈이다. 내가 책에서 소개한 기업들은 그래서 더 의미가 있다. 그들 모두는 더 큰 기업이 되기 위해 필요한 자본보다 자유를 택한 비상장 개인 기업이다. 그 점이 그들이 성장보다는 비전을 택했다는 증거이기도 하다.

맞는 말이긴 하나, 리더들은 엄청난 딜레마에 빠질 것 같다. 어떻게 눈앞에 보이는 성장을 스스로 제한할 수 있겠나.

옳은 지적이다. 내가 만난 많은 리더들도 비슷한 상황에서 딜레마에 빠질 수밖에 없었다고 고백했다.

원들이 권태를 느끼지 않고 회사에 지속적으로 몰입할 수 있게 해야 하는데, 특히 이런 문제는 조직에서 중추적 역할을 하는 키맨Key Man들에게 더 심각하다. 보통 비전이 명확한 키맨들은 늘 새로운 기회를 좇는 경향이 있다. 그들과 계속 함께 일하려면 성장의 기회를 줘야 한다. 즉 회사가 회사 스스로에게 좀 더 성장할 것을 강요해야 하는 상황이 온다는 의미다. 스몰 자이언트가 되기로 한 리더에게는 작지 않은 딜레마다. 이런 상황에서 자신들의 핵심가치를 지켜 내면서도 성장하는 대표적인 사례가 @징거맨스Zingerman's다.

직원의 출근길이 그날 할 일들로 흥분되도록 하는 것이 리더의 의무임을, 만약 그렇지 못하면 리더의 책무를 다하지 못하고 있다는 것임을, 그런 경우라면 스스로를 해고해야 함을 제대로 이해한 리더들의 행동이다. 하지만 더 중요한 점은 리더가 성장을 위한 어떤 결정을 하더라도 결코 그것으로 인해 그들의 핵심가치가 희생되어서는 안 된다는 것이다. 그럴 때만이 직원과 고객이 그 브랜드에 대해 충분한 신뢰를 보일 것이다.

지금 말해 준 것이 직원들의 권태로움을 해결하기 위함이었다면 또 어떤 종류의 권태가 있는가?

바로 리더 자신의 권태다. 많은 사업가들이 회사 초기의 숨 가쁜 성장기를 지나고 나면 지루하게 느껴지는 여러 경영상의 문제에 직면한다. 그러면 다시금 자신을 흥분시킬 새로운 작업들(인수 합병, 새로운 사업 부문의 확충 등)을 벌이는데, 여기서 문제는 그들 스스로는 옳다고 여기는 행동이 회사에게는 치명적인 의사결정이 될 수 있다는 점이다.

그래서 작은 거인이 되기 위해서는 리더(특히 남성 리더)들에게는 자제력이 필요하다. 기업의 훌륭함과 크기는 전혀 상관없음을 인지하는 지혜만이 리더와 조직 모두에게 올바른 의사결정을 하게 할 것이다. 짐 콜린스의 말대로 큰 것이 위대한 것을 의미하지는 않지도, 위대함이 크다는 것을 의미하지도 않는다. 몇몇 사람들은 이것을 본능적으로 깨닫기도 하고 또 몇몇은 맹목적 성장을 좇다가 맞이하는 위기에 직면해서, 혹은 그것을 극복하는 방법에 골몰하다가 깨닫기도 한다.

만약 그것을 알고 있음에도 불구하고 권태를 느끼는 리더가 있다면 6개월간의 안식기간을 가져보길 권한다. 왜냐하면 그런 경우 막상 그것을 상상했을 때 당신의 부재 상황에서도 회사를 무리 없이 이끌 사람이 있다면 다행이지만 그렇지 못한 경우(이것은 분명 당신의 경영 방법을 수정해야 할 필요가 있음을 의미한다) 권태롭기는커녕 그런 사람을 양성하는 것이 엄청난 프로젝트임을 곧 깨닫

> "경제와 사회 전체에 큰 영향을 미치면서도 여전히 작은 상태를 유지할 수 있는 방안들이 점점 더 생겨나고 있다."

게 될 것이다. 용케 당신의 부재 상황을 해결해 줄 직원이 있다면 안식 기간을 가져라. 안식 기간이 끝나고 돌아와서도 권태로움을 느낀다면 그것은 분명 새로운 일을 찾아야 할 때가 되었음을 의미한다.

그런 상황을 극복하고 결국 스몰자이언트가 되면 우리는 무엇을 얻는가?

브랜드의 마법, 그리고 그런 브랜드를 이끌 조직의 영혼이다.

마법mojo과 영혼soul

'영혼이 있는 기업'에 대해서는 국내외 석학들을 통해 몇 차례 들어 본 적이 있지만 그가 사용한 '마법'이란 단어는 다소 생소했고 우리의 호기심을 자극하기에 충분했다. 그런데 그가 답한 마법의 의미는 브랜드가 만들어내는 (마법처럼) 놀라운 여러 현상들에 대해 논의했던 유니타스브랜드 Vol.12 '슈퍼내추럴 코드'와 상당히 닮아 있었다. 열광적인 고객을 만들어내는 것은 물론 직원들까지 자신들이 만들어 가는 브랜드와 동화되는 등 진귀한 현상을 보이는 브랜드가 그가 말한 마법을 가진 브랜드와 같은 맥락이지는 않을까 하는 생각을 하게 됐다.

책에서 언급한 'mojo'가 의미하는 것은 구체적으로 무엇인가?

말 그대로 일종의 마법이라고 생각하면 좋겠다. 말로는 구체적으로 정의하긴 힘들지만 '마법'을 소유한 브랜드는 보통 다음과 같은 현상을 보인다는 것을 소개하는 것이 더 효과적일 것 같다. 어떤 브랜드가 마법을 지니게 되면 당신은 그 회사와 어떤 형태로든(고객으로서, 직원으로서, 혹은 비즈니스 파트너로서) 관계를 맺고 싶을 것이며, 심지어 그 브랜드의 로고가 큼지막히 박힌 티셔츠나 모자를 쓰고 싶어 하기도 할 것이고, 그 회사와 관련된 책이나 기사를 읽고 싶어질 것이다. 아마 지금쯤 당신의 머릿속에 몇몇 브랜드가 떠오른다면 그 브랜드가 마법을 지닌 브랜드다.

정의하기는 어렵지만 우리는 이미 그 힘에 대해 알고 있다. 굳이 정리해서 이야기해야 한다면 '당신에게 그 존재만으로도 충만함을 느끼게 하는 그 브랜드가 가진 힘'이라고 표현하고 싶다. 브랜드가 든든한 지원군이라 여기는 마니아도 마법의 결과물 중 하나이지 않겠나.

그런 브랜드를 만드는 요인에는 여러 가지가 있을 수 있을 것이다. 그중에서도 가장 중요한 요인이 있다면 무엇을 뽑겠는가?

그 조직이 지닌 영혼soul이다.

징거맨스

벌링엄은 자사의 핵심가치를 지키면서도 직원들에게 새로운 비전을 제시하기 위한 효과적인 방법을 발견한 브랜드로 징거맨스를 꼽았다. 징거맨스는 1982년 미시간 주 앤아버Ann Arbor에서 '지상 최고의 샌드위치, 두 손으로 들어야 하고 드레싱이 팔뚝으로 흘러내릴 만큼 커다란 샌드위치를 만들겠다'는 기치를 내걸고 런칭한 브랜드다. 문을 연 지 10년도 안 되어 큰 성공을 거둔 그들은 〈뉴욕타임스〉〈본아페티〉〈이팅웰〉 등에 소개되면서 유명세를 탔고, 〈에스콰이어〉의 짐 해리슨은 징거맨스를 파리의 포숑, 런던 해로즈 백화점의 음식 코너, 뉴욕의 발두치, 그리고 딘 앤 델루카에 견주기도 했다.

지속된 성장을 바탕으로 그들 또한 사업을 확장해 미국 전역에 프랜차이즈를 만들지, 아니면 작지만 강한 브랜드로서 지역 사회에 이바지하며 최고의 퀄리티를 유지할 것인지에 대한 '선택'의 기로에 서게 됐다. 뿐만 아니라 오랜 기간 동안 같은 일을 하면서 조금씩 권태를 느끼기 시작하는 직원들도 신경이 쓰였다.

그들은 오랜 고민 끝에 지역을 벗어나지 않는 선에서 직원들이 더 전문적이고 비즈니스적으로도 도전할 만한 흥미로운 비전을 제시했다. 바로 앤아버 지역 내에서 다양한 서브 브랜드를 만드는 것이었는데 이른바 요식업 관련 비즈니스 주체로 이루어진 '징거맨스 비즈니스 커뮤니티'가 그것이다. 이는 징거맨스 델리카트슨(Zingerman's Delicatessens, 조리된 육류나 치즈, 흔하지 않은 수입 식품 등을 파는 가게), 징거맨스 로드하우스(Zingerman's Roadhouse, 북아메리카 전통 음식을 구현 및 재해석해 판매), 징거맨스 베이크하우스(Zingerman's Bakehouse, 전통 빵과 패스트리 중심의 베이커리), 징거맨스 크리머리(Zingerman's Creamery, 수제 치즈 및 유제품 관련 제품 판매), 징거맨스 커피 컴퍼니(Zingerman's Coffee Company, 징거맨스 베이커리 등 커뮤니티 내에서 필요한 모든 커피는 물론 독자적 커피숍을 운영), 징거맨스 캔디 매뉴팩토리(Zingerman's Candy Manufactory, 일반적인 캔디와 미국 전통 수제 캔디를 판매), 징거맨스 메일 오더(Zingerman's Mail Order, 전국, 전 세계로부터 요리를 주문 받아 배달), 징거맨스 케이터링 앤 이벤트(Zingerman's Catering and Event, 작은 규모부터 2,000명 규모의 파티를 위한 케이터링 서비스), 징트레인(ZingTrain, 성공적으로 평가 받는 징거맨스의 직원 서비스 교육 및 마케팅, 특수 요리 조리법 등을 세미나와 워크숍 형태로 교육하는 컨설팅 브랜드) 등의 비즈니스 유닛으로 구성되어 있다.

이런 움직임이 필요했던 이유 중 하나는 직원들이 회사를 떠나지 않고도 새로운 비즈니스에 도전할 수 있는 기회를 마련하기 위함이었다고 한다. 뿐만 아니라 징트레인을 통해 사내 직원들에게 비즈니스와 경영, 그리고 음식의 역사와 사회적 특징들을 교육하여 직원 개개인이 새로운 비전을 바라보며 설렐 수 있는 환경을 제공했다.

징거맨스 외에도 《스몰 자이언트》에서 소개된 레스토랑 브랜드인 유니언 스퀘어 호스피탤러티 그룹Union Square Hospitality Group의 CEO인 대니 메이어는 다시 만나기 힘들 것 같은 뛰어난 주방장과 점차 이직률이 높아지던 중간 관리자들의 활동 범위와 시야를 넓혀 줌으로써 직원들이 떠나는 것을 막을 수 있었다.

영혼이란 브랜드 철학과 비슷한 개념인가?

브랜드 철학이란 표현은 사실 우리에게 익숙하지 않다. 당신이 브랜드 철학을 어떻게 정의하고 있는지는 구체적으로 모르지만 단어가 주는 느낌만으로 이야기하자면 내가 말하는 영혼은 분명 철학 이상의 것이다.

영혼이라는 것은 회사에 깊숙이 뿌리내린 정신 같은 것이다. 너무 깊이 뿌리내려서 조직의 모든 행동에 (당연히 비즈니스를 포함한) 상당한 영향력을 미칠 정도의 것이다. 직원들이 의미 있는 일을 한다면, 회사가 속한 지역 사회가 그 회사의 존재만으로도 풍족함을 느낀다면, 이해관계자들이 그 회사와 일하는 것 자체를 충만한 기쁨으로 생각한다면, 고객들이 그 회사의 서비스를 구매하는 것 자체를 즐기고 그 회사가 어떤 제품을 팔든 그것에는 추호의 의심도 없다면, 투자자들이 그 회사에 투자하고 있다는 것만으로도 자부심을 느낀다면 그 회사는 분명 영혼이 있는 기업일 것이다.

영혼이야말로 우리가 지닌 유한한 자원을 감히 소유하고 소비할 자질이 있는 회사인가를 가늠하는 척도가 되어야 한다. 우리는 그런 회사에서 일하고, 그런 회사의 제품을 사고, 그런 회사에 제품을 팔고, 투자해야 한다.

영혼이 있는 스몰 자이언트들이 더 많이 필요한 시점이란 생각이 든다.

시대가 거듭할수록 스몰 자이언트들의 역할이 증대하고 있다고 생각한다. 일자리를 창출하고, 지역 사회에 이바지하며 우리의 삶을 조형한다는 점을 넘어, 가치를 소중히 여기는 태도로 다른 기업들에 귀감이 된다는 측면에서 더욱 그렇다. 다행스럽게도 이들처럼 경제와 사회 전체에 큰 영향을 미치면서도 여전히 작은 상태를 유지할 수 있는 방안들이 점점 더 생겨나고 있다.

분명, 시간이 흘러도 큰 규모의 회사들은 필요할 것이다. 하지만 시대정신은 작은 것의 미학을 인정하고 있으며 기술적 진보가 그러한 경향을 더욱 증대시키고 있음은 명확하다.

책이 소개된 지 꽤 시간이 흘렀는데, 출간 후 스몰 자이언트들에 대해 새로 알게 된 사실 혹은 변한 생각은 없나.

책을 펴낸 후 더 많이 배우게 됐다. 전 세계에서 발견되는 스몰 자이언트들을 더 많이 접하게 됐고 글로벌 네트워킹을 위해 스몰 자이언츠커뮤니티(www.smallgiants.org)를 신설하기도 했다. 내가 책을 쓸 때는 없던 것이다. 하지만 무엇보다 가장 크게 깨달은 점은 스몰 자이언트가 되기 위한 근원적인 자질들과 그들이 운용하는 자금의 특성에 대해 더 깊이 파고들지 못했다는 생각이 든다. 개정판을 내거나 새로운 책을 쓴다면 이것에 집중할 것이다.

마지막으로 출간 후에 가장 놀라웠던 점은 생각지도 못한 조직이

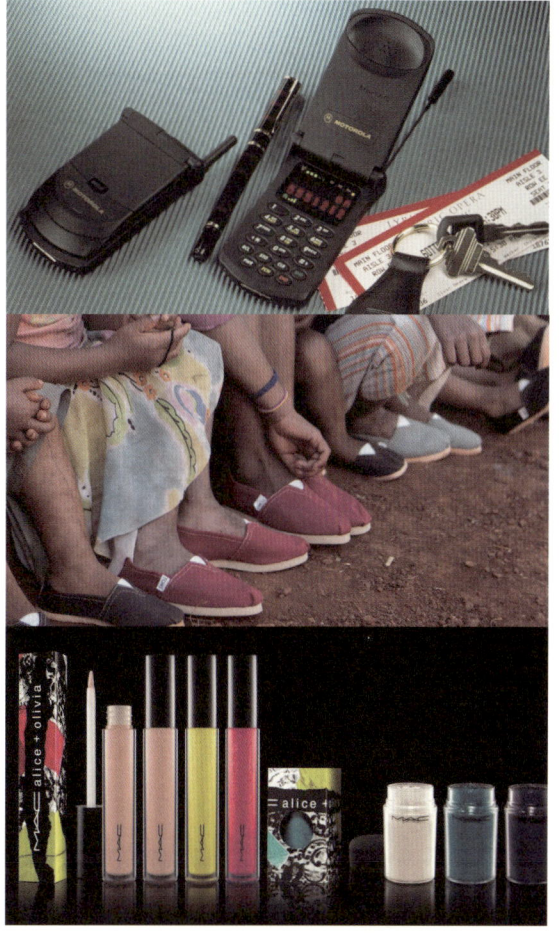

슈퍼내추럴 코드와도 그 맥을 같이 하는 마법(mojo)을 가진 브랜드는 우리 주변에서 많이 찾아볼 수 있다.

나 대기업에서 수많은 강의 요청을 받았다는 것이다. 독자들의 반응을 통해 내가 한 이야기들이 중소기업들에만 국한되는 것이 아니라 기업을 하는 많은 사람들이 염두에 둬야 할 것임을 깨닫게 된 셈이다. 대기업들, 그리고 벤처 기반의 기업들은 아마도 스몰 자이언트에게 더 많이 배워야 할 것이다. UB

보 벌링엄 미국의 유력 경제 전문지 〈Inc.〉에서 1983년부터 일했던 그는 현재는 대기자(editor-at-large)로서 활동 중이다. 잭 스택과 공저한 《위대한 비즈니스 게임》은 위대한 경영서 100권 중 하나로 선정된 바 있으며, 1995년부터 〈Inc.〉에 기고한 'Street Smart'라는 컬럼은 그에게 수많은 상과 찬사를 선사했고, 최근에는 놈 브로드스키와 함께 《The Knack》이란 책으로 컬럼들의 메시지를 정리했다.

작은 기업에게 더 유리한 전략 명제
정직이 곧 스마트한 전략이다

The interview with 린 업쇼(Lynn Upshaw)

integrity만큼 우리를 망설이게 하는 단어가 또 있을까 싶다. 그간 유니타스브랜드의 인터뷰에 응해 준 많은 해외 석학들이 한결같이 강조한 단어가 우리말로 진실성, 정직, 고결함, 완전무결함 등으로 해석 가능한, integrity다. '고객을 대함에 있어 나는 진실한가?' '당신의 브랜드가 제안하는 가치는 다른 어떤 브랜드보다 정직하게 커뮤니케이션되고 있는가?' 이런 질문들 앞에서 우리는 고민에 빠진다. 그리고 발끈, 화가 날지도 모르겠다. '지금 먹고살기도 바쁜데 웬 고상한 척인가!'

그런데 《정직이 전략이다Truth : The New Rules for Marketing in a Skeptical World》라는 책을 통해 다시 한 번 integrity(정직)를 화두로 던진 마케팅 컨설턴트이자 UC 버클리대학 교수 린 업쇼는 작은 기업에게 정직만큼 스마트한 전략이 없다고 단언한다. 과연 전략으로서의 정직이란 어떤 것이며 어떻게 실행할 것인가? 그리고 작은 기업이 정직을 전략으로 사용해야 하는 이유는 과연 무엇인가?

광고 전문가의 변심, 혹은 충심

"믿을 수 있는 정보를 얻기 어려워지면서 짜증은 늘어나고 만족은 줄어드는 게 마케터와 고객 사이의 공식이 되었다." 린 업쇼가 저서의 첫머리에 '마케팅의 위기'를 지적하며 남긴 말이다. 커뮤니케이션 채널이 늘어나고 마케팅에 잡음이 생기면서 총체적 난국을 경험하고 있는 마케터들에게 그가 이렇듯 뼈아픈 지적을 서슴지 않을 수 있는 것은 그간의 경험 때문이다. 마케팅 컨설턴트에게 *정직integrity이 과연 어떤 의미였길래 이를 주제로 책까지 쓰게 되었을까? 그의 진실성integrity 있는 대답을 들어 보자.

브랜드 마케팅 컨설턴트로서 현장에서 일하는 걸로 알고 있다. 단도직입적으로 묻겠다. 왜 하필 '정직'인가? 전쟁과 비교되는 마케팅 현장을 경험한 실무자의 선택치고는 의외다.

그런가? 실은 지금처럼 마케팅 컨설턴트와 대학교수로 일하기 전에 뉴욕과 샌프란시스코의 Ketchum Advertising Worldwide라는 광고 회사에서 AE로 일한 적이 있다. 광고 일을 하다 보면 당연히 많은 브랜드의 마케터와 커뮤니케이션 에이전시들을 만나게 되는데 그들을 보면서 깨달은 것이 많다. 그중 가장 마음에 걸린 것이 바로 마케터들이 고객에게 보다 정직하고 투명하게 직접적인 가치 제안을 하면 둘 모두에게 좋은 일일 텐데, 그렇게 하지 못하더라는 점이다. 이유야 여러 가지지만 마케터들이 정직이 왜 필요한지 인지하지 못하고, 그것이 마케터의 일반 업무와 직접적으로 상관이 없다고 생각하기 때문이다. 게다가 대부분의 마케터들이 수익을 내지 못하면 책임을 져야 하는 현실에서 정직성을 양보해도 당장 표가 나지 않고 이를 버림으로써 분기별 목표달성이 가능하다면 누가 정직을 생각이나 하겠나? 그러나 정직은 꼭 필요한 것이다. 그래서 마케터들이 정직이란 개념을 글자로만 아는 것이 아니라 업무에 적용함으로써 실질적인 이익을 얻을 수 있도록 정리하는 시도를 했다.

마케터에게 정직이 왜 중요한가?

책에서 자세히 밝혔지만 아주 쉽게는, 새로운 시대가 새로운 마케팅 방법을 원하기 때문이다. 사람들은 이제 제품과 서비스뿐만 아니라 기업과 브랜드가 어떻게 행동했는지까지 따지기 시작했다. 그래서 그들을 신뢰할 수 있을지 없을지를 결정하고, 장기적인 관계를 갖는 것이다. 내 생각에 마케터는 이제 단순히 거짓을 가지고도 설득적인 커뮤니케이션을 하고 대충 얼버무려 성공할 것이란 기대를 할 것이 아니라 누구보다도 더 '진실truth'이라는 것에 책임을 느끼고 행동할 필요가 있다. 내가 책의 제목에서부터 'truth'라는 단어를 쓴 이유도 그 때문이다.

마케터가 정직을 전략으로 사용하기 위해서는 정직이 단순한 진실의 차원을 넘어서 그야말로 ⓐ'실현 가능한 정직practical integrity'이 되어야 한다. 실현 가능한 정직은 마케팅 프로그램 전반에 걸쳐 영향을 미치며 결국 이 모든 것을 이끌게 된다.

정직을 전략으로 실행하기 이전에 자신의 기업에 대한 정직 점검도 필요할 듯하다. 어떻게 알아보는 것이 좋을까?

나는 어떤 비즈니스 행위이건 간에 제일 좋은 테스트 방법은 다음의 질문을 해보는 것이라고 생각한다. 첫째는 당신이 오늘 한 일들이 하나도 빠짐없이 세세하게 기록되어 내일 당장 신문에 그대로 기사화된다 해도 마음이 편한가? 둘째는 당신의 어머니는 지금 당신이 하고 있는 일들을 기꺼이 허락할 것인가?

이런 질문들이 껄끄럽게 느껴질 사람도 분명히 있을 것이다. 그러면 좀 더 현실적인 접근을 해보기로 하자. 지금 당장 당신의 기업이 고객에게 약속한 가치와 실제로 고객이 당신이 주는 가치에 대해서 느끼는 바의 차이가 어느 정도인지 확인할 방법을 찾아보라. 만약 차이가 존재한다면 그 차이는 어떻게 발생한 것인가? 그리고 브랜드 관리자들이 그 차이를 의도적으로 용인한 것인가? 아니면 환경적인 이유로 그 차이를 차마 줄일 수 없었던 것인가? 차이가 발생했다는 것은 어쨌든 당신의 비즈니스가 정직에 관한 문제를 안고 있다는 것이다. 정직하지 않은 브랜드 가치의 판단과 가치 제안, 커뮤니케이션 등 이른바 '정직 부족'은 의도했건 그렇지 않건 간에 당신 기업과 브랜드를 믿고 있는 사람들을 잘못 이끌고 있다.

정직은 더 작은 곳에서 배워라

그렇다면 궁금하다. 정직을 전략으로 사용하는 것도 기업의 크기에 따라서 달리 생각해야 할 부분이 있을까? 그는 우리가 질문한 강소 브랜드의 브랜딩 전략에 대해서 이야기하며, 실현 가능한 정직은 오히려 동네 구멍가게로부터(?) 배워야 할지도 모른다고 말한다.

그렇다면 당신은 작은 기업만이 할 수 있는 스마트한 브랜딩 전략을 무엇이라고 생각하나?

작은 기업이 작기 때문에 실용적인 측면을 고수해야만 한다면, 높은 정직성을 가진 기

---

*정직integrity

앞서 밝힌 대로 integrity는 여러 가지로 해석이 가능하나 이 기사에서는 이를 린 업쇼의 저서를 한글로 번역한 《정직이 전략이다(2011, 미다스북스)》에서와 동일하게 '정직으로 옮기기'로 했다. 그러나 책에서도 때에 따라서는 진실성, 신뢰 등으로 해석하고 있으므로 이를 염두에 두고 integrity를 이해하면 좋다. 린 업쇼는 이 책 전반에 걸쳐 마케터가 정직을 운영 요소로 일상 업무에 포함시켜야 한다고 주장한다.

실현 가능한 정직과 다이아몬드 전략

실현 가능한 정직은 마케팅 계획과 실행이 체계화된 하나의 공정이 되어 마케팅 활동 전반에 걸쳐 다양한 형태의 진실성을 이끌어 내어 결국 고객과 마케터가 서로 Win-Win하게 만드는 것이다. 다이아몬드 전략은 '정직은 고객을 위해서만 필요한 것'이라는 기존의 고정관념과 달리 마케터에게도 꼭 필요한 것이라는 주장에서 비롯된다. 마케터도 정직을 고객, 제품, 경쟁, 가치, 홍보 전략 전반에 적용해 진실성을 관리할 수 있는 체계화된 방법을 확립한다면 수익으로 연결되는 좋은 효과를 얻을 수 있다는 것이다(잘 실행될 경우 브랜드의 가치는 다이아몬드처럼 빛날 것이라는 게 그의 생각이다).

린 업쇼는 책에서 파타고니아, 허먼 밀러, 인포시스 등 다양한 브랜드의 예를 들어 위 전략의 효용에 대해 설명하고 있는데, 그중 '인앤아웃In-N-Out 버거'에 대한 예는 흥미롭다. 맥도날드, 버거킹, 웬디스 등의 대형 패스트푸드 브랜드 사이에서 그들은 1/6 정도의 광고 예산만 사용하면서도 고객들로부터 더 높은 충성도(2010년 8월 〈컨슈머 리포트〉에 따르면 고객 만족도도 10점 만점에 7.9점으로 1위)를 얻고 있는 강소 브랜드인 인앤아웃 버거는 1948년 LA 볼드윈 파크에서 해리 스나이더 부부에 의해 만들어졌다. 대부분의 대형 브랜드들이 메뉴와 매장을 늘려 가며 몸집을 불리는 사이 이들은 60여 년 동안 단 4가지 메뉴만 판매하는데 집중했으며, 매일 사용할 생고기를 배급하는 직영 배급소의 500마일 이내에서만 지점을 내어 신선도를 유지하려 했기 때문에 오직 미국 서부에서만 성장했다. 약속한 품질을 지키기 위해 품목 수를 제한하는 제품 전략부터, 경쟁자를 따라가지 않고 오직 고객의 신뢰만을 고려하여 원칙을 정하고, 지킬 수 있는 약속만 선언하겠다는 그들의 홍보 전략에 이르기까지 인앤아웃 버거는 강소 브랜드로서 정직을 모든 요소에 결부시켰다(어떻게 보면 이들은 정직을 위해 상대적으로 작은 규모의 브랜드로 머물러 있다). 덕분에 지금은 단 258개의 매장(대형 브랜드 대부분이 1만 개 이상의 매장을 냄) 모두가 줄을 서지 않으면 맛볼 수 없을 만큼 큰 인기를 누리며 고객들의 강력한 신뢰를 얻어 냈다.

이처럼 정직을 전략 전반에 고루 적용하려고 하면 이를 지키기 위해서 구체적으로 실행하는 전술이나 세부 원칙들도 기존 시장에서 정직을 지키지 못하게 만드는 요소들을 따르지 않아야 하기 때문에 혁신적일 수밖에 없다. 위와 같은 브랜드들이 다른 브랜드와 다르게 보이는 이유는 '차별화를 위한 차별화'를 했기 때문이 아니라 정직을 전략으로 고수하기 위해서는 남과 달리 행동할 수밖에 없기 때문이다. 이것 역시 정직이 스마트한 전략이 되는 포인트 중 하나다.

업으로 알려지는 것만큼 장기적으로 더 실용적인 전략이 없음을 깨달아야만 한다. 대기업이 대중적이면서 매스 커스토마이징된 마케팅 프로그램에 전문성을 가지고 있다면, 오직 현명한 작은 기업만이 고객 개인에 맞춰진 감성적인 터치를 할 수 있다. 현실적인 면에서도, 혹은 사람들의 인식 면에서도 작은 기업들은 고객들과 사회적으로나 거래상으로 더 좋은 관계를 맺을 수 있는 기회가 있다. 예를 들어 지방의 작은 은행들을 생각해 보라. 이들은 고객(특히 주변의 상인들 같은)과 매우 인간적인 관계를 맺으면서 오랜 신뢰를 쌓아 갈 수 있는데, 이것은 대기업이 단기간에 쉽게 따라 할 수 있는 것이 아니다. 따라서 작은 기업의 Key selling advantage 는 찬찬히 개별 고객을 이해하고 그들과 누구보다 월등히 공감할 수 있는 능력$^{superior\ empathy}$이라 하겠다. 정직을 기반으로 한 마케팅은 그래서 더 효과적일 것이며 덕분에 대기업도 쉽게 그들의 마켓 셰어를 넘볼 수 없을 것이다.

친밀하게 고객과 공감하는 능력이라고 말하니 아주 작은 동네 상점들이 떠오른다. 그들만큼 고객과 친밀한 관계를 맺는 사람도 없지 않을까? 인간적인 관계 때문에 그들을 더 잘 신뢰할 수도 있을 것이다.

그렇다. 나는 대부분의 사람들이 매일, 높은 수준의 정직을 몸소 보여 주는 작은 상점들을 접하고 있다고 생각한다. 당신이 친근하게 여기는 작은 세탁소나 슈퍼마켓, 옷가게 같은 작은 곳들 말이다. 그들이 높은 정직을 고수하며 사업을 할 수밖에 없는 이유는 매일 고객의 반응을 바로 경험하는 최전선에 서 있기 때문이다. 그들은 고객이 어떤 상점이든 정직을 담보로 경영하고 마케팅하고 있지 않다는 걸 알게 될 때 얼마나 그 소문이 시끄럽게 빨리 동네를 돌게 될지 잘 알고 있다. 어찌 보면 여러 가지 면에서 정직은 대기업, 중소기업 할 것 없이 더 작은 상점들에게 보고 배워야 한다고 생각한다. 이들이야말로 '진정한 고객 중심의 비즈니스'와 '정직을 전략으로 삼는 노하우'가 무엇인지를 알고 있다.

작은 기업이 정직을 전략으로 실행할 때 장점이나 단점은 무엇일까?

작은 기업은 아무래도 대기업, 공기업들보다 눈에 덜 띄기 때문에 그들 스스로 시장에서 정직을 적용하고 실현하는 데 상대적으로 압박을 적게 받고 있다고 믿게 되는 경우가 많다. 그러나 작은 기업이 꼭 기억해야 할 것이 있다. 바로 작은 기업들이 고객들과 더 가까운 곳에 위치해 있다는 사실 말이다. 물론 작은 기업은 대기업보다 높은 정직성을 유지하기에 훨씬 용이하다. 왜냐하면 조직이 작기 때문에 모든 직원의 교육과 관리가 상대적으로 쉽기 때문이다. 그러나 단점은 같은 이유로 그들이 이뤄 낸 정직의 성공 혹은 실패

가 내부적 혹은 외부적으로 더 눈에 잘 띌 것이라는 점이다. 따라서 정직을 의심 받을 만한 행동에 대해 누군가가 비난하기 시작하면 대기업보다 훨씬 더 큰 타격을 받게 된다는 점도 유의해야 한다.

결국 정직은 모두의 문제

그의 이야기를 듣다 보면 이 정직 전략이 미치는 영향은 고전적인 마케팅 영역(공급 체인 관리 및 고객 서비스, 대외 판매와 광고 홍보 등)을 넘는 듯 보인다. 생각해 보라. 마케팅 경영 전체에서 일부분만 차지하는 끝단의 일일 뿐이라면 정직이 전략으로써 실질적인 효과를 내지 못할 것이다(오히려 마케팅'만' 정직해서 생기는 문제도 있지 않을까?). 그래서 정직은 전략으로써 마케터의 업무를 넘어 경영자, 직원들, 주주, 종국에는 소비자에게까지 영향을 미친다.

당신의 의견은 마케터보다 경영자가 더 주의 깊게 들어야 할 것 같다. 정직이 모든 직원들의 업무에 녹아들어야 하는 것이라면 마케터 이전에 CEO가 하는 역할이 더 중요한 듯 보여서다. 작은 기업의 CEO는 소위 '정직의 전략화'를 위해 무슨 일부터 해야 할까?

> "이제껏 지켜본 바로는 정직이 없는 재능과 전문성은 결국 그들 스스로 파멸의 길을 걷게 만들었다."

작은 기업도 큰 기업과 크게 다를 것은 없다. 오히려 조직이 작다고 해서 모든 사람들이 CEO의 생각대로 정직하게 일하리라 생각하지 말아야 한다. 그래서 정직을 조직에 심기 위해 내가 CEO에게 제안하고 싶은 것이 몇 가지 있다.

첫째, CEO들은 각 부서의 관리자들과 함께 실질적인 '정직 가이드 라인integrity guidelines'의 업무 적용이 가능하도록 도와야 한다. 정직에 관한 문구가 담긴 고상한 사명선언서를 작성해서 회의실 벽에 걸어 두기만 한다고 해서 해결될 문제가 절대 아니다. 아주 디테일하고 실용도 높은 '현장 법칙rules of the road'을 만들어 각 관리자들이 직원들에게 회사가 그들로 하여금 어떻게 일하기를 원하는지 명쾌하게 설명해 주라.

둘째, '정직 간부integrity officer'를 만들라. 정직 간부는 회사의 모든 직원이 앞서 말한 현장 법칙에 맞게 일하고 있는지를 정기적으로 확인할 의무가 있다. 만약 매번 모든 '정직 목표integrity goals'가 달성될 경우 이 사람에게 인센티브를 제공하는 것도 방법이다.

마지막으로 경영자는 매번 직원들과의 정기적인 만남에서 회사가 의심할 여지 없이 정직에 헌신하고 있다는 사실을 되짚어 주어야 한다. 존슨앤존슨처럼 '크레도(Credo, 기업의 핵심가치 및 신조)'에 관한 연례 리뷰를 작성해 공유하는 것도 좋다.

책에서 당신은 정직을 전략으로 실행하는 브랜드들을 예로 들면서 이들이 때로는 정직을 지키기 위해 큰 수익이나 성장을 포기했다고 했다. 이에 제일 예민하게 반응할 사람이 어쩌면 주주들이 아닐까 싶은데, 그럼 경영자들은 이들을 어떻게 설득해야 한다고 생각하나?

궁극적으로 왜 정직이 경영에 있어 최고의 방법인지 주주나 애널리스트, 하다못해 대중에게 이해시킬 수 있는 유일한 방법은 그렇지 못했을 때 그들이 잃게 될 것을 정확히 알려주는 것이다. 당신

⊕ 엔론, 월드컴, 그리고 버니 매도프

1990년대 중반부터 스캔들이 터지기 직전까지도 미국에서 가장 혁신적인 기업으로 손꼽히던 엔론. 그러나 2001년에 밝혀진 그들의 실상은 분식회계, 뇌물수수, 정치적 압력 등 다양한 '정직성 결여'에 관한 문제였다. 그래서 그들의 핵심가치 중 두 번째로 꼽히던 것이 '정직'이었다는 사실은 더욱 충격적이다. 통신업체 월드컴은 전직 최고 경영자 버너드 에버스가 미국 역사상 최대 규모인 110억 달러의 회계 부정 사건을 일으켰고 덕분에 이들이 파산할 때 사라진 자산 가치가 엔론 파산의 3배인 1,750만 달러에 달했다. 증권사였던 버니 매도프는 설립 이후 20년 가까이 신규 투자자의 돈으로 기존 투자자에게 수익금을 지급하는 등 500억 달러 규모의 다단계 금융 사기를 저질렀다. 이들의 공통점은 기업이 잘나가던 시기에 하나같이 주주들에게 단기간에 높은 성장을 통해 믿지 못할 수익을 제공했으나 파산과 동시에 그에 비할 수 없는 상처치 못할 투자 금액을 공중분해시켰다는 점이다. 이들은 입으로는 정직을 말하면서 정직을 경영 전반에 걸쳐 전략으로 실행하지 않았던 기업의 말로를 보여줌으로써 단기간의 수익만을 좇는 주주들에게 경각심을 일으켰다.

이 만약 파멸로 치달은 엔론Enron, 월드콤Worldcom, 그리고 더 최근에 버니 매도프Bernie Madoff까지 분석해 본다면 정직의 룰이 적용되지 않은 그들의 경영적 오만을 발견하게 될 것이다. 주주들도 경영진의 광범위한 '정직의 학대integrity abuse' 때문에 자신이 투자한 것들이 상상치 못한 방법으로 어떻게 자멸할지 생각해 본다면 정직하게 천천히 성장하는 것에 만족할 수밖에 없을 것이다. 나는 최근 일련의 글로벌 기업 붕괴 현상이 다시 한 번 주주들에게 경종을 울렸으리라 생각한다.

소비자들도 기업들의 정직을 위해 도움을 줄 수 있는 방법이 있을까?

소비자들이 기업들로 하여금 정직하기를 종용하는 방법에는 몇 가지가 있다. 가장 쉽게는 인터넷을 사용해서 경영진과 커뮤니케이션하면서 그들의 정직 목표 중 어떤 것들이 지켜지고 있으며 어떤 것들이 그렇지 않은 지를 알려주는 것이다. 소셜 네트워크가 발달하면서 고객들이 정직과 관련된 이슈를 제기하기에 좀 더 용이해지기도 했다. 정직을 전략으로 사용하기로 한 경영진이라면 이것을 적극 이용해 보는 것도 좋을 것이다. 어떤 회사의 주식을 한 주라도 가지고 있는 사람이라면 문제가 있을 경우 주주 간의 만남을 통해 더 적극적인 이의제기에 나서도 좋다. 이것이 기업의 안녕뿐만 아니라 자신의 이익도 지키는 일이다.

마지막으로 원래 당신이 도움을 주고자 했던 세상의 마케터들에게 조언해 달라.

기억하라. 훌륭한 마케터들은 잘 정리된 이성적인 계획과 판매 실력뿐 아니라 혁신적이고 창조적인 능력 역시 탁월했다는 사실을. 그런데 이 모든 기술은 오직, 정직이라는 강력한 철학 안에서만 효과적이었다는 사실을 말이다. 이제껏 지켜본 바로는 정직이 없는 재능과 전문성은 결국 그들 스스로 파멸의 길을 걷게 만들었다. UB

린 업쇼 마케팅 플랜과 전략적 브랜드 플랫폼 구축, 경영자 마케팅 교육 전문가인 린 업쇼는 비자, AT&T, 바이어Bayer 등을 클라이언트로 컨설팅 업무를 계속해왔다. 광고 회사인 Ketchum Advertising Worldwide를 거쳐 현재는 업쇼마케팅학교의 교장이자 캘리포니아 비즈니스 Hass 스쿨 MBA 교수로 인재 양성에 힘쓰고 있다.

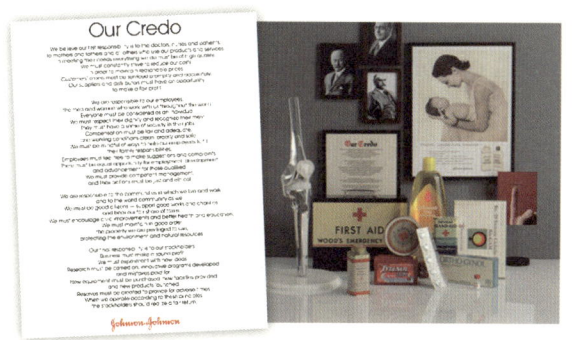

기업의 핵심 가치 공유를 위한 존슨앤존슨의 Credo

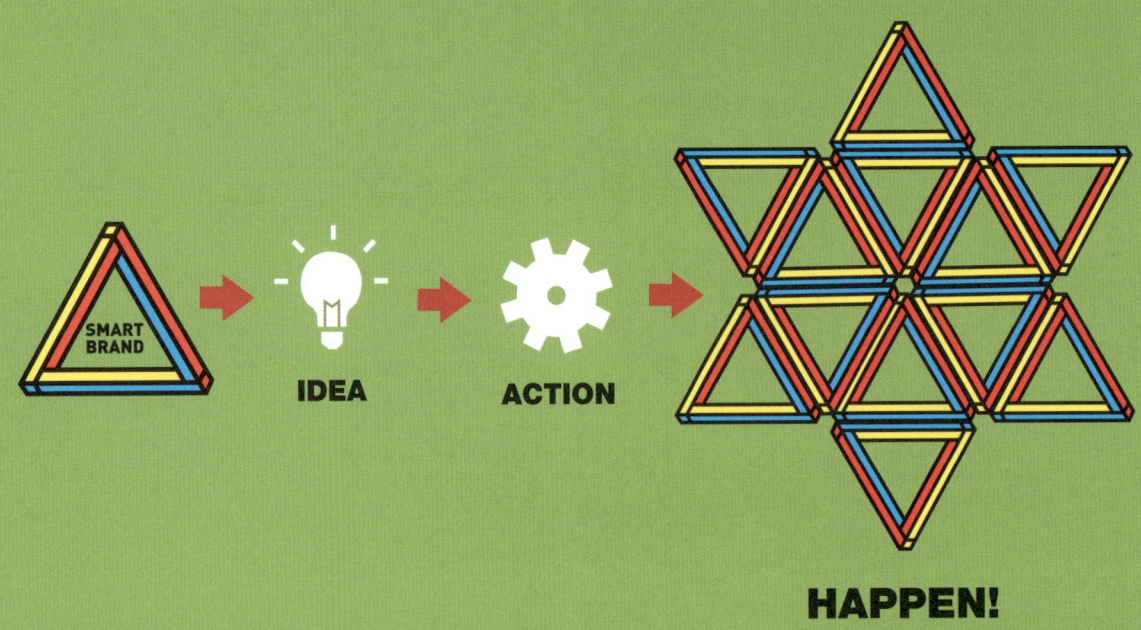

반짝이는 아이디어 창안이 전부였던 시기는 지났다

작은 기업의
Making Ideas Happen!

The interview with 스콧 벨스키(Scott Belsky)

그 어느 때보다 창의성creativity이 주목 받는 시대다. 사람들은 자신 안에 본능처럼 숨겨진 창의성을 어떻게 극대화할 것인가에 남다른 관심을 보이고 있고, 그래서인지 서점에서도 우리의 비즈니스를 아이디어로 충만하게 해줄 갖가지 책들이 넘쳐난다. 이제 시작하는 작은 기업들에게 반짝이는 아이디어는 생명줄처럼 여겨지며, 모두들 좀 더 튀고 차별화하기 위해 더 많은 아이디어를 창안하려 애쓴다.
그런데 이렇게 만들어지는 수많은 아이디어들이 당신도 모르는 사이 브랜드에 혁신을 일으킬 '단 하나의 위대한 아이디어'를 실행하는 것을 가로막고 있다면 어떨까?
당신이 경쟁자를 쓰러뜨릴 강력한 힘의 원천이라 믿었던 수많은 아이디어들이 그동안 과연 몇 개나 제대로 실행되었는지 되새겨 보라. 그러면 왜 아이디어의 창안보다 이것을 하나라도 제대로 실행하는 것이 중요한지, 《그들의 생각은 어떻게 실현됐을까》의 저자 스콧 벨스키의 의견에 귀 기울일 수밖에 없을 것이다.

아이디어 과잉에서 벗어나라

"혁신에 집착하는 세상에서는 새로운 아이디어를 더 좋아하기 쉽다. 몇몇 사람들은 창의성에 중독된다."《그들의 생각은 어떻게 실현됐을까》의 서두에서 스콧 벨스키는 이렇게 말문을 연다. 생각해 보면 우리는 애플, 자포스, 디즈니, 구글 등과 같이 혁신적이고 아이디어가 넘치며 재기발랄한 브랜드들에 대해 연신 '어떻게 저런 생각을 했을까!' 하는 감탄사를 내뱉으며 칭찬하고 있다. 그들이 어떻게 영감을 받고, 어떻게 아이디어 회의를 펼치는지 궁금해 한다. 모두가 이들과 같이 뛰어난 아이디어를 생각해 내기를 바란다. 그리고 이것에 영감을 준다면 무엇이든 흥미롭고 기쁘게 받아들인다. 스콧 벨스키가 "창의성에 중독되었다"고 말한 것도 쉽게 이해가 되는 대목이다. 그러나 그는 책에서처럼 이번 인터뷰에서도 많은 아이디어가 오히려 작은 기업이 혁신을 이뤄 낼 때 가장 큰 장애물이 될 수 있음을 계속해서 지적했다.

당신이 생각할 때 작은 기업이 아이디어들을 실행할 때 만나는 가장 큰 장애물은 무엇인가?

내가 생각하는 가장 큰 장애물은 두 가지인데, 첫 번째 장애물이 바로 '새로운 아이디어가 이미 존재하는 아이디어의 실행을 막는 것'이다. 좋은 아이디어가 떠올라 프로젝트 하나를 진행한다고 가정해 보자. 대부분의 아이디어는 프로젝트가 되면서 소위, ⊕'프로젝트 정체기project plateau'를 거친다. 프로젝트 진행 기간 중 중간에 해당하는 이 기간은 그야말로 순수하게 고역이다. 왜냐하면 이때 아이디어의 실현에 필요한 수많은 잡무들과 팔로업해야 할 것들을 만나게 되고, 고된 업무를 진행하면서도 이것이 어떤 결과를 맺게 될지 명확하게 알 수 없기 때문이다. 이 기간 동안에는 프로젝트에 참가한 모든 사람들이 터벅터벅 제 갈 길을 걸어가야 할 뿐이며 스스로가 고립되어 있는 것처럼 느끼게 되고 불확실성에 혼란을 겪는다. 따라서 쉽게 지루해지고 거기서 벗어나려 한다. 이때 사람들은 본능적으로 새로운 아이디어에 대한 욕구를 느끼게 된다. 이때 나타난 새로운 아이디어는 지루함을 상쇄시킨다. 그러나 쉽게 진행 중인 프로젝트에 대한 집중력을 잃게 만든다. 그러면 이것을 제대로 끝낼 수 없다. 갈수록 아이디어만 늘어날 뿐 정작 비즈니스에서 결과로 나타나지는 않는 것이다.

새로운 아이디어를 내는 것이 본래의 프로젝트에 대한 흥미나 열정이 식으면서 나타나는 본능적인 욕구라는 시각이 신선하다. 결국 아이디어를 실현해 내기 위해서는 단순한 아이디어 과잉 상태에서 벗어나야 한다는 생각이 든다.

그렇다. 사실 인간에게 창의성은 어느 정도 본능적인 것이다. 그

⊕ 프로젝트 정체기와 새로운 아이디어의 유혹

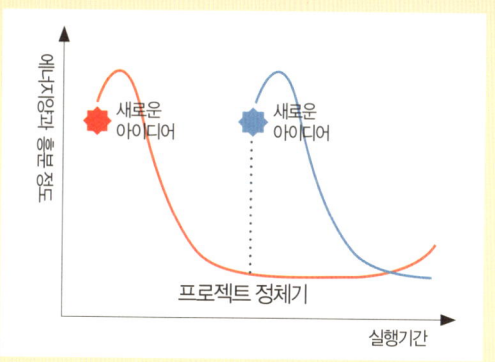

스콧 벨스키는 책에서 프로젝트 실행 시간에 따른 프로젝트 참가자들의 에너지 양과 흥분 정도를 위와 같은 그래프로 보여 주었다. 특히 작은 조직의 경우 대기업에 비해 '실행 가능성에 따라 아이디어를 죽이는 문화'에 익숙하지 않고, '무엇이든 할 수 있다'는 정신력으로 고취되어 수많은 아이디어가 등장하기 쉬운 환경이기 때문에 오히려 한 가지 아이디어를 끈기 있게 끝까지 실행하지 못하는, 아이디어의 함정에 빠지기 쉽다. 더군다나 스콧 벨스키가 인터뷰에서 지적했듯이 아이디어가 막상 프로젝트로 발전되면 프로젝트 정체기를 누구나 겪게 되기 때문에 작은 기업일수록 프로젝트 참가자들이 새로운 아이디어로 프로젝트 정체기에서 벗어나려는 성향을 억누르는 것이 아이디어를 끝까지 밀어붙여 실현해내는 데 매우 중요하다.

같은 맥락으로 세계적인 디자인 컨설팅 회사인 아이데오IDEO의 선임 팀원인 샘 트루슬로는 아이데오가 단순히 '아이디어 공장'이라는 평가를 받는 것은 굉장히 잘못되었다며 다음과 같이 말했다. "좋은 아이디어가 있다고 해서 우리 회사가 잘 돌아가는 것은 아니다. 사실 사람들은 이미 있는 아이디어를 실행할 수 없어서 새로운 아이디어를 원하는 것이다." 아이데오는 따라서 프로젝트를 진행할 때마다 이것이 중간에 멈춰지거나 정체기를 겪지 않도록 끊임없이 눈에 보이는 결과물을 만들어 내는 문화를 가지고 있다. 한 가지 아이디어의 실현을 위해 계속해서 시제품을 만드는 것도 스스로 그 프로젝트에 대한 집중도를 높이는 방법이다. 이처럼 작은 기업일수록 아이데오처럼 프로젝트 정체기를 극복할 나름의 방법을 고안해 내야만 한다.

런데 창의성에서 비롯되는 뛰어난 아이디어를 비즈니스에서 실현시키기 위해서는 어떤 조직화와 액션이 필요한지, 일의 생산성을 어떻게 향상시킬 것인지를 생각하고 행동으로 옮겨야 한다. 그런데 보통 이런 과정은 창의적인 성향이나 본능에 반한다. 종종 창의적인 사람이 조직화를 거부하거나 프로세스에 빈감을 느끼는 것도 이 때문이다. 그러나 이 과정을 거부하는 순간 아이디어는 말 그대로 아이디어에 머물 수밖에 없다.

Mission vs. Excitement and day-to-day busyness

창의적인 분야에서조차 아이디어의 실행력, 그리고 생산성에 대한 연구가 필요하다는 것이 스콧 벨스키의 의견이며 그는 실제로 하버드대학교에서 MBA 과정을 이수하면서 하버드 경영대학교 교수인 테레사 애머빌Teresa Amabile과 함께 이에 관한 연구 프로젝트를 수행하기도 했다. 그의 연구는 그가 세운 온라인 네트워크인 비핸스Behance(www.behance.net)를 통해서도 계속됐는데, 그는 여기서 아이디어 실행에 관해 책을 쓰면서 배운 것들을 많이 적용해 볼 수 있었다고 한다.

'비핸스'는 어떤 기업인가?

2007년에 설립된 비핸스는 선도적인 창의적 전문가들로 구성된 온라인 네트워크를 기반으로 하는 기업이다. '비핸스 네트워크'의 회원들은 끊임없이 새로운 프로젝트를 제안하되, 이것이 검토, 실행되는 단계에까지 끊임없이 피드백과 자극을 준다. 비핸스의 미션은 창의적인 세계를 조직하는 데 있다. 비핸스 네트워크뿐만 아니라 *Action Method와 The 99%도 모두 아이디어를 실행할 수 있도록 돕는 데 매우 중요한 역할을 한다.

당신 역시 작은 기업을 운영하고 있기에 아이디어 실행력을 연구하면서 많은 도움을 받았을 것이란 생각이 든다.

책을 쓰면서 정말 많이 배우게 되었다. 작은 기업으로서 비핸스는 조직 구성원의 성장을 서로 돕자는 생각을 갖고 있다. 그리고 무엇보다 중요한 것은 어떤 지식도 비핸스의 미션을 실현시키는 것보다

---

*Action Method와 The 99%
비핸스의 메인 프로젝트 중 하나인 Action Method(www.actionmethod.com)는 크리에이티브를 기반으로 일하는 사람들의 생산성 향상을 위해 디자인된 프로젝트 관리용 제품과 서비스를 내놓고 있다. The 99%(www.the99percent.com)는 아이디어의 실행을 돕기 위한 싱크탱크임과 동시에 매년 열리는 컨퍼런스다. 비핸스의 이 모든 프로젝트는 모두가 크리에이티브한 재능을 충분히 발휘하여 그에 걸맞은 결과와 기회를 얻도록 돕고 궁극적으로 '창의적인 능력주의(creative meritocracy)' 시대를 열고자 하는 미션에 맞게 진행되고 있다.

중요하지 않다고 생각한다는 점이다. 우리는 개발하는 제품과 서비스의 형태, 시스템이나 UI^{User Interface}를 두고 뜨거운 논쟁을 벌이고 때로는 싸우기도 하지만 여전히 우리의 미션에 집중하고 있다. 누구도 미션에 냉담한 것만큼은 참아 넘기지 않는다. 그것이 최고의 솔루션을 내는 데 가장 큰 적이라고 생각하기 때문이다.

아이디어 실행력에 관한 이야기를 하면서 당신은 오히려 미션에 대해 강조하는 것 같다.

그것이 아이디어 실행에서 가장 중요하기 때문이다. 비핸스가 유의해야 할 점은 대부분의 크리에이티브한 팀들이 겪는 고질병과 마찬가지로 프로젝트가 우리의 미션을 실현하기 위함이 아니라 흥미롭고 매력적이기 때문에 실행하는 것이라고 생각하는 것이다. 때로는 우리의 흥분 때문에 우리가 왜 이 일을 하고 있는지를 잊고 이를 기준으로 의사 결정을 하지 못할 때가 많다. 그러니 언제나 어떤 아이디어를 실행할 것인지 결정을 내리기 전에 당신 자신에게 먼저 물어 보라. "이 결정이 당신의 미션을 실현하는 데 도움을 줄 것인가?" 종종 우리는 쿨하고 재미있어 보이는 제품이나 아이디어에 대해서 생각하지만 그것이 우리의 미션을 진척시켜 주지는 않는다. 당신이 무엇인가를 창조해낼 때마다 그것은 또한 무언가를 죽일 수도 있다는 점을 기억하라. 자원은 제한되어 있다. 지속적으로 당신의 비즈니스에 매번 무언가를 더하기만 하기보다는 지속적으로 정

> 많은 아이디어들로 인해 실행되는 아이디어는 적고, 스피드와 사람들의 흥분으로 인해 장기적인 미션을 놓치는 작은 기업들이라면 조직을 재점검할 필요가 있다.

련해 가는 것이 중요하다.

또 한 가지, 조직 전체가 미션에 집중하지 못하게 하는 것이 바로 매일 발생하는 응급 상황과 일상 업무들의 과중이다. 이것들에 파묻히다 보면 장기적인 목표로부터 멀어진다. 이것이 내가 작은 조직이 아이디어를 실행함에 있어서 두 번째 장애물로 지적하는 것이다.

아이디어 실행을 위한 공유

단기적으로 급한 일에 대처하다 보면 장기적인 미션이나 비전을 바라보지 못한다는 데 동의한다. 관리자가 이를 항상 되새기게 하고 방향을 잡아 주는 것이 중요하겠다.

그렇다. 거기다 몇 가지 더하자면 훌륭한 아이디어 실행력을 가진 작은 조직은 각 업무에 대해 누가 어떤 책임을 지고 있는지가 명확하다. 즉 CEO 및 관리자들이 항상 투명한 조직을 만들려 노력한다는 공통점이 있다는 것이다. 이런 조직은 항상 누구의 책임 아래, 언제부터 언제까지, 무슨 일이 진행되고 있는지 서로 너무나 잘 알고 있다. 만약 진행하고 있는 프로젝트가 있다면 이것의 마감 기간과 진전 상황 역시 분명하여 모든 사람에게 명백히 공유된다.

"조직이 정보를 투명하게 공개할수록 주인의식도 널리 퍼지고 아이디어 실행의 가능성도 높아진다"는 것이 스콧 벨스키의 지적이다. 동시에 공유가 원활하면 프로젝트 진행자가 놓쳤을지도 모르는 점을 다른 사람들이 지적해 주거나 실행의 조직화를 도와 생산성도 높아진다니 아이디어의 실행력을 높이려면 아무리 작은 조직이라도 이를 점검해 보는 것이 좋겠다. 전문가들이 흔히 작은 조직의 장점이라고 꼽는 몇 가지가 있다. 자유로운 문화를 기반으로 한 반짝이는 아이디어들, 빠른 커뮤니케이션, 빠른 변화 가능성 등. 하지만 아이디어의 실행에 있어서는 이 모든 것이 득임과 동시에 해가 될 수도 있다는 것을 명심하자. 너무 많은 아이디어들로 인해 실제로 실행되는 아이디어는 적고, 스피드와 사람들의 흥분으로 인해 장기적인 미션을 놓치고, 생각보다 투명하지 않은 조직을 가졌을지 모르는 작은 기업들이라면 다시 한 번 조직을 재점검할 필요가 있다. [UB]

스콧 벨스키 그래픽 디자이너들의 허브로 유명한 '비핸스 네트워크'와 아이디어 실행에 관한 강연 및 컨퍼런스를 주최하는 '99%' 등을 일궈가고 있는 기업 비핸스^{Behance}의 창립자다. 코넬대학교에서 경제·경영 및 디자인 등을 전공한 뒤 골드만삭스에서 리더십 향상과 조직 개선을 위한 모임인 파인스트리트^{Pine Street}의 일원으로 활약했다. 이후 하버드대학교에서 MBA 과정을 마친 뒤 아이디어의 실행과 창의적인 사람들의 생산성 향상을 위해 일하고 있다.

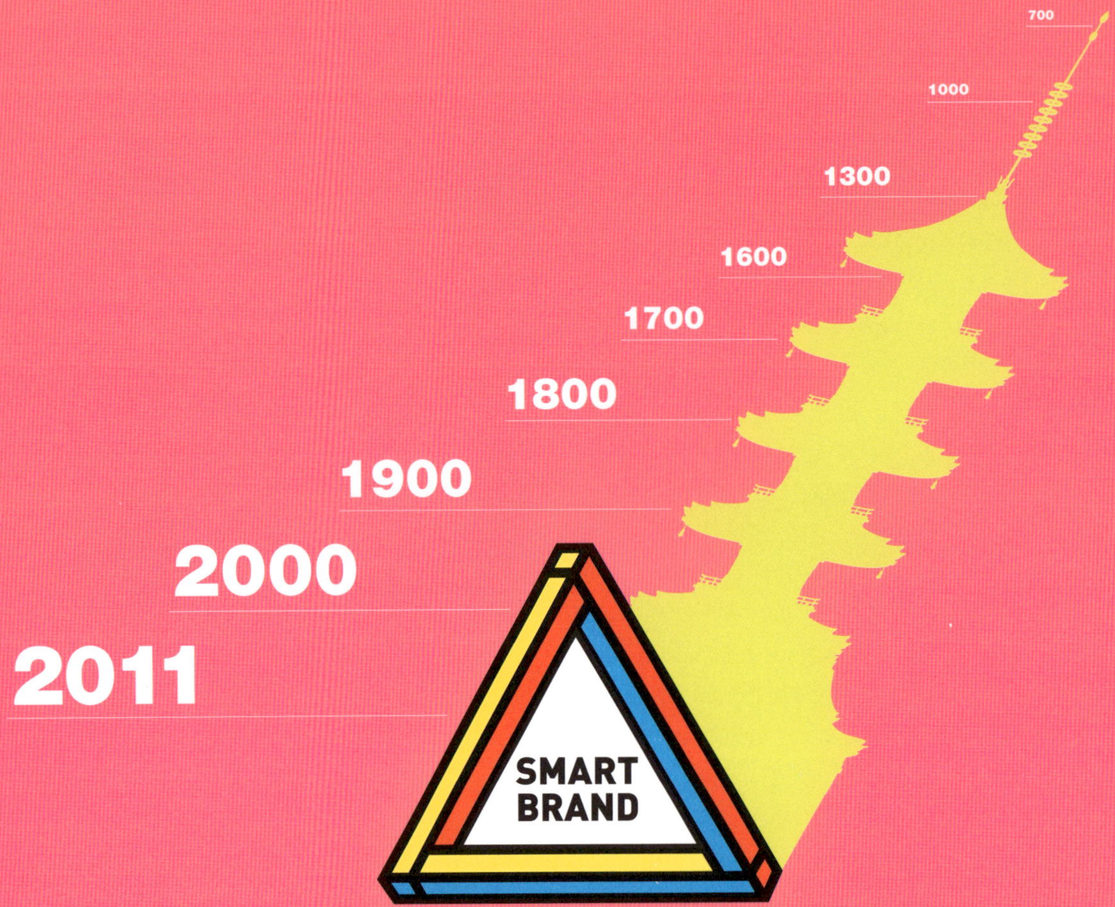

전통과 혁신으로 빚어낸 스마트한 생존 전략
교토의 강소기업에게 배우는 1,000년 브랜딩의 노하우

The interview with 논픽션 작가 홍하상

세계에서 가장 오래된 기업은 어느 나라에 있는 어떤 기업일까? 정답은 일본 오사카에 있는 건축 회사 '곤고구미'이다. 서기 578년에 창업한 이 회사는 무려 1,433년의 역사를 가지고 있다. 그런데 더 놀라운 것은 일본에는 1,000년 이상의 역사를 가진 가게가 아홉 개나 있으며 그 중 다섯 개가 교토에 있다는 사실이다. 이 뿐 아니라. 확실한 집계는 없지만 교토에는 300년 이상 된 가게만도 최소한 수백 개 이상 있는 것으로 알려져 있다. 자연스럽게 그 비결이 궁금해진다. 그리고 이 궁금증은 닌텐도, 교세라, 무라타, 와코루, 일본 전산 등 이른바 교토에 있는 세계 1위의 강소기업들과의 상관관계에 대한 의문으로 이어진다. 원래 화투를 만들던 닌텐도처럼 작은 가게에서 시작한 기업들이 적지 않기 때문이다. 과연 이들의 생존력과 경쟁력의 원천은 무엇일까? 이들은 어떻게 그 작은 규모에도 불구하고 해당 분야 최고의 기업으로 자리매김할 수 있었을까? 그리고 그러한 경쟁력과 브랜딩 간에는 또 어떤 관계가 있는 것일까? 지난 30년간 100여 회 이상 일본을 오가며 현지의 기업들과 가게를 직접 취재한 홍하상 대표를 통해 이에 대한 답을 들어보았다.

1,000년의 역사가 만든 교토식 상법의 비밀

교토에서 가장 오래 된 가게는 서기 771년에 창업한 혼수용품 가게 '겐다'로 그 역사가 무려 1,338년에 이른다(물론 현재도 여전히 성업 중이다). 그 뒤를 서기 790년에 세워진 부채 가게 '마이센도'와 889년에 창업한 불교 용품점 '다나카' 등이 따르고 있다. 더 놀라운 것은 아직 알려지지 않았거나 자신들의 창업 연도를 확인할 수 있는 문서가 남아 있지 않은 가게까지 합치면 1,000년 이상 된 이러한 가게의 수가 더 늘어날 수도 있다는 점이다. 그 배경에는 교토가 1,100년 간 과거 일본의 수도였다는 데서 오는 유별난 자존심과 책임감, 그리고 이같은 자부심에서 나온 상인정신이 만든 고유의 상법이 존재한다. 이를 '교토식 상법'이라 부르는데 독창적인 경영 기법을 가진 강소기업들 역시 이러한 배경에서 등장할 수 있었다. 그렇다면 과연 이 교토식 상법이란 무엇을 말하는 것일까? 어쩌면 그 속에 1,000년을 이어온 경영의 비밀이 혹 숨어 있지는 않을까?

교토 지방의 1,000년의 역사는 이른바 '교토식 상법'을 만들었다고 알고 있다. '교토식 상법'이란 무엇을 말하는가?

*교토식 상법은 한마디로 당대 최고를 지향하는 것이다. 최고가 아니면 만들지 않는다는 원칙을 철저히 지키는 것이 그 핵심이다. 값싼 1,000엔 짜리 된장 한 봉지라도 좀 더 좋은 맛, 좀 더 보기 좋은 디자인, 좀 더 나은 친절을 위해 100년이고 200년이고 노력한다. 물론 이를 위해 재료, 디자인, 인력 등에 대한 투자를 아끼지 않았고 그에 따라 제품의 가격은 높아질 수밖에 없었다. 그렇다면 높은 가격으로 인한 경쟁력 약화는 어떻게 해결했을까? 교토의 상인들은 자신들이 만든 제품에 대해서는 100년의 A/S 를 보장한다. 쥬산야의 빗이나 이치하라의 젓가락처럼 지극히 일상적인 제품을 고가로 판매하기 위해서는 소비자의 불안을 잠재울 수 있는 이러한 전략이 필수적이었던 셈이다. 그 결과로 만들어진 높은 품질의 제품은 교토 사람들 특유의 자부심으로 이어졌다. 이들은 대기업들이 즐비한 도쿄를 부러워하기는커녕 오히려 무시하는 경향까지 있다.

오랜 전통을 가진 교토의 가게들이지만 역설적으로 이러한 전통을 고수하기 위해 끊임없이 혁신을 거듭하는 특징이 있는 것

> *** 교토식 상법**
> - 지금 하라, 반드시 하라, 될 때까지 하라.
> - 현장에 신이 살고 있다.
> - 기업 경영에서 의사 결정까지 모든 것을 모듈화하라.
> - 업무 시간을 반으로 줄여라(타임 하프제).
> - 사원을 해고하려면 사장이 먼저 할복자살하라.
> - 상식의 반대는 독창성이다.
> - 길이 안 보이면 사물을 쪼개 보라.
> - 시장이 없으면 만들면 된다.
> - 가슴의 온도를 28도로 유지하라.
> - 흉내 낼 수 없는 상품과 조직을 창조하라.
> - 성공하면 시장과 골프를, 실패하면 공장 페인트 칠.
> - 사원의 아이디어는 현찰로 보상하라.
> - 나쁜 물건을 팔려면 가게 문을 닫아라.
> - 소리 내지 않고 손님을 모아라.
> - 빼기의 미학으로 승부하라.
> - 인재 양성은 365일 하라.

같다. 이러한 교토 가게들의 '혁신'이 서구의 대기업들이 추구하는 일반적인 '혁신'과 구별되는 다른 점은 무엇인가?

서구의 혁신이 기술 중심이라면 교토의 기업들이 선택한 혁신은 기술과 정신을 동시에 혁신한다는 점에서 차이가 있다. 즉 혁신을 전혀 새로운 생각에서 찾으려하기보다는 면면히 이어져오는 정신을 담은 전통에서도 찾을 수 있다고 생각한 것이다. 예를 들어 교토에 있는 270년 전통의 고노다야에서는 기모노의 허리띠인 오비를 만든다. 직접 만난 66세의 야마구치 겐베에 사장은 12대째 가업을 물려받아 운영하면서 아이디어가 떠오르지 않을 때마다 조상들이 만든 오비를 본다고 한다. 워낙 역사가 오래 되다 보니 그 중에는 상품화가 되지 않은 제품들이 500여 종을 헤아린다. 야마구치 사장은 이러한 제품들에 현대적인 아이디어와 감각을 접목해 새로운 제품을 만들어낸다. 전혀 새로운 것이 아닌 자신들의 전통 속에서 독창적인 혁신의 방법을 찾는 것이다.

이들 교토 가게들의 혁신은 '전통을 이어가기 위한 혁신'이라는 점에서 가장 큰 차이가 있는 것 같다. 실제로 교토의 많은 가게나 기업들이 시장 경기에 일희일비하지 않고 장기적인 관점을 가지고 운영을 하고 있음을 알 수 있었다. 반만년의 전통을 가진 우리나라는 왜 이런 가게들이 사라졌다고 보나?

교토의 가게들은 최소한 100년, 때로는 1,000년을 내다본다. 그리고 자신의 대에서 승부를 보려 들지 않는다. 그래서 일본에는 '한탕주의'라는 말 자체가 없다. 그렇

능가하는 세계 최고의 강소기업들을 만들어냈다. 특히 교토에 있는 닌텐도, 교세라, 일본 전산 등의 기업들은 일본 내에서도 최강으로 통한다. 이들은 과거의 교토식 상법을 존중하면서도 시대의 변화에 맞춰 과감하게 버릴 것은 버리고 개선하는 과정을 통해 성장 가도를 달렸다. 지난 1,000년간 교토의 상인들이 만들어 놓은 교토식 상법을 계승하면서도 동시에 부정하는 이들의 경영방식을 교토식 경영이라고 부른다. 대표적인 사례가 바로 아메바 경영으로 유명해진 교세라다.

현대의 많은 기업들이 규모를 통해 경쟁력을 확보하는 경우가 많다. 그러나 교세라와 같은 교토의 강소기업들은 조직을 잘게 쪼개서 생산성을 높이고 효율을 극대화하는 방식을 택해 왔다. 이러한 경영방식의 장, 단점에는 무엇이 있다고 보는가?

교세라는 익히 알려진대로 아메바 경영을 통해 회사를 3천 개의 아메바 조직으로 쪼개고 독립채산제를 시행했다. 그리고 이 작은 조직들이 저마다 이익을 내면서 승승장구할 수 있었다. 교토의 가게들이 가진 작은 규모의 장점을 취하면서도 대기업으로서 규모의 성장을 동시에 추구한 것이다. 하지만 전체 규모로 보자면 매출 13조 정도로 글로벌한 대기업이라 볼 수는 없다. 이것이 아메바 경영의 한계이다. 국제적인 경쟁력을 갖추려면 100조 이상의 규모를 만

다면 우리나라엔 이러한 긴 안목을 가진 가게가 왜 드문 것일까? 일제 강점, 한국전쟁 등 너무나 많은 정변과 전쟁을 거쳤기 때문이다. 지금도 분단국가이기 때문에 여타 선진국에 비해 안정성이 떨어지는 것이 사실이다. 그 결과 빠른 기간 내에 수익을 내서 잘 살고 싶어하는 열망이 커질 수밖에 없었다. 그래서 가게든 기업이든 자신의 대에서 모든 성공을 다 이루려고 조바심을 낸다. 그러다보니 무리한 확장에 욕심을 내게 되고 자연스레 가게나 기업들의 수명이 짧아질 수밖에 없는 악순환이 계속되어온 것이다.

교토식 경영, 최강의 강소기업을 만들다

하지만 여기에는 하나의 아이러니가 숨어 있다. 일본 역시 수없이 많은 전쟁을 치뤄온 나라이며 근대 들어서는 외세의 영향 역시 적지 않게 받은 나라라는 것이다. 그러나 일본은 한때 식민지였던 우리나라의 전통과 문화를 집요할 정도로 말살해버린 반면 서구의 열강들은 그렇게 하지 않았다. 역사에 '만약'은 없다지만 자국의 전통을 그토록 중시했던 것처럼 우리나라를 대했다면 지금의 우리 모습을 많이 달라지지 않았을까? 아무튼 이러한 일본의 전통은 독일과 대만을

교토에 본사를 둔 교세라는 전자기기, 정보기기, 태양전지, 세라믹 등을 주로 제조한다.

교토 클러스터

인구 145만 명의 지방 도시 교토에서 쟁쟁한 글로벌 챔피언 기업들이 줄줄이 탄생할 수 있었던 이유는 무엇일까? 바로 그들만의 독창적인 협력문화 때문이다. 이들은 작은 규모에서 오는 단점을 보완하기 위해 경쟁사는 물론 지방의 대학교 및 연구소 등과 상호 개방적인 협력 관계를 맺었고 덕분에 부품소재 분야를 중심으로 원천기술을 확보하는 동시에 세계적인 경쟁력을 유지할 수 있었다. 이를 흔히 교토 클러스터라고 부른다. 여기서 말하는 '클러스터'란 독자적인 기술력 확보가 어려운 중소기업들과 기술 전문가 그룹인 대학, 연구기관이 공통의 과제를 발굴하고 이를 해결하기 위해 정보교류와 협력을 이어나가는 네트워크 활동을 말한다. 기술력 향상을 위한 단기과제의 발굴과 같은 직접적인 지원은 물론, 산·학·연 간의 네트워킹을 통해 기업 스스로 기술개발에 대한 자생력을 키우는 데 가장 큰 목적이 있다. 실리콘밸리가 클러스터의 대표적인 사례다.

실제로 교토의 기업들은 서로 제품을 발주하거나 자금을 대여해주는 일이 드물지 않다. 세계 최고의 부품 업체인 무라타제작소 역시 시마즈제작소의 도움이 없었다면 오늘날과 같은 성장은 어려웠을 것이다. 시마즈는 무라타의 창업 초기부터 제품을 집중 발주했고, 무라타는 이에 화답하듯 최고 품질의 제품을 공급했다. 이러한 과정을 통해 두 회사는 함께 세계 제일의 기술 기업으로 성장할 수 있었다. 1973년 창업한 일본전산 역시 사업 초기 자금난에 빠진 적이 있었다. 이때 교토의 선배 기업들이랄 수 있는 옴론·와코루·교토은행 등 교토경제동우회의 회원사가 일본전산에 500만 엔을 지원했다. 당시 일본전산의 지원을 주도했던 옴론은 주력인 자동화기기를 위해선 정밀 모터를 개발하는 일본전산과 공생해야 한다고 판단했다. 그 결과 일본전산은 하드디스크 모터 분야에서 세계 1위에 올라설 수 있었다. 또한 세계적인 게임기 회사 닌텐도, 부품소재 선도기업인 교세라와 같은 기업들은 노벨상 수상자를 다수 배출한 교토대학을 비롯한 대학 및 연구기관, 지방자치단체와 강력한 네트워크를 이루어 불황 속에서도 큰 성과를 거두고 있다.

대표적인 클러스터인 미국의 실리콘밸리

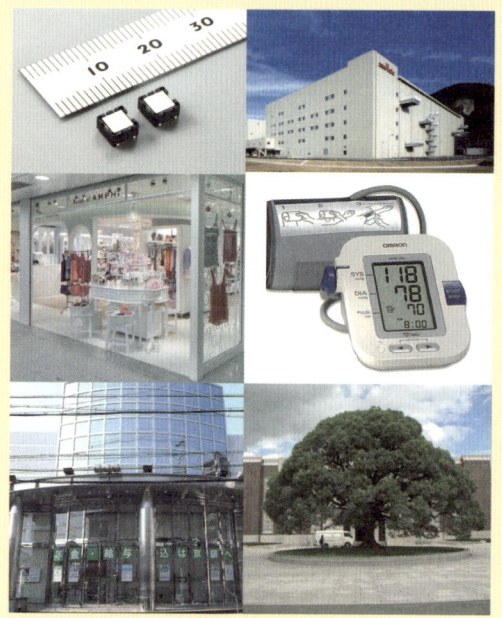
교토의 기업, 은행, 대학 등은 강력한 네트워크로 서로 연결돼 있다.

들어야 하는데 구조적으로 어려운 것이다. 하지만 교세라는 억지로 규모를 확장하는 것보다 현 상태를 유지하는 쪽을 선택했다. 성장보다는 내실 있는 경쟁력, 지속가능한 경영을 추구한 것이다. 교토의 많은 강소기업들이 완제품이 아닌 전문 부품을 개발하는 업체인 것도 이러한 이유와 무관치 않다.

교토의 기업들이 이러한 선택을 한 가장 큰 이유는 무엇이라고 보는가?

성장보다 지속가능한 생존이 우선이기 때문이다. 이를 위해서는 최고의 품질을 유지해야 했고, 그때문에 규모는 포기할 수밖에 없었던 것이다. 초밥 가게인 이요마타의 경우 교토에 살다가 미국에 이민 갔던 사람이 30년 만에 이 가게를 다시 찾은 적이 있었다고 한다. 그런데 다시 일본에 돌아와 먹어보니 그 맛이 30년 전과 같았다. 이요마타의 손님들이 그리워하는 것은 바로 이 맛이다. 그래서 이 가게는 맛을 지키기 위해서 프랜차이즈를 하지 않았다. 이 맛을 지켰기 때문에 지난 400년 간 존속할 수 있었고 앞으로 400년을 더 운영하기 위해서도 맛을 지키는 것이 최우선이라 생각하기 때문이다. 이익보다 천년 이상 살아남는 것을 목표로 하는 교토의 기업들이 강한 이유는 바로 이러한 정신을 물려받았기 때문이다. 교토 기업들은 경쟁자를 대하는 자세에서도 차이가 있다. 교토에는 '멀리 가려면 함께 가라'는 격언이 있다. 그래서 동종 업계의 라이벌을 인정하고 존중한다. 그래서 교토 클러스터라는 독특한 기업간의 상생 관계가 만들어졌다. 하지만 한국에서는 가능하면 경쟁자를 없애고 시장을 독점하려고 한다. 하지만 독점은 타성을 부르고 그 결과 혁신을 어렵게 만든다. 지금은 삼성이 최고의 기업이지만 일본에는 국제적인 가전 업체가 10여 개 이상 있다. 그러나 한국은 만약 삼성이나 LG가 힘들어진다면 그 밑의 수많은 하청업체들까지 한번에 힘들어지는 아슬아슬한 구조를 가지고 있는 것이다. 만약 우리도 지금은 사라진 중견 업체들이 아직까지도 건재했다면 이들과의 경쟁을 통해 산업 전반이 안정적인 구조를 가질 수 있었을 것이다.

또 한 가지, 교토의 가게들이 가진 주요한 특징으로 의리보다는 무서울 정도의 원리 원칙, 그리고 최고의 품질에 대한 추구를 꼽는다. 이러한 정신은 교토의 강소기업들에 어떤 영향을 주었다고 보는가?

소비자는 언제나 좋은 물건을 요구하게 마련이고 이들을 만족시키기 위해서는 원칙에 충실할 수밖에 없었다. 만일 회사 규모가 커져 공장이 여러 군데 생기기 시작하면 이 때부터 창업자가 모든 제품을 현장에서 관리하는 것이 사실상 불가능해진다. 많은 한국 중소기업들이 오래 가지 못하는 이유 중 하나가 그럼에도 불구하고 자기 능력을 넘어서는 성장을 추구하기 때문이다. 교토 사람들은 이런 기업들을 바보라고 생각한다. 그래서는 30년 이상 기업을 존속시킬 수 없다는 사실을 경험을 통해 알기 때문이다. 앞서 말했듯 교토의 기업들은 최소 100년을 목표로 한다. 그래서 개인이든 회사든 자기 관리를 위해 원리 원칙을 그토록 중요시 여기는 것이다.

교토 지방의 많은 강소기업들이 처음부터 일본 시장이 아닌 세계 시장에 진출해 성공을 거두고 있다. 일본의 다른 지방에 비해 일찍부터 세계적인 경쟁력을 얻을 수 있었던 이유는 무엇인가?

전통을 고수하기 위해 변화와 혁신을 두려워하지 않고 생존을 위해 다양한 시도를 했기 때문이다. 그래서 보수적인 경향을 가진 일본 내에서 교토의 기업들은 '반골 정신'을 가진 독특한 기업으로 인식되곤 한다. 그래서 애초부터 글로벌 스탠다드에 맞춰 세계 시장을 공략할 수 있었고 그 결과 일본의 대기업보다 최소한 두어 수 이상 앞서갈 수 있었다. 지금도 교토의 강소기업들은 일본 내에서의 1등은 무의미하다고 생각한다. 그래서 처음부터 세계 1등을 목표로 기업을 시작한다. 이 때문에 교토의 강소기업들은 해외에서 먼저 인정을 받고 일본으로 역수입되는 경우가 많은 것이다.

상인 중의 상인,
아킨도의 브랜딩 전략

교토에서는 상인을 '상인'이라 부르지 않고 '아킨도'라고 부

구분	설립 연도	주력 품목	매출액	영업이익
시마즈제작소	1875	분석 계측기기	2,728	196
닌텐도	1889	게임기.소프트웨어자동화	1조 4,343	3,565
옴론	1933	자동화 제어기기	5,246	130
무라타제작소	1944	세라믹 전자부품	5,308	267
호리바제작소	1945	배기가스 측정기	1,045	61
니치콘	1950	전자기기용 콘덴서	914	-78
교세라	1959	세라믹 전자부품	1조 738	638
일본전산	1973	정밀 소형 모터	5,874	783

단위: 억엔
출처: 삼성경제연구소

〈그림 1〉 교토의 주요 강소기업들

른다. 이 말에는 바로 '상인 중의 상인'이라는 속뜻이 숨겨져 있다. 이 말이 처음 생겨난 시기는 헤이안 중기로, 서기 794년 교토가 일본의 수도로 지정된 이후다. 이러한 단어에서도 알 수 있듯이 교토 사람들은 과거 일본의 수도였다는 긍지를 바탕으로 스스로를 상인의 본고장이자 상인의 뿌리라는 자부심을 갖고 있다. 그 자부심은 그들의 제품과 서비스에 고스란히 녹아들어 1,000년 이상 성업하는 가게와 세계 최강의 경쟁력을 자랑하는 교토의 강소기업들을 만들어냈다.

이번 유니타스브랜드의 특집은 작지만 강한 중소기업들의 스마트한(비범하면서도 독특한, 대기업과 비교되는) 경쟁력의 원천을 발견하는 작업의 일환이었다. 그리고 이를 '브랜딩'으로 압축할 수 있음을 보여주려고 했다. 하지만 교토의 가게들은 일찍감치 이 비밀을 깨닫고 실행해오고 있었으며, 교토의 강소기업들은 잃어버린 10년이라 불리우는 일본의

불황 속에서도 지속적인 성장을 계속하고 있다. 즉 '전통'속에서 자신만의 '아이덴티티'를 발견하고, 치열한 자기 혁신을 통해 '차별화'를 이뤄냄으로써 규모의 열세에도 불구하고 세계적인 경쟁력을 발휘할 수 있었던 것이다.

교토의 작은 가게나 기업들처럼 대기업에 비해 자본력이 상대적으로 약한 기업들은 '스마트한 브랜딩'에 대한 고민이 필요하다고 생각한다. 우리가 생각하는 스마트한 브랜딩이란 전략이나 전술, 혹은 프로모션에 있어서 상황적 열세에도 불구하고 현명한 방법으로 자기다움을 드러낼 수 있는 방법에 관한 것이다. 이에 대해 어떻게 생각하는가?

브랜드란 교토의 상법이 말하는 것처럼 '소리내지 않고 손님을 모을 수 있는 것'이라 생각한다. 교토의 기업들은 좋은 제품을 만들면 광고가 필요 없다고 믿는다. 세계 최고의 제품을 만들기에 가질 수 있는 자신감이다. 그래서 제품을 만들면 눈에 잘 띄는데 진열하는 것이 마케팅의 전부다. 그러면 소비자들은 매번 조금씩 더 좋아지는 제품들을 써보고 만족하면 입소문을 낸다. 그래서 교토의 기업들은 광고비에 들어갈 자본을 제품에 쏟아 부을 수 있는 것이다. 예를 들어 부채 가게 마이센도를 보자. 부채는 원가가 2만 원이 채 되지 않는 일상용품이다. 더구나 선풍기와 에어컨의 등장으로 현대 사회에서 그 효용은 무시해도 좋을 정도다. 그런데 왜 부채가게 마이센도는 무려 1,200년간 망하지 않을 수 있었을까? 이들이 부채를 기능적인 측면이 아닌 예술적인 측면에서 바라보았기 때문이다. 마이센도는 부채에 당대의 초일류 화가가 그린 그림을 그려넣은 후 100만원 이상의 값을 매겼다. 그리고 부채라는 일상품을 예술의 영역으로 끌어올렸다. 일본 최고의 오쿠라 호텔 커피숍에는 이 부채를 꺼내드는 사람들이 즐비해 있다. 그런데 우리나라 기업들은 모든 제품을 기술적으로만 바라본다. 예를 들어 과거에 사랑받았던 국산 만년필 브랜드는 이제 더 이상 시장에서 찾아볼 수 없는 반면 일본에서는 몽블랑이나 워터맨이 수입되어도 여전히 일본산 만년필이 사랑받는다. 만년필 두껑에 일본식 옻칠을 하는 식으로 가치를 입혀 몽블랑과 차별화했기 때문이다. 이것이 브랜드의 힘이라고 생각한다.

교토의 강소기업들을 통해서 우리가 배울 수 있는 것은 무엇이라고 생각하는가?

벽을 파서 제품을 진열하는 바쉐론 콘스탄틴은 300년 전에 만들어진 시계 브랜드로 모든 나사를 수작업으로 조립하기로 유명하다. 그런데 이들은 150년 전에 2번 경추가 마모될 것이라고 예측하고 이를 미리 준비했다. 그리고 150년이 지나 실제로 손님이 찾아오자 이 부분을 수리해주었다고 한다. 이것이 시대를 초월한 진정한 명품이라고 생각한다. 교토에 이런 명품을 만드는 가게들이 성업 중인 이유는 그러한 가치를 인정하는 사람들이 많기 때문이다. 그런데 우리나라에는 이런 명품이 없다. 몇 백년 이상 모자나 지팡이만을 전문적으로 만드는 가게를 본 일이 있는가? 오늘날 우리가 쓰고 있는 국산 제품들은 앞으로 십년 내에 다 버려야 하는 상품이라고 보면 크게 틀리지 않다. 이제 우리도 명품의 가치를 인정하고 장려하는 사회로 가야 한다. 얼마 전 뱅앤올룹슨이 만든 천 만원짜리 46인치 TV를 처음 본 순간 고가임에도 불구하고 싸다는 느낌이 들었다. 그런데 우리나라 가전회사의 220만 원짜리 TV는 비싸다는 느낌을 받았다. 저쪽은 명품이고 우리 제품은 소모품이기 때문이다. 이것이 브랜드의 차이라고 생각한다. 이제는 대기업이든 중소기업이든 명품을 지향하는 기업으로 거듭나야 한다. 대량 생산이 아닌 특화된 명품을 생산해낼 수 있어야 한다. 이것이 앞으로 우리나라의 기업들이 걸어야 할 길이라고 생각한다. UB

홍하상 중앙대 문예창작과를 졸업하고 30년간 다큐멘터리 및 논픽션 분야에서 활동했다. MBC방송대상 다큐멘터리 부문 작품상, 한국일보 백상 출판문화상 및 일본문화교류상(2010년) 등 다수의 수상 경력이 있다. 주요 저서로 《일본의 상도》《오사카 상인들》외 300여 권이 있으며 저서들은 일본, 중국, 대만, 러시아, 태국 등에서 번역 출간되었다. 삼성경제연구소의 'SERI CEO'에서 '상인열전'을 강의 중이며, 삼성전자 등 대기업과 중소기업, 대학 경영대학원의 최고경영자 과정에서도 강의 중이다.

기업 생태계의 피라미드 구조를 재점검 하다
대한민국 중소기업들의 제로섬 게임 탈출법

The interview with 한국트렌드연구소 소장 김경훈

"도대체 어떻게 정의란 무엇인지, 도덕이 무엇인지, 또 자본주의에 대한 고찰에 관한 책들이 종합 베스트셀러에 이름을 올릴 수가 있느냔 말이다. 무서운 일이다. 지금 우리는 우리가 직면한 문제에 대해 그만큼 논리적으로 이해하고 싶다는 것이다."

역시 트렌드 분석가 다웠다. 시대정신의 흐름을 읽고 그것을 비즈니스 관점에서 새롭게 해석하는 전문가 답게 오늘 우리의 경제 상황에서 중소기업들의 역할이 더 커져야 하는 이유, 그것을 가능케 하는 새로운 생태계 조성의 필요성까지 한국트렌드연구소 김경훈 소장의 이야기는 거침이 없었다. 그의 제안에서(한 기업이 성장하면 다른 기업은 죽어야 한다는 의미에서) 대한민국 중소기업들이 제로섬 게임에서 벗어나는 방법을 찾을 수 있을 것이다.

조만간 붕괴될 듯한 역피라미드 구조

중소기업의 육성은 선택이 아닌 필수임을 강조하던 김 소장이었다. 그런 그의 강조는 단순히 그간 대기업과 중소기업 간에 있어온 고질적 폐해(납품단가 인하, 기술탈취, 하도급법 위반, 담합 등)로 인해 갖게된 중소기업을 향한 단순한 연민의 것이 아닌 듯했다. 중소기업의 붕괴는 우리나라의 경제 붕괴는 물론 사회 전체의 붕괴를 야기할지 모른다는 설명을 덧붙였기 때문이다.

사실 중소기업의 육성은 오래전부터 그 필요성이 강조되어 왔다. 최근 더 많이 회자되는 대기업, 중소기업 간의 상생 코드도 그런 맥락이지 않나.

내가 말하고 싶은 것은 단순히 기업체간 상생의 문제에 관한 것이 아니다. 빈익빈 부익부 현상이 극대화 되고 있는 기업체 간의 빈부 격차가 사회 붕괴를 야기할지도 모른다는 우려를 말한다.

어떤 의미인가?

일반적으로 한국 경제의 성장률은 연 평균 4% 이상으로 전망 한다. 하지만 몇몇 대기업의 성장률을 보면 그것을 상회할 뿐만 아니라, 똑같이 4%가량 성장해도 대기업은 규모상 훨씬 더 빨리 거대해진다. 2009년 기준으로 보자면 (제조업 기준으로) 이미 대기업의 생산액은 전체의 50%를 상회한다.

물론 대기업에 딸린 여러 중소기업들까지 생각해 보면 큰 문제가 아닌 것처럼 보이지만 포인트는 수익 배분에 관한 것이다. 생산 라인의 머리에 해당하는 대기업들에만 큰 수익이 돌아가고 꼬리에 꼬리를 무는 하도급 업체의 마지막 생산자는 별로 가져가는 것이 없다. 그러면 빈부 격차는 더욱 심해질 것이고 이대로 점점 대기업으로 생산력이나 자본이 편향된다면 향후 몇 십 년 후에는 사회 전반이 붕괴될 위험이 있다.

사회 붕괴까지 언급하는 것은 다소 급진적이란 생각이 든다.

급진적이라고만 볼 수 없는 것이 같은 문제를 두고 과거에는 오프라인 구조에서 그것에 대한 저항은 노동조합이라든지 일부 단체가 담당했다. 하지만 이제는 소셜네트워크, 디지털미디어의 확산으로 하나의 메시지가 소통되는 것은 상당한 전파력을 갖는다. 전파와 동시에 집결의 힘도 무시 못한다. 사회 조직적 구조의 위 아래의 급격한 빈부 격차 문제에 격분한 민중이 어떤 일을 낼지 예견할 수 없는 것이다. 그것에 대한 안전망을 제공하지 못하면 쌓인 불만이 어떻게 폭발할 지 모르고, 거기에 세계 불황과 한국 경제가 같은 노선을 걷는다면 이 문제는 더욱 심각해진다. 이것이 조기화 될까봐 두렵다.

하지만 여전히 굳건한 중소기업이 있고 그런 강소기업들이 상당히 기대되는 요즘이기도 하다.

물론 시간이 흘러도 일부 강소기업은 여전히 살아남을 것이다. 오히려 점점 더 강해질 것이다. 그들 나름의 성공 신화도 만들어 낼 것이다. 하지만 상당히 극소수에 불과하며, 대기업이 성장할수록 나머지 작은 시장을 두고 경쟁하는 구조적인 문제는 벗어날 수 없다. 특히나 제조업 분야에서 그런 양상은 로마 검투사들의 싸움처럼 한 명이 살면 한 명은 죽을 수밖에 없는 구조로 몰아갈 것이다.

피라미드의 균형점 찾기

대기업 중심의 시장 독주가 장기적 관점에서는 사회 붕괴를 가져올지도 모르기 때문 시급히 해결해야 한다는 그에게 당연히 해결책을 묻지 않을 수 없었다.

그가 꼽은 솔루션은 크게 '시장 경쟁에 관한 법제화의 필요성'과 현재 진행되고 있는 '중소기업 육성책에 관한 관점 변화'다.

시장 경쟁의 어떤 부분을 법제화하자는 것인가?

법제화라는 것은 결국 사회적 합의에 관한 문제를 정리해 두자는 것이다. 탄탄한 중소기업이 국가 경쟁력의 중심 축을 이루고 있는 유럽권, 특히 독일을 보면 영세 상인이 주로 다루는 업종은 대기업이 진출할 수 없도록 하는 법이 있다. 헤르만 지몬의 《히든 챔피언》에 등장한 기업들의 대다수가 유럽권에 있던 것은 우연이 아니다.

그런데 이는 비단 작은 기업들을 보호하는 측면에서 그치는 것이 아니라 결과적으로는 고용의 대부분을 책임지는 중소기업들의 성장을 촉진시킴으로써 그곳에 몸담은 중산층의 경제력을 튼튼히 해 그들의 소비를 증진시킬 수 있다는 점에서 의의가 있다.

> "누군가 지닌, 지니고 있지만 표현되지 않은, 앞으로 가지게 될, 그 문제를 포착하고 해결해 주는 것이 점점 더 중요해진다."

얼마 전 각종 뉴스나 신문은 물론 트위터의 타임라인을 뜨겁게 달군 롯데마트의 통큰치킨과 이마트 피자에 관한 이슈도 그런 법제화가 미리 마련됐더라면 좀 더 매끄러운 귀결이 있었겠다.

물론이다. 사실 롯데마트의 통큰치킨과 이마트 피자로 불거진 문제를 한 가지 기준으로 옳고 그름을 따지기는 상당히 힘들다. 경제학적인 논리로 해석했을 때와 사회의 균형적 발전과 공정성의 논리로 해석했을 때 판이하게 다른 입장이 도출될 수 있으며 각각에 대한 가치 평가는 입장에 따라 다를 수 있기 때문이다. 매번 그런 문제로 논쟁하는 것은 에너지 낭비일 수 있다. 시간이 조금 걸리더라도 사회적 합의를 이끌어 내고 그 합의가 법제화된다면 앞으로는 추가적인 에너지 낭비가 없을 것 아니겠나. 지금도 롯데마트의 통큰치킨은 철회되고 이마트 피자는 팔고 있다. 기준이 너무 애매하다.

'시장 경쟁에 관한 법제화의 필요성' 외에, 두 번째 대안으로 꼽은 것이 '중소기업 육성책에 관한 관점 변화'였다. 현재의 육성책에

어떤 제언을 하고 싶은가?

지원 자체는 너무 훌륭하다. 하지만 방식은 좀 변해야 할 필요성을 느낀다. 그간 많은 변화가 있어 왔지만 여전히 제조업 중심의 육성임에는 틀림없다. 제조업이 중요하지 않다는 것이 아니라 말 그대로 '육성'을 위한 에너지는 새로운 흐름에 따라야 한다는 의미다. 제조업은 이제 기본이기도 하고 어차피 작은 시장 나눠 먹기가 되었다. 좀 더 디지털 생태계에서 경쟁력을 가질 수 있는 서비스 기반의 성장 산업에 힘을 실어 줘야 한다고 생각한다. 글로벌화될 수 있고 고부가가치를 생산할 수 있는 디지털 베이스 업종에 대한 투자가 필요하지 않겠나.

이는 중소기업 육성에 국한된 이야기가 아니라, 창업 지원 정책에서도 마찬가지다. 창업을 돕기 위해 과제 심사를 하고 보통 1,000~3,000만 원 정도를 지원하는 방식으로는 도저히 뭔가를 이룰 수가 없다. 그 정도 비용은 시장 진입 비용밖에 안 된다. 발을 내딛은 후에는 혼자 살아남으란 의미인데, 그래서는 섣부른 시작만을 조장할 뿐 실질적이고 지속적인 도움이 되지 못한다.

그렇다면 구체적으로 어떤 산업을 더 육성해야 한다고 생각하나.

자기 경쟁력을 키워 가면서 영리한 접근으로 글로벌화를 꾀할 수 있는 산업들이다. 서비스와 문화산업이 대표적인데, 이제는 그런 산업도 '글로벌' 시장을 염두에 두지 않으면 고용 창출 효과 없이 겨우 연명하는 수준으로 머물게 된다. 내가 말하는 글로벌은 2000

롯데마트의 통큰치킨은 안 되고 이마트 피자는 되는 이유?

두 기업의 행보가 세간의 관심을 끌었던 이유는 '해당 상권 내 영세 소상공인 보호'라는 이슈 때문이었다. 하지만 롯데마트가 런칭 일주일 만에 정책을 철회한 반면, 이마트는 여전히 피자를 판매하고 있다. 왜 그럴까?

항간에는 청와대의 정진석 정무수석이 트위터에 글을 남기면서까지("대기업인 롯데마트가 하루에 닭 5,000마리 팔려고 전국 영세 닭고기 판매점 운영자 3만여 명의 원성을 사는 걸까요? 혹시 '통큰치킨'은 구매자를 마트로 끌어들여 다른 물품을 사게 하려는 '통큰 전략'이 아닐까요?") 롯데마트의 통큰치킨에 대해서는 개입하면서 이마트 피자에 대해서는 함구했다는 '청와대 개입설'이 있기도 하고 이마트 뒤에 더 큰 재벌 '삼성'덕에 작은(?) 재벌, 롯데만 타격을 받았다는 말도 있다.

그러나 좀 더 폭 넓게 인정받는 해석은 염가판매 여부다. 롯데마트는 원가가 6,200원가량 하는 닭을 튀겨 파는 데도 5,000원에 판매함으로써 부당염매에 해당하지만 이마트 피자는 11,500원의 가격이 염가 기준선은 넘어섰기 때문이라는 것이다.

또한 해당 아이템을 판매하는 중소기업 및 소상공의 결집력도 중요한 요인으로 꼽히는데, 치킨 업계의 굴지 기업인 BBQ, 교촌, 굽네치킨 등 상위 10여 개 업체가 힘을 모은 반면, 피자 업계는 미스터피자를 필두로 3개 업체 정도만이 목소리를 높였다.

게다가 대부분이 토종 브랜드인 치킨 업계보다 상대적으로 외국계 대형업체가 더 많은 피자는 중소 및 영세 상인들의 생존권을 운운하기엔 역부족이었다는 의견도 있다.

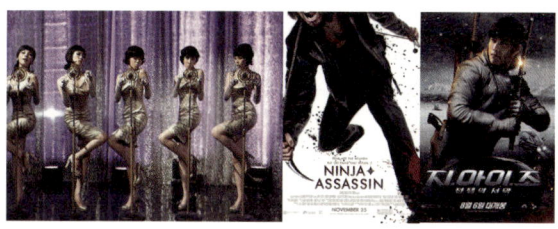

아시아 시장 진출에 성공한 컨텐츠 사업이 세계적 글로벌화에 더 용이하다.

년대 초반처럼 미국, 유럽 중심의 글로벌 시장 공략이 아니다. 아시아 시장을 중심으로 하는 글로벌이다. 아시아 시장은 전 세계 글로벌 시장의 진입로가 된 지 오래다.

예를 들어 이런 서비스업은 어떤가. 이제 유럽의 럭셔리 브랜드들은 아시아권에 기댈 수밖에 없다. 유럽이나 미국보다 아시아에서 더 높은 매출이 나오는 형국 아닌가. 그렇다면 마케팅에 능한 우리나라 전문가들이 중국이나 동남아시아를 포함한 아시아권의 문화를 잘 이해하는 럭셔리 전문가가 되어 해외 유수 럭셔리 브랜드들과 함께 일하는 것이다. 이런 방법으로 훨씬 높은 부가가치 산업이 될 수 있다.

영화, 드라마 등 문화 컨텐츠 산업도 마찬가지다. 미국이나 유럽 시장 진출을 위해서는 그리로 바로 뛰어들 것이 아니라 아시아에서 경쟁력을 갖추면 된다. 할리우드에 진출한 이병헌과 비, 그리고 미국 시장에서 인기를 얻고 있는 원더걸스는 아시아 시장을 장악했기에 미국과 유럽으로 진출할 수 있었다. 미국 시장에서 안 되도 아시아권에서는 그대로 경쟁력이 있기 때문에 해외 투자자들도 한번 해볼 만하다는 판단을 하는 것이다. '글로벌=아시아'가 되는 시대고, 그 아시아의 가능성을 구체화하는 기업이 글로벌 강소브랜드가 될 것이다. 그것이 꼭 제조업 브랜드가 될 필요는 없지 않나. 하지만 이런 생각들이 제대로 실현되려면 더 근본적인 전제 조건이 있다. 이런 산업이 성장할 수 있도록 생태계 자체를 조성해 줘야 한다는 점이다.

21세기에 적합한 생태계 조성의 필요성

김 소장은 우리나라 전체 시장 상황을 고려할 때 개별 강소브랜드들의 성장 비결을 공유한다 한들 어차피 작은 시장을 점유하기 위한 싸움이기에 한계가 있을 수밖에 없다는 점을 지적하기도 했다. 생태계 자체를 바꾸지 않는 이상 미봉책일 수밖에 없다는 것이다.

생태계 자체를 바꿔야 한다는 것은 어떤 의미인가?

애초에 (예를 들어) 5개 기업만이 살아남을 수밖에 없는 구조라면 그 5개 기업의 성장 비결을 알려 준다 한들 그 회사가 망하지 않는 이상 다른 회사가 성장하기는 힘들다. 거의 제로섬 게임이다. 그래서 중소기업들이 다 함께 성장할 수 있는 환경 자체를 마련해 줘야 한다. 농지의 경지를 넓히고 양분이 많은 땅을 제공해야 더 빼곡히 심어도 살 수 있지 않겠나.

새로운 생태계란 앞서 이야기했듯 아시아 시장을 대한민국 기업들의 OEM 시장으로 활용할 수 있도록 디지털 중심의 서비스업이나 서비스 컨설팅, 아웃소싱 기반의 산업 구조를 지속적으로 육성하는 것이다. 사실 제조업의 경우도 원천 기술은 유럽 및 미국, 일본이 많이 지녔고 우리는 응용기술 아닌가. 앞으로 제조업의 경우는 원천기술 확보가 필요하고, 서비스와 컨텐츠 산업에서는 우리나라가 해드 역할을 맡고 아시아 국가에 아웃소싱을 하는 산업 허브로서의 대한민국이 되야 한다는 의미다. 모든 것이 공진화의 양상을 띠고 있다. 사업 영역, 고용 영역, 소비자, 심지어 가족 구성과 라이프스타일까지도 디지털화되고 있으니 이제 디지털은 우리가 가지고 노는 대상이 아닌 삶 자체를 적응시켜야 하는 대상이 되었다. 전략적 방향성을 과제로 두고 있다.

정부 및 관계 부서가 그런 생태계 조성을 위해 애써야 한다면 기업들은 어떤 방식으로 준비해야 한다고 보는가?

기업들은 자신들의 업^{業}을 바라보는 관점을 바꿔야 한다. 20세기에서의 업은 한마디로 장르^{genre}였다. 사회에서 어떤 종류의 제품과 서비스를 생산하는가에 따라 카테고리화시켰다. 즉 그 분류 기준으로써의 업이었다. 하지만 21세기의 업은 '어떤 문제를 해결할 것인가'를 설명하는 것으로 정의 내려야 한다. 즉 당신이 무슨 문제를 해결할 생각인가를 한마디로 정리한 것이 업이다. 많은 사람들이 강조하는 '창의력'은 단순히 번쩍이는 '아이디어'가 아니다. 창의력은 문제 발견 능력, 문제 분석 능력, 문제 해결 능력이라고 생각한다. 누군가 지닌, 지니고 있지만 표현되지 않은, 앞으로 가지게 될, 그 문제^{problem}를 포착하고 해결해 주는 것이 점점 더 중요해진다.

아직은 우리가 봉착한 문제들의 근원이 명확하지 않아 기존 산업군과 많이 얽히고 설킨 상태지만 문제를 명확히 하고 그것에 대한 해결책을 제시한다면 새로운 모습의 기업들, 그리고 우리나라뿐 아니라 글로벌 시장에서 경쟁력을 갖춘 기업을 태동시킬 수 있을 것이다. 기업은 곧 문제 해결사들이고 그 문제를 전문적으로 해결해 주는 기업이 결국 건강한 브랜드가 될 것이다. 그것이 21세기 생태계에서 각지 나름의 적소를 찾아 함께 성장할 수 있는 많은 수의 강소브랜드가 공존하는 방법이다. UB

김경훈 서울대학교 경영학과를 졸업한 후 현재 트렌드 예측 전문 연구소인 한국트렌드연구소 소장으로 있다. 2008년 이후 홈플러스, KT, 한국생산성본부, 한국과학기술정보연구원 등 유수의 기업 및 기관에 트렌드 리포트와 트렌드 워처 교육을 제공하는 등 트렌드 예측 비즈니스를 새롭게 개척하고 있다. 저서로 《한국인 트렌드》《대한민국 욕망의 지도》《HOT 트렌드 2009》 등이 있으며, 최근에는 2011년을 전망한 《핫트렌드 2011》을 선보였다.

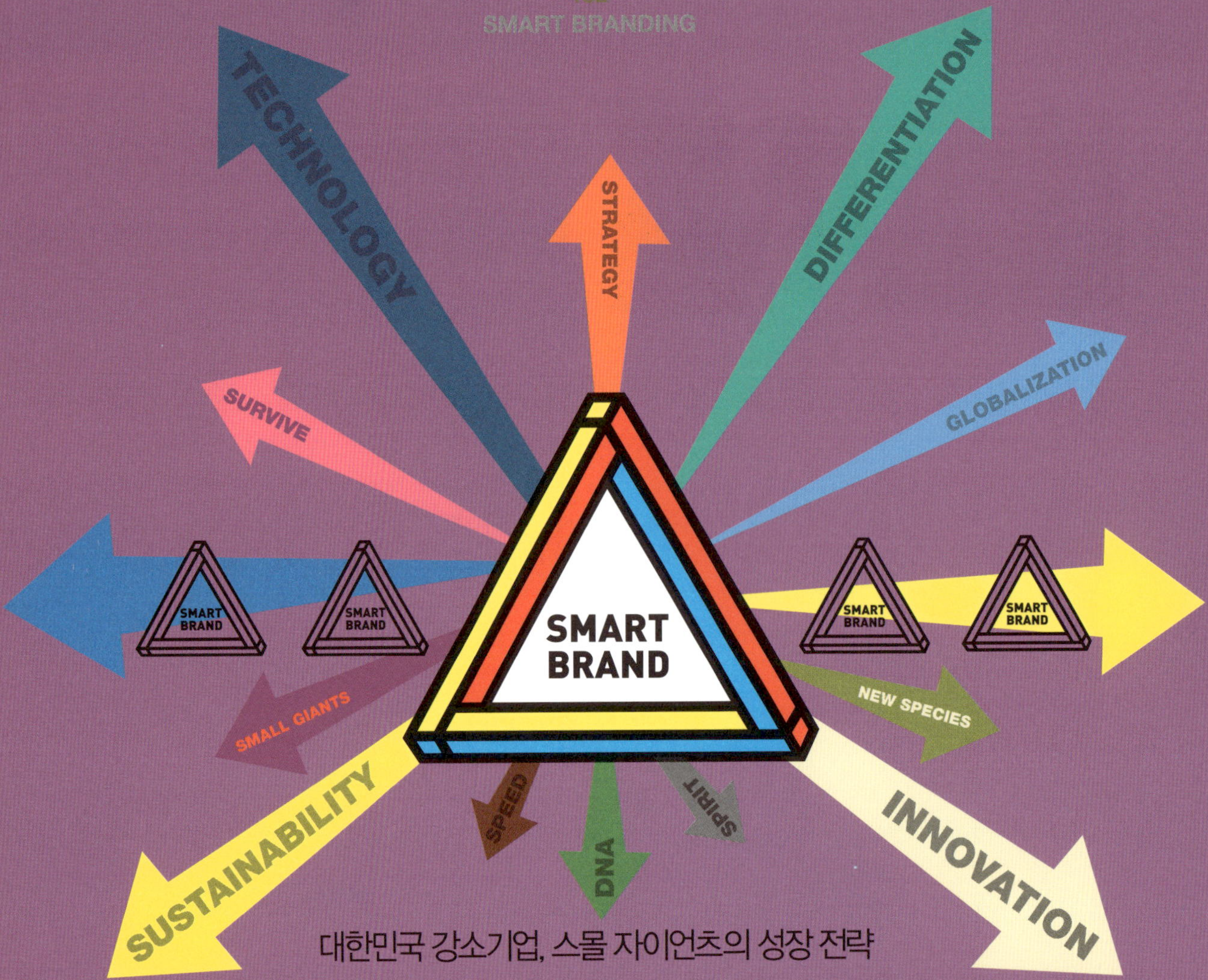

SMART BRANDING

대한민국 강소기업, 스몰 자이언츠의 성장 전략
차별화의 원천을 발견하고
전략을 혁신하라

The interview with 경북대학교 경영학부 교수 이장우

2008년 1월의 어느 날, 이장우 교수는 연구진과 함께 오스템임플란트의 최규옥 사장과 첫 대면을 했다. 오스템임플란트는 연평균 82%의 성장률을 기록하며 창업 10년 만에 코스닥에 입성, 코스닥 시가 총액 10위 안에 진입한 전형적인 벤처기업이었다. 게다가 국내 시장을 석권하고 이제 막 야심찬 해외 시장 진출을 시도하고 있던 참이기도 했다. 본격적인 기업 분석이 시작되었고, 결국 이들이 가진 핵심적인 경쟁력의 원천은 단순한 기술력이 아닌 비전임이 밝혀졌다. 하지만 이후 무리한 해외투자가 이어져 회사는 막대한 손실을 입었고, 연구진은 왜 좀 더 일찍 컨설팅을 해주지 않았느냐는 원망 아닌 원망을 들어야 했다.

이후 연구의 필요성을 확신한 이 교수는 이후 1년 동안 1차 24개, 2차 48개 등 총 72개 강소기업을 대상으로 연구를 계속했다. 그리고 이에 대한 연구 결과를 담아《SMALL GIANTS 대한민국 강소기업》이라는 책을 펴냈다. 과연 그가 말하는 스몰 자이언츠란 어떤 기업이며 이들이 갖고 있는 경쟁력과 성장 전략은 무엇일까? 그리고 오늘날 특별히 이러한 강소기업들의 등장이 중요해진 이유는 무엇일까? 저자인 이장우 교수를 만나 이러한 의문들에 대한 답을 직접 들어보았다.

*기사 내 일부 표현 및 도표는《SMALL GIANTS 대한민국 강소기업(2010, 미래인)》의 내용을 일부 참고 및 부분 발췌했습니다.

새로운 종species의 발견, 스몰 자이언츠의 등장

1996년은 우리나라 중소기업 정책의 큰 전환점이라고 볼 수 있다. 그전까지는 중소기업을 위한 정책이 없다시피 했으나 코스닥시장 개설, 벤처기업특별법 제정 등의 중소기업정책이 나오면서 비로소 중소기업들의 시대가 열리기 시작했다. 이 후 10년 이상 시간이 흐르면서 500개가 채 되지 않았던 벤처기업수는 2만 개를 넘어서고 있다. 매출 1,000억 원이 넘는 회사의 수도 200개를 넘어섰다. IT산업을 중심으로 정보화 혁명을 성공적으로 이끈, 작지만 강한 기업들이 속속 등장하기 시작한 것이다. 이들은 무엇보다 독자적인 생존 능력과 글로벌 기업의 가능성을 보여주면서 21세기 한국 경제에 중요한 기업군으로 새롭게 떠오르고 있다. 그 중 일부는 국내시장에서 1위를 확보했을 뿐 아니라 해외시장에서 5위권 내의 성적으로 높은 고용효과와 이윤을 창출하는 강한 기업으로 성장했다. 바로 한국식 강소기업, '스몰 자이언츠'의 등장이다.

스몰자이언츠란 구체적으로 어떤 기업을 말하는가?
부족한 자금과 인력으로 출발했지만 자신만의 분명한 차별화 전략을 가지고 국내시장을 장악했거나, 일찍부터 해외에 진출해 세계시장 5위권 안에 진입함으로써 탄탄한 생존 기반을 구축한 기업들을 말한다. 스몰 자이언츠의 등장은 그 동안 그 존재를 인정받지 못하고 있었을 뿐 새로운 종species의 발견이라고 생각한다. 이들이 강하다고 말할 수 있는 이유는 우리 특유의 성공 DNA를 통해 나름의 경쟁력을 갖추는데 성공했기 때문이다.

이들이 가진 성공 DNA란 무엇인가?
스피드speed와 스피릿spirit, 즉 '하면 된다'는 정신과 빠른 문제 해결 능력이 그것이다. 창업과정에서 확실한 창업 동인을 가지고 사업을 시작한 이들은 대기업들이 간과하거나 누구도 쉽게 진입하지 못하는 틈새시장을 '하면 된다'는 정신으로 파고들었고 스피디한 조직 학습을 통해 고객 니즈에 맞는 제품을 개발, 생산해 경쟁우위를 확보했다. 이러한 과정을 통해 내수 시장을 장악하거나 글로벌 시장을 개척해 안정적인 성장 기반을 확보했던 것이다.

대부분의 강소기업들이 가졌다는 창업 동인이란 무엇을 뜻하는가?
이들 기업은 기술, 비전, 마케팅의 세 가지 창업 동인을 조합해 지속가능한 경쟁력을 만들어냈다. 가장 특이한 것은 생산 기술에 관한 혁신 능력과 제품 개발력이지만 비전이나 마케팅 노하우처럼 비기술적인 요소도 있었다. 문제는 이러한 세 가지 요소를 어떻게 조

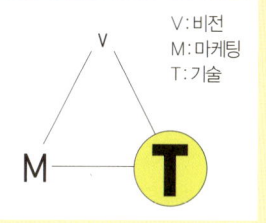

강소기업의 창업 형태

이 교수는 많은 강소기업들이 비전, 마케팅, 기술 등 하나의 핵심 동인에 의존해 창업하지만 다른 동인을 고려하지 않고는 차별화를 이루기 어렵다고 말한다. 즉 주축이 되는 핵심 동인을 받쳐줄 만한 2차 동인이 있어야 한다는 것이다. 그가 만난 성공한 강소기업들은 거의 모두가 하나의 핵심 동인에 다른 동인 하나를 추가해 시너지를 만들어내고 있었다. 예를 들어 필기인식 솔루션 전문 기업인 디오텍이나 모바일 게임 업체인 컴투스는 창업의 핵심 동인은 기술(T)이지만 시장(M)에 관한 정보와 노하우를 결합시켰다. 즉 기술 동인(1)에 마케팅 동인(0.5)을 추가하여 마치 1.5개의 핵심 동인을 사용하는 것과 같은 효과를 창출했다는 것이다.

V: 비전
M: 마케팅
T: 기술

합했는가이다. 연구결과 많은 강소기업들이 1.5의 비율을 가지고 차별화에 성공하고 있었다.

다른 중소기업들과 구별되는 지속가능한 경쟁력은 무엇인가?
지속가능한 경쟁력이란 기업의 규모와 상황에 따라 다르게 해석될 수 있으나 일반적으로 장기적인 경쟁력과 생존력을 동시에 가졌다는 것을 의미한다. 특히 강소기업에 있어 경쟁력이란 생존력과 동의어라 해도 과언이 아니다. 과거에는 대기업이 도장을 찍어주지 않으면 살아갈 수 없는 환경에 있었지만 지금은 나름의 경쟁력과 교섭력을 가진 강소기업들이 늘고 있다. 즉 대기업에 의존하지 않고도 생존해갈 수 있다는 점에서 여타의 중소기업들과 뚜렷이 구분된다고 할 수 있다. 특히 시장이 글로벌화하면서 이런 기업들이 점점 더 늘고 있는 것이 사실이다.

글로벌, 대한민국 강소기업의 생존을 위한 필수 조건

강소기업의 주요 특징은 이와 같은 '지속가능한 경쟁력'을 바탕으로 한 생존 능력에 있었다. 물론 이들 기업 역시 초기에는 다른 중소기업과 마찬가지로 내부 자원이 빈곤하고 시장에서도 열세를 면치 못했다. 하지만 많은 난관을 돌파하면서 시장에서 경쟁우위를 확보하고 생존 기반을 추구할 수 있었다. 이들 기업의 생존 비결을 분석한 결과 다음과 같은 세 가지 공통점이 드러났다.

첫째는 이들이 국내 틈새시장을 장악했다는 데 있다. 전

강소기업들의 지속가능한 경쟁력

강소기업의 가장 큰 특징 중 하나는 지속가능한 경쟁력을 가지고 있다는 것이다. 한국의 많은 강소기업들 역시 분명한 창업의 핵심 동인을 가지고 출발한 경우가 많았다. 그것이 기술적 요인이든 마케팅 요인이든, 비전과 철학이든 말이다. 그렇다면 강소기업들이 지속가능한 경쟁력을 획득하는 과정은 어떠했을까? 이 교수는 성공한 강소기업들이 전략적 측면에서 다음과 같은 공통점을 가지고 있다는 사실을 밝혀냈다. 서로 다른 분야에서 서로 다른 비즈니스 활동을 전개했지만 치열한 시장 경쟁을 뚫을 수 있었던 그들의 공통 요인은 다음과 같다.

1. 차별화 원천 보유
수많은 기업들이 스스로를 어떻게 차별화해야 하는지 모르는 채로 사업을 하는 데 반해, 강소기업들은 자신만의 차별화 요소를 확보하고 시장에 진출한다. 앞서 소개한 기술, 비전, 마케팅 등의 세 가지의 창업 동인이 그것이다.

2. 틈새시장 진입
강소기업이 시장에서 대응할 수 있는 가장 좋은 방법은 시장 질서가 형성되기 전에 먼저 시장에 진입하는 것이다. 휴맥스의 경우 자체 개발한 디지털 셋톱박스를 가장 먼저 시장에서 선보이고 반응을 끌어낼 수 있었기 때문에 노키아와 같은 글로벌 기업과 경쟁할 수 있었다.

3. 신속한 문제 해결 능력
국내외의 기술적 요구에 부응해야 하는 강소기업들은 신속한 문제 해결력으로 고객 만족을 극대화면서 경쟁력을 얻어왔다.

4. CEO 마인드
강소기업의 '하면 된다'는 신념의 중심엔 창업자의 솔선수범과 리더십이 존재한다. 강소기업을 강소기업답게 만드는 스피드와 저인은 창업자를 중심으로 발휘된다.

5. 정부 지원책의 효과적 활용
중소기업에 대한 지원책, 연구 개발 지원과 같은 정부 지원을 적극 활용하면 보다 큰 성장 기반을 잡을 수 있다. 성장 초기에 위험과 불안정성을 해소하고 성장 기회를 확대하는 방편으로 활용할 수 있기 때문이다.

통적으로 국내 중소기업들은 대기업이나 공공기관의 납품 또는 하청으로 생존 기반을 마련한다. 하지만 강소기업들은 이러한 종속 관계에 안주하지 않고 시장에 나가 정면 돌파를 시도했다. 두 번째 생존 비결은 창업 초기부터 글로벌 틈새시장을 개척했다는 것이다. 수요가 큰 해외시장에 주력함으로써 국내시장의 한계를 극복했던 것이다. 셋째는 기술 융합 분야의 신시장을 개척하는 것이다. 신시장 개척형 기업들은 IT, 광학, 바이오, 화학 등 다양한 분야의 기술들을 적절하게 결합, 융합함으로써 혁신적인 제품을 만들어내고 이를 토대로 틈새시장에 진입했다.

이 교수는 그 중에서도 해외 강소기업들에 비해 국내 강소기업들이 상대적으로 부족한 역량 중 하나로 글로벌화를 꼽았다. 그 이유는 무엇일까?

헤르만 지몬이 말한 히든 챔피언처럼 이미 세계적으로 성공한 중소기업들이 여럿 있다. 이들에 비해 국내의 강소기업들이 부족한 점은 무엇이라고 보나?
물론 세계적으로도 비슷한 개념의 기업들의 존재한다. 예를 들어 미국의 하이테크를 이끌고 있는 실리콘밸리 기업들, 독일의 히든챔피언, 일본의 교토식 경영을 하는 강소기업들이 그것이다. 이들에 비해 스몰 자이언츠는 상당한 경쟁력을 가지고 있지만 글로벌화는 히든 챔피언에 미치지 못한다는 차이점이 있다. 장기적으로 강소기업들이 살아남기 위해서는 다음 셋 중의 하나를 선택해야 한다. 국내에서 1등을 하든가, 해외시장에 진출하든가, 아예 새로운 시장을 창조하든가. 이 세 가지 말고 네 번째 방법은 없다. 그런데 문제는 내수에서 1등을 해봐야 별볼일 없더라는 것이다. 이제 우리나라 기업들에 있어서 글로벌화는 필수 요소다.

스몰 자이언츠 중에도 글로벌화에 성공한 기업들이 여럿 보인다.
시장이 작다는 원초적인 약점을 커버하기 위해 글로벌로 나갈 수밖에 없었던 거다. 스몰자이언츠에 소개된 기업 중 25%가 해외 시장에 집중하고 있었는데 이는 우리가 생각했던 것보다 많은 수다. 그 25% 기업의 수출 비중은 50%에 이른다. 특히 요즘 등장하고 있는 창조기업들은 내수와 해외 구분이 없이 글로벌로 바로 진출한다. 이런 트렌드를 눈여겨 봐야 한다.

내수에서 시작해 수출로 가는 것이 일반적이지 않나?
물론이다. 하지만 의외로 거꾸로 하는 회사들이 꽤 있더라. 결과적으로 현명한 방법이 아니었나 생각한다. 하이 리스크에 하이 리턴이다. 고통이 큰 만큼 열매도 달다. 젊은이들이 일찍부터 외국인들과의 교류 경험이 늘어나는 것도 중요한 이유 중 하나다. 이들의 목표가 자연스럽게 세계 1등을 향하고 있기 때문이다. 타겟 시장을 어디에 두느냐에 따라 도달할 수 있는 목표점도 달라진다. 히든 챔피언의 등장은 독일 기업들이 자연스럽게 세계에서 1등하는 걸 목표로 둔 결과다.

그렇다면 독일의 히든 챔피언과 같은 강소기업들을 모델로 삼아야 하나?
히든 챔피언의 등장은 독일의 규모보다 질을 중시하는 문화적 풍

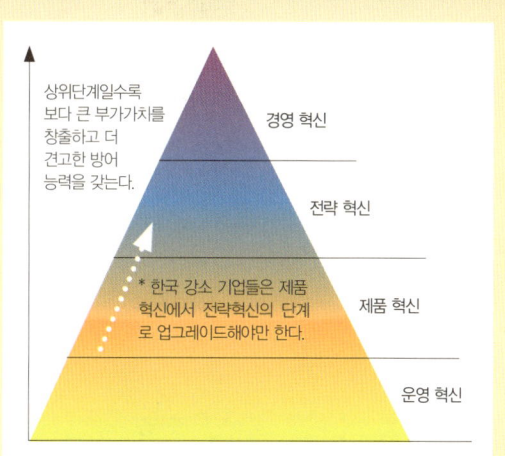

기업의 혁신 단계

상위단계일수록 보다 큰 부가가치를 창출하고 더 견고한 방어 능력을 갖는다.

경영 혁신
전략 혁신
제품 혁신
운영 혁신

* 한국 강소 기업들은 제품 혁신에서 전략혁신의 단계로 업그레이드해야만 한다.

세계적인 경영학자 게리 해멀은 그의 책 《경영의 미래》를 통해 혁신의 종류를 다음의 네 가지 단계로 정리한 바 있다. 운영 혁신, 제품 혁신, 전략 혁신, 그리고 경영 혁신이 그것이다. 그는 상위 단계일수록 보다 큰 부가가치를 창출하고 더 견고한 방어 능력을 갖는다고 보았다. 그렇다면 우리나라의 강소기업들은 어디에 위치하고 있을까?

그들은 기존의 중소기업들과 달리 제품 혁신을 통해 경쟁력을 확보한 경우가 많았다. 여기서 제품 혁신이란 하나의 탁월한 상품으로 단숨에 시장을 평정하는 것이다. 하지만 이것만으로는 지속적인 경쟁력을 유지하는 것은 쉽지 않다. 따라서 이 교수는 국내의 강소기업들에게 가장 필요한 것은 다름아닌 전략 혁신이라고 말한다. 특허권 같은 지적 자산을 보장받음으로써 새로운 가치를 창출하거나, 고객 관계로부터 새로운 사업 기회를 찾아내고 브랜드 가치를 높여야 한다는 것이다.

를 바탕으로 새로운 가치를 창출해내는 것이라고 말한다. 특히 제품 중심의 혁신이 아닌 전략 혁신이 필요한 시점이 되었다는 것이다. 그리고 이러한 전략 혁신의 과정에 있어서 브랜드와 같은 무형의 자산이 가지는 중요성은 점점 더 커질 것이라고 말한다.

스몰 자이언츠의 경쟁력의 원천은 무엇인가?

첫째도 차별화, 둘째도 차별화, 셋째도 차별화에서 온다. 특히 100여 개의 중소기업들을 만나 인터뷰해보니 이들이 처음부터 차별화의 원천을 가지고 사업을 시작했다는 사실을 알 수 있었다. 이를테면 새로운 기술을 남보다 앞서 개발해내는 기술 혁신 능력, 한 분야에서 기술적 노하우를 축적해내는 학습 능력, 남다른 사업 비전과 철학, 또는 마케팅 능력 중 어느 한 가지는 반드시 가지고 사업을 시작했다는 것이다.

유니타스브랜드는 이러한 차별화에 성공한 기업을 브랜드로 보고 있다. 어떻게 생각하는가?

브랜드가 있다는 것은 차별화의 원천을 갖고 있다는 얘기다. 모든 강소기업의 브랜드 전략이 다 같은 수는 없을 것이다. 하지만 21세기에 있어 모든 강소기업에 지적 재산권과 함께 브랜드가 가장 소중한 자산이 될 것이라는 데는 이견이 없다. 남는 게 그것 말고 없지 않은가? 물론 브랜드란 자산에 대한 전략적 접근은 회사마다 다를 것이다. 일률적으로 모든 중소기업과 브랜드를 가져야 된다고 말할 수는 없겠으나 브랜드라는 중요한 자산과 경쟁력의 원천에 어떻게 접근할지에 대한 생각은 상당히 중요하다고 본다. 단순한 로고가 아닌 브랜드는 고객과의 관계, 접점들이 폭넓게 성장 동력과 경쟁력을 만들어내는 원천이 될 수 있다.

토, 중소기업 위주의 국가 시스템, 글로벌화된 인재 고용의 용이함 등 여러가지 요인들이 복합적으로 작용한 결과다. 하지만 이들 기업은 장인 중심형 기업이다. 따라서 SNS와 같은 창조적이고 개척자적인 기술 개발은 기대하기 어렵다. 이러한 장인형 기업은 일본에 더 잘 어울리는 모델이다. 우리는 기질상 미국과 같은 개척자형 기업이 더 어울린다고 생각한다.

지속가능한 강소기업을 위해 전략을 혁신하라

그렇다면 강소기업들이 지금과 같은 경쟁력을 유지해가며 지속적으로 성장해가기 위해 가장 필요한 것은 무엇일까? 이 교수는 기본적인 생존력을 확보한 이들 기업에게 가장 필요한 것은 바로 자신만이 가진 차별화 요소를 발견하고 이

강소기업 연구의 다음 목표는 무엇인가?

성공이 가진 함정을 얘기했으니 벗어나는 방법을 알려주어야 하지 않겠나? 과거의 분석은 쉽다. 중요한 것은 변화를 위한 솔루션을 제시하는 것이다. 지금껏 연구한 회사들이 다음 단계에 다다를 수 있는 방법을 알려주는 것이 목표다. 자신의 아이덴티티를 발견하고, 차별화 요소를 발견해 이후 어떤 식으로 대처를 하고 변신해갈지를 알려줄 계획이다. UB

이장우 서울대 경영대학을 졸업하고 KAIST에서 석·박사학위를 받았다. 미국 스탠퍼드 대학과 퍼듀 대학에서 방문교수를 거쳐 경북대학교 문화산업연구소 소장(경영학부 교수)으로 재직하고 있다. 한국중소기업학회 회장을 역임했으며, 대통령 직속 미래기획위원회와 동반성장위원회 위원으로 활동하고 있다. 저서로는 《SMALL GIANTS 대한민국 강소기업》《스토리텔링 경영 전략》《1인 창조기업》《벤처 창업》 등이 있다.

작은 기업의 브랜딩, 늦었다고 생각할 때가 가장 빠르다
품었던 씨앗으로부터
브랜드의 싹을 틔워라

The interview with ㈜366 비즈센터 소장 김형곤

"전략과 전술에 대해서 어떻게 정의하십니까? 무엇이 먼저라고 생각하십니까?" 경영자들 사이에서는 'CEO 가정교사'라고 불린다는 김형곤 소장을 만나 제대로 된 질문을 던지기도 전에, 외려 이런 질문을 먼저 받았다. 대부분의 경영 이론들은 목표를 달성하기 위한 전략, 그리고 그 뒤에 그에 맞는 전술을 택하기를 권한다. 그러나 김 소장이 대기업에서 갑으로 일하면서, 작은 기업에서 을로 일하면서, 그리고 자영업부터 중소 기업까지 경영자들을 만나면서 알게 된 현실에서는 이렇게 처음부터 이론처럼 차근차근 정도를 걷는 기업은 거의 드물다고 한다. 현실이 이론과 달랐다는 말이다. 대단한 목적을 세우고 전략적 사고를 제대로 하기도 전에 우선 내가 가진 전술적 역량을 기반으로 창업과 동시에 빠르게 사업을 일으킨 CEO들이 많고, 그렇게 밀어붙여 어찌어찌 지금의 모습을 갖췄더라는 것이다.
그런데 문제는 이제 시장이 이들에게 '브랜드'를 원하고 있고, 그 때문에 어찌 해야 할 바를 모르는 경영자들이 많다는 것이다. 이들에게 김 소장은 과연 어떤 이야기를 해주고플까?

브랜드를 고려하고 창업하는 사람은 얼마나 될까?

"누가 창업 때부터 브랜드를 생각하고 사업을 하겠나. 그런 기업은 1% 미만일 것이라 생각한다." 김 소장은 아주 솔직히 이렇게 말할 수밖에 없다고 했다. 그를 만난 것은 유니타스브랜드 Vol.20 '브랜드 창업'을 기획하던 무렵이었는데, 창업할 때부터 브랜드 관점을 가지고 일한다면 너무 좋겠지만 실제로 그러긴 힘들다는 게 그의 의견이었다. 대부분의 창업자들이 개업한 뒤 바로 거래를 늘이는 데 집중하고 한번 구매가 재구매로 이어지도록, 즉 고객을 확보하기 위한 일에만 집중하게 된다는 것이다.

현실에서 많은 창업자들이 그렇게 사업을 시작하게 된다는 것은 알고 있다. 그래서 유니타스브랜드가 '브랜드 창업'에 대해 재조명할 필요도 있다고 생각했다.

그렇다. 사실 브랜드에 대해서는 생각해 보지 못하고 창업에 뛰어든 사람들은 우선은 생존에 대해서 고민하게 되고, 그래서 거래를 만들고 새로운 고객을 확보하고 한번 구매한 고객들이 어떻게 재구매하게 할 것인가에 초점을 맞춘다. 정신 없이 살게 되는 것이다. 그렇게 뛰어 오다 보니 지금의 규모를 갖추게 돼버렸고, 쉽게 말해 강소 기업으로 먹고 살만해 지고 나서야 '우리 기업의 정체성은 무엇일까' 고민에 빠지게 된 것이다.

창업부터 기업이 자신의 정체성이나 존재 목적에 대해서 먼저 고민하면 브랜드도 자연스럽게 이루어지지 않을까 싶은데, 그것이 상당히 어렵다는 이야기를 많이 듣는다.

실질적으로 사람들이 사업을 한다고 했을 때 자신이 가지고 있는 전술적 역량이 무엇인지 우선 살펴보게 되기 때문에 더 그럴 것이다. 전략과 전술의 개념을 생각해 보면 이론과 현실의 차이를 조금 느낄 것이다. 보통 이론적으로 생각하기에는 전략을 우선 고려하고 그에 맞는 전술을 세울 것이라 생각한다. 그러나 생각해 보라. 전략은 무형의 것이고 철저히 선택의 문제다. 전략만 놓고 보자면 세상에 못 이룰 것이 없어 보이지만 현실적인 문제는 그것을 계획해 실행하고 결과로 만들어낼 수 있느냐다. 그래서 먼저 내가 가진 전술적 역량을 놓고 고민하게 되는 것이다. 물론 창업자가 기본적으로 가지고 있는 전술적 역량은 매우 중요하다. 나폴레옹도 그 자신이 포병이었기에 그에 걸맞는 전술적 역량이 있었고 그래서 그가 사용하는 전쟁 전략의 중심에는 항상 포병을 두었다고 하지 않나. 비즈니스에서도 창업 초기에는 우선 이것에 포커스를 맞추어 자신의 핵심역량으로도 개발하다가 조금 안정이 되고 나면 보다 전략적인 측면을 고려하는 경우가 많다. 자영업이 특히 더 그런 편이다.

어떻게 보면 *전술이 전략을 만든 셈이란 생각이 든다.

그렇다. 하지만 이후라도 목표가 생기고 전략이 결정되고 나면 이것이 전술을 지배하게 해야 한다. 경영자도 과감하게 전략적 초점에 맞지 않는 전술은 끊어내야 하고, 전략에 필요한 전술인데 리소스가 없는 경우에는 비싼 비용을 들여서라도 충당해야 한다. 전략은 수많은 전술적 역량들, 즉 내가 가진 힘들의 방향성을 결정해주는 것이다. 브랜딩도 이와 흡사한 작업이 아닐까?

작은 기업의 브랜딩, 아이덴티티화

힘의 방향을 결정하는 것, 그것은 전략은 물론이고 브랜딩에서도 적용되는 바다. 작은 기업의 브랜딩에 관한 이야기를 나누며 김 소장은 브랜딩의 기반이 되는 기업의 정체성, 즉 아이덴티티가 없는 게 갑자기 만들어지는 것이 아니라 속에 내재된 것을 다듬고 정렬하는 것이며 이것이 위에서 말한 전략의 개념(존재하는 전술적 역량의 방향을 결정하는 것)과 흡사하다고 말했다.

*전술이 전략을 만든 셈
김 소장은 《첫 사업 기필코 성공하라》에서 '전술이 전략을 결정한다'는 메시지를 던지며 총각네 야채가게 이영석 사장, 이랜드 박성수 회장 등의 예를 든다. 이영석 사장의 경우 야채를 직접 생산하지는 않지만 사업 전 3년 정도 트럭 야채 장수를 따라다니며 배워 가락동 야채 시장에서 최상의 상품을 찾을 수 있을 만큼 전술적 역량을 키운 상태였고, 박성수 회장은 이랜드 초기에 보세 옷 판매를 통해 고객에게 어필할 수 있는 옷을 골라내는 안목을 배워 자신의 역량으로 가지고 있었다. 그리고 이들은 자신이 가진 역량에 따라 전략을 세워나갔다.

그러나 김 소장은 여기서도 "일단 전략이 결정되면 전략에 부합하지 않는 전술을 과감하게 잘라내는 과정이 있어야 한다"며 그럴 경우 "실행 단계에서 철저하게 한가지 효과적인 것에 집중해 행동할 수 있다"고도 덧붙였다.

작은 기업들이 늦게라도 브랜딩에 대해서 고민하기 시작했다면 무엇부터 시작해야 할까?

우선은 브랜딩에서 가장 중요한 것이라 생각되는 아이덴티티에 대해서 생각해야 하지 않을까. 아이덴티티identity가 무엇인가? 바로 이드id와 엔티티entity의 조합이다. 이드는 말 그대로 본능, 자신 안에 내재된 본질적인 측면이고 엔티티는 그것을 현재화 한다는 의미다. 즉 아이덴티티는 없던 것을 어

디서 갑자기 만들어낸다는 것이 아니라 내 속에 있는 것을 끄집어 내서 다른 사람도 이해할 수 있는 형태로 공유하는 것이라는 게 내 생각이다. 브랜딩의 첫 단계도 바로 이 아이덴티티화ft 과정이라고 생각한다.

아이덴티티화에 대해서 좀 더 자세히 말해 달라.

우리가 어떤 것을 잘 설명하지 못한다고 해서 그것이 존재하지 않는 것은 아닌 것처럼 사람들도 자신의 아이덴티티를 잘 설명하지 못할 뿐이지 이미 다 제 속에 갖고 있다. 이 아이덴티티는 사실 생존하기 위해 전술적 역량에 집중해 내달려오는 동안에도 끊임없이 강화되고 분명해 진다. 그간의 히스토리, 그리고 생겨난 사업의 원칙들이 이것을 방증한다. 이것으로 자신의 아이덴티티를 찾고 다른 사람들도 그렇게 느끼도록 정리하는 것이 아이덴티티화 하는 것이다. 나는 브랜딩을 브랜드 구축brand building과 브랜드 유지brand maintenance로 구분해서 생각하는데 여기서 브랜드 구축은 이렇게 자기 속에 있는 아이덴티티를 (어떤 경우에는 나도 모르게) 키워나가는 것이고 브랜드 유지는 이를 어떻게 다른 사람들이 모두 흡사하게 읽어낼 수 있도록 하느냐, 즉 아이덴티티를 확립하여 어떻게 기업의 모든 요소들을 그에 맞게 얼라인먼트alignment하느냐의 문제라 생각한다. 중소 기업이 브랜딩을 한다고 하면 나는 각자가 이것에 대한 정리부터 해야 한다. 만약 내가 어떤 브랜드를 컨설팅한

> "우리가 해온 것 중에 이것은 절대로 다른 기업이 따라할 수 없겠다 싶은, 정말로 차별성이 있는 어떤 것을 찾아 내야 한다."

다고 해도 우선은 그간 그 기업이 해온 것들, 이야기들을 모아놓고 이것을 정리해보는 것부터 시작할 것이다.

그렇게 정리할 때 어떤 점에 포커스를 맞춰야 하는가?

정리하는 과정에서 우리가 해온 것 중에 이것은 절대로 다른 기업이 따라할 수 없겠다 싶은, 정말로 차별성이 있는 어떤 것을 찾아 내야 한다. 이것은 단순히 기술적인 측면에서 뛰어나다거나 하는 것을 찾으라는 말이 아니다. 그야말로 '내 이야기'를 찾으라는 말이다. 내 이야기만큼 차별화된 것이 있겠나. 누구도 똑 같은 내 이야기를 가지지는 않았을 테니 말이다. 그 안에서 독특한 가치를 찾고 그 다음에는 그것을 증폭시키는 과정이 필요하다. 예를 들어 그 독특한 가치는 훼손하지 말되, 거기서 그 사회와 시대가 원하는 이야기가 무엇일까를 고민해 보는 것이다. 그런 스토리가 있다면 그것은 훌륭한 브랜드 자산이 될 것이다. 물론 지어내라는 말은 아니다. 그런 스토리가 현실과 멀면 배우가 연기를 하는 것과 무엇이 다르겠나.

그 다음 단계는 무엇인가?

그런 다음에는 (처음에 말한 전략보다는 협의의) 보다 세부적인 전략을 세우는 것이다. 이 단계에서는 중소기업의 경우도 가능하다면 외부(에이전시 등)의 도움을 받는 것도 좋다고 생각한다. 종종

자신의 성공 경험을 과신하는 CEO들은 외부의 객관적인 시각을 받아들이기 어려워하는데 그래도 브랜딩 전략에서 객관성은 꼭 필요하다고 생각한다. 조직 내부에 있는 사람들은 자신에게 너무 익숙해져 있어서 남들이 보기에 더 독특한 점이 있는데 놓칠 수도 있고 사실이 아닌 것을 사실로 믿으려 할 수도 있다. 외부의 객관적인 시각을 흡수하여 어떤 점을 더 가지고 갈 것인가, 어떤 것이 기술적으로 더 필요한가 등의 문제를 고민해야 한다.

작은 기업의 진정성 있는 브랜딩

자신이 해온 것들을 정리하며 자신을 자신답게 만드는, 즉 차별성 있는 아이덴티티를 찾고 그것을 극대화시키는 브랜딩을 하라는 것이 김 소장의 제안이다. 물론 쉬운 과정은 아닐 것이다. 뚜렷한 답이 존재하는 일이 아니고, 이 작업을 통해서 기업에 많은 변화가 요구되기 때문이다. 그래서 김 소장은 이 모든 변화에 앞서 CEO의 변화를 먼저 촉구한다.

그렇다면 작은 기업이 앞서 말했던 것처럼 아이덴티티화하며 브랜딩을 해나가는 데 있어서 가장 큰 걸림돌은 무엇이라고 생각하나?

창업 초기에는 아마도 브랜딩은 해도 돈이 안 되는 일이라고 생각해서 시작하기 쉽지 않았을 것이다. 그런데 막상 먹고 살만해지면 브랜딩 없이도 만족해버리고 만다. 절박함이 없어지기 때문이다. 게다가 브랜딩을 본격적으로 시작한다 해도 객관적인 시각을 받아들이고 브랜드 관점으로 패러다임을 전환하는 것도 쉬운 일이 아니다. 손에 익은 것을 버리고 아이덴티티에 맞게 조직의 무엇인가를 변화시키는 일도 마찬가지다. 그 이후에도 자수성가한 CEO분들 중에는 같은 이유로 어느 정도 선에서 더 이상 브랜드를 질적으로 성장시키지 못하는 분들이 많다. 그만큼 브랜딩은 매번 '환골탈태'를 요구하는 작업이다. 그래서 브랜딩은 어느 정도, 비전이 있는 CEO들만이 계속해 나아갈 수 있다고 생각된다.

그런 의미에서 작은 기업의 브랜딩에는 CEO에 대한 브랜드 교육도 중요할 것 같다.

그렇다. 나도 중소기업의 브랜딩은 CEO 교육을 시작으로 풀어야 한다고 생각한다. 그런데 사실 CEO들을 만나보면 자신의 기업이 무엇이 문제이고 무엇이 필요한 지를 모르는 경우가 많다. 내가 하는 일은 급박하게 풀어야 할 이슈를 하나 이상 가진 작은 기업들의 CEO를 만나 그들이 가진 문제를 풀어주는 일인데, 그래서 그 이슈를 해결하고 나면 꼭 자신의 기업에 대해서 (브랜드 관점의) 다른 접근이 필요함을 어필한다. 그들이 가진 급박한 이슈는 마치 사람들이 어딘가가 아파서 그 증상으로 하는 기침 같은 것이다. 기침을 한다고 해서 기침이라는 증상만 치료해서는 안 된다. 더 깊이, 몸 어딘가 아픈 곳을 근본적으로 치료해야만 한다. 그런 과정을 통해서 경영자는 지금 자신들에게 필요한 것을 깨닫곤 한다. CEO가 그 부분에 먼저 동의가 되면 기업의 변화도 쉬워진다.

마지막으로 이제 브랜딩에 관심을 갖게 된 작은 기업에게 조언할 말이 있다면 무엇인가?

나는 브랜딩은 요즘 엔터테인먼트 기획사들이 아이돌 가수들에게 하듯 데뷔 전에 특정 포인트를 짚어서 인위적으로 극대화하고 화려하게 화장시키는 것이 아니라고 생각한다. 그런데 요즘은 브랜딩이 돈으로 그렇게 화려하게 해야 한다고 생각하는 기업들이 많은 것 같다. 그러나 나는 작은 기업의 브랜딩이야 말로 그렇게 화려한 홍보나 광고가 아닌, 진정성 있는 삶으로서의 비즈니스를 기반으로 해야 하고, 그렇게 할 수 있다고 생각한다. 작은 기업의 브랜딩은 작은 만큼 좀 더 자신이 가진 본질에 충실하게, 자연스럽게 흘러나오는 그 무엇으로 인해 더 멋지게 완성될 수 있다고 생각한다. 내가 돕고 싶은 CEO들도 이렇게 삶으로서의 비즈니스를 하시는 분들이다. 앞으로도 더 많은 작은 기업들이 자기답게 일하고 자기답게 브랜딩해 나가기를 진심으로 바란다. UB

김형곤 고려대학교 통계학과를 졸업하고 이랜드그룹 홍보실장 및 아이디어팀장, ㈜2001 아울렛 마케팅팀장 등을 역임했다. 현재 ㈜366 비즈센터 대표로 있으며 《첫 사업 기필코 성공하라》 《초보 사장 빨리 벗어나라》 등의 저서가 있다. 경영자 교육, 창업자 훈련 및 마케팅 전략 수립, 아이디어 조직 설계 및 아이디어맨 훈련을 위해 힘쓰고 있다.

Think to Sync

작지만 강한 기업을 만드는 스마트한 독서 전략

독특한 기업들이 등장하기 시작했다. 이들의 가장 큰 특징은 일반적인 기업들에 비해 성공을 바라보는 기준이 다르다는 것이다. 이들은 양적인 성장보다 가치의 실현에 더 큰 관심을 갖고 있으며 이를 위해 스스로 성장의 속도를 조절할 줄도 안다. 그러나 영특하게도 생존을 위해 자신이 가진 작은 경쟁력을 극대화할 수 있는 나름의 노하우도 갖고 있다. 이번 특집은 이러한 기업들에 대한 이야기다. 단순히 작은 기업이 아닌 작지만 강한 기업들의 '스마트한' 전략에 관한 이야기다. 자연스럽게 이들 기업의 사고하는 방식, 그리고 이를 실천하는 독특한 전략들에 관심을 가지게 된다. 아래에 소개하는 책들의 저자는 이러한 변화를 일찌감치 감지하고 그 비밀을 캐내기 위해 다양한 노력들을 기울였다. 특히 미국의 경제 전문지 〈인크Inc.〉의 편집위원인 보 벌링엄은 14개의 비상장 개인기업들을 집중 연구한 후 이들에게 '스몰 자이언츠'라는 이름을 붙였다. 과연 이 책은 무엇을 발견했던 것일까?

보 벌링엄이 《스몰 자이언츠》를 통해 찾은 답은 바로 한 기업의 '성공'의 기준이 규모의 성장에만 있는 것은 아니라는 것이다. 즉 성장에 집착하지 않고도 얼마든지 훌륭한 기업을 만들 수 있다는 사실을 실재하는 다양한 기업들의 사례를 통해 증명한다. 그렇다면 그들이 때로는 '양적 성장'을 포기하면서까지 도달하고자 한 목표는 무엇이었을까? 바로 자신이 하는 일을 통해서 실력을 증진시키고, 보다 나은 근무 환경을 만들어가며, 고객들에게 좀 더 나은 서비스를 제공하는 것이다. 당연한 것 아니냐고? 물론 그렇다. 문제는 그렇게 하지 못하는 '큰' 기업들이 너무나 많다는 것이다. 이 책의 메시지는 끝없이 성장만을 추구하는 기업들이 '잃어버릴 수 있는 가치'의 소중함이다. 저자는 이러한 가치를 '마법mojo'이라고 부르며, 이를 가진 기업을 영혼이 있는 기업이라고까지 말하고 있다.

스몰 자이언츠가 '작은 것'의 소중함을 에둘러 전달했다면 세스 고딘의 《이제는 작은 것이 큰 것이다》는 그가 내놓은 이전의 책들처럼 직접적이고 직설적으로 말하고 있다. "옛날에는 크기가 중요했다. 그러나 더 이상은 아니다!"라고 말이다. 그렇다면 그가 말하는 '옛날'이란 무엇을 말하는가? 효율적인 공정과 광범위한 유통, 대규모의 연구개발에 의해 (투자 대비 수익의) 가치가 증가하던 시대를 말한다. 그렇다면 지금은 어떻게 달라졌다는 말일까? 세스 고딘은 '언제라도 중요한 결정을 빠르게 내릴 수 있고, 재빨리 변화할 수 있는 융통성을 발휘할 수 있는 작은 것들의 시대가 왔다고 말한다. 그리고 그 구체적인 사례도 함께 제시한다. '아메리칸 에어라인'이 '제트블루'에 완패하고, '보잉보잉(직원 4명)'이 '뉴요커'보다 100배는 빠른 속도로 독자 수를 늘려가고 있는 것이 살아있는 증거라는 것이다.

앞의 두 책이 제시하는 기업들은 단순히 작은 '중소기업'이 아니다. 작지만 강한 '강소기업'들이다. 그렇다면 중소기업이 강소기업이 되려면 어떤 자세를 가져야 할까? 그리고 그 사회적인 역할은 또 무엇일까? 《작지만 세계에 자랑하고 싶은 회사》에 소개된 일본 기업들은 모두 직원 수가 채 30명이 되지 않는다. 하지만 그러나 이들 가운데는 일본 최고의 면적당 매출을 자랑하는 회사도 있고, 고객들이 열렬한 팬덤을 형성하는 회사, 외국의 거대 기업이 탐내는 기술력을 보유한 회사도 있다. 그렇다면 이들의 공통점은 뭘까? 사람들에게 친절하고, 정직하며, 약자들을 보살피는 따뜻한 경영을 몸소 실천하고 있다는 점이다. 그리고 이에 감동받은 고객들은 열렬한 지지와 애정을 아끼지 않는다는 점이다. 보 벌링엄이 말한 '마법'이란 바로 이런 의미가 아니었을까? 하지만 잊지 말아야 할 것이 있다. 바로 비둘기처럼 순결하되 뱀처럼 지혜로워야 한다는 성경 속에 나오는 격언이 그것이다.

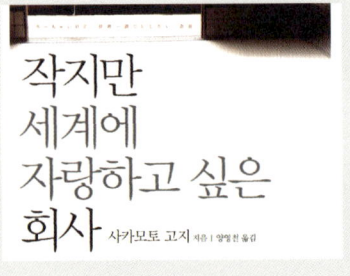

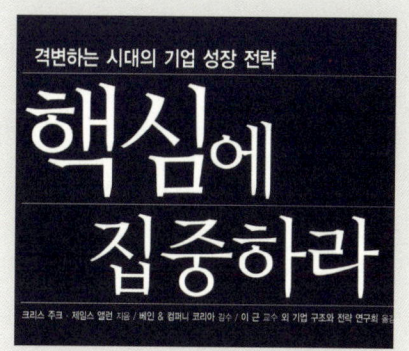

작은 기업은 그들만의 전략이 필요하다. 자본과 인력 등 거의 모든 면에서 열악한 작은 기업들이 시장의 강자, 즉 대기업들과 싸워 이기기 위해서는 어떤 지혜들이 필요할까? 세계적 광고대행사인 TBWA의 유럽 담당 플래닝 디렉터인 저자 애덤 모건은 40개의 성공적인 도전자 브랜드에 대한 체계적인 연구를 담은 《1등 브랜드와 싸워 이기는 전략》을 통해 이에 대한 해답을 제시한다. 그는 무엇보다 도전자들의 생각부터 달라야 한다고 말한다. 그러면서 1등 브랜드에 맞서 싸울 수 있는 8가지 전략을 제시한다. 그 중 제5원칙이 바로 '핵심이 아닌 것은 희생시켜라'다. 이러한 '핵심'에 대한 집중은 크리스 주크와 제임스 앨런이 함께 쓴 다음의 책에서도 동일하게 강조된다.

《핵심에 집중하라》의 저자들이 연구한 바에 의하면 지속적인 가치 창출을 해온 기업들 중에는 여러 사업 분야에 동시에 진출한 복합 기업들을 거의 찾을 수 없었다고 한다. 오히려 탁월한 성과를 내는 기업들일수록 1개, 혹은 많아야 2개의 핵심사업에 집중하고 그 결과로 주도적인 위치를 차지하고 있었다는 것이다. 작은 기업들은 그 성장 과정에서 필연적으로 선택의 기로에 서게 마련이다. 그 중에는 내실을 기하기 위해 의도적으로 성장을 제한하는 기업들도 있지만 지혜로운 성장을 선택하는 기업들도 있다. 이 책은 핵심 사업을 기반으로 단계적인 확장을 꾀하는 작은 기업들에 줄 수 있는 조언으로 가득하다. 그렇지만 그 전에 전제되어야 할 것이 있다. 자신의 핵심적인 경쟁 우위를 발견하고 이를 100퍼센트 활용하였는가에 대한 냉정한 자기 검토다. 크리스 주크는 두 번째 책을 통해 그 다음 스텝인 핵심의 확장에 대해 좀 더 상세히 다룬다.

전편이랄 수 있는 《핵심에 집중하라》가 집중의 중요성에 대해 언급한 책이라면 《핵심을 확장하라》는 핵심 사업을 어떻게 확장하고 방어하며, 또 재정비할 것인가에 대한 전략적인 접근을 다룬 책이다. 작은 기업들이 성장의 기로에 섰을 때 어떻게 하면 '무모한' 확장이 아닌 핵심에 기초한 전략적인 성장을 이뤄갈 수 있을까? 핵심 사업에서의 성장과 그 경계 주변에서의 성장이 다른 점은 무엇이고, 같은 점은 무엇인가? 물론 이 책은 수익을 동반한 인접 분야의 확장 방법에 대해서 집중적으로 다루고 있지만 작은 기업들이 추구하는 '가치' 지향적인 확장에 대한 고민의 여지도 함께 남긴다. 생존을 위한 수익과 기업의 영속을 위한 가치를 충돌시키지 않는 성장과 확장은 과연 가능할까?

그런데 리처드 코치 역시 비슷한 고민을 했던 듯 하다. 《중소기업부터 대기업까지 전략을 재점검하라》는 참신하고 쉬운 대화 방식으로 기업 전략의 유용함을 이야기하면서 어떤 질문을 스스로에게 해야 하는지, 그리고 질문에 대한 해답은 무엇이고 어떻게 조치를 취해야 하는지를 알려준다. 또한 모든 훌륭한 기업들의 전략에 내재하는 유동적이며 항상 변화하는 인간적인 성질을 강조하면서 최신 기업 전략의 개관을 제시한다. 그렇다면 작은 기업들에게 왜 이토록 전략이 중요한 것일까? 그것은 대기업이 가진 규모의 경쟁을 극복하기 위해선 전혀 다른 방법으로 승부해야 하기 때문이다. 시장의 룰을 바꾸거나 그 시장 자체를 새롭게 창출하거나 말이다. 예를 들어 이 책이 제안하는 기업 전략의 다섯 가지 차원 중 하나는 '새로운 생태계를 창출하라'다. 통상적으로 생긴지 얼마 되지 않아 규모가 작은 회사는 새로운 시장을 창출하기가 오히려 더 쉽다는 이유에서다. 그리고 이를 위한 구체적인 과정을 3단계로 구분해 구체적 사례와 함께 상세히 설명하고 있다. 이제는 아무리 작은 브랜드도 제대로 된 경영을 위한 저마다의 전략이 필요한 시대가 온 것이다.

Unitas BRAND
ALL SET

유니타스브랜드의 **히스토리**^{History}를
여러분의 **스토리**^{Story}로 적용할 때입니다

Unitas BRAND는 총 21권, 약 4,700 페이지로 구성되어 있으며 기획기간 3년, 제작기간 3년 동안 성공적인 브랜드 사례 270여 개를 분석하고 국내 전문가 및 브랜드 현장 리더 5000여 명, 해외 석학 및 전문가 90여명의 지식을 압축하여 만들어진 브랜드 매거북 시리즈입니다.

격월로 발행되는 유니타스브랜드를 Vol.19 '브랜드의 미래'까지 모두 모아 구성하는 ALL SET는 경영자는 물론 브랜더, 마케터, 디자이너의 참고서 입니다. 프로젝트 기획 및 프레젠테이션, 사내 그룹 스터디, 직원 교육 등에 활용되고 있는 유니타스브랜드 전 권을 이제, 당신의 서재에 보관하십시오.

SEASON I 브랜딩 + SEASON II 솔루션

~~364,000원~~

20% Off

291,200원

Vol.1 ~ Vol.19 총 19권 구성

ALL SET 세부구성

Vol.1 판타지 브랜드
정가 15,000원

Vol.2 브랜드뱀파이어
정가 15,000원

Vol.3 고등브랜드
정가 15,000원

Vol.4 휴먼브랜드
정가 15,000원

Vol.5 휴먼브랜더
정가 15,000원

Vol.6 런칭
정가 15,000원

Vol.7 RAW
정가 15,000원

Vol.8 컨셉
정가 15,000원

Vol.9 호황의 개기일식
정가 15,000원

Vol.10 디자인 경영
정가 23,000원

Vol.11 ON-Branding
정가 20,000원

Vol.12 슈퍼내추럴 코드
정가 20,000원

Vol.13 브랜딩
정가 28,000원

Vol.14 브랜드 교육
정가 23,000원

Vol.15 브랜드 직관력
정가 23,000원

Vol.16 브랜드십
정가 23,000원

Vol.17 브랜드 전략
정가 23,000원

Vol.18 브랜드와 트렌드
정가 23,000원

Vol.19 브랜드의 미래
정가 23,000원

총 19권
정가 364,000원

Unitas BRAND
유니타스브랜드
SEASON II Vol.21

CONSULTING EDITOR 주우진

PUBLISHER / EDITOR-IN-CHIEF 권 민
ART DIRECTOR 안은주

COMMUNICATION MANAGER 조선화

EDITOR 윤현식, 조아라

FEATURE EDITOR 배근정

WEB EDITOR 박요철

SPECIAL FEATURE EDITOR
UNITAS CLASS 김우형, 김경필

BOOK DESIGN AND ARTWORK
ART DESIGNER 이상민, 이진희
ASSISTANT DESIGNER 박혜림

UNITAS FINDER
PHOTOGRAPHER 김학중

BUSINESS MANAGER 진경은
MARKETING MANAGER 김일출
MARKETING 윤인섭, 최승원
CONSUMER MARKETING 양성미
EDUCATION MANAGER 신현선

WEB CHIEF EXECUTIVE OFFICER 주로니

KNOWLEDGE DIRECTOR 홍성태

도서등록번호 서울 라 11598
ISBN 978-89-93574-68-5
출판등록 2007. 7. 3
인쇄발행 2011. 6. 1
인쇄 ㈜프린피아

4F, 725-21, Yeoksam-2 dong, Gangnam-gu, Seoul, Korea, 135-921
서울시 강남구 역삼2동 725-21 4층
Tel 02) 542-8508 Fax 02) 517-1921
광고문의 02) 542-8508
구독문의 02) 545-6240 010) 4177-4077

이 책은 저작권법에 따라 보호 받는 저작물이므로 무단전재와 무단복제를 금지하며, 이 책의 전부 또는 일부를 이용하려면 반드시 ㈜모라비안유니타스의 서면 동의를 받아야 합니다. 이 책에 수록된 글, 사진, 그림 등은 ㈜모라비안유니타스에 저작권이 있으며, 이미지는 저작권자의 허락을 얻어 실었습니다. 계약을 얻지 못한 일부 이미지들에 대해서는 편집부로 연락하여 주시기 바랍니다.

www.unitasbrand.com

기업구독자

경기도교육정보연구원(문헌자료실), 한국광고단체연합회, 스튜디오바프㈜, ㈜뉴데이즈, ㈜디자인파크, ㈜애드쿠아 인터렉티브, ㈜해피머니 아이엔씨, ㈜이투스, ㈜컨셉, ㈜예스북, 한국우편사업지원단, 우리컴, ㈔한국용기순환협회, ㈜디자인원, 얼반테이너, 민주화 운동기념 사업회, 광고인, 디자인수목원, ㈜에스마일즈, 다우그룹, 비아이티컨설팅㈜, ㈜카길애그리코리아, 한국수입업협회, IS산전, 송추가마골, 거송시스템, ㈜굿앤브랜드, ㈜마더브레인, 브랜드트리, 브랜드36.5, 브랜들리, ㈜위즈덤하우스, ㈜작인, ㈜반디모아무역, ㈜브릿지 래보러토리, 삼육의료원, 한양애드, TBWA KOREA, ssp company, ㈜더크림유니언, MDSPACE, ㈜알파코, 유니버설문화재단, ㈜준코토미컴퍼니, 김천상업고등학교, 미창조㈜ 리안헤어, 디자인놀이터, ㈜아티포트, ㈜휴먼컨설팅그룹, ㈜한빛인터내셔널, 대림통상, ㈜디자인컨티늄코리아, ㈜에이션패션, 동화홀딩스㈜서울사무, 더아이디어웍스 주식회사,중소기업 기술정보진흥원, 익사이팅월드커뮤니케이션, ㈜라이트브레인커뮤니케이션즈, ㈜인디부니, 프린서프, 아이비즈웍스, 에리트베이직, ㈜빅솔, 브랜드아큐멘, ㈜아이듀오, rogmedia, ㈜위즈코리아, 지아이지오, 서하브랜드네트웍스, ㈜에스앤씨네트웍스, ㈜씨엔엠인터라거티브, 주식회사 오디바이크, ㈜엑스프라임, 삼화페인트공업㈜, CDR어소시에이츠, 시니어커뮤니케이션, 에이다임, 고양아람누리, ㈜세라젬, ㈜기독교텔레비전, 시티그룹글로벌마켓증권, 서울장애인종합복지관, ㈜네시삼십삼분, 포트폴리오, obs경인tv, 금양인터내셔널, ㈜에프앤어스, 아시아저널, 한국생산성본부, 이다커뮤니케이션즈㈜, ㈜플립커뮤니케이션즈, 여름네트워크, ㈜인터내셔널 비아이에프, ㈜춤톤, ㈜이디엠에듀케이션, ㈜에듀인피플, 한국성서유니온선교회, ㈜휴맥스, 대구전문서적, ㈜이룸네트워크, 리빙디자인연구소, ㈜루키스, 더브레드앤버터, ㈜윕스, ㈜아크앤팬컴

외부 교육 프로그램 진행

LG 전자 CVI그룹(고객가치 혁신팀) 마케팅 교육, 서울시청 해외 마케팅팀 브랜드 마케팅 교육, 펀 마케팅 클럽, PMC프러덕션 교육, 이화여대 평생교육원 MD과정 교육, 연세대학교 브랜드 전문가 과정(BM스쿨), ㈜세정그룹 마케팅 교육, ㈜톰보이 임원 워크샵 특강,㈜티디코 브랜드 특강, 프랭클린 플래닛 마케팅 특강, 한국디자인진흥원 실무디자이너 재교육 기획마케팅 과정, ㈜알파코 2008 우편원격교육 교재지정(노동부), 라퀴진 아카데미 트렌드 강의, 특허청 디자인트렌드 강의, 한국관광공사 온라인 브랜드 강의, 대우 일렉트로닉 디자인 트렌드 강의, Daum 브랜드 강의, 신세계 유통 연수원 교육, MD들의 수다장 정기세미나, 브랜드 커뮤니티 「링크나우」 세미나, 제회 인사이트 포럼 「패션 인사이트 창간10주년 기념」 특강, 웹어워드 2010 온라인 브랜드 마케팅 세미나, 서울 패션 소싱 페어 2010, 마포청년 창업아카데미 「마포명물가게만들기」,브랜드특강, ㈜하이트 임원 역량 강화 교육, 연세대학교 브랜드 전문가 과정, 대구 경북 디자인센터, 세정 시장조사 교육, GM 브랜드강의, 디자인코리아 2010 브랜딩스쿨, 서울디자인재단 디자이너스테이블, 호서선도대학 「창업실무」강의, 2011 프랜차이즈 서울 spring 「브랜드창업」 특강, 콘텐츠진흥원 「청년창의와 열정 취업특강」, 지콜론 3rd 세미나 「브랜드 특강」, SK커뮤니케이션즈 「브랜딩, 자기다움과 남과 다름」 특강, 이마트 신입사원 브랜드 교육, '아내가 창업을 한다 cafe' 북세미나 3회, 하나은행 「마케팅 챌린지코스」, 이랜드 전략기획본부 「브랜드 특강」, 중소기업유통센터 신진디자이너 「브랜드 창업」 특강, 서울디자인재단 「브랜드 디자인」 창업 특강, LG패션 「해외시장조사」 특강, 연세대 창업선도대학 「브랜드 창업」, 성공창업패키지 「브랜드 창업」 특강

Unitas BRAND MEMBERSHIP

www.unitasbrand.com
TEL 02.545.6240
MOBILE 010.4177.4077
격월 짝수달 초 발행

등급별 가이드

회원 여러분의 필요에 맞춰 다양한 등급별 정기구독 제도를 마련하였으니, 각각의 혜택을 참조하여 꼭 필요한 멤버십 회원으로 신청하시기 바랍니다.

 **Red** 기업단체구독 MEMBERSHIP 레드 450,000원 (New)

 유니타스브랜드 정기발송 (5권 X 연 6회)

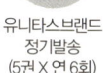 기업로고 노출 (BI/CI)

 유니타스브랜드 뉴스레터

 특별 세미나

* Red 멤버십 6월 20일까지 450,000원 ▶ 330,000원 감사이벤트 진행

구분	브랜드 매거진			지식 세미나		통합지식 네트워크
Purple 퍼플 300,000원	유니타스브랜드 정기발송 (연 6회)	유니타스브랜드 뉴스레터	무크지 or 단행본 (연 1회)	유니타스브랜드 컨퍼런스 (동반 2인 무료)	브랜드 클래스 (연 2회)	북 세미나 (연 4회)
Black 블랙 120,000원	유니타스브랜드 정기발송 (연 6회)	유니타스브랜드 뉴스레터	무크지 or 단행본 (연 1회)	유니타스브랜드 컨퍼런스 (동반 1인 50% OFF)		
Green 그린 96,000원	유니타스브랜드 정기발송 (연 6회)	유니타스브랜드 뉴스레터				

세미나 및 교육 가이드

*사정에 의해 일정이 변경될 수 있습니다.

구분	횟수/시간	참가비	무료 참가자격	1월	2월	3월	4월	5월	6월	7월	8월	9월	10월	11월	12월
Branding Class (권민 편집장 브랜딩 클래스)	2회 (pm 7:00~8:30)	100,000원	퍼플 (동반 1인 50% OFF)						6/9					○	
UnitasBRAND Conference (유니타스브랜드 컨퍼런스)	4회 (pm 1:30~6:00)	70,000원	퍼플 (동반 2인 포함) 블랙 (동반 1인 50% OFF)				4/7		6/24				10/13	11/24	
Book Seminar (북 세미나)	4회 (pm 7:00~9:00)	20,000원	퍼플			3/4	4/12					○	○		
Knowledge Donation Conference (지식기부 컨퍼런스)	1회	–	–									9/1,2			
Red 특별세미나	1회	–	레드										○		

구입처

Unitas BRAND
ONLINE YES24, 인터파크, 알라딘, 교보문고, 영풍문고, 반디앤루니스, 리브로, 11번가
OFFLINE 교보문고 전점, 영풍문고 전점, 반디앤루니스 전점, 리브로(수원점), 프라임문고(신도림점), 대교문고 외
기타 자세한 내용은 홈페이지 www.unitasbrand.com FAQ 참조

UNITAS MATRIX
ONLINE FUN SHOP, 10X10, YES24, 인터파크, 알라딘, 1300K, 비젠(베스트벤), 후추통.
OFFLINE 교보문고 핫트랙스(광화문점, 강남점, 영등포점, 잠실점, 목동점, 수유점) 영풍문고(종로점, 명동점),
반디앤루니스(종로점, 신림점, 코엑스점, 롯데스타점), 북바인더스(가로수본점)

㈜모라비안유니타스 서울시 강남구 역삼2동 725-21 4F Tel 02.545.6240 Email unitas@unitasbrand.com @UnitasBRAND

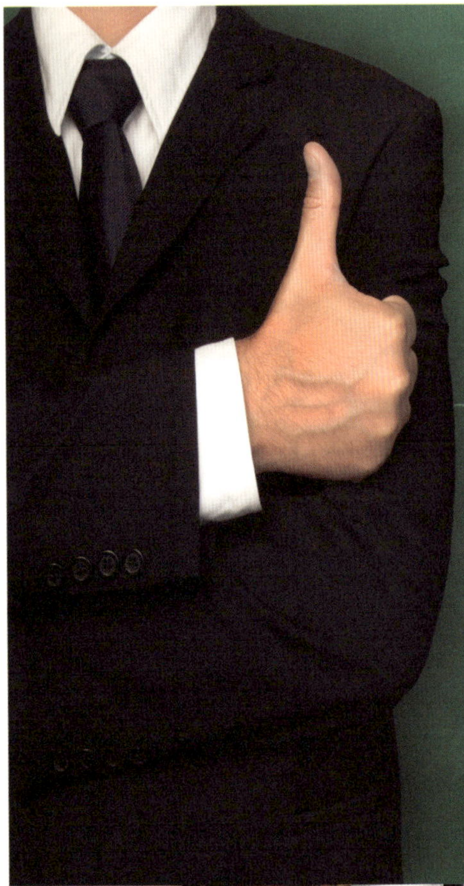

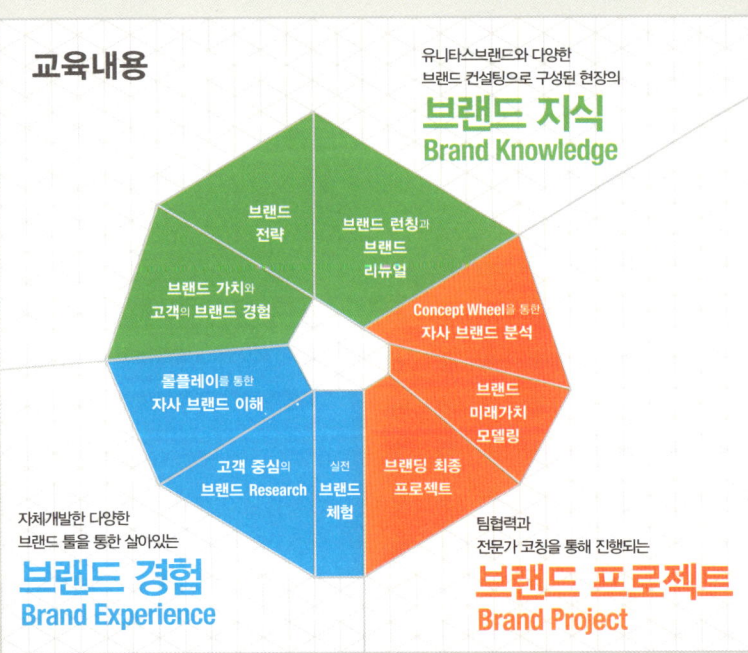

고객에게서 찾는 신상품 기획과
마케팅의 새로운 아이디어

Human Insight 를 통한 Creative Ideation

BRAND MARKETING

김은영 대표

현 (주)디아이디어그룹 설립자 & 대표

전 SPC그룹 – 미래전략센터 리서치 총괄
리서치 인터내셔널 – 정성조사 본부 매니저
– Innovation 모델 Super Group™ 챔피온, Facilitator
Newprodev 신제품 컨설팅 기업 – Senior Consultant
연세대학교 주거환경학 석사 (미래주택 및 라이프스타일 연구)
산업정책연구원 ABSP 과정 수료
리서치 인터내셔널 AP Qualitative 교육 과정 이수
TRIZ 1 수준

교육안내

교육대상	상품기획, 마케팅, 브랜드, 전략, 광고커뮤니케이션, 홍보 담당자 (사원~팀장)
교육인원	25명 (선착순)
교육일시	매월 넷째주 목요일 am 9:00 ~ pm 5:30 (7시간 30분)
교육장소	The Idea Ranch Creative Venue (강남구 신사동 가로수길 소재)
교육비	230,000원 (VAT 별도)
교육문의	02-517-1984 / class@unitasclass.com / www.unitasclass.com
강사	(주)디아이디어그룹 **김은영** 대표

IDEA

CREATIVITY

NEW PRODUCT

STRATEGY

주요 교육 내용

Module1. 창의성 트렌드 개념익히기
기업들의 변화와 창의성, 창의성과 Innovation

Module2. 창의성 기본기 다지기
개인 및 조직의 창의성 진단, 창의성 극대화 방법

Module3. Ideation 방법론
Human Insight의 중요성, Human Insight와 Ideation, Ideation 방법론

Module4. 실전 소비자 Human Insight
Ethnography 개념 이해, 관찰조사 방법, 관찰조사 실전, Insight 발굴 방법

Module5. Creative Ideation 실전 1, 2
Human Insight를 토대로 아이디어 도출, Ideation 방법을 적용한 아이디어 도출, 아이디어를 컨셉으로 다듬기

Unitas CLASS
School of Marketing and Strategy

Open Program

개인의 역량향상과 팀의 성과향상을 위해
최적의 전략과 솔루션을 제공하는
공개교육 프로그램

브랜드를 꿈꾸는 '깨어있는 0.17%'를 위한 창업 솔루션

창업의 목표는 부업, 전업, 취업, 개업이 아니라 브랜드 런칭이다.

나이키, 아디다스, 이케아, 스타벅스, 레고, KFC 등 세계적인 브랜드도 그 시작은 자영업이었다! 이들의 숨겨진 성공 창업코드와 방법은 무엇일까?

많이 배우지도, 갖지도 못했던 창업주가 작은 가게로 시작해 글로벌 브랜드로 성장한 사례는 무수히 많다. 미약했던 그들의 시작은 어떻게 그토록 창대해질 수 있었을까? 한가지 분명한 것은 그들은 분명 고객에게 '새로운 의미와 가치'를 제안했고, 결국 '브랜드'가 되었다는 점이다. 이들처럼 그냥 가게가 아닌 브랜드를 창업하려는 사람들에게 '브랜드 창업 SET'를 제안한다.

Unitas BRAND
by MORAVIANUNITAS

서울시 강남구 역삼동 725-21 4층 문의 02-542-8508 www.unitasbrand.com

브랜드 창업 SET

| 브랜드 창업을 위한
마인드 셋 15,500원 | + | 브랜드 창업의 18가지 사례
23,000원 | + | 창업 후의 브랜드 솔루션
23,000원 | + | 창업 준비 리서치 노트
18,000원 |

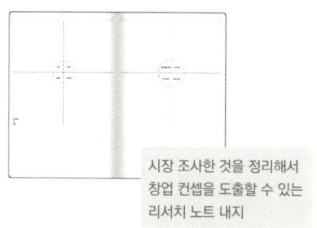

시장 조사한 것을 정리해서 창업 컨셉을 도출할 수 있는 리서치 노트 내지

총 79,500원 (25%OFF)
59,500원

창업을 준비하며 반드시 병행될 시장조사를 위한
'리서치 노트(18,000원 상당)' 증정

창업 솔루션 활용법

❶《아내가 창업을 한다》를 통해 '창업자가 갖춰야 할 태도'를 알아본다. 왜 우리나라 창업자들의 창업이 '폐점율 84.36%(2004~2008년 자영업자들의 연평균 폐점율)'로 끝날 수밖에 없었는지 알게 될 것이다. ⇨ ❷유니타스브랜드 Vol.20 '브랜드 창업'에서 창업의 구체적인 방법론과 실천법을 학습하고 ⇨ ❸Vol.21 '스마트 브랜딩'에서 강소브랜드로 거듭나는 비밀 코드를 확인해보자. ⇨ ❹뿐만 아니라 창업시 반드시 병행될 시장조사를 위해 사용할 '**리서치 노트**'가 잠시 스쳤다 흩어지고 말 당신의 귀한 아이디어를 단단한 컨셉으로 모아줄 것이다.

IMAGINATION
아이디어를 자유롭게 적어
보세요.

CONCEPTUALIZATION
컨셉 휠을 이용해 당신의
아이디어를 정리해보세요.

PROCESSIBILITY
정리된 컨셉을 각종
프로젝트에 활용하세요.

INTEGRATION
아이디어, 컨셉, 프로세스를 한
번에 관리할 수 있습니다.

NEW 6/30
HARD IDEATION
당신의 아이디어를
사분면을 활용해 정리하세요.

SOFT **IMAGINATION LINE**
아이디어를 줄 노트에 정리해
보세요. (소프트 커버)

SOFT **IMAGINATION DOT**
아이디어를 도트 노트에 정리
해보세요. (소프트 커버)

SOFT **CONCEPTUALIZATION**
컨셉 휠을 이용해 아이디어를
정리하세요. (소프트 커버)

SOFT **PROCESSIBILITY**
정리된 컨셉을 각종 프로젝트
에 활용하세요. (소프트 커버)

R(L)EAD
책을 읽고 성과를 창출해
보세요.

ART black
당신의 단기 프로젝트를 돕습
니다. (3개월)

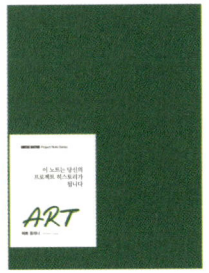
ART green
당신의 단기 프로젝트를 돕습
니다. (3개월)

MORE COLOR VARIATION
다양한 컬러를 준비 중에 있습니다.

NEW 5/17
RESEARCH
시장조사의 필수 노트!
리서치 노트입니다.

NEW 6/15
SOFT **INTEGRATION**
스마트 인티그레이션
노트입니다. (소프트 커버)

PROJECT IS ART
당신의 프로젝트
히스토리가 됩니다.

NEW 6/15
SOFT **IDEATION**
당신의 아이디어를
사분면을 활용해 정리하세요.
(소프트 커버)

smART black
작은 사이즈로 단기 프로젝
트를 돕습니다. (3개월)

smART green
작은 사이즈로 단기 프로젝
트를 돕습니다. (3개월)

smART red
작은 사이즈로 단기 프로젝
트를 돕습니다. (3개월)

ART365 black
장기 프로젝트를 위한
노트입니다. (1년)

ART365 red
장기 프로젝트를 위한
노트입니다. (1년)

multi ART black
프로젝트뿐만 아니라
드로잉과 스케치를 할 수
있습니다. (1년)

multi ART red
프로젝트 뿐만 아니라
드로잉과 스케치를 할 수
있습니다. (1년)